캐릭터를 결정하는 인체 구조
표현과 포즈를 배운다!

아이패드
캐릭터
드로잉

난다비 지음

BM (주)도서출판 성안당

 # Preface

'왜 내 그림은 이렇게 어색할까?'
'다른 사람들은 그림 공부를 어떻게 하는 거지?'
'좀 더 빠르게 배우는 방법은 없을까?'

　수년 전 일러스트 공부를 처음 시작할 때 저 또한 궁금한 점이 매우 많았습니다. 그 당시에는 북미풍 그림체에 대한 정보를 찾기 어려웠던 때라 독학하며 스타일을 다듬어 나가야 했지요. 북미풍 스타일이라고 하면 카툰, 코믹스 등 다양한 장르가 있지만, 그중에서도 디즈니 & 픽사 애니메이션을 무척 좋아하던 저였기에 공부하며 자연스레 영향을 많이 받게 되었습니다.

　3년간 디지털 아트 & 드로잉 과목의 강사 생활을 하며 그림을 처음 배우는 학생들을 많이 만났습니다. 보통 20~30대분들이 수강하셨지만, 초등학생부터 70대 할아버님까지 연령대가 굉장히 다양했어요. 그러다 보니 보통 어떤 부분이 잘 이해가 되지 않는지, 어떤 부분의 설명을 어렵게 느끼는지 알게 되었고, 이때의 경험을 바탕으로 클래스101에서 온라인 강의를 런칭하게 되었습니다. 감사하게도 반응이 좋아 현재는 '클래스유'를 비롯하여 '라이브 클래스'라는 퍼스널 브랜딩 사이트를 개설해 온라인 강의를 추가 제작 중에 있고, 이렇게 책도 내게 되었네요.

　제 수업의 목표는 왕초보를 초보로 끌어올리는 것입니다. 그림을 많이 그려야 실력이 느는 건 어쩔 수 없지만, 처음 배우는 분들이 어떻게 하면 시행착오를 줄일 수 있을지 고민하며 최대한 쉽게 알려드리려 노력했어요. 저 또한 왕초보일 때 '분명 한글인데 왜 이해가 안 되지?' 싶은 내용들이 많았거든요. 특히 이론적인 부분에서요. 이유를 생각해보니, 전문 용어를 너무 많이 사용하거나 디테일한 원리까지 이해하려 할 때 너무 어렵게 느껴지는 것 같았어요. 그래서 최대한 어려운 단어나 설명은 제외하고 내용을 쉽게 풀어서 썼습니다.

　'지식의 저주'라는 말이 있습니다. 제가 알고 있는 지식을 타인도 당연히 알고 있을 거라 생각하는 것이에요. 책을 집필하는 동안 혹여나 이 지식의 저주에 걸려들까 싶어 하나부터 열까지 꼼꼼하게 체크했습니다. 아직 많이 부족한 작가이지만, 여기에 담긴 제 노하우가 그림을 그리는 분들에게 조금이나마 도움이 되는 유익한 책이 되길 바랍니다.

난다비

지금까지 수업을 진행하며 받았던 질문들과 독자분들께서 궁금해하실 내용을 Q&A로 준비했습니다.

Q1. 흰 캔버스만 보면 막막해요. 어떤 것부터 그려야 할까요?

A. 저는 이럴 때 크로키부터 시작합니다. 크로키는 쉽게 진행해 볼 수 있으면서도 그림에 100% 도움이 되는 연습이기 때문이에요. 또한 크로키를 하다 보면 포즈에 맞는 아이디어가 떠오르기도 하고, 가볍게 손을 풀기도 좋습니다.

크로키가 지루하다면 좋아하는 캐릭터의 팬아트를 그려봐도 좋고, 콘셉트가 명확한 주제를 5개 정도 정한 후 가장 마음에 드는 것부터 슬금슬금 시작해봐도 좋아요. 일단 종이 위에서 쉽게 그려 보는 방법으로 진행해 보세요.

Q2. 꼭 아이패드로만 그려야 하나요?

A. 이 책은 프로크리에이트를 바탕으로 진행되긴 하지만, 대부분이 그림 관련 내용이기 때문에 어떤 툴을 사용하시던 상관이 없습니다. 포토샵, 클립 스튜디오 등 레이어 시스템이 있는 프로그램 대부분은 이 책에서 사용하는 기본적인 기능이 다 들어가 있을 거예요.

혹시나 '그림을 그릴 수 있는 기기가 없다!'라고 하신다면 채색은 어렵겠지만, 종이와 연필로 스케치 연습을 해보시기에도 충분한 내용이니 목차를 먼저 참고해주시면 감사하겠습니다!

Q3. 그림을 그려야 하는데 너무 게을러요.

A. 이럴 때는 정확한 마감 날짜와 그 날짜 안에 그려야 할 그림 목표를 적어 놓고 진행해 보세요. 그 밑에는 동그라미를 그려 그 과정을 진행하는 동안 하나씩 체크하는 식으로 해봐도 좋습니다. 개인적으로 눈에 잘 보여야 진행을 얼마만큼 했는지 알 수 있고, 체크할 때마다 작은 성취감도 느껴지더라고요. 100% 성공하지 못하더라도 실망하지 마세요. 겨우 힘을 내어 한 번 그리던 습관이 두 번, 세 번으로 점차 늘어나실 거예요.

Q4. 잘 그리는 사람을 보면 멘탈이 터져요. 자신감이 떨어집니다.

A. 더 잘 그리고 싶은 마음에 멘탈이 흔들리기도 합니다. 아마 누구나 느끼는 감정이지요. 저도 늘 느낀답니다. 하지만 잘 그리는 분들의 옛날 작업물을 보면 지금의 실력을 갖추기까지 엄청난 노력이 들어갔다는 것을 알 수 있어요. 유튜브에 '그림 발전 과정'만 검색해 봐도 많은 분들의 노력을 엿볼 수 있답니다.

저는 이럴 때 여러 작가님들의 인터뷰를 찾아보기도 합니다. 평소 좋아하는 작가님이면 더 좋고요. 듣다 보면 똑같은 고민을 하고 있었다는 점에 안도감이 느껴지기도 하고, 얼마나 열심히 그려오셨는지 간접적이나마 느끼게 되어 동기부여를 주기도 해요.

한 가지 방법을 더 말씀드리자면, 노트에 이런 안 좋은 감정이나 아무에게도 말하지 못하는 속마음들을 적어 보는 것도 좋습니다. 맞춤법이나 문장의 연결 등 자세한 것은 생각하지 않고 생각의 흐름에 따라 낙서하듯 편안하게 적어 보세요. '모닝 페이지'라는 방법인데요, 여기에는 나름의 규칙이 있지만 저는 제 마음대로 씁니다. 시간이나 페이지 수에 상관없이 고민이 있거나 감정이 불편할 때 아무 때나 쓰는 편이에요. 그날의 기분에 따라 세 줄만 적을 때도 있고, 한 페이지를 꽉 채울 때도 있습니다.

그림뿐만 아니라 일상생활의 고민을 해소하기에도 좋으니 가볍게 한 번 해보시길 추천해 드리며, 이 모든 감정은 그림을 그리는 사람이라면 누구나 겪는 과정이니 너무 속상해하지 않으셨으면 좋겠습니다.

Q5. 일러스트레이터가 되려면 어떻게 해야 하나요?

A. 사실 '작가'라는 명칭은 제가 스스로 부른다고 해서 되는 건 아닙니다. 이것과 별개로 실제 작가가 된 것처럼 공부하고 행동하는 것은 마인드 세팅에 있어서 굉장히 좋다고 생각하지만, 개인적으로는 그림으로 수익이 생기기 시작할 때부터 자연스럽게 '작가'라는 명칭을 얻게 되는 것 같아요.

저는 초보자 시절, 제 모자란 실력을 잘 알고 있었기에 제 실력에 맞는 외주 작업을 찾아 '그림으로 돈을 벌 수 있는 경험'에 초점을 맞춰 작업했습니다. 그림의 난이도나 퀄리티가 낮으니 당연히 금액도 적을 수밖에 없었지만, 그래도 외주의 시작부터 끝까지 프로세스를 익히기에는 좋은 경험이었습니다.

이때 주의하셔야 할 점! 외주 작업물을 얻기 위해 '무조건 싸게 하면 되겠지?'라고 생각하시면 절대 안 됩니다. 그림 시장에서 정해놓은 대략적인 단가가 있음에도 불구하고 거기서 너무 차이가 나버리면 다른 작가분들이 피해를 당할 수 있기 때문이에요. 실력에 따라 제값을 받고 작업해야 하는데, 클라이언트들이 낮은 단가에 익숙해져 버리면 작가와 클라이언트 사이에서 견적 협의가 원활하게 이루어지지 않을 수 있어요.

한 번씩 여러분의 그림과 다른 분들의 작업물을 비교해보고 본인의 그림 실력이 어느 정도의 수준인지, 이런 정도의 수준이면 보통 단가를 얼마로 정하는지 계속 체크해 보시는 게 좋습니다. 부족한 부분 위주로 계속 연습하며 실력을 쌓다 보면, 그릴 수 있는 범위가 넓어지니 외주 단가 또한 자연스럽게 올라가 있을 거예요.

Preview

그림을 처음 그리는 분들도 차근차근 따라하면서 아이패드와 프로크리에이트로 쉽게 그림을 그릴 수 있습니다. 그림 이론을 공부하고 다양한 예제를 그려 보세요.

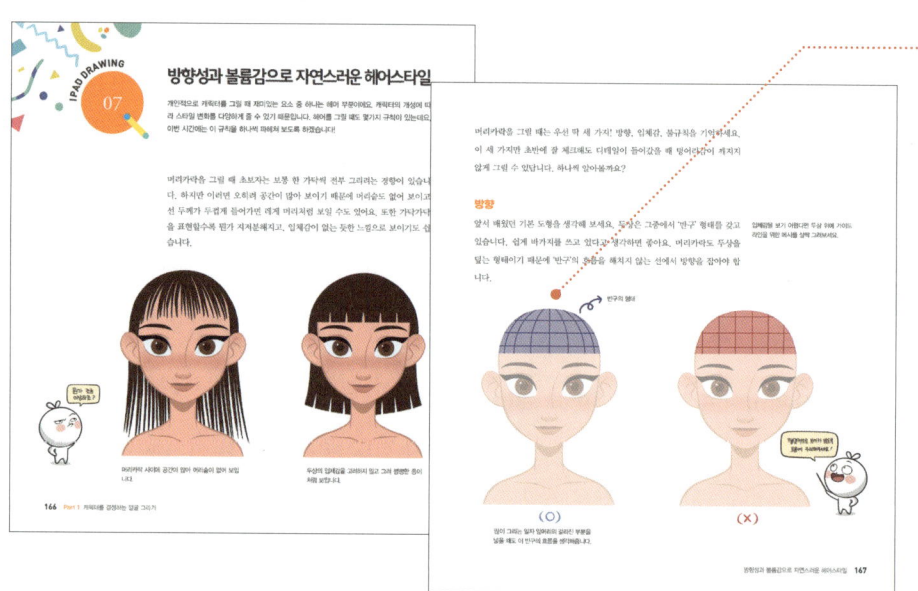

캐릭터 그리기 이론

캐릭터의 이목구비부터 헤어 형태를 쉽게 그릴 수 있도록 다양한 사례를 통해 설명합니다. 개성 있는 인물을 그려 보세요.

동작과 포즈 이론

인물의 다양한 동작과 포즈를 생동감 있게 그리기 위한 노하우를 설명합니다. 자연스러운 인물 그림을 완성해 보세요.

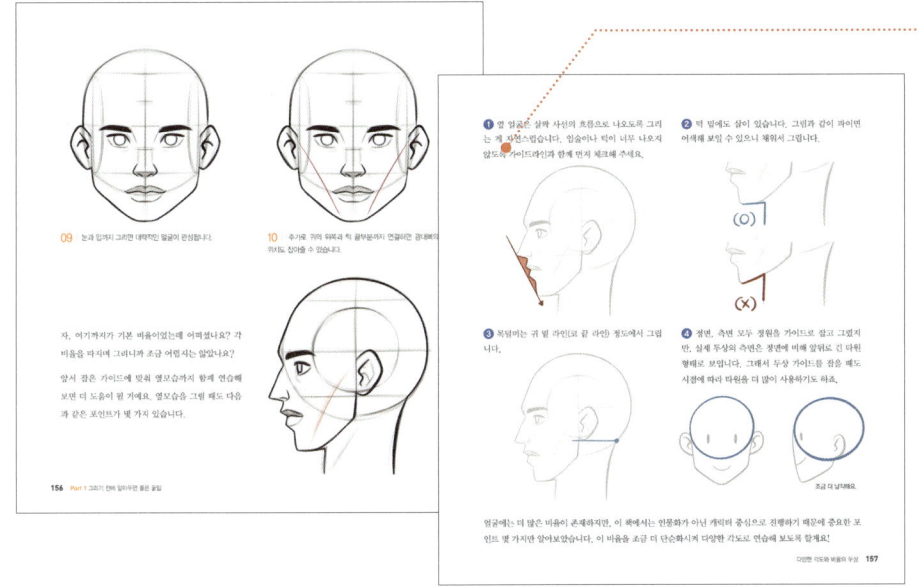

그림 따라하기

기본 구조부터 응용까지 직접 따라 그리면서 그림 실력을 높여 보세요. 자세한 따라하기 설명을 제공하여 이해하기 쉽도록 구성되어 있어요.

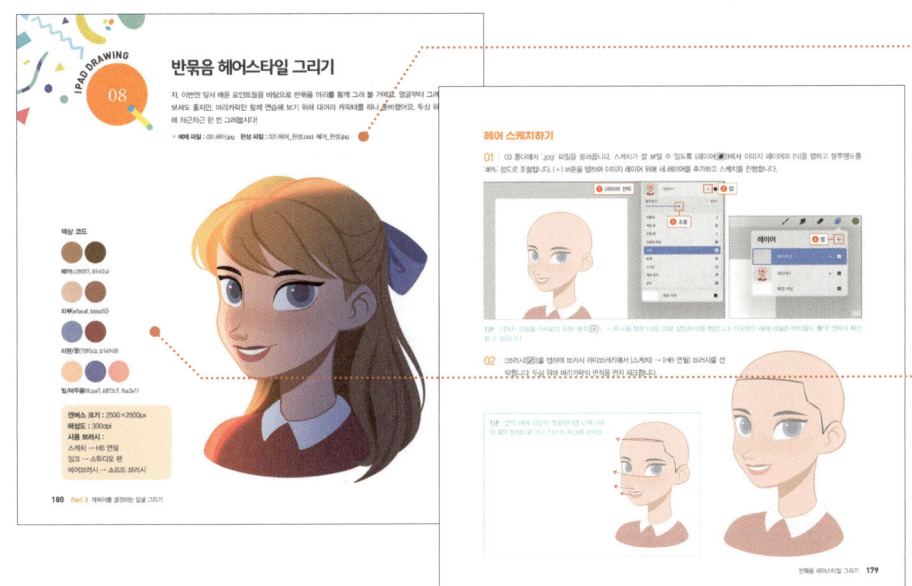

예제 파일 & 완성 파일

사용자가 직접 불러들여 그림을 그릴 수 있도록 예제 파일과 완성 파일을 제공합니다. (파일은 성안당 홈페이지 자료실에서 다운로드하여 사용할 수 있어요)

그림 설정과 팁

그림을 따라 그릴 수 있도록 색상 코드부터 캔버스 크기, 해상도, 사용 브러시를 표시합니다. 또한 그림 과정에 팁을 추가하여 응용력을 높일 수 있어요.

기본 제스처

실행 취소
두 손가락으로 캔버스를 터치합니다. 길게 누르면 연속으로 취소되며, 최대 250번까지 취소할 수 있습니다.

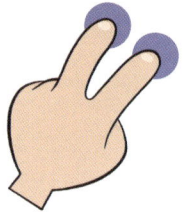

실행 취소 다시 실행
세 손가락으로 캔버스를 터치합니다. 길게 누르면 연속으로 돌아옵니다.

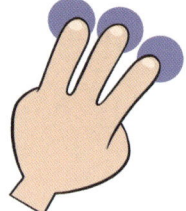

캔버스 확대
두 손가락을 벌려 캔버스 화면을 확대합니다. 디테일하게 그리고 싶을 때 많이 사용합니다.

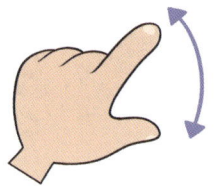

레이어 안의 작업 한 번에 삭제
세 손가락으로 캔버스를 닦듯이 좌우로 문질러줍니다. 선택한 레이어 내의 모든 작업이 한 번에 삭제됩니다.

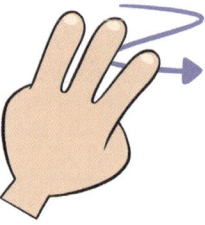

캔버스 축소
두 손가락을 모아 캔버스 화면을 축소합니다. 그림을 멀리서 보고 싶을 때 많이 사용합니다.

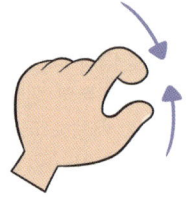

캔버스 회전
두 손가락을 돌려 캔버스를 회전할 수 있습니다. 굳이 아이패드를 돌리지 않아도 원하는 각도로 편하게 그릴 수 있습니다.

편집 메뉴 보기
세 손가락을 화면 아래 방향으로 쓸어줍니다. 기본 편집 메뉴인 자르기, 복사하기 등을 편하게 사용할 수 있어요.

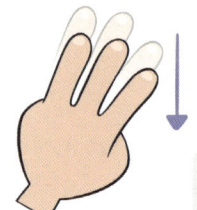

색 추출하기(스포이트)

한 손가락을 원하는 색 위에서 꾸욱~ 눌러 사용했던 색을 선택해줍니다. 이 상태로 손가락을 이동하면 해당 부분의 색으로 바꿔서 좀 더 디테일하게 뽑아줄 수 있습니다.

레이어 합치기

두 손가락을 이용하여 합쳐주고 싶은 만큼 잡은 다음에 위, 아래로 빠르게 꼬집! 해줍니다. 레이어가 너무 많아 한 번에 합치기 어렵다면 그룹으로 묶은 다음 합쳐줘도 좋아요.

수평, 수직 그리기

선을 그은 상태에서 멈추고 있으면 선이 반듯하게 자동으로 보정됩니다. 이때 손가락 하나를 화면에 톡! 갖다대고 있으면 수평, 수직 및 다양한 각도를 반듯하게 그릴 수 있어요. 배경이나 사물을 그릴 때 유용하게 쓰입니다.

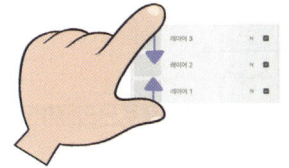
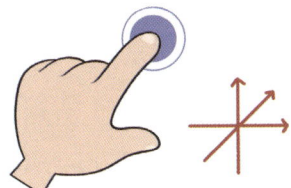

정원, 정사각형, 정삼각형 그리기

도형을 한 번에 그린 상태에서 멈추면 선이 반듯하게 자동으로 보정됩니다. 이때 손가락 하나를 화면에 톡! 갖다 대면 정비율로 한 번 더 보정되지요. 손가락을 댄 상태에서 펜을 움직이면 도형을 회전시키거나 크기를 변경할 수 있습니다.

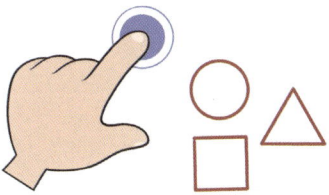

TIP 제스처 변경하기

[동작 → 설정 → 제스처 제어]에 들어가면 좀 더 세부적으로 제스처를 설정해 줄 수 있습니다. 어떤 기능이 있는지 한 번 사용해보고 자주 사용할 것 같은 기능 위주로 추려보는 것도 좋아요. 단, 한 동작에 한 기능만 설정할 수 있으니 주의해주시고 혹시나 잘못 설정했다면 기본값을 눌러 초기화 해주세요.

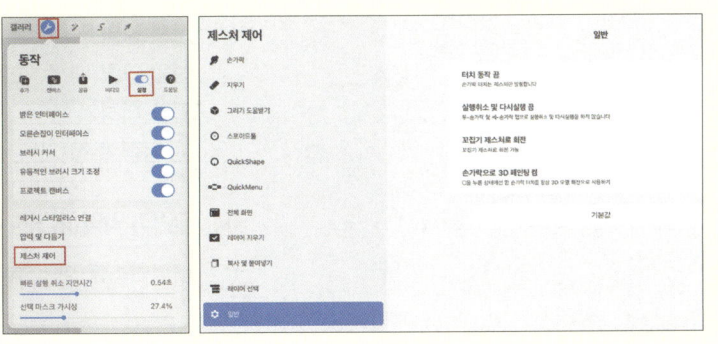

Contents

머리말 　　　　　　　　　　　　　　　　　　　3
Q&A 　　　　　　　　　　　　　　　　　　　　4
미리보기 　　　　　　　　　　　　　　　　　　6
제스처 　　　　　　　　　　　　　　　　　　　8
목차 　　　　　　　　　　　　　　　　　　　　10

PART 1 그림을 그리기 위한 워밍업!

01 프로크리에이트의 기본 알아보기 　　　　18
캔버스 설정 　　　　　　　　　　　　　　　　18
레이어 　　　　　　　　　　　　　　　　　　　20
브러시 　　　　　　　　　　　　　　　　　　　24
동작 　　　　　　　　　　　　　　　　　　　　26
조정 　　　　　　　　　　　　　　　　　　　　28
선택 　　　　　　　　　　　　　　　　　　　　30
변형 　　　　　　　　　　　　　　　　　　　　31
색상 　　　　　　　　　　　　　　　　　　　　33

02 꼭 알아두어야 할 기본 옵션 활용하기 　34

03 표현력을 높이는 다양한 선 연출하기 　36
선의 강약 　　　　　　　　　　　　　　　　　39
선을 그릴 때 주의할 점 　　　　　　　　　　　40
필압 더하기 　　　　　　　　　　　　　　　　42
손 떨림 보정 기능 활용하기 　　　　　　　　　44

04 그리기 막막하다면, 해답은 레퍼런스! 　45
레퍼런스를 찾기 좋은 사이트 　　　　　　　　47

PART 2 그림 기본기를 쉽게 익히는 6가지 노하우

01 입체감을 이해하는 효과적인 방법	52
02 크게 보는 법! 형태의 단순화	57
형태력을 올리는 법	59
오브제에 어울리는 선	63
03 쉬운 형태 단순화하기	65
04 그림을 깔끔하게 정리하는 명도	70
명도란?	70
간단하게 알아보는 공기 원근법	73
명암 단순화	74
캐릭터를 흑백으로, 명도 연습하기	76
흑백 이미지로 변경하기	77
레이어 분리하여 실루엣 잡기	79
캐릭터 명암 표현하기	85
명도 레퍼런스 이미지 찾기	91
05 감각적인 색감을 찾아가는 러프 컬러 연습	94
색상 기본 용어	94
채도	96
모작할 때 색을 찾는 방법 알아보기	97
러프 컬러 연습 진행하기	100
06 여행 사진으로 러프 컬러 연습하기	104
캔버스 조절하고 배경 그리기	105
바위와 배를 그려 단계 만들기	108

Contents

PART 3 캐릭터를 결정하는 얼굴 그리기

01 캐릭터의 인상을 결정하는 눈 — 118
02 눈의 기본 형태 그리기 — 127
03 얼굴의 중심에서 입체감이 두드러지는 코 — 134
04 굴곡과 흐름, 선의 강약이 필요한 입 — 141
05 복잡해 보이지만 단순한, 비율에 주의해야 하는 귀 — 147
06 다양한 각도와 비율의 두상 — 154
    비율에 맞게 두상 그리기 — 155
    다양한 각도로 두상 돌려 보기 — 160
07 방향성과 볼륨감으로 자연스러운 헤어스타일 — 168
    방향 — 169
    입체감 — 176
    불규칙 — 178
08 반묶음 헤어스타일 그리기 — 180
    헤어 스케치하기 — 181
    헤어 밑 색 작업하기 — 184
    명암 표현하기 — 189
09 각도에 따른 다양한 얼굴 캐릭터화하기 — 192
    정면의 아이 얼굴 그리기 — 193
    반 측면의 여성 얼굴 그리기 — 197
    측면의 남성 얼굴 그리기 — 200

10	**가볍게 여성 얼굴 채색하기**	**204**
	스케치 바탕색 적용하기	205
	얼굴 채색하기	207
	입체감 있는 얼굴 만들기	209

PART 4 인체 구조와 동작 표현하기

01	**손의 구조와 움직임**	**214**
02	**기본 자세의 손 그리기**	**220**
03	**발의 움직임과 흐름**	**225**
04	**옆 모습의 발 그리기**	**235**
05	**내 캐릭터는 왜 평면적으로 보일까?**	**239**
	변하지 않는 기본 구조, 몸통	243
	관절과 근육에 관한 이해, 팔과 다리	247
	크로키에서 얼굴은 어느 정도로 그릴까?	250
06	**비율과 자세를 익히는 크로키 그리기**	**253**
07	**자세와 소재에 따른 옷 주름**	**257**
	천의 특징	258
	인체 구조를 바탕으로 옷 입히기	262
08	**캐릭터 옷 입히기**	**266**

PART 5 스토리를 불어 넣는 배경 그리기

01 시점에 따라 달라지는 투시 — 274
- 소실점 — 274
- 기본 3점 투시인 이유 — 276
- 투시가 달라지는 기준 — 276
- 프로크리에이트 투시 가이드 활용하기 — 287

02 투시를 이용하여 집 그리기 — 289

03 풍부한 스토리를 더하는 소품 — 294
- 형태에 강약 넣기 — 295
- 실루엣 체크하고 간단하게 변경하기 — 296
- 면 간격에 리듬감 주기 — 299

04 의자와 쿠션 소품 그리기 — 300
- 의자와 쿠션 스케치하기 — 301
- 의자와 쿠션 채색하기 — 304
- 명암 표현하기 — 306
- 디테일을 더해 완성도 높이기 — 309

PART 6 실전! 스케치부터 채색까지 그리기

01 스케치부터 채색, 보정까지 캐릭터 완성하기 — 316
- 간단하게 러프 스케치하기 — 318
- 세밀하게 스케치 완성하기 — 319
- 실루엣과 라인을 그려 캐릭터 채색하기 — 324
- 명암을 더해 입체감 표현하기 — 333
- 감성적인 느낌으로 보정하고 빛 추가하기 — 340

02 완성도 있는 일러스트 작업 과정 알아보기 — 346
- 구상 및 아이디어 스케치 — 346
- 자료 서치 — 347

러프 스케치	348
디테일 스케치	349
러프 컬러	350
실루엣과 밑 색	351
명암	352
라인 및 정리	353
효과	355

03 캐릭터에 배경을 더해 디테일 스케치하기 — 356

캔버스 가이드 활용하기	357
배경과 캐릭터 러프 스케치하기	358
깔끔하게 배경 디테일 스케치하기	361
깔끔하게 캐릭터 디테일 스케치하기	366

04 일러스트 채색으로 완성도 높이기 — 371

실루엣을 잡아 밑 색 작업하기	372
큰 명암 잡기	382
여자아이 디테일하게 채색하기	385
남자아이 디테일하게 채색하기	392
배경에 디테일 추가하기	397
효과 적용하여 보정하기	409

찾아보기	413

예제 및 완성 파일 다운로드

1. 성안당 홈페이지(http://www.cyber.co.kr)에 접속하여 회원가입한 뒤 로그인하세요.
2. 메인 화면 중간의 [자료실]을 클릭한 다음 오른쪽 파란색 돋보기를 클릭하면 나오는 검색 창에 '캐릭터 드로잉' 등 도서명 일부를 입력하고 검색하세요.
3. 검색된 목록을 클릭하고 들어가 다운로드 창 안의 예제 파일을 클릭하여 다운로드한 다음 찾기 쉬운 위치에 저장하고 압축을 풀어 사용하세요.

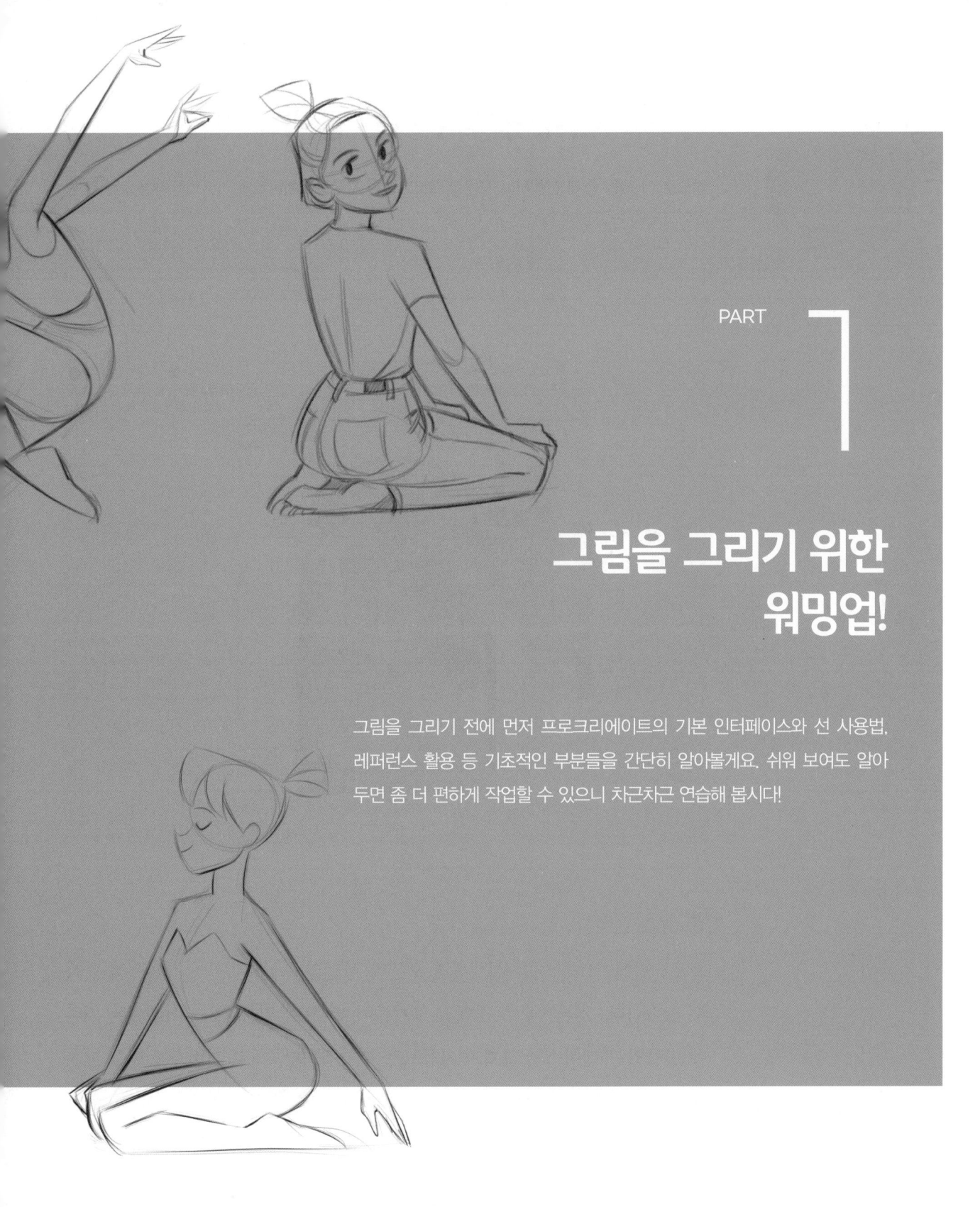

PART 1

그림을 그리기 위한
워밍업!

그림을 그리기 전에 먼저 프로크리에이트의 기본 인터페이스와 선 사용법, 레퍼런스 활용 등 기초적인 부분들을 간단히 알아볼게요. 쉬워 보여도 알아 두면 좀 더 편하게 작업할 수 있으니 차근차근 연습해 봅시다!

프로크리에이트의 기본 알아보기

앞으로 이 책을 함께 진행하며 사용할 프로그램인 프로크리에이트의 기본적인 부분들을 한 번 알아보도록 하겠습니다.

캔버스 설정

프로크리에이트를 처음 실행하면 오른쪽 상단의 (+)를 탭하여 캔버스를 만들 수 있습니다. 기본적으로 정해진 크기들이 몇 가지 있으며, 그 아래에는 기존에 만들었던 캔버스의 크기가 자동으로 추가됩니다. 새로 캔버스를 만들 때는 (추가(■)) 버튼을 탭합니다.

캔버스 크기는 프로젝트에 따라 다양하게 설정 가능합니다. 기본으로 300DPI로 설정한 후 간단한 그림은 1500~3000px 정도, 확대하여 디테일한 그림을 그릴 땐 깨지지 않게 하기 위해 4000~8000px 정도로 설정한 후 진행하곤 합니다. 디테일이 필요 없는 작업임에도 크기를 크게 한다면 파일 크기만 커질 수 있으니 주의하여 설정합니다.

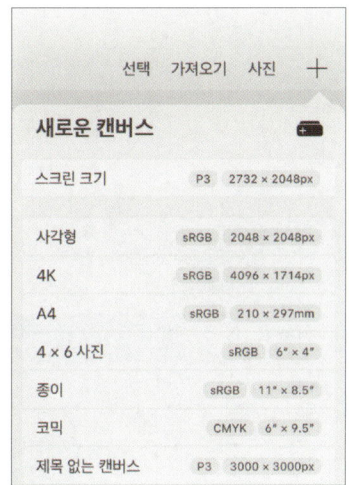

새로운 캔버스
지정된 캔버스 크기를 탭하여 선택할 수 있어요.

사용자지정 캔버스
원하는 캔버스 크기를 직접 설정할 수 있어요.

DPI

DPI는 'Dots Per Inch(해상도)'로, 1인치 안에 표시할 수 있는 점의 개수를 뜻합니다. DPI가 낮을수록 해상도가 떨어지기 때문에 보통 300DPI로 설정하는 게 일반적입니다.

1인치 안에 점이 4개 들어가는 것보다 10개 들어갔을 때 더 해상도가 좋겠죠?

TIP 포토샵에서는 레이어의 개수 문제가 없으나, 프로크리에이트에서는 캔버스 크기가 클수록 만들 수 있는 레이어의 개수가 줄어들어 불편할 수 있습니다. 캔버스를 생성할 때 하단의 '최대 레이어 개수'를 참고하여 설정합니다.

레이어( )

레이어는 투명한 종이라고 할 수 있습니다. 투명한 종이를 하나씩 쌓아 가며 그림이 완성된다고 생각하면 쉽습니다.

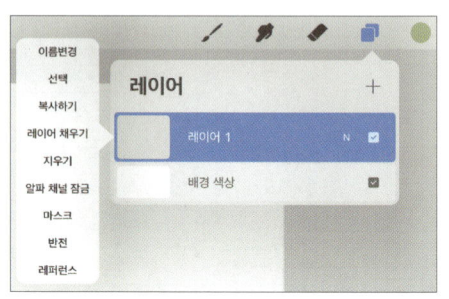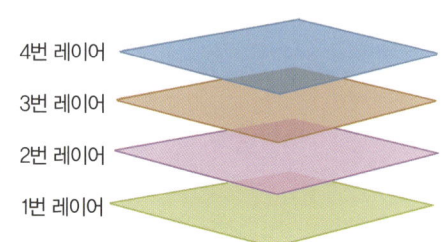

- 우측 상단 +를 눌러 레이어를 추가할 수 있어요.
- 섬네일을 클릭하면 다양한 옵션이 나옵니다.

클리핑 마스크

레이어 위에 레이어를 추가하면 다음의 왼쪽 이미지처럼 그려지지만, 위에 있는 레이어에 클리핑 마스크를 적용하면 이미지가 아래 레이어로 들어갑니다. 레이어를 분리하면서 밖으로 삐져나오지 않게 채색할 수 있기 때문에 자주 사용합니다.

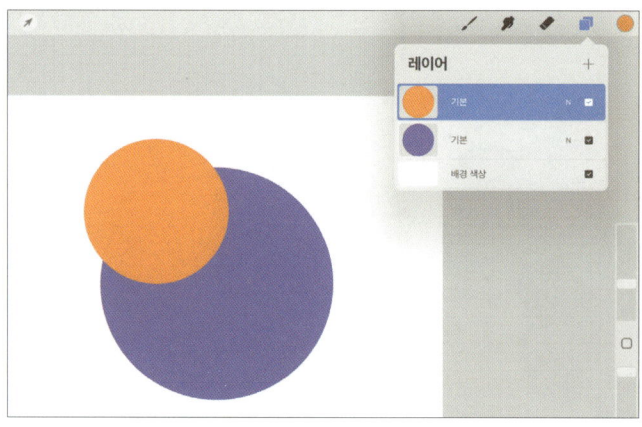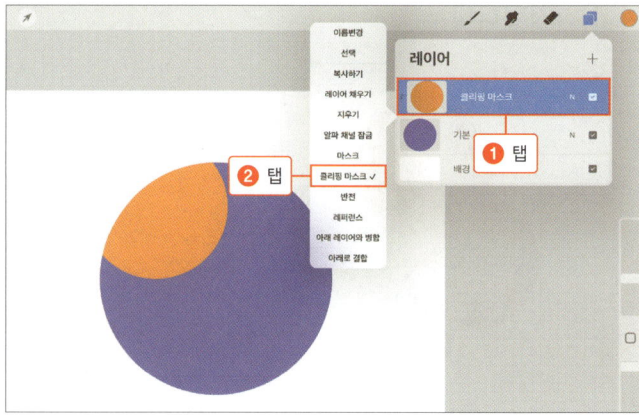

주황색 원에 클리핑 마스크를 적용해서 보라색 원과 겹치는 부분만 나타납니다.

마스크

레이어에 마스크를 적용하면 레이어 위에 레이어 마스크가 추가됩니다. 연결된 레이어 마스크가 파란색으로 표시되기 때문에 구분하기가 쉽습니다.

레이어가 하나일 때는 클리핑 마스크 옵션이 나타나지 않습니다. 클리핑 마스크와 일반 마스크는 기능이 다르니 헷갈리지 않도록 주의하세요!

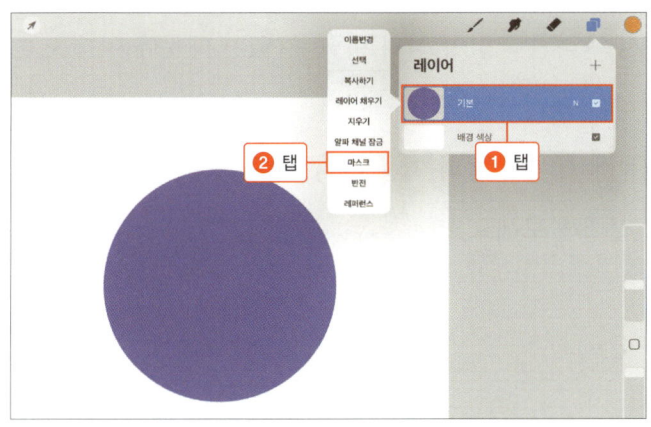
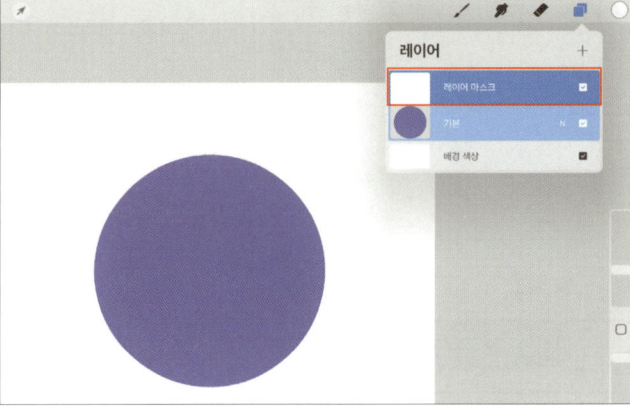

레이어 마스크에는 '흰색'과 '검은색'만 사용할 수 있습니다. '검은색'으로 칠하면 레이어의 이미지가 가려지고, 반대로 '흰색'으로 칠하면 이미지가 다시 보이도록 복구할 수 있습니다. 뭔가 지우고 싶은데 복구해야 할 가능성이 있을 때 마스크 기능을 이용해 안 보이도록 가리면 추후 수정 작업에 용이합니다.

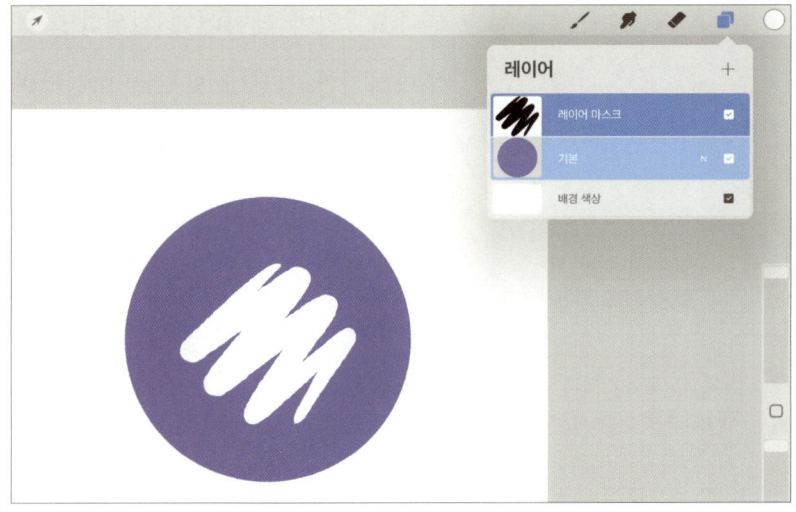

레이어 마스크는 이미지를 일시적으로 숨기거나 드러내어 보정 또는 합성할 때 사용합니다. 흰색 종이에 검은색 영역을 가위로 오려 구멍을 뚫는 것과 비슷하지요. 구멍이 뚫린 영역에는 바로 밑에 위치한 레이어 이미지가 보입니다.

레이어 정리

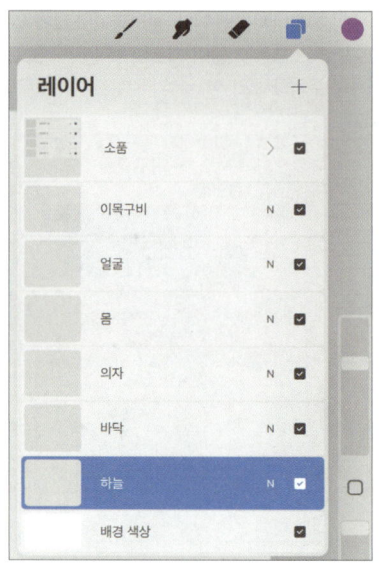

그림을 그릴 때 레이어 관리는 굉장히 중요합니다. 하나의 레이어에 합쳐서 그리는 것보다 분리하여 그려 놓으면 이후에 수정할 때 편리하기 때문이죠.

레이어를 잘못 선택해서 그리면 그림이 엉켜 버릴 수 있기 때문에 이름을 변경하거나 그룹을 지정하여 정리하는 게 좋습니다. 하지만 사람마다 그리는 스타일이 다양하기 때문에 레이어 정리 기준도 다를 수 있습니다. 여러분의 기준에 따라 정리하며 진행해 보세요.

블렌딩 모드

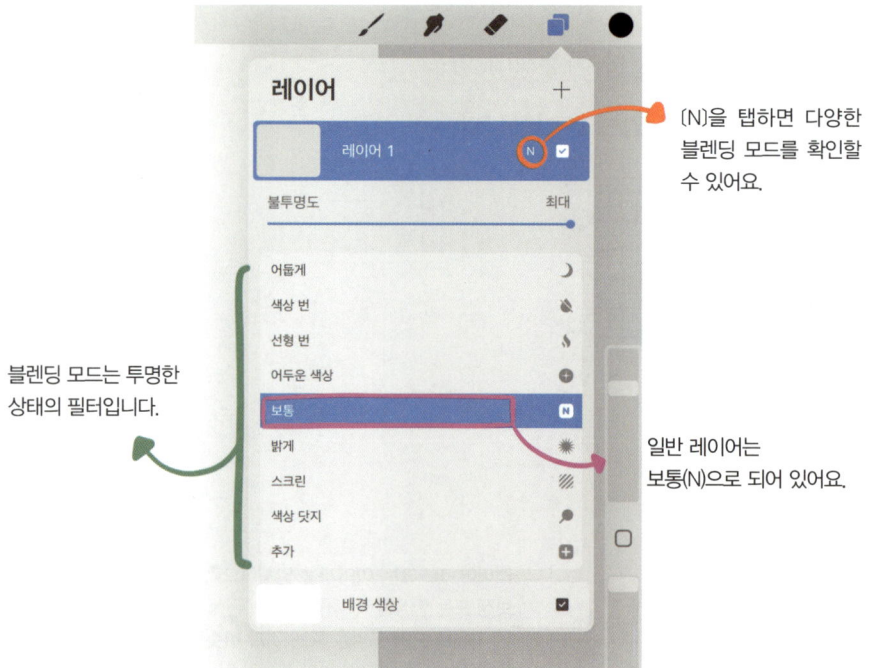

레이어에서 [N]을 탭하면 하단에 다양한 블렌딩 모드가 표시됩니다. 블렌딩 모드는 사진의 필터 같은 느낌인데요. 일반 레이어에 채색하면 불투명하지만 블렌딩 모드로 변경하면 투명한 성질로 바뀌면서 다양한 표현을 할 수 있습니다. 특히 빛 연출을 할 때 가장 효과적으로 사용할 수 있기 때문에 필수적으로 알아야 하는 기능입니다.

블렌딩 모드는 굉장히 다양하지만, 그중에서도 자주 사용하는 모드가 있습니다. 대표적으로 '곱하기'와 '오버레이'를 가장 많이 사용하지만 다른 블렌딩 모드 중에서도 좋은 것들이 많아요. 채색한 후 모드를 변경하며 어떤 느낌인지 확인해도 좋습니다.

TIP 대부분의 블렌딩 모드는 흰색 공간 위에서는 아무런 변화가 없습니다. 채색된 레이어 위에 활용해야 효과를 볼 수 있습니다.

원본

오버레이(Overlay) 빛을 줄 때 주로 사용
오버레이에서는 채도가 무조건 올라가기 때문에 밝은 색을 주로 사용합니다. 어두운 색을 사용하면 그림이 탄 것처럼 채도가 올라가며 어두워지기 때문에 주의해야 합니다.

곱하기(Multiply) 어두움을 줄 때 주로 사용
색상이 겹치면서 어두워집니다. 밝은 색을 사용해도 어두워지기 때문에 주로 어두움을 넣을 때 사용합니다. 흰색은 색이 없기 때문에 투명하게 처리됩니다.

브러시(✏️)

프로크리에이트에는 기본 브러시가 굉장히 많은 편입니다. 왼쪽은 카테고리, 오른쪽은 카테고리 안에 들어 있는 브러시 종류라고 보면 됩니다. 이 브러시들은 그림 그리는 용도뿐만 아니라 스머지와 지우개에서도 똑같이 활용 가능합니다.

원하는 브러시를 두 번 탭하면 브러시 스튜디오가 표시되어 브러시의 디테일한 옵션을 조절하여 추가 설정을 할 수 있습니다. 중간중간 오른쪽 그리기 패드에 그려 보며 어떤 느낌의 브러시로 나오는지 확인할 수도 있습니다.

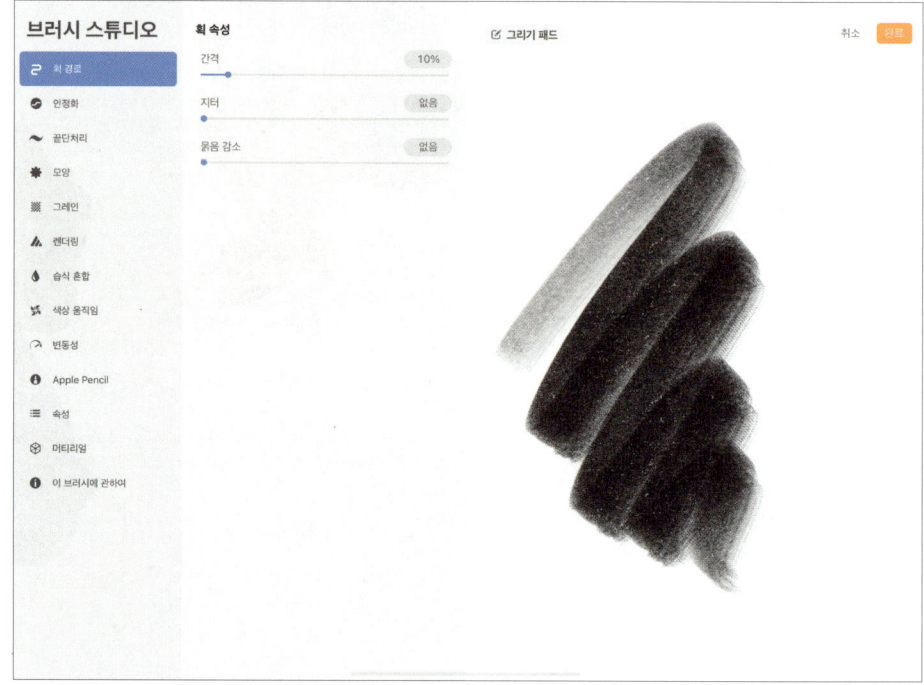

브러시 라이브러리
다양한 브러시를 선택할 수 있어요.

브러시 스튜디오
브러시 스타일을 자유롭게 조절할 수 있어요.

여러 가지 옵션을 조절한 다음 다시 원래대로 되돌리려면 (이 브러시에 관하여) 탭에서 (모든 설정 초기화)를 탭합니다.

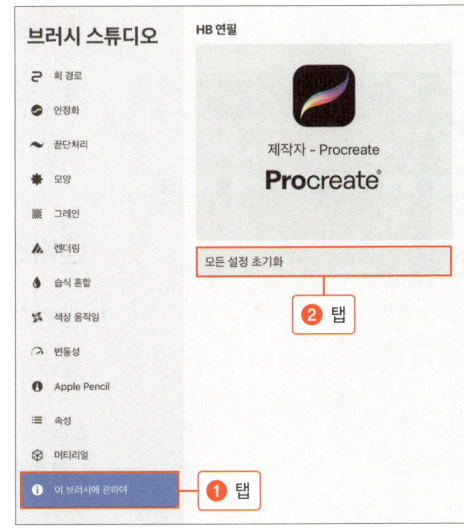

브러시 설정 초기화

최근에는 다양한 커스텀 브러시가 많이 나와 있기 때문에 구글 검색을 통해 무료로 다운로드하거나 구매하여 추가로 사용할 수 있습니다.

키워드 추천

Procreate free brush, Photoshop brush download, Free brush bundle

TIP 브러시를 추가하는 방법
브러시 라이브러리에서 (+) 버튼 탭하기 → 브러시 스튜디오가 표시되면 (가져오기) 탭하기 → 다운로드한 브러시 파일(확장자 .abr) 불러오기

동작(🔧)

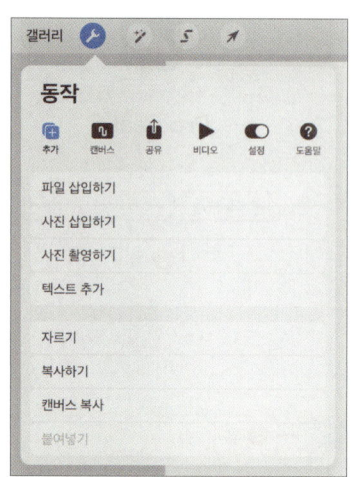

이미지를 삽입하거나 비디오 녹화, 그림 저장 등 기본 옵션이 모두 한 곳에 모여 있어 사용하기 편합니다.

동작은 그림 저장부터 캔버스 설정, 텍스트 추가 등 다양한 기능이 있습니다. 기본 기능을 제외한 몇 가지 기능들을 살펴봅니다.

캔버스 → 잘라내기 및 크기변경

캔버스 크기를 정확하게 수정할 수 있습니다. 지정한 크기가 없다면 캔버스 모서리에 있는 조절점을 드래그하여 자유롭게 자를 수도 있습니다.

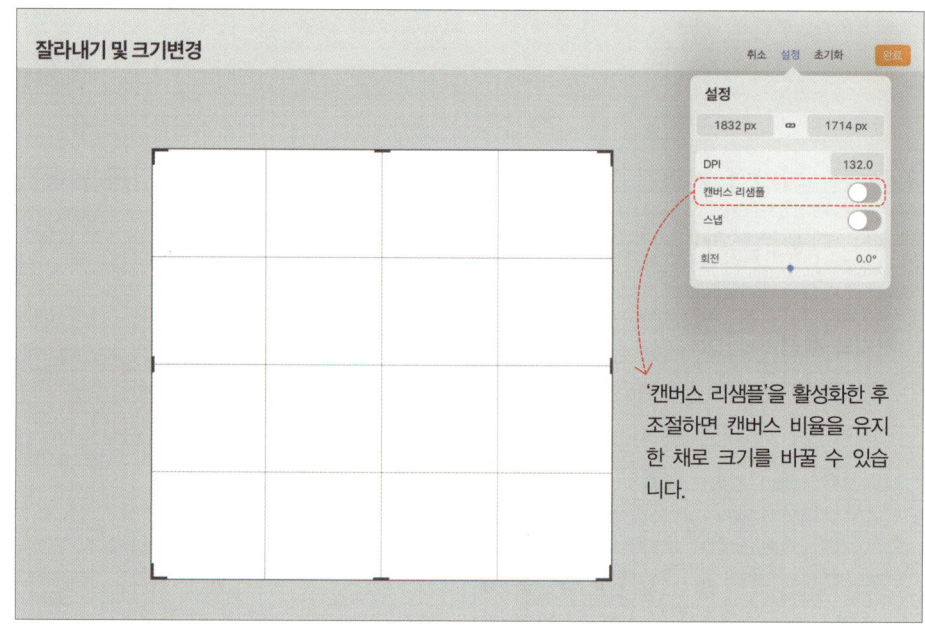

'캔버스 리샘플'을 활성화한 후 조절하면 캔버스 비율을 유지한 채로 크기를 바꿀 수 있습니다.

캔버스 → 레퍼런스

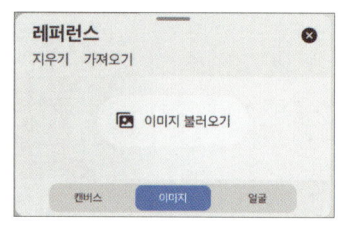

참고해서 보고 그릴 이미지가 있다면 레퍼런스 기능을 활용하여 편리하게 그릴 수 있습니다.

공유 → 이미지 공유

작업한 파일이나 이미지를 저장할 때 사용합니다. 보통 레이어를 살리고 싶다면 'PSD', 이미지로 저장하고 싶다면 'JPEG'로 저장합니다.

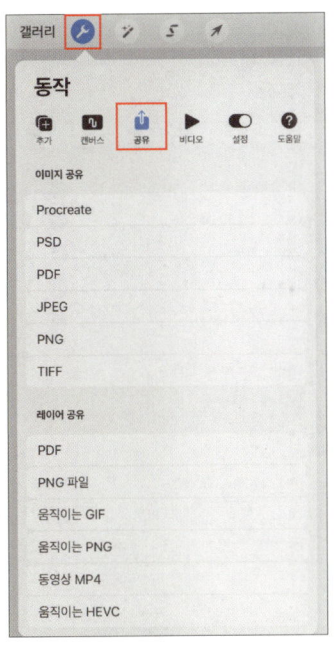

비디오 → 타임랩스 녹화

작업 과정을 비디오로 녹화하고 싶으면 '타임랩스 녹화'를 활성화해 보세요. 타임랩스이기 때문에 원래 시간보다 훨씬 빠르게 녹화됩니다.

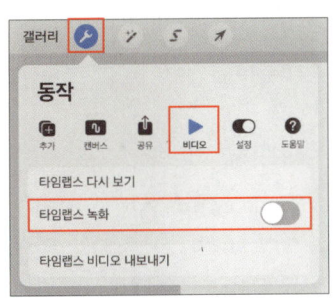

설정 → 제스처 제어

프로크리에이트에서는 제스처를 많이 활용합니다. 기본 설정을 제외한 다른 옵션들을 조절할 수 있어요.

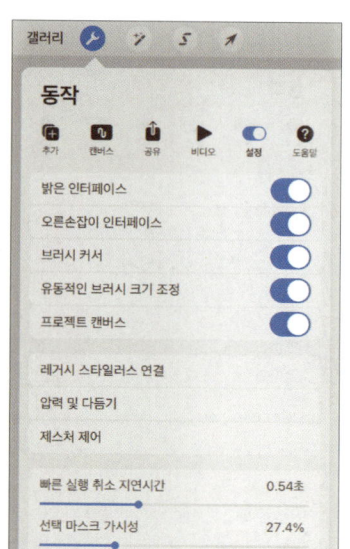

TIP 자주 사용하는 기본 제스처
- 두 손가락으로 캔버스 탭하기 : 실행 취소하기
- 세 손가락으로 캔버스 탭하기 : 실행 취소 되돌리기
- 두 손가락으로 드래그하며 회전하기 : 캔버스 회전하기
- 손가락으로 원하는 색을 길게 탭하기 : 색 추출하기(스포이트 도구)
- 레이어에서 두 손가락으로 꼬집기 : 레이어 합치기

조정( )

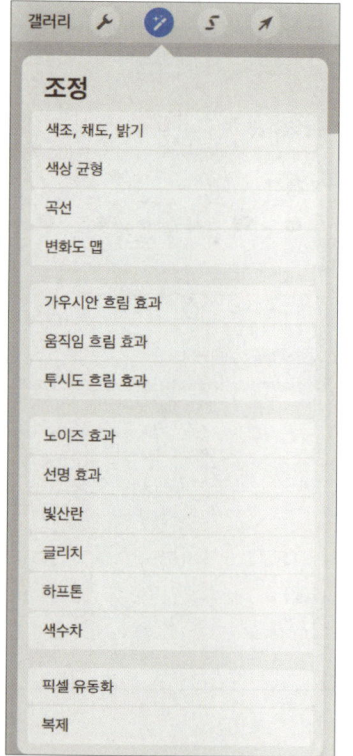

색 조정, 블러 처리 등 다양한 효과들을 설정할 수 있습니다. 조정은 그림에서 많이 사용하는 옵션으로, 대표적으로 '색조, 채도, 밝기'를 살펴봅니다.

TIP
- 가우시안 흐림 효과 : 선택한 레이어를 흐릿하게 만들어줍니다. 근경/원경에 사용해서 공간감을 추가할 수 있습니다.
- 움직임 흐림 효과 : 드래그한 방향대로 흐려집니다. 캐릭터가 움직이거나 비가 내리는 느낌을 줄 때 주로 사용합니다.

색조, 채도, 밝기

색조, 채도, 밝기를 선택하면 하단 메뉴에서 색조, 채도, 밝기를 따로 수정할 수 있어 채색할 때 반드시 사용하는 옵션입니다.

슬라이드 바를 움직여 조절합니다. 레이어가 분리되어 있을 때 부분적으로 색감을 수정하기 편합니다.

부분적으로 색상을 변경하고 싶다면 먼저 [선택(s)]을 사용한 후에 조정해도 좋습니다.

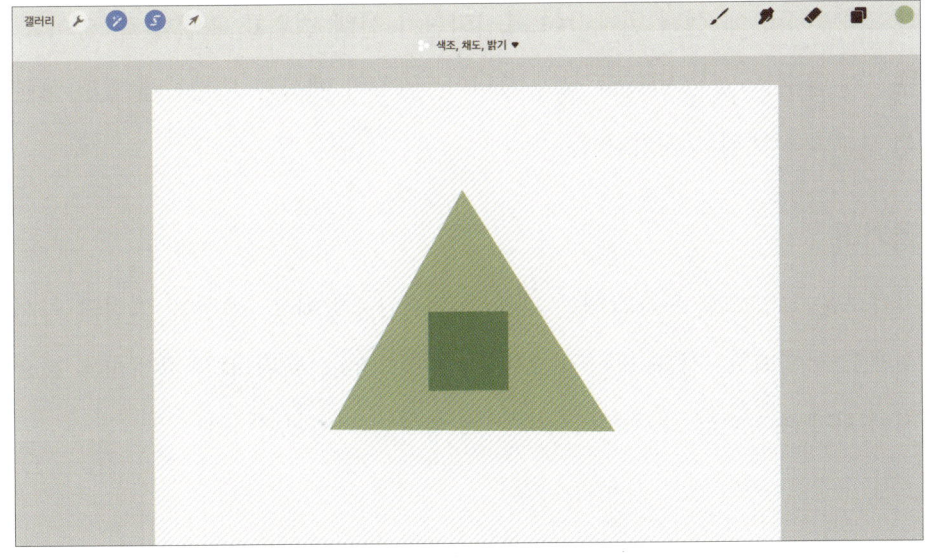

선택 툴을 사용한 후 조정하면 해당 부분만 바뀝니다.
네모, 원형, 자유 선택 툴과 함께 연습해 보세요!

선택(S)

부분적으로 수정하고 싶을 때, 깔끔하게 실루엣을 잡고 싶거나 작고 디테일한 부분을 그리기 어려울 때 또한 선택 기능을 활용하면 좋아요. 하단 메뉴에 따라 활용도가 각각 다르므로, 다음의 간단한 이미지와 함께 하나씩 알아보겠습니다.

선택 범위를 조절하고 싶다면 자동 툴로 선택한 상태에서 좌우로 드래그하여 상단의 S(퍼센티지)를 참고합니다.

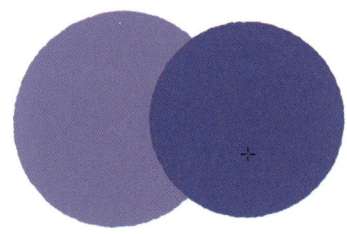

자동

탭 한 번에 비슷한 톤끼리 자동으로 선택합니다. 탭한 상태에서 양옆으로 드래그하면 상단에 선택 한계값이 표시되면서 선택 범위를 조절할 수 있어요. 수치가 클수록 넓은 범위를 잡아 줍니다. 왼쪽의 예시는 오른쪽에 있던 노란색 부분만 선택된 상태입니다.

올가미

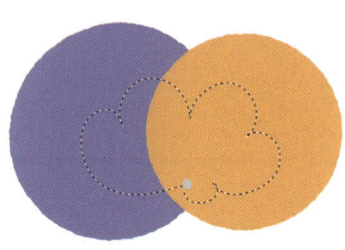

회색 지점을 잘 맞춰 마무리하세요.

자유로운 모양으로 드래그하는 대로 선택할 수 있어요. 곡선을 그리면 곡선 형태로 선택되고, 점을 찍어 이으면 직선 형태로 선택됩니다. 올가미는 회색 점인 시작 지점으로 다시 돌아와야 선택 영역으로 지정됩니다.

직사각형

드래그하여 사각형 형태로 선택합니다.

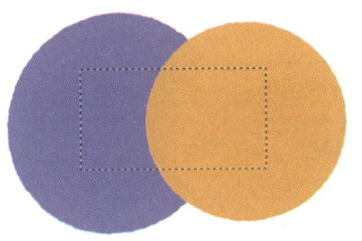

타원

드래그하여 원형 형태로 선택합니다.

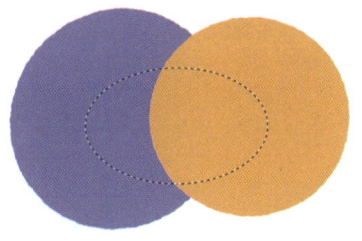

타원 선택 툴을 사용하는 경우
드래그한 상태에서 손가락으로 꾹 누르면 정원형으로 바뀝니다.

변형( )

변형은 크기나 비율을 조절할 수 있습니다. 이미지 모서리에 기본적으로 표시되는 조절점 색상에 따라 기능도 다릅니다.

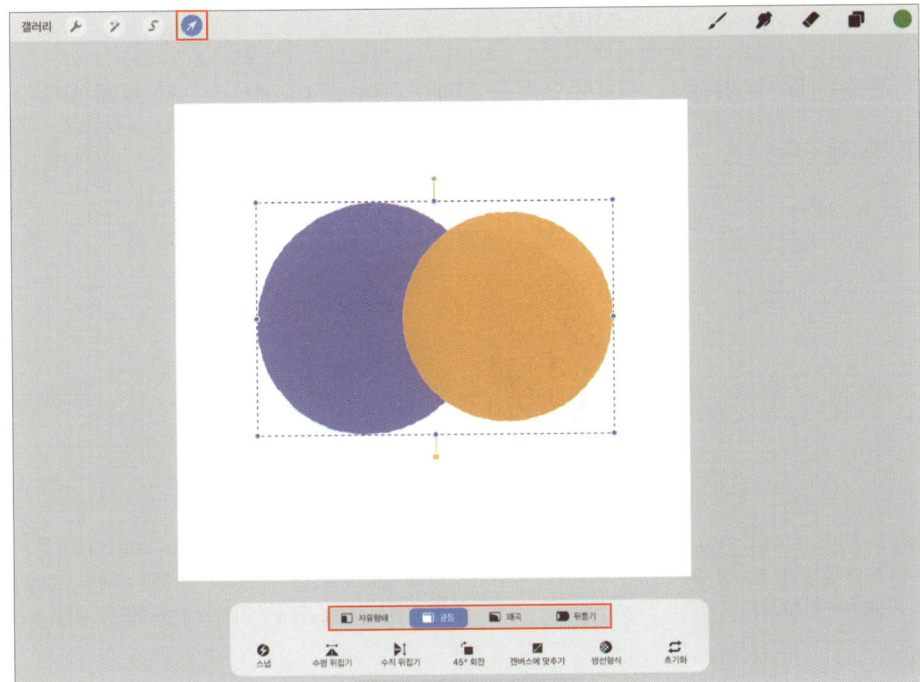

TIP
① 초록색 조절점 : 이미지 회전
② 파란색 조절점 : 이미지 크기 조절
③ 주황색 조절점 : 이미지 상자만 회전

변형 기능은 선택 기능과 함께 사용하면 하나의 레이어 안에서 부분적으로 수정이 가능합니다.

자유 형태

비율에 상관없이 크기를 자유롭게 조절할 수 있습니다.

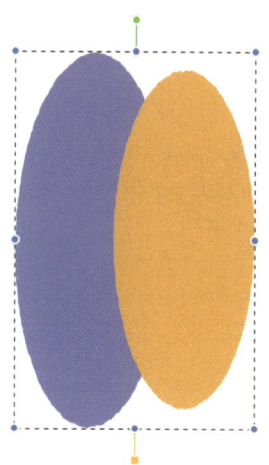

전체적인 캐릭터 비율이나 실루엣을 편하게 고치고 싶을 때 많이 활용합니다.

균등

그려 놓은 비율을 유지하며 크기를 조절할 수 있습니다.

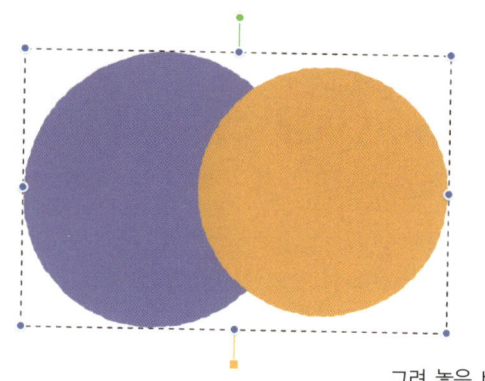

그려 놓은 비율을 깨뜨리고 싶지 않을 때 사용해 보세요.

왜곡

파란색 조절점을 드래그해 간단한 왜곡을 줄 수 있습니다. 간단한 투시를 위해 사용하기도 합니다.

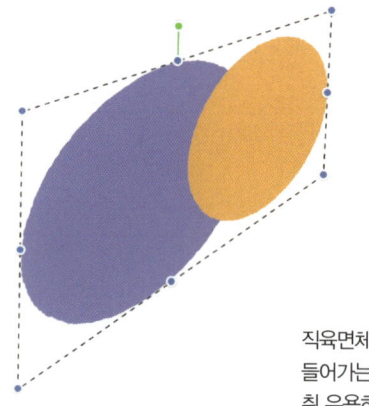

직육면체 형태 위에 있는 무늬나 건물에 들어가는 창문 등을 넣을 때 투시에 맞춰 유용하게 사용할 수 있습니다.

뒤틀기

메시 안쪽을 드래그하여 좀 더 세부적으로 형태를 수정할 수 있습니다.

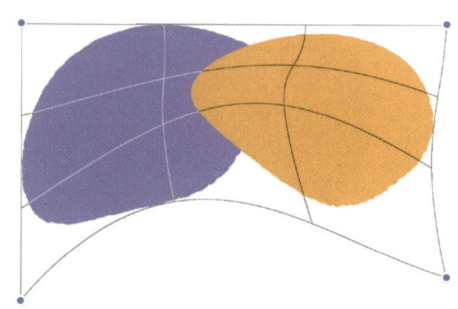

개인적으로는 캐릭터 의상이나 헤어 등을 간단히 수정할 때 많이 사용하는 편입니다. 물 위에 떠 있는 종이처럼 불규칙적인 느낌을 추가하고 싶을 때도 유용합니다.

색상(⬤)

색상은 디스크, 클래식, 하모니, 값, 팔레트의 총 다섯 가지로 설정 가능하기 때문에 편한 버전으로 진행하면 됩니다. 보통 색상과 HSB 값(색, 채도, 명도)을 모두 조절할 수 있는 클래식으로 설정해 놓고 진행하는 편이에요.

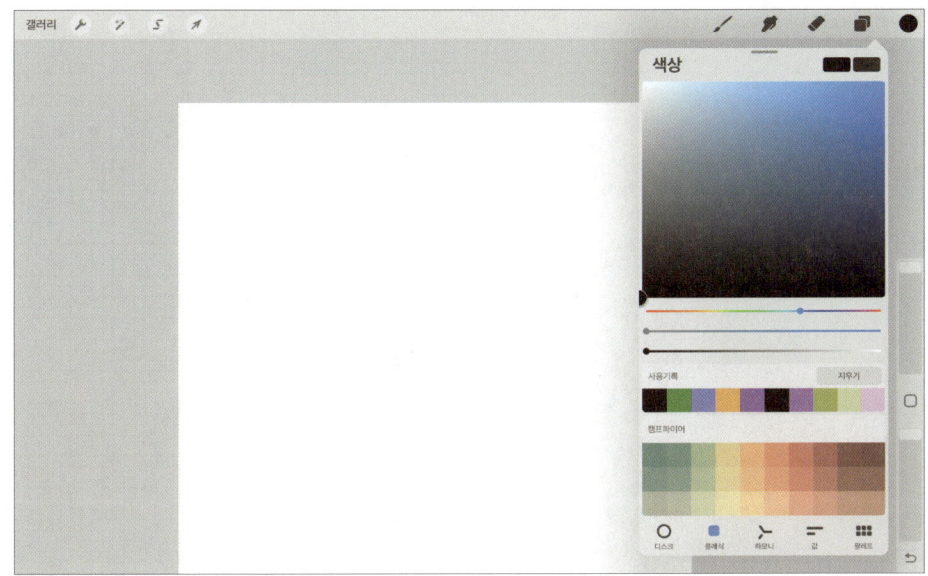

큼직한 색은 네모 칸 안에서 고르고, 디테일한 색감은 HSB에서 조절하면 편합니다.

프로크리에이트에서는 오른쪽 상단 색상을 원하는 부분으로 드래그하면 한 번에 색을 채워 주는 기능이 있어 굉장히 편리합니다.

테두리에 공간이 조금이라도 있으면 색도 밖으로 나가버리니 주의하세요!

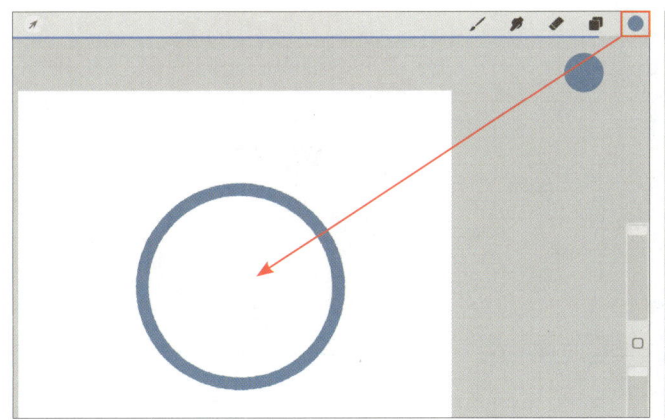
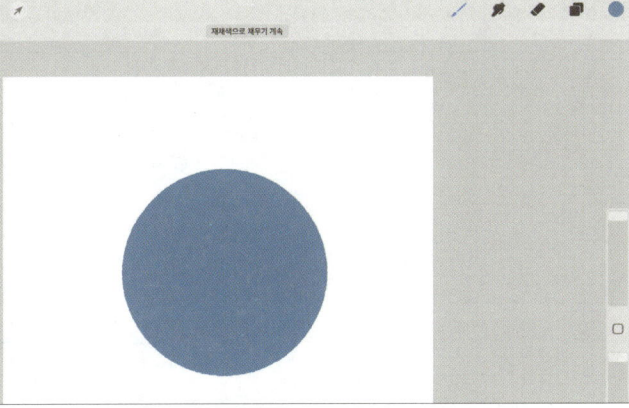

꼭 알아두어야 할 기본 옵션 활용하기

기본 옵션을 어느 정도 알아봤으니 간단한 예제로 한 번 연습해 볼까요? 지금까지 배운 옵션을 사용해서 이미지를 약간 수정해 봅니다. 레이어는 각각 분리되어 있으니 수정하고 싶은 레이어를 선택해서 진행해 보세요. 레이어를 잘못 선택하면 엉뚱한 부분이 수정될 수도 있으니 주의합니다.

● **예제 파일 :** 01\연습.psd

01 레이어에서 '입' 레이어를 탭합니다. (선택(_s_))을 탭하고 하단 메뉴에서 (올가미)를 선택하여 입 부분을 드래그합니다.

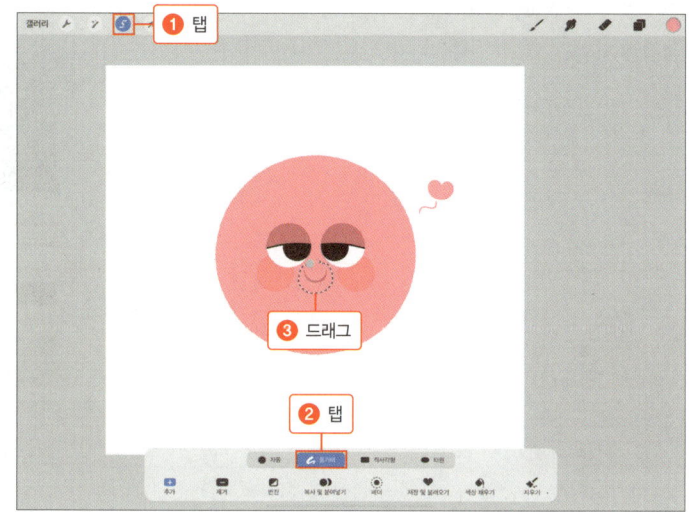

02 선택한 상태로 (변형(↗))을 탭하면 선택한 부분에 이미지 상자가 표시됩니다. 이때 드래그하여 원하는 곳으로 이동할 수 있습니다.

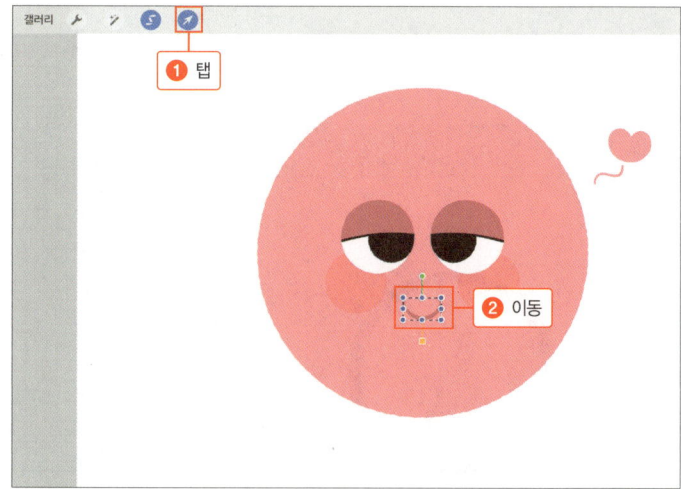

03 파란색 조절점을 드래그하면 크기도 변경할 수 있습니다.

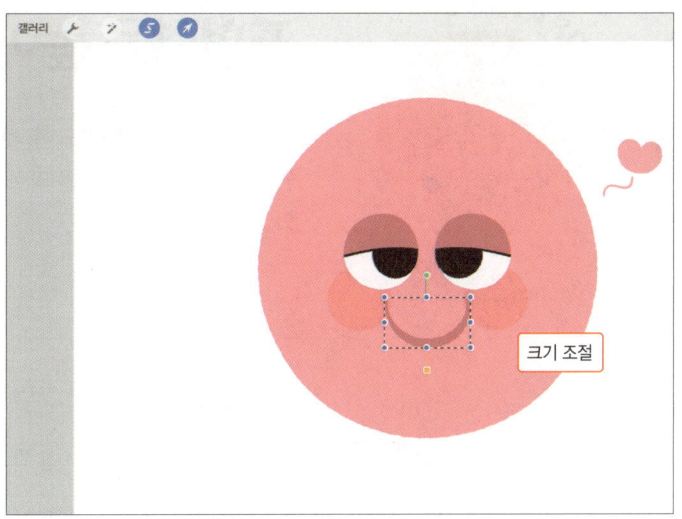

그림을 그릴 때 이렇게 여러 가지 옵션을 혼합하여 활용하게 될 거예요. 각각의 위치나 기능들을 잘 알고 있으면 좋으니 낙서하듯 편하게 연습해 보세요.

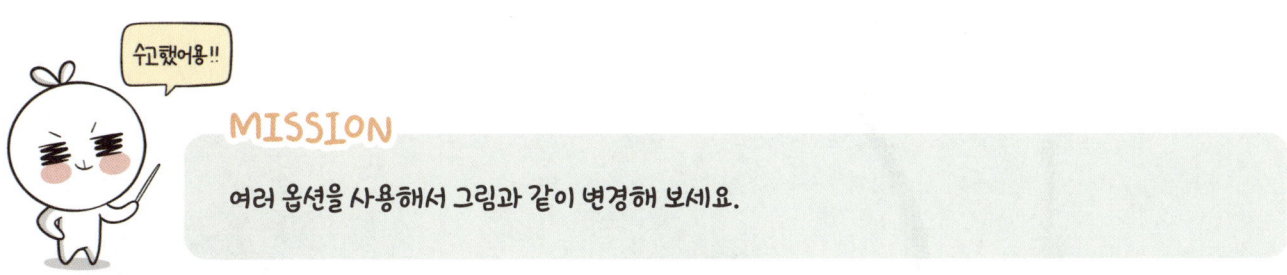

MISSION

여러 옵션을 사용해서 그림과 같이 변경해 보세요.

색상을 변경해 보세요.   얼굴에서 별 모양을 만들어 분리해 보세요.   얼굴을 회전해 보세요.

표현력을 높이는 다양한 선 연출하기

스케치도 채색 못지않게 굉장히 중요합니다. 채색할 때 선을 살려 그리는 경우도 있고요. 이때 원하는 느낌에 따라 선을 다르게 사용할 줄 알면 그림의 폭 또한 넓어질 거예요. 다양한 브러시와 함께 연습해 보세요.

그림을 그릴 때 사용하게 되는 선! 선은 어떻게 사용해야 할까요? 선의 느낌은 개개인의 취향이 담겨 있기 때문에 좋은 선, 나쁜 선을 구분하기는 어려워요.

다만 그리고 싶은 스타일에 따라 원하는 선을 골라 사용할 수 있어요. 같은 곡선을 그리더라도 연필의 기울기, 힘의 강도, 강약의 위치 등에 따라서 차이가 생깁니다.

사용 브러시 : 스케치 → HB 연필

왼쪽 이미지는 스케치할 때 많이 사용하는 HB 연필을 사용한 선이에요. 같은 브러시지만 필압을 어떻게 넣는지, 두께 설정을 어떻게 넣었는지에 따라 느낌이 많이 달라지죠? 이런 디테일한 부분을 조절할 수 있는 스킬이 쌓이면 하나의 도구로도 다양한 표현이 가능합니다. 러프 스케치를 할 때, 명암을 넣을 때, 힘 있는 드로잉을 그리고 싶을 때 등 원하는 분위기에 따라 선 또한 다양하게 바꿀 수 있지요.

어떤 도구를 사용하는지에 따라서도 달라질 수 있습니다. 강약이 들어가지 않고 일정한 선으로만 나오는 펜, 투명도 변화 없이 두께 변화만 있는 붓 펜, 종이 질감이 드러나는 연필 등 다양한 재료가 많아요.

디지털 드로잉의 장점 중 하나는 이런 여러 가지 펜을 직접 구매하지 않아도 비슷한 느낌의 브러시를 다양하게 사용할 수 있다는 점이에요. 마음에 드는 느낌의 도구는 직접 구매하여 수작업으로 사용해도 좋습니다.

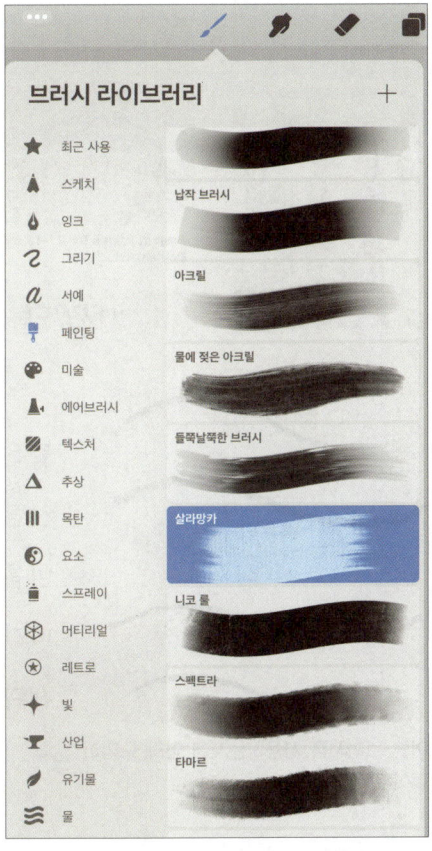

수작업 느낌이 나는 브러시들도 꽤 들어있습니다. 하나씩 사용해 보고 취향에 맞는 브러시들을 따로 정리해도 좋아요!

drawing and doodle , TB Choi

Project Pages 01-27-13 by Andantonius on DeviantArt
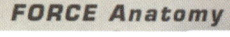

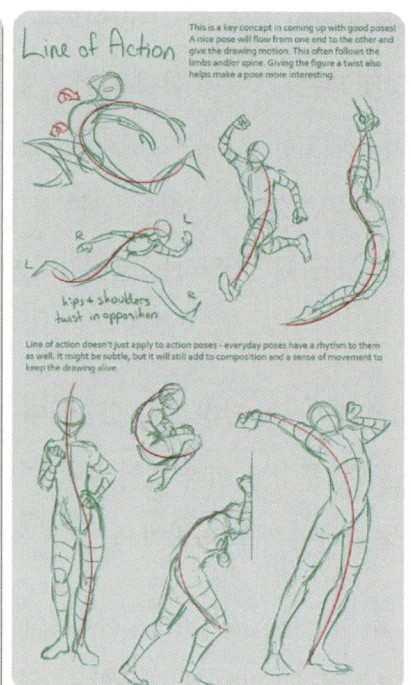
FORCE Drawing - Innovative Online Drawing Classes For Any Artist

GRIZandNORM

출처 : Pinterest

어떤 브러시를 사용하는지에 따라 느낌이 많이 달라집니다.

같은 형태라도 개개인의 선 느낌은 정말 다양합니다. 그중 선을 잘 사용하는 사람을 보면 필력이 좋다고 얘기하기도 해요. 다양한 아티스트의 드로잉을 보고 마음에 드는 스타일의 선이 보인다면 참고하여 최대한 비슷한 느낌이 나도록 따라 그려 보는 것도 큰 도움이 됩니다. 어디에 힘을 넣고 뺐는지, 어떤 부분을 생략했는지 등을 분석해 보면서 공부하는 재미도 있습니다.

드로잉은 디지털로만 연습하기보다는 실제 종이 위에 연필이나 목탄 같은 도구로 연습하는 걸 추천합니다. 디지털은 수정이 용이하기 때문에 각종 도구에 기대게 되는 느낌이 있어요. 이게 나쁜 건 아니지만, 기본을 좀 더 확실히 연습하고 싶다면 수작업도 함께 병행하는 게 더 좋습니다. 다양한 각도로 연습해 보며 여러분이 좋아하는 선을 찾아보길 바랍니다.

선의 강약

선의 느낌은 굉장히 다양합니다. 그중에서 가장 일반적인 느낌의 선을 한 가지 알아보아요.

이 선의 포인트는 강약인데요. 다음의 A 선은 힘의 강약이 전혀 들어가 있지 않습니다. 이런 선은 형태를 한 번에 잡아내며 그리는 '라인 드로잉'에서 많이 사용하는데, 형태가 어느 정도 있어야 다루기 수월합니다. 일반 드로잉이나 초보자가 사용하기에는 상대적으로 조금 어려운 선이죠.

반면에 B 선에는 두 가지 강약이 들어가 있습니다. 바로 '두께의 강약'과 '톤의 강약'입니다. 둘 다 힘 조절을 통해 생기는 강약이지만 의도적으로 두께를 추가하여 넣는 경우도 있기 때문에 따로 지칭합니다. 이 두 가지를 의식해 연습하다 보면 선을 좀 더 부드럽게 사용할 수 있을 거예요.

A 선에 힘의 강약을 더해 두께와 톤에 강약을 넣은 B 선

선을 그릴 때 주의할 점

초보자가 드로잉할 때 주의해야 할 점은 크게 두 가지입니다.

첫째, 너무 작게 그리지 않습니다. 캔버스는 크지만 형태를 잡는 데에 자신이 없다 보니 아주 작게 그리는 경우가 많아요.

둘째, 잔 선(짧은 선)을 너무 많이 사용하지 않습니다. 물론 잔 선이 나쁜 것은 아니지만 진한 잔 선은 자칫 잘못하면 지저분해 보이기 쉬워요. 많이 어긋나게 됐을 땐 정확한 형태를 알아보기 어렵습니다. 짧은 선과 긴 선을 필요에 따라 적절히 섞어 사용하면 훨씬 편하게 스케치할 수 있습니다. 이때 짧은 선에 비해 익숙하지 않은 긴 선은 상대적으로 조금 어려울 수 있어요.

어떻게 해야 긴 선을 편하게 그릴 수 있을까요? 보통 작게 낙서하거나 필기할 때 사용하는 관절은 최대로 잡아야 손목입니다. 손목을 기준으로 움직이면 펜을 움직일 수 있는 범위가 좁아져요. 반면에 그리고 싶은 선이 길다면 팔꿈치, 또는 어깨 기준으로 움직여야 훨씬 더 편하게 그릴 수 있습니다.

첫째, 너무 작게 그리지 않습니다.
둘째, 잔 선(짧은 선)을 너무 많이 사용하지 않습니다.

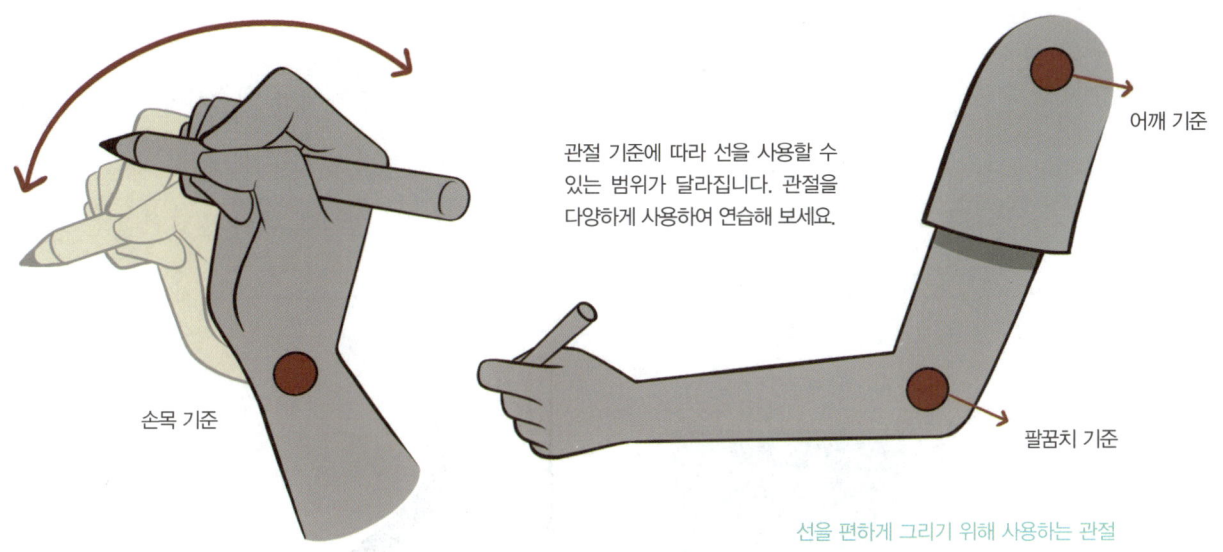

관절 기준에 따라 선을 사용할 수 있는 범위가 달라집니다. 관절을 다양하게 사용하여 연습해 보세요.

손목 기준

어깨 기준

팔꿈치 기준

선을 편하게 그리기 위해 사용하는 관절

특히 러프 스케치의 경우 작고 디테일한 부분이 아닌 큼직한 위치, 흐름 등을 체크하는 경우가 많기 때문에 큼직한 선을 상대적으로 많이 활용합니다. 선을 사용하는 게 익숙해지도록 직선, 곡선, 원을 활용해서 자유자재로 크게 연습해 봅니다.

처음에는 원하는 방향으로 선을 긋기 어려울 거예요. 이럴 땐 속도를 낮춰 원하는 방향에 집중하여 연습하는 걸 추천합니다. 점과 점을 찍고 두 점을 연결해서 연습해 보세요. 쉬워 보이지만 선이 익숙하지 않다면 점이 어긋나거나 선이 반듯하지 않게 나올 수 있습니다. 꼭 가로선으로만 연습할 필요는 없습니다. 여러 가지 방향으로 바꿔가며 연습해 보세요. 단, 캔버스 회전 기능을 최대한 사용하지 않고 연습하는 게 기본 실력 향상에 더 도움이 됩니다.

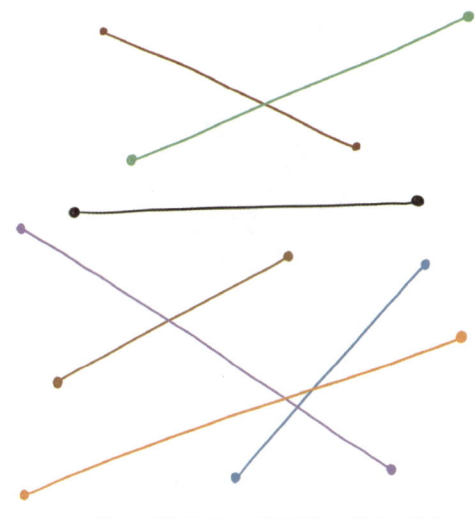

두 점을 다양한 방향으로 연결하는 선 긋기 연습

필압 더하기

선 긋기가 익숙해졌다면, 그다음에는 필압도 추가해서 연습해 보세요. 특히 디지털 페인팅의 경우 필압이 들어가는 브러시가 많기 때문에 힘 조절이 자유자재로 된다면 사용하기 더 수월합니다. 물론, 설정에 따라 필압이 없는 브러시도 있습니다.

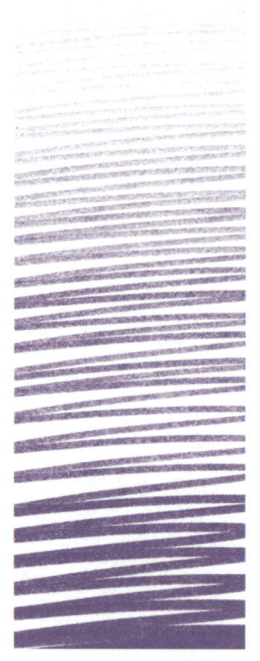

네모 선택 툴을 선택한 상태에서 필압 연습을 하면 좀 더 깔끔하게 연습할 수 있어요.

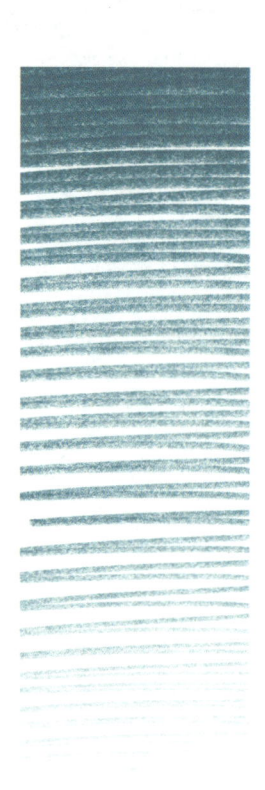

필압을 이용한 그러데이션
사용 브러시 : 스케치 → HB 연필

필압을 이용한 두께 변화
사용 브러시 : 잉크 → 스튜디오 펜

천천히 연습하다가 이후에는 속도를 조금씩 올리며 난이도를 높여 보세요. 선 따기처럼 깔끔함을 요구하는 작업에서는 선을 긋는 속도를 올려야 손 떨림이 적어집니다. 선의 울퉁불퉁한 느낌이 싫다면 속도를 한 번 조절해 보세요.

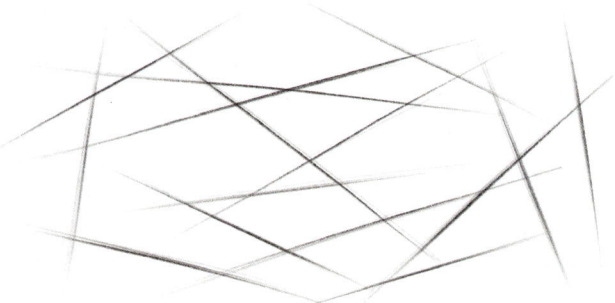

크기나 각도를 일정하게만 그리면 실제 그림에 적용하기 어려울 수 있어요. 최대한 다양하게 변화를 주며 그려 보세요. 손목, 팔꿈치, 어깨, 각 관절을 기준으로 선을 그으며 차이를 느껴 봅니다.

선의 끝부분을 날리면 선이 좀 더 부드러워 보입니다.

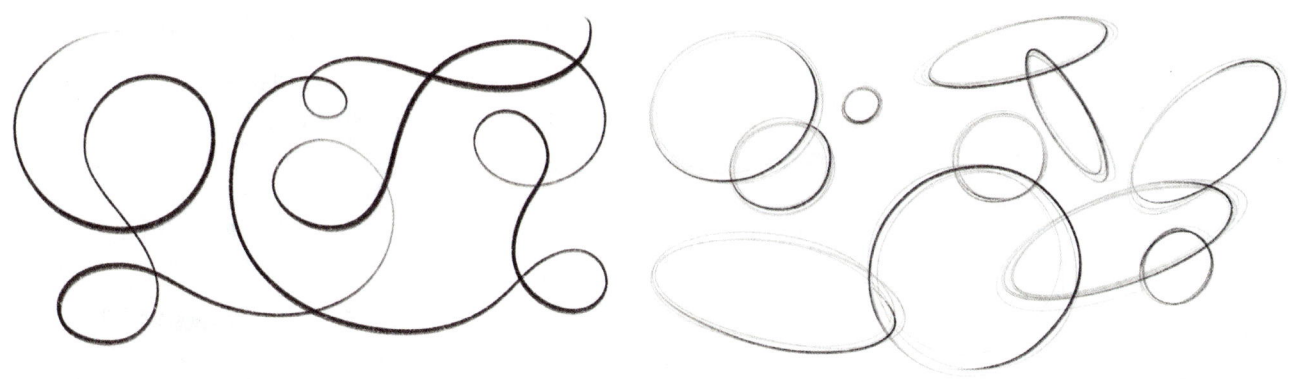

한 번에 그리기 위해 선을 처음부터 진하게 사용하면 형태가 마음에 들지 않을 수 있어요. 연한 선으로 가이드라인을 잡은 후에 마음에 드는 형태가 나왔을 때 조금씩 진한 선을 사용해 보세요.

TIP 필압이란?
그림을 그릴 때 펜 끝에 주는 압력의 정도를 말합니다. 디지털 드로잉에서는 필압이 굉장히 중요하기 때문에 어느 정도 힘을 썼을 때 브러시가 어떻게 나오는지를 잘 파악하는 게 좋습니다. 필압 조절에 익숙해진 후에는 굳이 신경 쓰지 않아도 자연스럽게 활용하게 될 거예요.

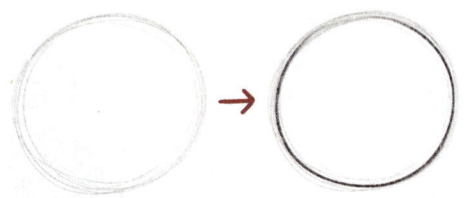

연하게 그려보다가 원하는 형태가 나왔을 때 진하게 마무리합니다.

표현력을 높이는 다양한 선 연출하기

손 떨림 보정 기능 활용하기

프로크리에이트에는 SteamLine 기능이 있습니다. 바로 손 떨림 보정인데요. 선을 사용하다 보면 익숙하지 않거나 화면 위 작은 이물질로 인해 선이 울퉁불퉁하게 그려지는 경우가 있습니다. 이런 작은 떨림은 손 떨림 보정 기능을 이용하여 깔끔하게 보완할 수 있어요. 선 따기 작업처럼 깔끔함을 요구하는 작업에서는 100%까지 설정하고 사용해도 괜찮지만, 일반적인 스케치에서는 선을 자유자재로 사용하기는 어렵기 때문에 낮은 수치로 설정해서 사용하길 권장합니다.

01 원하는 브러시를 두 번 탭합니다.

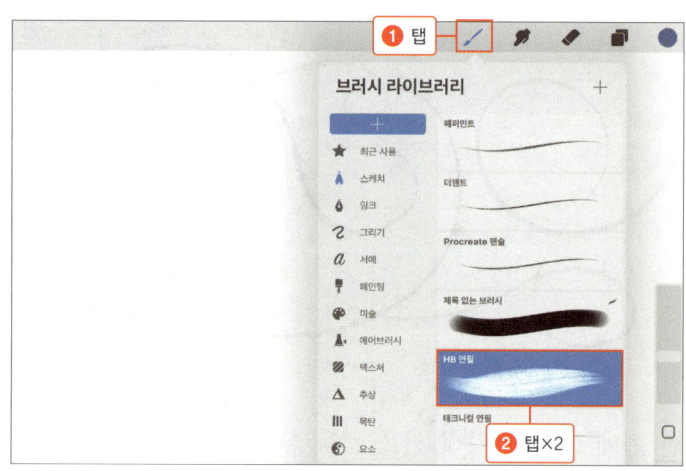

02 브러시 스튜디오가 표시되면 (안정화) 탭에서 StreamLine의 '양'을 조절합니다. 수치가 커질수록 손 떨림 보정도 강해집니다.

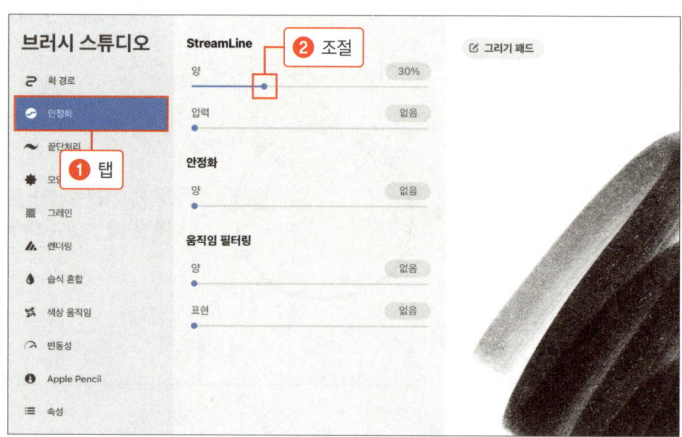

TIP 우측의 그리기 패드에서 브러시 테스트를 하면 좋습니다.

그리기 막막하다면, 해답은 레퍼런스!

모든 오브제를 다 잘 그릴 수 있다면 참 좋겠지만, 아쉽게도 대부분은 아니기에 자료 수집은 거의 필수라고 봐도 좋습니다. 머릿속에 희미하게 있던 이미지들을 선명하게 만들어주는 작업이라고 생각하면 좋아요. 어떤 식으로 자료를 찾아가는지 한 번 알아보도록 합시다.

그림을 그릴 때는 100% 머릿속에서만 아이디어를 끄집어내기가 참 어렵습니다. 아무것도 없는 흰 도화지를 보며 뭐부터 그려야 할지 어떤 캐릭터를 그려야 할지 막막한 경우가 많을 거예요.

익숙한 오브제라면 자료 없이도 어느 정도 그릴 수 있지만 모든 오브제를 알고 있기란 쉽지 않습니다. 의상, 헤어, 자세, 원하는 캐릭터의 이미지, 성격, 배경이 있다면 소품, 조명, 무드 등 시각적 이미지를 디테일하게 모을수록 훨씬 수월하게 그림을 그릴 수 있어요.

여러분이 구상한 그림을 그리기에 앞서 하나의 '아이디어 보드'를 만든다고 생각해 봅니다. 레퍼런스를 모아 한 번에 볼 수 있도록 펼쳐 둔 다음 자료를 보며 구상한 아이디어와 함께 접목시켜 보는 거죠. 머릿속에 막연하게만 있던 이미지들이 시각적으로 정확하게 보이기 때문에 작업 속도도 훨씬 빨라진답니다. 그리다가 부족한 부분이 있다면 추가 자료를 찾아봅니다.

레퍼런스는 말 그대로 참고 자료일 뿐, 그 이미지들을 100% 똑같이 사용하기보다는 레퍼런스와 여러분 아이디어를 합하여 결과물을 만들어 내는 게 중요해요. 특히 누군가의 창작물을 레퍼런스로 활용할 때 너무 많은 부분을 따라 그리면, 더 이상 참고가 아닌 카피가 될 수 있기 때문에 선을 잘 지켜야 합니다.

그렇다면 레퍼런스는 어떻게 찾아야 할까요? 정답이 있는 건 아니지만, 간단한 예로 '캠핑 중인 사람'을 그린다고 가정해 볼게요. 앉아 있는 자세를 그리려 하는데 의자의 형태부터 막히기 시작합니다. 자주 보던 오브제인데 막상 그리려니까 어떻게 생겼는지 잘 모르겠어요.

'의자'를 검색하여 자료를 찾아보니 같은 의자라도 쿠션이 있는지, 나무로 되어 있는지, 긴지, 짧은지 등 굉장히 다양한 기준과 형태가 있어서 고민이 됩니다. 보면서 마음에 드는 의자를 다 수집해도 좋지만, 되도록이면 본인이 생각한 그림의 분위기와 캐릭터 느낌에 맞춰 검색의 폭을 좁히는 게 좋아요.

다양한 기준과 형태 중에서 생각한 그림의 분위기와 캐릭터 느낌에 맞춰 레퍼런스 검색의 폭을 좁히는 게 좋아요.

안락한 분위기라면 딱딱한 의자보다는 쿠션감이 있는 의자가 좋을 거고, 캠핑 중인 설정이라면 큼직한 소파 의자보다는 캠핑용 의자가 더 잘 어울리겠죠? 콘셉트를 확실히 잡을수록 검색 범위를 좀 더 좁혀서 빠르고 정확하게 찾을 수 있습니다. 이때 초보자일수록 형태뿐만 아니라 그리려 하는 의자의 각도나 천에 들어가는 패턴 등 그리는 모든 부분을 고려하여 자료를 찾으면 그림을 그리기 더욱 수월해져요. 같은 오브제라도 시점에 따라 형태가 다양해지기 때문에 그리는 데 익숙하지 않은 상태에서는 자료를 최대한 참고하는 게 좋습니다.

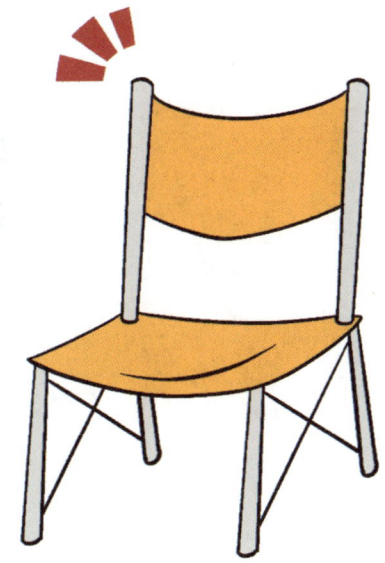

레퍼런스를 찾기 좋은 사이트

레퍼런스나 다양한 그림을 참고하기 좋은 사이트들을 몇 가지 알아봅니다. 다음 사이트들은 앱도 있기 때문에 모바일로도 편하게 찾아볼 수 있습니다.

Pinterest

사실 핀터레스트만 들어가도 웬만한 자료는 거의 찾아볼 수 있습니다. 그림뿐만 아니라 사진, 다른 분야의 작품 등 장르를 가리지 않고 다양한 이미지들이 올라와 있어요. 원하는 이미지를 클릭한 다음 스크롤바를 내리면 비슷한 느낌의 이미지들이 연속적으로 표시되기 때문에 검색어를 바꿔서 여러 번 찾지 않아도 되는 부분이 큰 장점입니다. 보드를 만들어 따로 정리해 두기도 용이하기 때문에 가장 많이 사용하는 사이트예요.

레퍼런스 제작에 가장 많이 사용하는 핀터레스트

Deviantart / Artstation

이 두 개의 사이트는 아트와 관련된 작업물들을 볼 수 있는 사이트입니다. 2D 뿐만 아니라 3D 작업물은 물론이고 캐릭터, 배경 등 다양한 국내·외 작가들이 활동하는 사이트이기 때문에 자료가 굉장히 많아요. 작가마다 스타일도 다양하기 때문에 여러분의 몰랐던 취향을 찾아보는 재미도 있습니다.

Google

구글은 너무나도 유명한 사이트죠? 자료를 찾다 보면 이미지 크기가 너무 작아 화질이 좋지 않거나 비슷한 이미지들을 한 번에 찾고 싶을 때가 있습니다. 그럴 때는 구글의 이미지 검색 기능을 활용하면 좋아요.

구글 사이트에 접속한 다음 검색창 오른쪽 '카메라' 아이콘(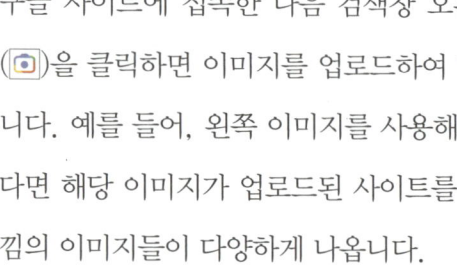)을 클릭하면 이미지를 업로드하여 따로 검색할 수 있습니다. 예를 들어, 왼쪽 이미지를 사용해서 이미지 검색을 한다면 해당 이미지가 업로드된 사이트를 비롯하여 비슷한 느낌의 이미지들이 다양하게 나옵니다.

검색할 이미지

마음에 드는 레퍼런스 하나를 찾았다면 그 사진을 이용해서 이렇게 연관 이미지를 찾아볼 수도 있는 거죠. PC 버전에서는 검색할 이미지 크기를 따로 설정할 수 있기 때문에 해상도가 좋은 이미지만 고를 수도 있습니다.

레퍼런스를 찾는 시간과 양은 매번 다르지만, 어떻게 보면 조금 지루하게 느껴질 수도 있는 부분이에요. 하지만 아이디어 보드를 확실히 만들수록 그림 그릴 때 헷갈리는 부분도 적어지니 그림을 그리기 전에 몇 장이라도 꼭 시간을 내어 찾아보길 추천합니다.

구글에 업로드한 이미지와 비슷한 검색 이미지

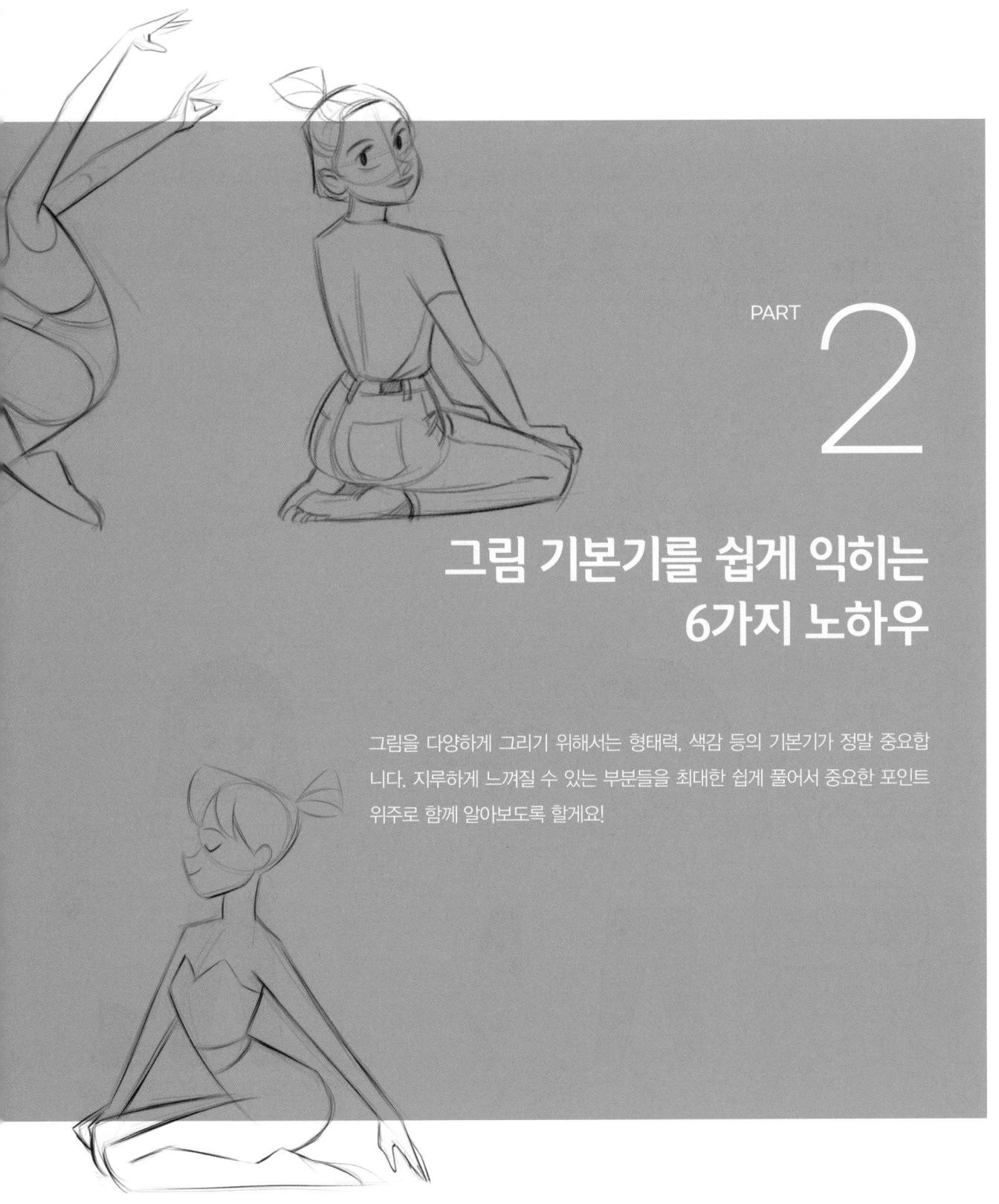

PART 2

그림 기본기를 쉽게 익히는 6가지 노하우

그림을 다양하게 그리기 위해서는 형태력, 색감 등의 기본기가 정말 중요합니다. 지루하게 느껴질 수 있는 부분들을 최대한 쉽게 풀어서 중요한 포인트 위주로 함께 알아보도록 할게요!

입체감을 이해하는 효과적인 방법

아무리 단순한 형태라도 입체적으로 볼 수 있어야 기본 구조를 해치지 않으면서 그려 나갈 수 있습니다. 이번 시간에는 입체적으로 보는 눈을 길러보도록 할게요.

사물을 볼 때 초보자가 가장 많이 하는 실수 중 하나는 형태를 평면적으로 인식한다는 점입니다. 같은 사각형을 보더라도 3D 육면체로 인식하는 사람이 있는가 하면, 종이 위에 그려진 사각형처럼 평평한 2D로 인식하는 사람이 있어요.

모든 사물은 단순화했을 때 기본 도형에 빗대어 볼 수 있습니다. 물론 사람도 마찬가지예요. 형태를 입체감 있게 볼 수 있어야 캐릭터에 옷을 입히는 스케치부터 채색할 때 들어가는 명암까지 훨씬 자연스럽게 그릴 수 있습니다. 우리는 앞으로의 과정들을 위해 먼저 기본 도형뿐만 아니라 여러 가지 모양을 입체적으로 보는 연습을 해 볼 거예요.

기본 도형인 구, 원기둥, 직육면체

TIP 모든 형태는 기본 도형인 구, 원기둥, 직육면체를 바탕으로 이루어져 있다고 볼 수 있습니다.
복잡한 형태일수록 단순화시켜 기본 도형에 대입하면 입체적으로 인식하기 훨씬 수월할 거예요.
입체감을 좀 더 확실하게 인식하고 싶다면 체크무늬 라인(메시)을 넣어 확인해도 좋습니다.

자, 먼저 기본 도형을 볼까요? 기본 도형은 보통 '구', '원기둥', '직육면체'로 나뉩니다. 아무리 복잡한 구조라도 이 세 가지만 있으면 단순화시킬 수 있기 때문에 이것만 잘 이해해도 반은 성공이에요. 이 도형들에 입체의 흐름을 그려 볼 텐데요. 이때 사용하는 선을 '메시(Mesh)'라고 부르기도 합니다. 메시는 그물망과 비슷한 형태로, 흐름 표현을 위해 넣는 선이에요. 인체를 그릴 때도 많이 활용하곤 하죠.

메시가 적용된 기본 도형

입체감을 이해하는 효과적인 방법

메시를 넣으면 오브제의 방향이나 입체감을 좀 더 확실히 볼 수 있기 때문에 스케치할 때 가이드용으로 살짝 넣어 주면 좋습니다. 마치 3D 모델링 같기도 하죠? 여기서 조금 변화를 줄게요.

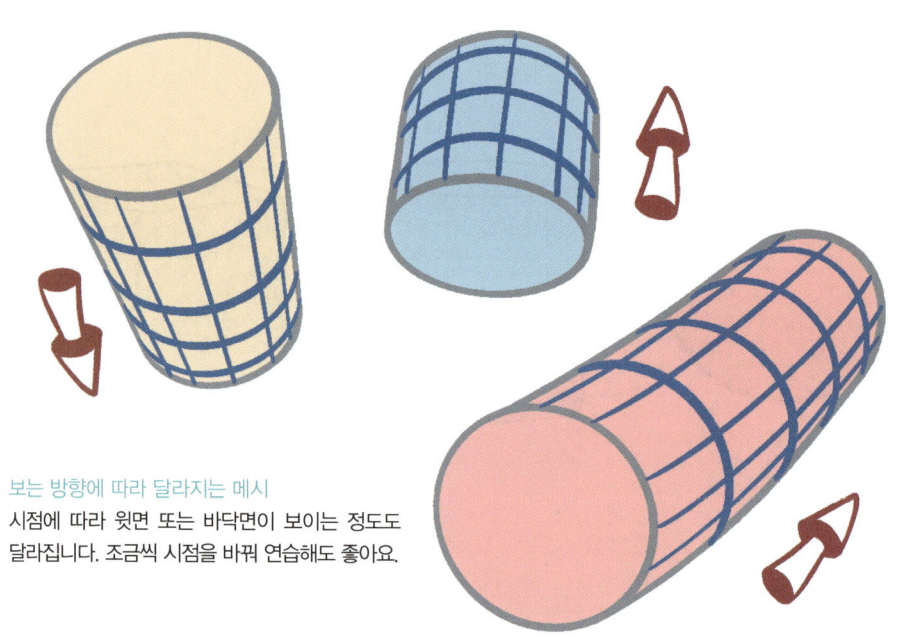

보는 방향에 따라 달라지는 메시
시점에 따라 윗면 또는 바닥면이 보이는 정도도 달라집니다. 조금씩 시점을 바꿔 연습해도 좋아요.

같은 원기둥이라도 시점에 따라 메시의 휘어지는 정도가 달라집니다. 앞에서는 평면적인 느낌에 가까운 원기둥이었지만, 지금은 좀 더 입체감이 느껴지죠? 먼저 윗면이 보이는지, 아랫면이 보이는지 관찰하고 그 방향에 맞춰 흐름을 잡는 게 중요합니다. 만약 인체를 그릴 때 흐름이 잘 보이지 않는다면 주위에 있는 기본 도형과 비슷한 오브제, 예를 들면 책이나 연필 같은 도구를 사용하여 비슷한 각도로 놓고 어떤 면이 보이는지 함께 관찰해도 좋아요.

기본 도형은 머릿속에서 이리저리 돌리며 다양한 각도로 그려 보는 게 좋습니다. 그래야 나중에 조금 어려운 형태를 그리더라도 좀 더 쉽게 그릴 수 있을 거예요.

이번에는 기본 도형이 아닌 다른 형태를 찾아볼까요? 오른쪽 이미지는 어떻게 보이나요? 지금은 낙서한 것처럼 단순한 면으로만 이루어져 있기 때문에 입체감이 느껴지지 않을 수도 있지만, 여기에 메시를 어떻게 넣는지에 따라 다양하게 입체감이 생길 수 있습니다.

입체감이 없는 단순한 형태

우선 입체감이 익숙하지 않으면 오른쪽 이미지와 같이 보일 확률이 높습니다. 특히 동그란 원을 보면 평평한 와플처럼 보이기도 하지요.

메시를 적용했지만 평평해 보이는 형태

하지만 입체감을 좀 더 넣어 인식하게 되면 라인을 추가했을 뿐인데 볼륨감이 많이 달라지죠? 왼쪽 하단의 반구 모양처럼 형태에 따라 간단하게 명암을 넣을 수도 있습니다. 바닥면의 꺾이는 부분에 맞춰 메시의 방향 또한 달라지겠지요.

입체감과 볼륨감이 느껴지는 형태

간단한 오브제는 기본 도형에 가깝기 때문에 쉽게 접근할 수 있지만, 옷 주름이나 머리카락처럼 형태가 불규칙한 오브제를 그릴 때는 그에 맞게 입체감을 보는 게 상대적으로 어려울 수 있기 때문에 메시를 함께 넣어보는 게 좋아요.

다른 예시를 볼까요? 아래의 이미지를 보면 A의 경우 아웃라인의 튀어나온 부분과 메시의 흐름이 어긋나 있습니다. 어떤 형태인지 알아보기 어렵죠. 흐물흐물한 모양의 평평한 종이라면 이런 메시를 넣어볼 수도 있겠습니다. 반면 B의 경우 아웃라인 굴곡에 맞춰 메시가 들어갔기 때문에 좀 더 안정감 있는 형태로 보이지요.

쉬워 보이는 연습이지만 막상 그리려고 하면 헷갈릴 수 있어요. 처음부터 너무 어려운 형태로 연습하기보다는 간단한 것부터 차근차근 진행해 봅니다.

TIP
- 선 사이 간격을 일정하게 잡아 주면 평면적으로 보입니다.
- 점점 돌아가면서 멀어질수록 선 사이 간격이 좁아집니다.

같은 간격 / 좁아지는 간격

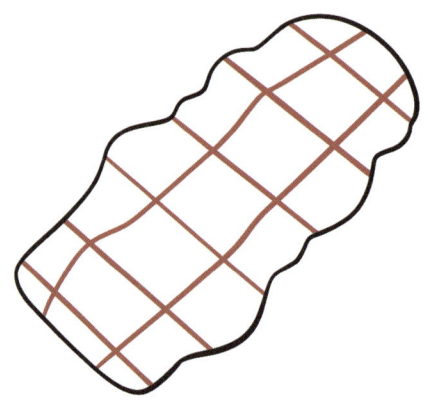

A. 아웃라인과 메시의 흐름이 맞지 않음

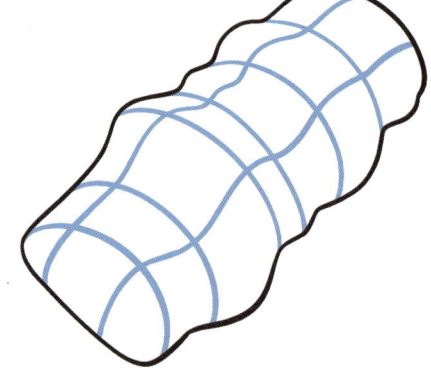

B. 아웃라인의 굴곡에 맞춰 메시가 들어감

MISSION

실루엣을 마음대로 그린 후 메시를 넣어 볼륨감을 표현해 봅시다.

IPAD DRAWING 02

크게 보는 법! 형태의 단순화

그릴 수 있는 오브제는 정말 다양합니다. 그중에는 종이처럼 쉽고 단순한 것도 있지만, 로봇처럼 복잡하고 어디서부터 어떻게 그려야 할지 헷갈리는 어려운 형태의 오브제들도 있지요. 그런 복잡한 형태를 쉽게 풀어서 그릴 수 있는 방법과 더 나아가 좀 더 정확한 형태를 그리기 위한 방법까지 함께 알아보겠습니다.

앞서 언급했듯이 모든 오브제는 기본 도형인 구, 원기둥, 직육면체에 대입할 수 있어요. 어려워 보이는 형태도 이 기본 도형들의 집합체라고 생각하면 됩니다. 이 부분을 놓치고 처음부터 디테일한 실루엣에만 집중하게 된다면 나중에 봤을 때 기본 구조가 틀어지고 비율이 맞지 않을 거예요.

달걀 – 구

예시로 여러분이 이 나무를 그리려 한다면 어디서부터 어떻게 그릴지 한 번 상상해 볼까요? 누군가는 볼록볼록한 형태로 표현할 것이고, 누군가는 나뭇잎 하나하나를 묘사하며 그릴 것입니다.

컵 – 원기둥

물론 그림에 정답은 없습니다만, 복잡한 형태를 그릴 땐 되도록이면 큰 것부터 작은 순으로 쪼개 나가는 것이 안정감 있는 형태를 그리기 쉽습니다.

상자 – 직육면체

그렇다면 어디까지가 큰 것, 어디까지가 작은 것일까요? 여러 가지 기준이 있겠지만, 저는 주로 명암을 확인해 봅니다.

아래 나무는 크게 두 덩어리로 나눌 수 있습니다. 특히 나뭇잎 부분은 자잘한 요소가 많고 실루엣도 복잡하기 때문에 처음엔 전체적으로 큰 형태를 봐야 형태 잡기가 더 수월하지요. 그렇다면 그다음 덩어리는 어떻게 나눌 수 있을까요?

큰 것부터 작은 것 순으로 쪼개 나갔을 때 기본 구조를 유지하며 디테일을 찾기가 수월합니다.

덩어리가 잘 보이지 않을 땐 실눈을 뜨고 멀리서 한 번 관찰해 보세요. 이미지가 흐릿해지면서 명암의 단계가 좀 더 명확하게 보일 거예요.

저라면 기본 도형인 구를 이용하여 한 단계 더 쪼개볼 것 같아요. 구는 원기둥이나 직육면체보다 형태 변형이 자유롭기 때문에 이런 자연물에도 대입시키기 편합니다. 여기서 더 쪼개고, 쪼개고, 쪼개 나갈수록 아주 작은 덩어리가 되면서 마지막엔 나뭇잎 한 장까지 나오겠죠. 작은 디테일까지 가더라도 초반에 잡은 큰 틀은 변하지 않기 때문에 형태 또한 안정감 있게 나올 수 있습니다.

그림을 그릴 때 반드시 무언가를 똑같이 그리는 것만이 좋은 건 아니지만, 자료를 참고하며 공부할 때는 굉장히 중요한 부분입니다. 형태력이 좋을수록 원하는 형태를 그리기가 훨씬 수월하기 때문에 형태 보는 눈을 계속 키우는 것도 중요하죠.

형태력을 올리는 법

기준 덩어리를 찾아보자

모든 형태에는 '기준'으로 잡을 만한 부분이 있어요. 이 기준 덩어리를 먼저 잡은 후 나머지 형태를 잡아 주면 수월하게 진행할 수 있습니다. '기준 덩어리'를 잡는 기준은 어떤 대상을 그리는지에 따라 개인차가 조금 있지만, 크게 두 가지로 나눌 수 있습니다.

하단의 그림 A에 있는 오브제들은 크기가 제각각이에요. 이럴 땐 가장 큼직한 걸 기준으로 잡습니다. 예시에서는 노란색 구를 예로 들 수 있습니다.

B에 있는 오브제들은 크기가 비슷하기 때문에 이럴 땐 가장 앞쪽, 또는 중심에 있는 오브제를 기준으로 잡습니다. 뒤로 갈수록 가려지는 부분이 있기 때문에 너무 작거나 뒤쪽에 있는 오브제를 먼저 그리면 불편할 수 있기 때문이지요.

물론 그리는 순서에 정답은 없어요. 다만 그리는 대상에 따라 어떻게 시작해야 더 편하게 그릴 수 있을지 고민해 보는 것도 좋은 연습이 될 수 있습니다.

A. 크기가 다양할 때, 대상에서 가장 큼직한 오브제가 기준

B. 크기가 비슷할 때, 앞쪽이나 중심에 있는 오브제가 기준

꼭짓점을 연결하자

우선 덩어리와 덩어리를 연결했을 때 나오는 각도를 관찰하면 좋습니다. 내가 그린 것과 원본을 비교했을 때 각도가 어떻게 다른지, 좀 더 수직 또는 수평에 가까운지 등을 확인해 보세요. 여기서 각도는 꼭 아웃라인 쪽에만 있는 건 아니에요. 여러분이 어떤 부분을 연결하는지에 따라 얼마든지 다양한 각도가 나올 수 있으니 한 번 체크해 봅시다!

거리를 확인하자

그리는 대상 사이에 틈이 있다면 그 거리가 어느 정도 되는지 관찰해 보세요. 내가 그린 것과 원본을 비교했을 때 상대적으로 너무 멀거나 가깝지는 않은지 관찰하면 좋습니다.

꼭짓점을 연결하여 각도가 어느 정도 되는지 체크해 보세요.

파트 간의 거리가 어느 정도 되는지 관찰해 봅시다.

공간은 면으로 쪼개자

지금까지 선으로만 비교해서 봤다면 이번에는 면으로 관찰해 보세요. 면 모양은 마음대로 쪼개서 보면 됩니다. 선보다는 면으로 봤을 때 눈으로 인식하기 훨씬 편하기 때문에 어떤 부분이 어긋났는지 좀 더 쉽게 확인할 수 있을 거예요.

그리는 대상의 안쪽뿐만 아니라 다음 이미지처럼 캔버스를 최대한 자른 상태에서 외곽 부분을 면으로 쪼개 보아도 좋습니다.

선보다 면이 더 직관적으로 보일 때가 있습니다. 면을 쪼개서 모양으로 관찰해 보세요.

크게 보는 법! 형태의 단순화

연결되는 흐름을 파악하자

흐름이 없는 오브제

흐름은 있는 것도 있고, 없는 것도 있습니다. 왼쪽 이미지를 보면 오브제가 중앙에 하나만 놓여 있는 느낌입니다. 흐름을 찾기 어려운 이미지이죠.

반면에 다음 이미지를 보면 여러 오브제가 퍼져 있기 때문에 상대적으로 흐름을 찾기 쉽습니다.

흐름이 있는 오브제
단순히 연결했을 때 보이는 흐름인 곡선 또는 직선을 먼저 파악해 보세요. 다이내믹한 형태일수록 초반에 잡기 좋습니다.

인체도 마찬가지죠. 여러 부위가 연결된 대상이기 때문에 자세에 따라 먼저 흐름을 찾을 수 있습니다. 흐름이 있는 대상이라면 곡선 또는 직선으로 연결하여 먼저 대략적인 느낌을 보면 좋아요. 보이지 않는 경우에는 다른 방법을 바탕으로 형태를 잡아도 좋습니다.

오브제에 어울리는 선

앞서 알아보았듯이 스케치를 시작할 때 보통은 디테일한 부분부터 시작하지 않습니다. 큰 흐름이나 위치 등을 먼저 잡기 위해 러프한 선으로 큰 것부터 작은 것 순서로 그려주는 경우가 많죠. 이때 사용하는 선은 크게 '곡선', '직선', '원'으로 세 가지입니다.

어떻게 보면 당연한 거지만, 그리는 대상에 따라 어울리는 선을 적절히 사용하는 것도 굉장히 중요합니다. 선 형태에 따라 그리는 대상의 느낌이 달라질 수 있기 때문이죠. 예를 들어 '책'을 그린다고 가정해 봅시다. 책은 딱딱한 직육면체 형태이기 때문에 세 가지 선 중에 직선이 가장 잘 어울릴 거예요.

TIP 그리는 대상에 따라 약간씩 달라질 수 있지만 저의 경우엔 보통 이렇게 활용합니다.
- 직선 : 인공물
- 곡선 : 자연물이나 사람
- 원 : 가이드라인

다만 이것도 정답은 아니니 먼저 오브제의 실루엣을 관찰한 후 느낌이 가장 비슷한 선을 넣어 연습해 보세요!

위치를 잡을 때 먼저 원으로 가이드를 잡을 수 있지만, 마지막 선은 곡선보단 직선을 사용해야 책의 딱딱한 느낌이 잘 살아나겠지요.

반면에 꽃을 그리려면 꽃의 머리 부분은 원형에 가깝지만, 줄기는 가늘고 잘 휘어지는 특성을 가지고 있기 때문에 직선보다는 곡선이 가장 잘 어울릴 거예요. 만약 직선을 사용하면 굉장히 딱딱해 보이겠죠? 어떤 대상을 그리는지에 따라 자유롭게 선을 바꾸며 그려 보는 게 좋습니다.

처음부터 정확한 형태를 잡으려 하면 오히려 고민이 많아져 주춤할 수 있어요. 약간씩 틀리거나 어긋난 부분은 언제든지 고칠 수 있으니까 우선 선을 자유롭게 사용할 수 있도록 편하게 연습해 봅시다!

다만 이때 주의해야 할 것은 형태의 정확도를 위해 선 긋기를 두려워하면 안 된다는 점이에요. 물론 정확할수록 좋긴 하지만, 처음 진행하는 스케치는 가이드 정도로만 활용하는 경우가 많기 때문에 형태가 틀려도 괜찮으니 우선 편하게 그리기 바랍니다. 틀리더라도 그 후에 원본과 비교해서 어떤 부분이 많이 다른지 체크해 보며 수정하면 돼요. 한 번에 잘 그리고 말겠다는 부담은 내려 놓고 즐겁게 연습해 보아요.

쉬운 형태 단순화하기

어려운 형태나 좋아하는 캐릭터로 형태의 단순화를 연습해도 괜찮지만, 형태를 보는 게 아직 익숙하지 않은 분들은 먼저 상대적으로 쉬운 오브제로 연습하는 걸 추천합니다. 어떻게 연습하는지 예제 이미지를 함께 그려 봅니다.

● **예제 파일** : 02\포도.jpg, 포도스케치.jpg   **완성 파일** : 02\단순화.psd

캔버스 크기 / 해상도 : 자동 설정
사용 브러시 : 스케치 → HB 연필

01 | 02 폴더에서 '포도.jpg' 파일을 불러옵니다. 포도 이미지는 형태가 단순하기 때문에 연습하기 좋을 거예요. 한 단계씩 천천히 진행해 봅니다.

TIP 갤러리 화면에서 (가져오기)를 탭하여 예제 파일을 불러올 수 있습니다. 다운 받은 예제 파일은 아이패드 '폴더' 앱에서 확인할 수 있습니다.

02 | (동작( )) → (캔버스) → (잘라내기 및 크기변경)을 탭합니다.

03 | 캔버스를 예제 이미지 비율과 동일하게 늘리기 위해 가이드 중심선에 맞춰 드래그해서 폭을 늘립니다. 크기 변경이 완료되면 (완료) 버튼을 탭해요.

04 〔브러시(✏️)〕를 탭하여 브러시 라이브러리에서 〔스케치〕
→ 〔HB 연필〕 브러시를 선택해 줄게요.

TIP 브러시 크기를 가장 크게 조절하였는데도 캔버스에서 작게 보인다면, 브러시를 한 번 더 탭하고 브러시 스튜디오가 표시되면 〔속성〕 탭에서 브러시 특성의 '최대 크기' 수치를 조절해서 사용해 보세요.

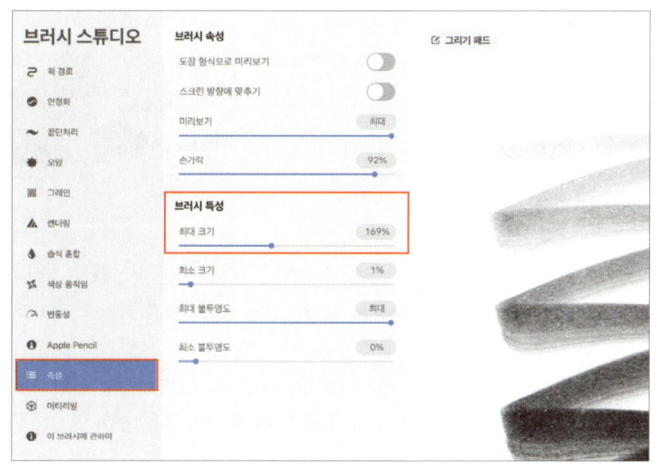

05 〔레이어(🗂️)〕에서 〔+〕 버튼을 탭하여 사진 레이어 위에 새 레이어를 추가합니다. 먼저 전체적인 형태를 원으로 그립니다.

06 | 그다음 큰 덩어리인 접시를 그립니다. 접시 바닥 부분은 직선으로, 나머지 부분은 곡선으로 그립니다. 비율이 너무 달라지지 않게 계속 확인해요.

07 | 포도알은 크기가 비슷하기 때문에 맨 앞에 있는 포도알을 기준으로 잡고 그려 보겠습니다.

08 | 기준이 되는 포도알을 중심으로 주위에 있는 나머지 포도알도 하나씩 그립니다. 절대 한 번에 그리지 않고 연한 선을 여러 번 사용하며 형태를 가늠하여 그립니다. 이때 앞서 배운 것과 같이 면을 쪼개 확인합니다. 포도알 사이에 공간이 많은 것을 알 수 있어요.

TIP 마음대로 면을 쪼개서 체크해도 좋습니다. 형태가 비슷하게 나올 때까지 최대한 다양한 방향으로 관찰해 보세요.

09 조금씩 넓혀 가며 포도알 하나하나를 그려 완성해요.

10 마지막으로 이미지와 어떤 부분이 어긋났는지 체크해 봅니다. 쪼개 놓은 면의 모양이 다르진 않은지, 캔버스 공간이 비슷하게 남았는지, 각도는 어떤지 등 틀린 부분을 확인합니다.

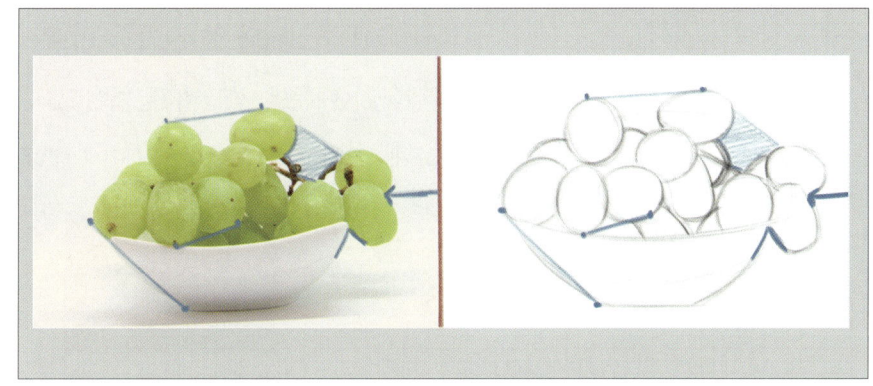

캐릭터나 인물 등 어떤 대상을 보고 그릴 때도 이 방법을 똑같이 적용하면 좋습니다. 특히 마지막에 어긋난 부분이 있는지 체크하는 것은 필수예요. 처음엔 틀린 부분이 많이 보일 수 있지만 연습하다 보면 형태력이 점점 좋아지는 게 느껴질 거예요. 예제처럼 단순한 것부터 어려운 오브제까지 다양하게 연습해 봅니다.

TIP 처음부터 어려운 형태로 그리기보다는 쉬운 오브제부터 차근차근 순차적으로 연습하는 게 좋습니다. 형태를 파악하는 방법은 똑같이 적용할 수 있으니 다양하게 연습해 보세요~!

수고했어용!!

MISSION
좋아하는 대상으로 형태 단순화 스케치를 한 후 원본과 다른 부분을 체크해 봅시다.

쉬운 형태 단순화하기

그림을 깔끔하게 정리하는 명도

그림을 그릴 때 색에만 집중해서 그리다 보면 뭔가 어색하게 느껴질 때가 있습니다. 색도 다양하게 사용했고, 명암도 넣었는데 어색해 보인다면 이때 명도를 한 번 체크해 보는 게 좋아요.

다음 A 이미지의 경우 색은 다르지만 톤이 비슷하기 때문에 경계가 선명하지 않고 모호해 보입니다. 하지만 B 이미지의 경우 색도 다르지만 명도 차이 또한 확실하기 때문에 선명하게 보이지요. 그림에서는 명도를 확실히 정리해야 깔끔하게 그릴 수 있습니다. 명도에 대해 좀 더 알아볼까요?

A. 명도 차이가 비슷해요.   B. 명도 차이가 선명해요.

명도란?

그레이 스케일(Gray Scale)

명도가 낮아요. (저명도)   중명도   명도가 높아요. (고명도)

Value(밸류)라고도 불리는 명도는 우리가 보는 밝고 어두움, 즉 모든 톤을 말합니다. 흰색에 가까울수록 '고명도', 검은색에 가까울수록 '저명도', 중간 톤을 '중명도'라고 표현합니다. 그림에서 명도는 굉장히 중요해요. 톤의 강약에 따라 그림의 느낌도 달라질뿐더러, 명도를 고려하지 않고 그림을 그리다 보면 형태가 흐릿해지거나 정리가 안 되어 보이는 경우가 생길 수 있습니다.

A 명도 대비를 조절해 원하는 곳에 시선을 좀 더 집중시킬 수 있습니다. 만약 배경 쪽이 더 진했다면 시선을 빼앗길 수도 있었겠죠?

B 배경, 캐릭터, 물결 등 전체적으로 톤이 비슷해서 그림이 뿌옇게 보이는 느낌입니다. 원하는 부분으로 시선이 집중되고 있는지 중간중간 체크하면 좋습니다.

위의 A 그림의 경우 배경과 캐릭터가 확실히 분리되어 보이는 반면, B 그림의 경우 배경과 캐릭터의 톤이 비슷하여 캐릭터가 선명하게 보이지 않죠? 캐릭터만 따로 분리해서 보더라도 헤어, 피부, 의상 등 전체적인 톤이 비슷하다 보니 뚜렷하지 않아요. 이런 경우를 방지하기 위해 작업 중간중간에 흑백으로 바꿔 체크하는 습관을 가지면 좋습니다. 추가로 프로크리에이트에서 간단하게 작업 중간에 흑백으로 그림을 확인하는 방법을 알아보도록 할게요!

01 〔레이어(■)〕에서 〔+〕 버튼을 탭하여 그림 위에 흑백으로 사용할 레이어를 추가해요.

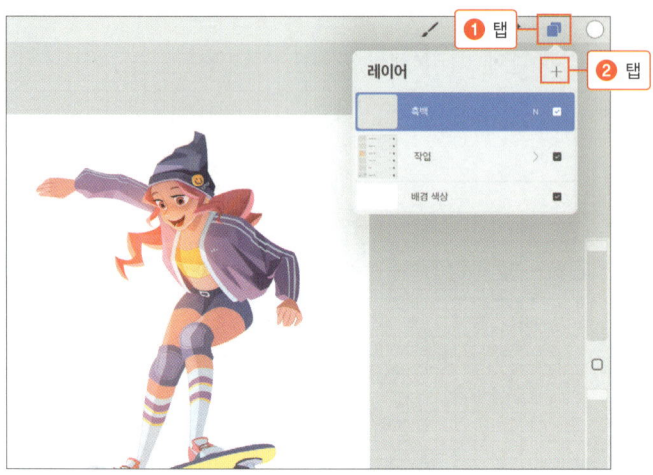

02 〔색상(●)〕을 '검은색'으로 지정한 다음 캔버스로 드래그해 채웁니다.

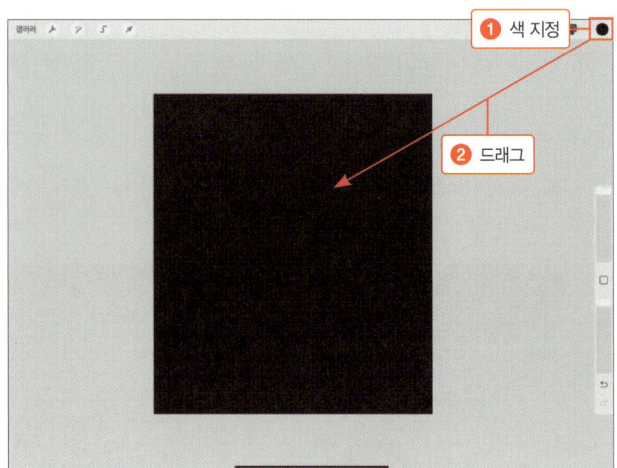

03 〔레이어(■)〕에서 검은색으로 채색한 레이어의 〔N〕을 탭한 다음 블렌딩 모드를 〔채도〕로 선택하면 흑백으로 변경됩니다. 색조, 채도, 색상의 세 가지 다 같은 효과로 보이니 어떤 것을 선택해도 상관없어요.

04 작업을 시작할 때 흑백 레이어를 만들어 두면 레이어를 체크 표시하거나 체크 표시를 해제하여 편하게 확인하며 작업할 수 있습니다. 이때 레이어 가장 위에 위치해야 전체 흑백으로 확인이 가능해요.

간단하게 알아보는 공기 원근법

명도는 공간에도 중요한 영향을 끼칩니다. 예로 오른쪽 이미지의 경우 명도가 비슷하다 보니 각 오브제의 형태가 뚜렷하게 보이지 않습니다. 중간 톤 위주로만 들어가다 보니 공간감도 잘 느껴지지 않죠.

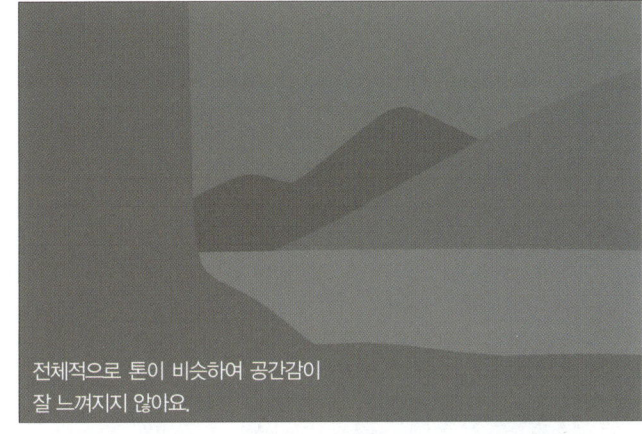
전체적으로 톤이 비슷하여 공간감이 잘 느껴지지 않아요.

이렇게 톤을 정리하면 형태도 확실하게 보이고, 공간의 깊이감도 함께 추가됩니다. 뒤로 갈수록 대기 중에 있는 공기와 먼지, 빛 등의 영향으로 인해 점점 흐리고 뿌옇게 보입니다. 이런 표현을 '공기원근법'이라고 하지요. 앞쪽부터 '근경', '중경', '원경'이라고 부르며 각 톤의 단계가 명확하게 보여야 공간의 깊이가 선명하게 느껴집니다.

뒤로 갈수록 환경 요소로 인해 흐리고 뿌옇게 보이면서 톤에 변화가 생깁니다.

오브제가 추가되더라도 근경, 중경, 원경 위치에 따라 맞는 톤을 사용해야 어색하지 않아요. 또한 뒤로 갈수록 흐려지기 때문에 명도 대비도 점점 약해집니다. 처음부터 끝까지 같은 톤으로만 잡으면 그만큼 평면적으로 보인다는 점을 기억해야 합니다.

오브제를 추가할 때도 근경, 중경, 원경 위치에 맞춰 어느 정도 톤을 조절해야 공간감을 해치지 않습니다.

명암 단순화

안정감 있는 명도로 그리기 위해 꾸준한 모작과 연습이 필요하지만, 막상 그리려 하면 여러 가지 톤이 한 번에 보이기 때문에 그림에 바로 적용하기란 쉽지 않습니다. 보통 초보자는 무의식적으로 처음부터 디테일한 톤을 하나씩 잡는 경우가 많지요. 이러면 큰 명암이 깨지기 쉽기 때문에 그릴수록 덩어리감이나 명도가 제대로 정리되지 않은 채 끝날 확률이 높습니다. 그렇다면 어떻게 오브제를 봐야 할까요?

왼쪽 이미지의 씨앗에는 자잘한 디테일이 들어가 있고, 위쪽의 노란 부분은 중간으로 갈수록 밝아지는 등 색감과 톤이 다양합니다. 처음엔 이렇게 여러 개로 쪼개져 있는 톤을 밝음, 중간, 어두움 3가지로 큼직하게 나눠 파악하는 연습이 필요한데, 이 연습을 '명암 단순화'라고 해요. 다만 빛, 또는 대상에 따라 명암 단계가 모호해질 때가 있는데 이럴 땐 꼭 이 3단계가 아니더라도 그리고 있는 대상의 큼직한 명암을 초반에 먼저 잡아 준다고 생각하면 좋습니다. 그럼 어떻게 명암을 단순화하는지 기준을 한 번 볼까요?

❶ 물체를 기본 도형으로 바꾸기

먼저 물체의 형태를 단순하게 보면 톤을 넣기가 훨씬 수월합니다. 이 경우에는 몸통 부분을 반구 형태, 씨앗은 삼각뿔 형태로 볼 수 있겠죠.

❷ 빛 방향 찾기

빛 방향은 그림자 방향, 가장 밝은 하이라이트 위치 등을 관찰하여 찾습니다.

❸ 빛을 받는 순서대로 나누기

밝음 → 중간 → 어두움 순으로 빛을 받는 양이 점점 적어집니다. 보통 빛은 위에서 아래로 내려오기 때문에 윗면이 '밝음'으로 나오는 경우가 많습니다.

여러분 주위에 있는 사물을 관찰하여 연습해도 좋고, 사진 위에 덧그리며 연습해도 좋습니다. 단순해 보이지만 막상 나누려 하면 어려울 수 있어요. 큼직한 톤이 익숙해질 수 있도록 꾸준히 연습해 봅니다.

> **TIP** 그림자는 무조건 검은색일까?
> 절대 아닙니다. 오히려 검은색과 흰색은 그림에서 많이 사용되지 않는 편이에요. 그림자가 있는 오브제의 톤과 빛의 강도에 따라 그림자의 톤도 달라집니다. 보통은 오브제의 기본색을 해치지 않는 선에서 그림자를 넣어주지요. 오른쪽 이미지의 노란 면적을 보면 노란색 자체가 밝은 톤을 가지고 있기 때문에 그림자의 톤도 밝게 보입니다.
>
>
>
> 스포트라이트처럼 빛이 아주 강하게 내려오는 경우에는 이 정도까지도 진해질 수 있어요.   보통은 그림자가 드리워진 곳의 기본색에 따라 그림자의 색감도 달라집니다.

캐릭터를 흑백으로, 명도 연습하기

이번엔 왼쪽 이미지처럼 캐릭터를 흑백으로 변경하는 연습을 해 볼게요. 명도 연습은 간단한 사물부터 영화/애니메이션의 한 장면 또는 이미지 등 다양하게 공부할 수 있습니다. 색을 빼고 무채색으로만 진행하기 때문에 형태와 라이팅에만 집중하며 연습할 수 있어요. 전체적인 순서는 일반 채색과 비슷합니다.

명도 연습을 위해 흑백으로 변경한 캐릭터

배경 → 실루엣 → 밑 색 → 어두움 → 밝음 → 추가 톤 → 정리

다만 명도 연습인 만큼 아주 똑같이 묘사할 필요는 없어요. 형태가 보일 정도로만 묘사하면 됩니다. 명암 단순화에서 배웠던 밝음, 중간, 어두움을 깨지 않으면서 추가적인 톤을 점점 그려 나갈 거예요.

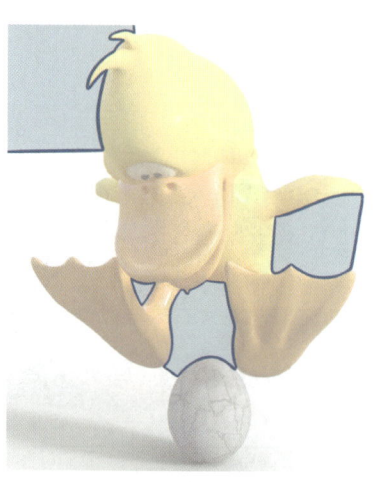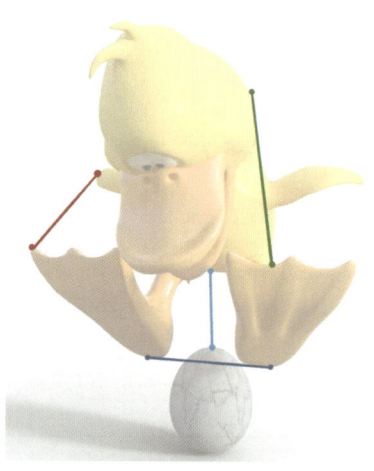

튀어나온 포인트를 연결하여 전체적인 형태를 비교해 봅니다.

캔버스 바깥쪽 면을 쪼갠 후 최대한 비슷하게 형태를 맞춰 봅니다.

파트 사이사이를 연결했을 때 나오는 선의 각도나 길이를 참고하여 형태를 맞춰도 좋아요.

흑백 이미지로 변경하기

- 예제 파일 : 02\오리.jpg   완성 파일 : 02\톤연습.psd

01 | 오른쪽 상단의 (사진)을 탭하여 02 폴더에서 '오리.jpg' 파일을 불러옵니다.

02 | (조정( )) → (색조, 채도, 밝기)를 탭합니다.

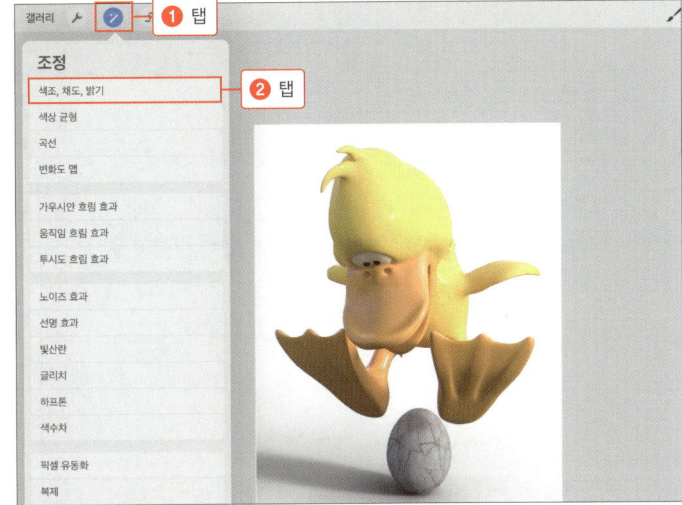

TIP 캐릭터를 흑백으로 변경한 명도 연습에서는 형태보다 명도가 중요하기 때문에 스케치를 따로 하지 않고 진행해도 괜찮아요. 이때 형태적인 부분은 앞서 배운 '형태 잡는 법(57쪽)'을 참고하여 최대한 눈으로 관찰하며 그려 보세요.

03 | 하단 메뉴에서 채도를 왼쪽으로 드래그하여 '없음'으로 지정합니다. 이미지가 흑백으로 변경되었어요.

04 │ (동작(🔧)) → (캔버스) → (잘라내기 및 크기변경)을 탭 합니다.

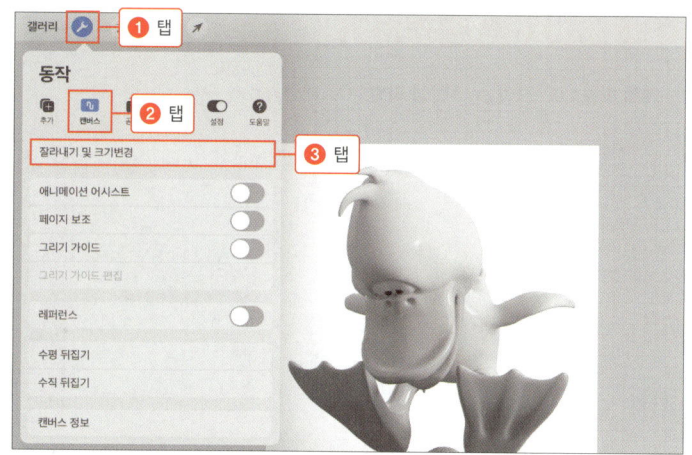

05 │ 캔버스를 예제 이미지 비율과 동일하게 늘리기 위해 가이드 중심선에 맞춰 드래그해서 폭을 늘립니다. 크기 변경이 완료되면 (완료) 버튼을 탭해요.

TIP 흑백으로만 그리기 위해 색상을 지정할 때 채도가 변경되지 않도록 사용한 톤을 스포이트 도구로 선택하거나 명도 슬라이더만 드래그하여 진행합니다.

레이어 분리하여 실루엣 잡기

01 캐릭터의 톤을 한 번 관찰해 보세요. 그림자를 봤을 때 빛은 오른쪽 상단에서 내려오고, 톤은 왼쪽으로 갈수록 어두워지는 느낌이죠? 우선 작은 톤들은 제외하고 큼직한 톤의 경계와 흐름을 찾아줍니다.

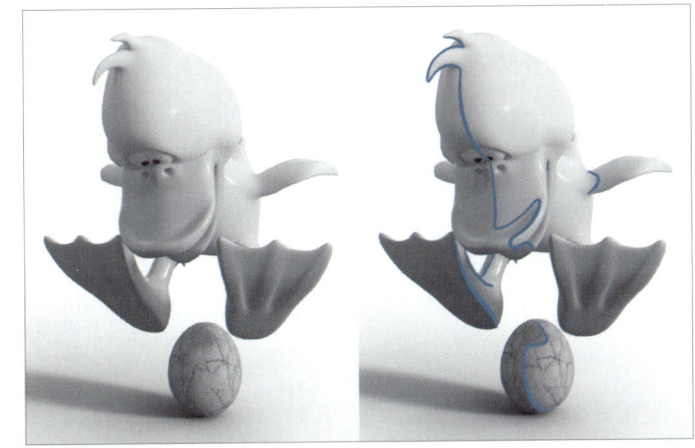

02 이미지 레이어 아래에 레이어를 추가하여 진행합니다. (레이어(■))에서 [+] 버튼을 탭하여 새 레이어를 추가한 다음 레이어 이름을 '배경'으로 변경해 줄게요.

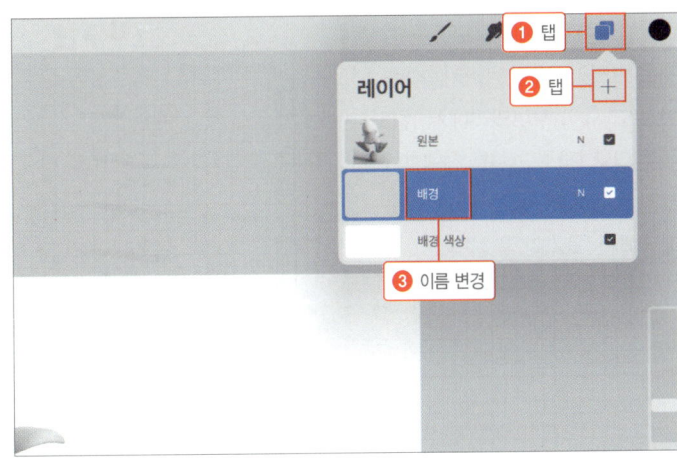

TIP 레이어를 탭하여 표시되는 레이어 옵션에서 [이름변경]을 선택하면 레이어 이름을 변경할 수 있습니다.

03 [브러시(✎)]를 탭하여 브러시 라이브러리에서 [에어브러시] → [소프트 브러시]를 선택합니다. 배경 톤에 따라 오브제의 톤이 달라 보일 수 있기 때문에 배경 톤을 먼저 맞춰 주는 게 좋아요.

그림을 깔끔하게 정리하는 명도 **79**

04 | (레이어(🗐))에서 (+) 버튼을 탭하여 '배경' 레이어 위에 새 레이어를 추가한 다음 레이어 이름을 '오리'로 변경합니다.

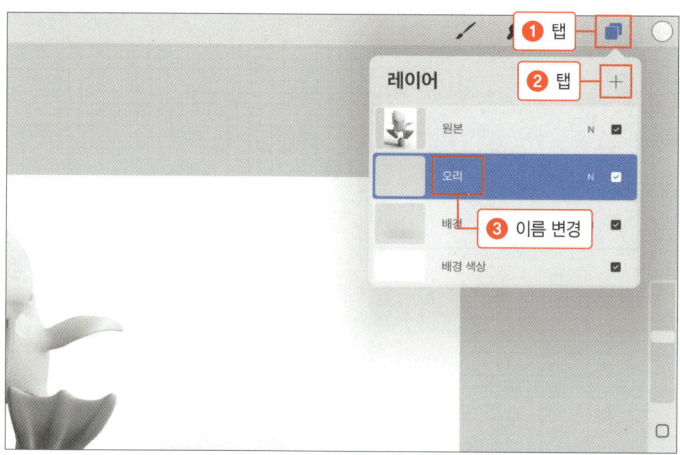

05 | 먼저 전체적으로 단단한 실루엣을 그리기 위해 (브러시(✎))를 탭하여 브러시 라이브러리에서 (잉크) → (스튜디오 펜) 브러시를 선택합니다. 그리고 (선택(S))을 탭한 다음 하단 메뉴에서 (올가미)를 선택해요.

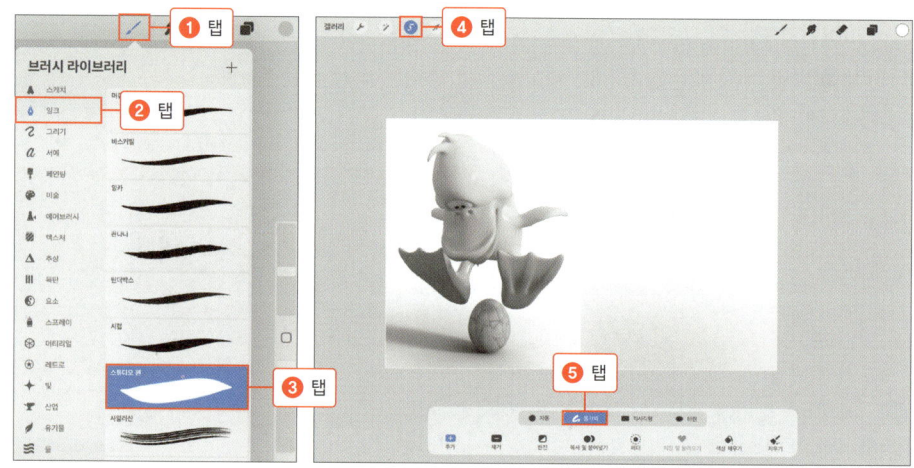

06 | 캐릭터 형태를 잡아 색을 채웁니다.

TIP 처음부터 완벽한 형태를 잡으려고 하기보다는 적당히 보이는 대로 먼저 잡습니다.

07 형태를 한 번 비교해 봅니다. 각도, 공간 등 원본과 비교한 다음 조금씩 수정해 주세요.

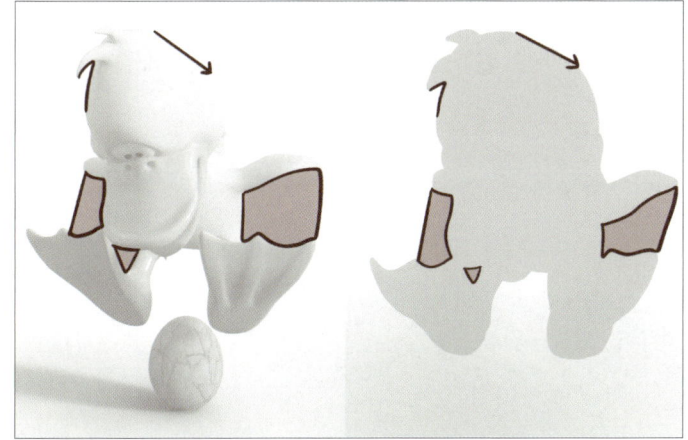

TIP 정확할수록 좋지만, 그렇다고 너무 완벽할 필요는 없으니 어느 정도만 형태를 맞춰도 좋습니다.

08 체크한 대로 형태를 수정할 때 [지우개(✏️)]도 동일한 [스튜디오 펜] 브러시를 사용하는 게 좋습니다.

09 어느 정도 오리 형태가 나오면 알을 그립니다. [레이어(🖼️)]에서 [+] 버튼을 탭하여 '배경' 레이어 위에 새 레이어를 추가한 다음 레이어 이름을 '달걀'로 변경합니다.

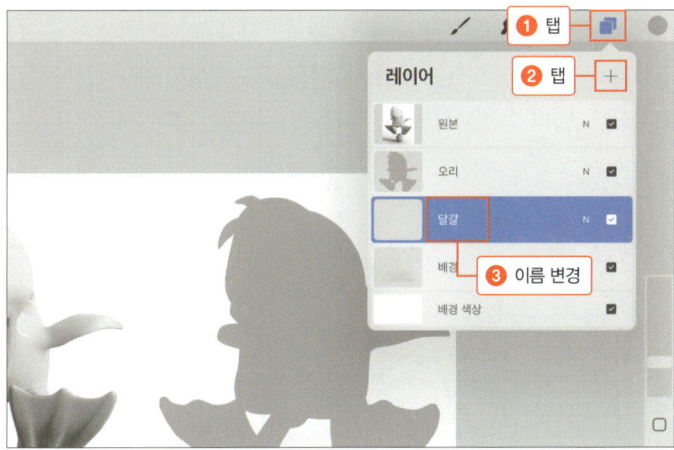

그림을 깔끔하게 정리하는 명도 **81**

10 05번~06번 과정과 같은 방법으로 알을 그립니다. 위쪽이 더 뾰족한 타원이기 때문에 너무 동그랗게 그리지 않아도 괜찮아요.

TIP 대상을 봤을 때 경계가 확실한 부분이 있다면 분리하여 실루엣을 잡아야 그리기 편합니다. 하나의 레이어에 그리면 경계를 매번 선명하게 다듬어야 해서 불편할 수 있기 때문이에요. 예제에서 설명하는 오리 캐릭터의 경우 오른쪽 이미지처럼 경계를 나눌 수 있습니다.

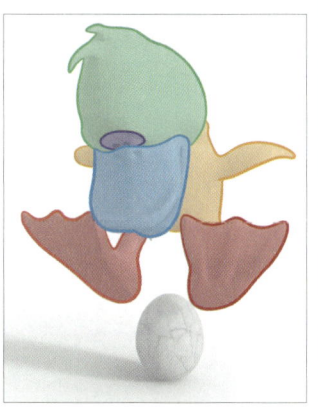

11 오리 캐릭터 각 부분을 나눠서 그립니다. 먼저 (레이어 (■))에서 (+) 버튼을 탭하여 '오리' 레이어 위에 새 레이어를 추가한 다음 레이어 이름을 '발'로 변경합니다. 레이어를 탭하여 표시되는 레이어 옵션에서 (클리핑 마스크)를 선택합니다.

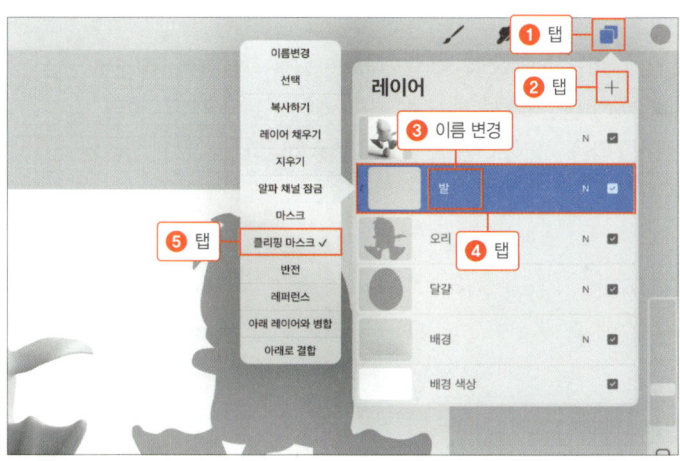

TIP '오리' 레이어 안으로 들어가기 때문에 밖으로 삐져나오지 않게 그릴 수 있습니다.

12 | 조금 더 진한 색으로 발 실루엣에 맞춰 그립니다.

13 | 11번~12번 과정과 같은 방법으로 '부리' 레이어를 추가하여 클리핑 마스크를 적용한 다음 부리 모양대로 실루엣을 그려 줄게요.

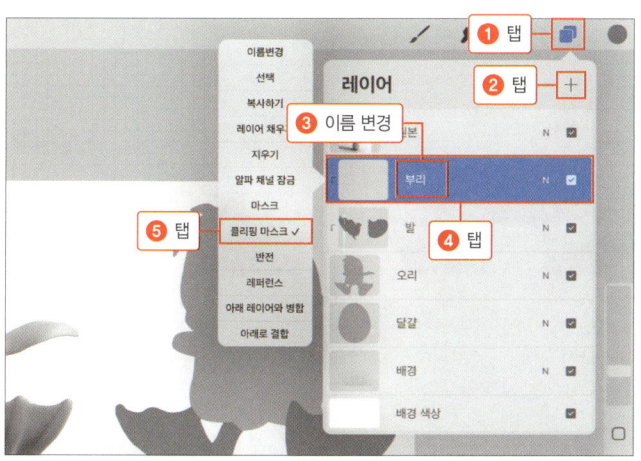 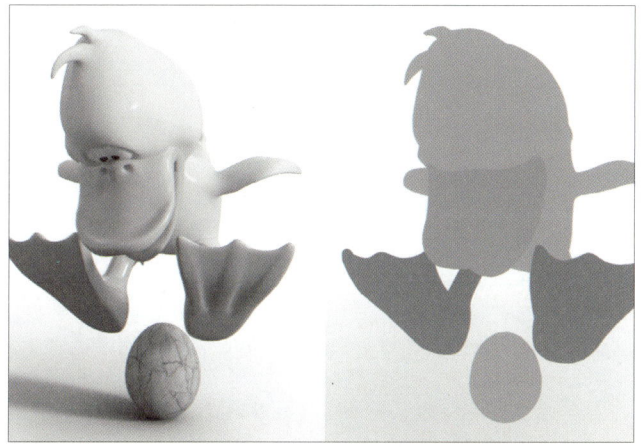

TIP 실루엣을 수정하고 싶다면?
기본 레이어라면 상관없지만, 클리핑 마스크를 적용했을 때는 클리핑 마스크가 적용된 '본체' 레이어에서 수정해야 합니다. 그림의 레이어 목록을 봤을 땐 '오리' 레이어가 본체 레이어겠죠?

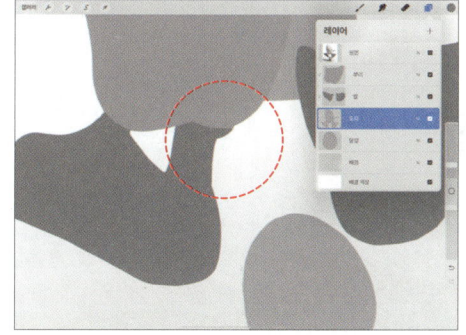 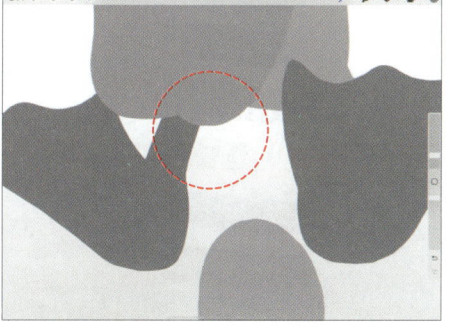

14 ｜ (레이어(🔲))에서 (+) 버튼을 탭하여 '오리' 레이어 위에 새 레이어를 추가한 다음 레이어 이름을 '얼굴'로 변경합니다.

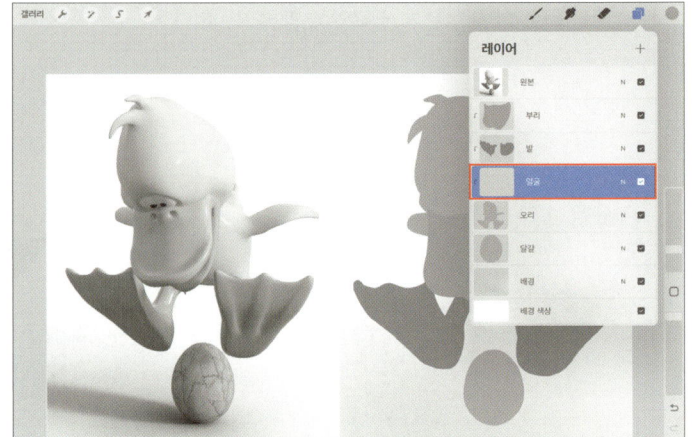

TIP 클리핑 마스크 레이어 아래에 레이어를 추가하면 자동으로 클리핑 마스크가 적용되어 편리합니다.

15 ｜ 연한 색으로 얼굴 실루엣을 그려 줍니다. 부리 밑에 레이어가 있어 가려지기 때문에 편하게 그려도 괜찮아요.

TIP 큰 실루엣은 잡혔으니 이제 톤을 조금씩 넣어 볼 텐데요. 브러시 라이브러리에서 (에어브러시) → (하드 혼합) 브러시를 선택합니다. 필압이 있는 브러시라 조금 어려울 수 있지만, 잡힘과 풀림을 넣기 편리하기 때문에 굉장히 유용한 브러시예요.
톤의 경계가 선명한 부분에는 필압을 강하게, 경계가 흐릿하게 풀리거나 그러데이션이 적용된 부분은 필압을 약하게 문지르면 부드럽게 그릴 수 있습니다. 너무 여러 번 덧칠하면 지저분한 터치로 남을 수 있으니 주의합니다.

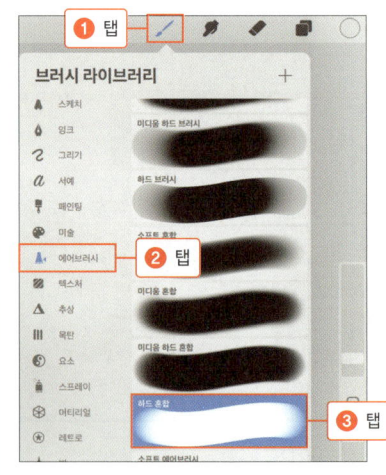

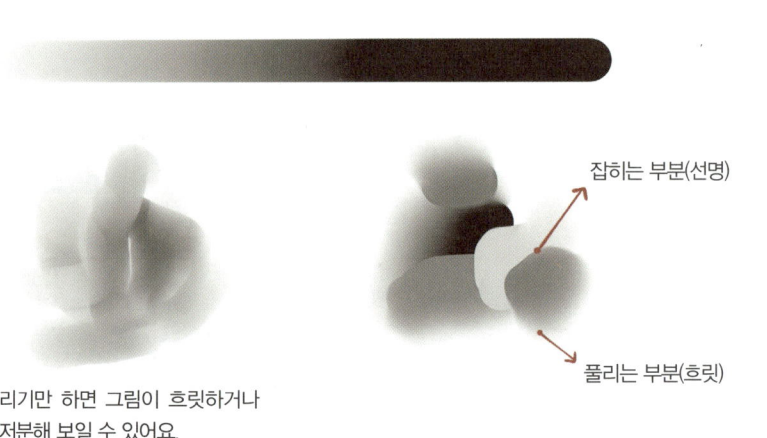

풀리기만 하면 그림이 흐릿하거나 지저분해 보일 수 있어요.

캐릭터 명암 표현하기

01 | 먼저 실루엣을 그린 5개의 레이어를 각각 탭하여 표시되는 레이어 옵션에서 (알파 채널 잠금)을 선택합니다. 칠한 부분 밖으로 삐져나오지 않기 때문에 그려 놓은 실루엣에 딱 맞게 그릴 수 있지요. '얼굴' 레이어를 선택하여 먼저 진행해 볼게요!

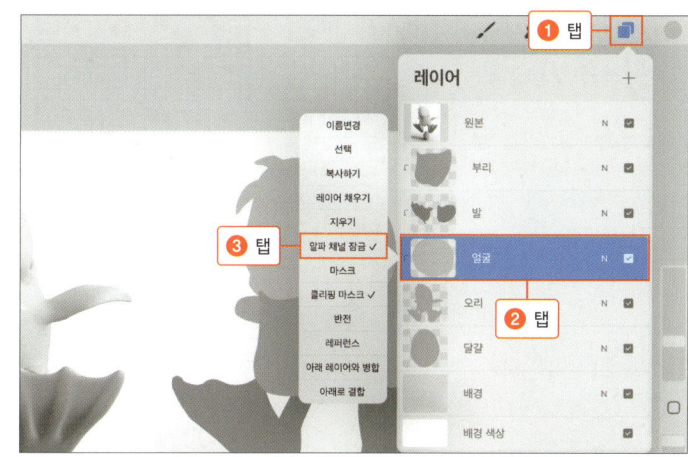

02 | (색상(●))에서 직접 톤을 조절하여 그려도 되지만, 필압이 있는 브러시이기 때문에 주변 색을 길게 탭하여 스포이트 도구를 사용해서 그려도 좋습니다. 지금은 얼굴의 기본 톤을 어둡게 잡은 상태라 옆에 있는 밝은색을 선택해서 그려 볼게요.

03 | 우선 그러데이션은 신경 쓰지 않고 명암의 흐름에 맞게 경계를 먼저 잡아 보세요.

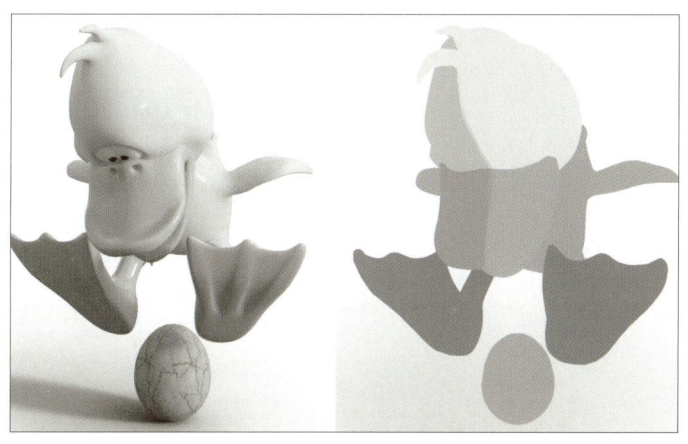

04 마찬가지로 '부리' 레이어를 선택하고 어두움을 그립니다.

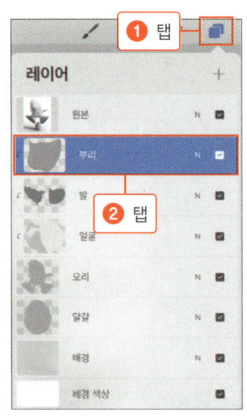 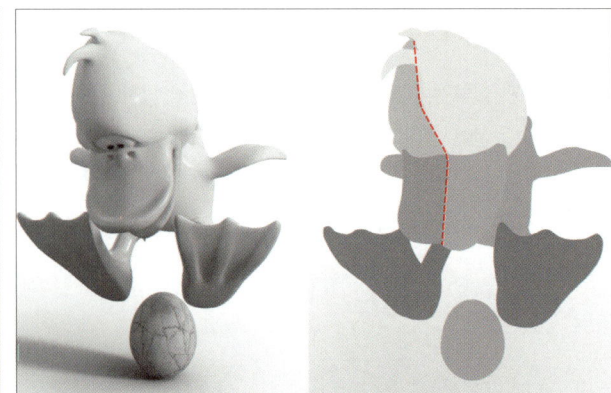

TIP 흐름이 묶여 보이도록 어긋나지 않게 주의하며 잡아보세요.

05 '발' 레이어도 선택하고 어두움을 그립니다. 발바닥 라인의 형태도 대략적으로 그려 주세요.

 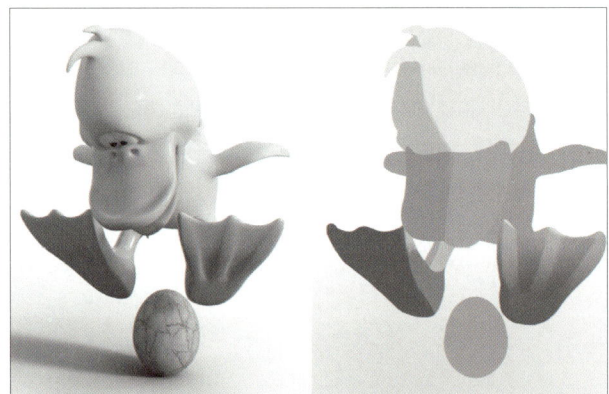

TIP 발바닥 라인의 잡히는 부분은 선명하게 보이도록 잘 살려주세요.

06 '오리' 레이어는 몸통 레이어로 사용해 줄게요. 마찬가지로 어두운 부분과 밝은 부분을 체크하여 그립니다.

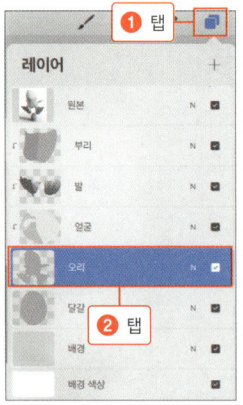 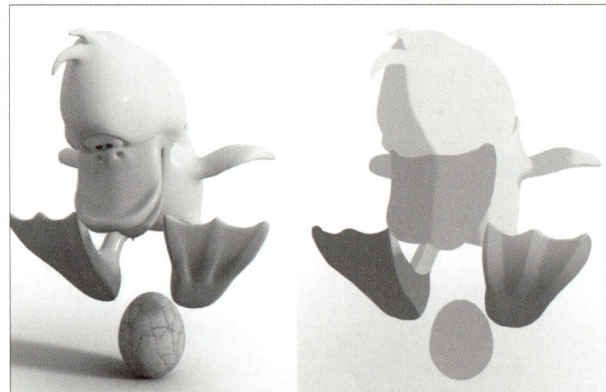

07 알도 왼쪽으로 갈수록 어두워지며, 오리에 의해 위쪽에 그림자도 살짝 들어가 있습니다. '달걀' 레이어를 선택하여 그려 줍니다.

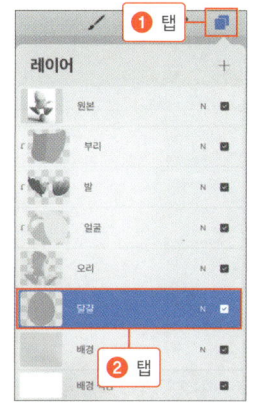 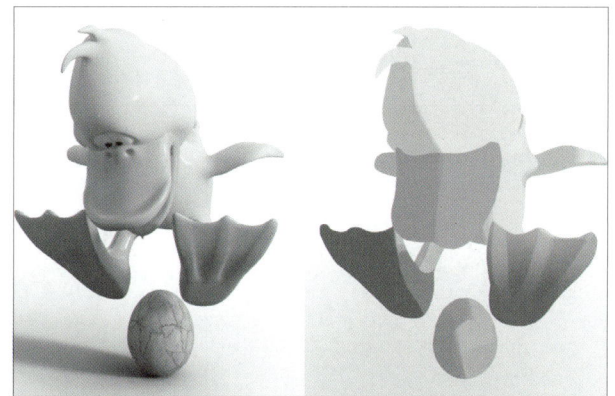

TIP 알도 디테일한 크랙보다는 큼직한 톤 위주로 관찰하여 잡아 주세요.

08 (레이어())에서 (+) 버튼을 탭하여 '배경' 레이어 위에 새 레이어를 추가한 다음 레이어 이름을 '그림자'로 변경합니다.

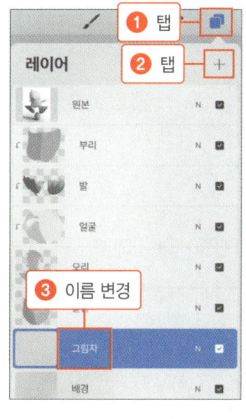 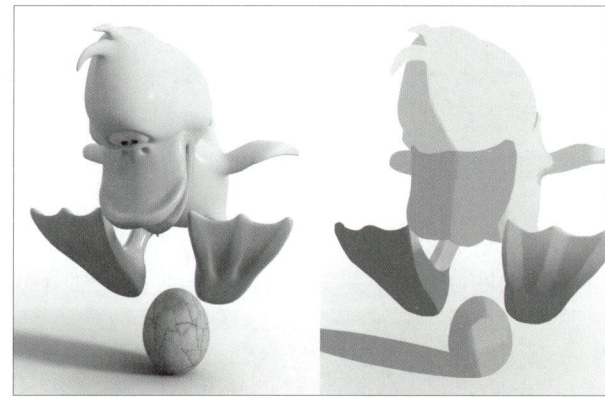

TIP 투명도가 생기지 않도록 그림자를 단단하게 그립니다.

09 (조정()) → (가우시안 흐림 효과)를 탭합니다. 화면을 오른쪽으로 드래그하여 그림과 같이 조금 흐리게 설정합니다.

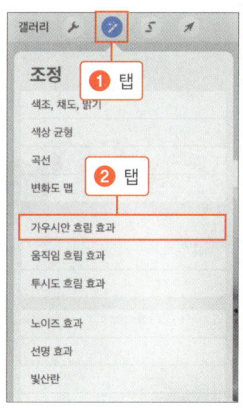 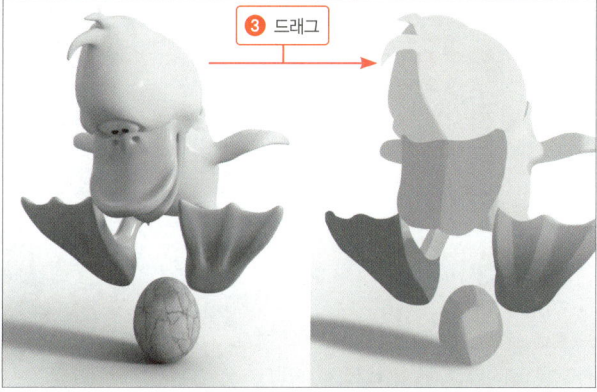

10 | [레이어(■)]에서 '그림자' 레이어를 탭하여 표시되는 레이어 옵션에서 [알파 채널 잠금]을 선택한 다음 알에 가까워질수록 그림자가 어두워지도록 톤을 그립니다.

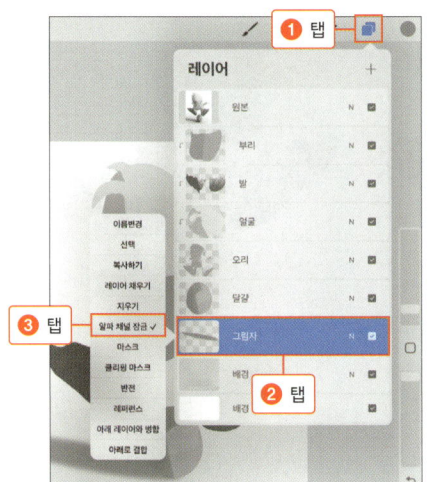
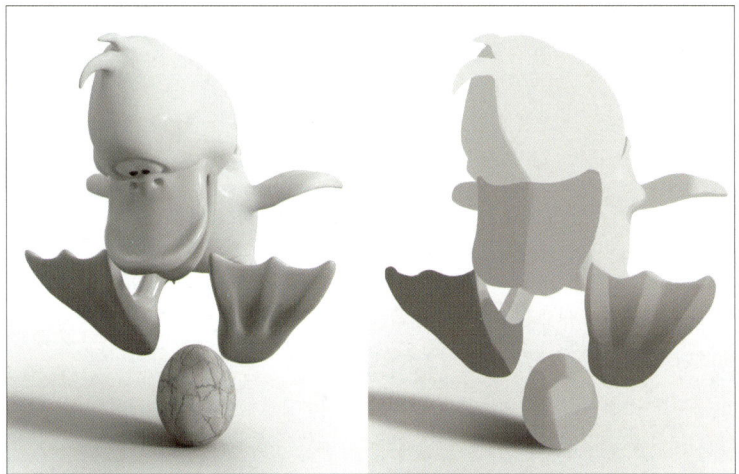

TIP 부드럽게 풀리는 [에어브러시] → [소프트 브러시]를 사용하면 좋습니다.

11 | 큼직한 명암이 나왔으니, 이번에는 작은 부분을 그립니다. [레이어(■)]에서 [+] 버튼을 탭하여 '부리' 레이어 위에 새 레이어를 추가한 다음 레이어 이름을 '눈,코'로 변경합니다. 눈과 코가 겹쳐져 있지 않기 때문에 같은 레이어에 그려도 괜찮아요.

TIP 다시 브러시 라이브러리에서 [잉크] → [스튜디오 펜] 브러시를 선택하여 진행합니다.

12 | 〔레이어(📄)〕에서 '눈,코' 레이어를 탭하여 표시되는 레이어 옵션 중 〔알파 채널 잠금〕을 선택하여 톤을 맞춥니다. 눈동자는 나중에 그려도 괜찮으니 각각의 레이어를 선택하면서 전체적인 톤을 먼저 수정합니다. '얼굴'의 왼쪽을 보면 튀어나온 털에 의해 그림자가 강하게 졌다가 다시 밝아지는 톤의 변화가 보입니다. 밝은 부분을 강하게 잡으면 어두움이 또 깨질 수 있으니 톤을 계속 체크해 주세요. '부리' 또한 초반에 잡은 어두움을 유지하며 옆면에 밝음을 넣어 줍니다. 이때 명암의 경계가 선명한 곳은 필압을 강하게 넣어도 좋습니다.

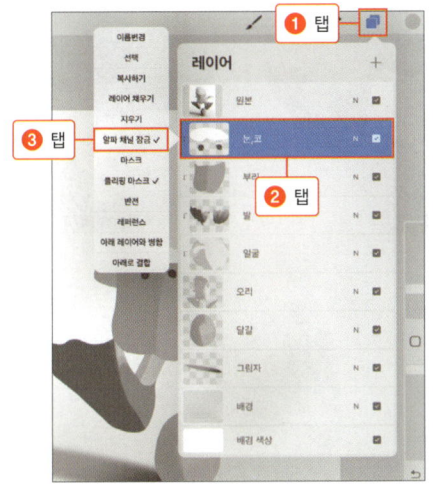

13 | '몸통'에서 날개가 꺾이는 부분, 그리고 몸통 아랫부분에 어두움이 생기고 있습니다. 어두움을 유지하면서 디테일한 톤을 살짝 추가해 줍니다.

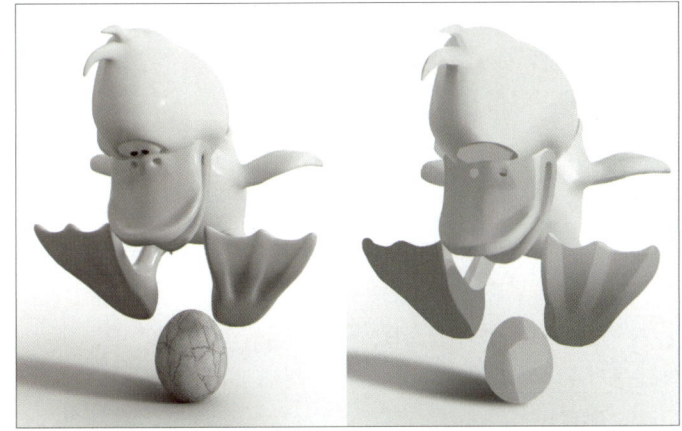

14 | '발' 오른쪽을 보면 물갈퀴 표현으로 인해 살짝 밝아지는 부분이 생기죠? 이런 부분도 너무 강하게 잡으면 어두움이 깨져 보일 수 있으므로 어두움 속 밝음은 항상 주의해야 합니다.

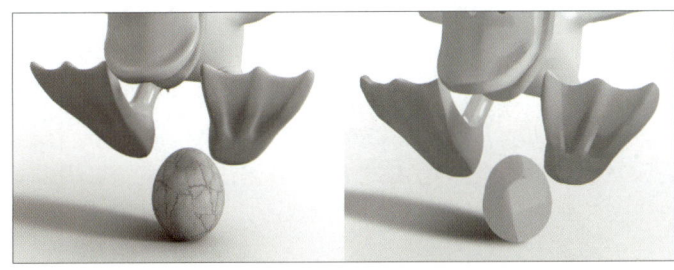

15 | 알의 경우 경계가 많이 보이는데, 너무 자잘한 부분이기 때문에 넘어가도록 합니다. 그림자가 선명한 부분은 잡아 주고, 풀리는 부분만 부드럽게 그러데이션을 넣습니다.

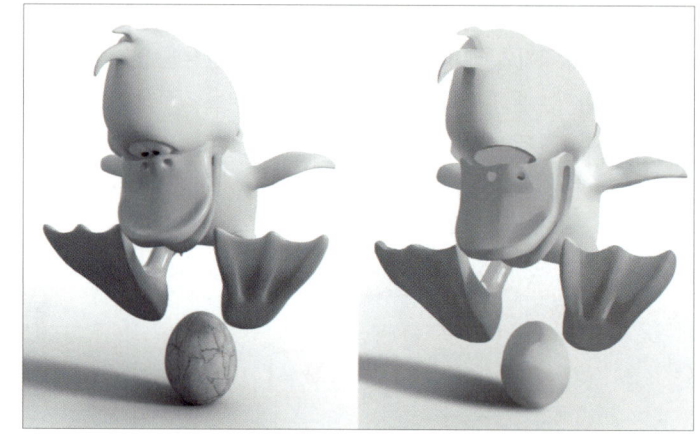

16 | '눈'은 작기 때문에 화면을 좀 더 확대해서 다듬습니다. 경계 부분이 선명해 보일 수 있도록 필압에 주의해 주세요.

17 | 눈의 톤이 어느 정도 나왔다면 눈동자도 그립니다. 이후에 눈동자 위치를 편하게 수정하고 싶다면, 레이어를 분리해서 그려도 괜찮아요.

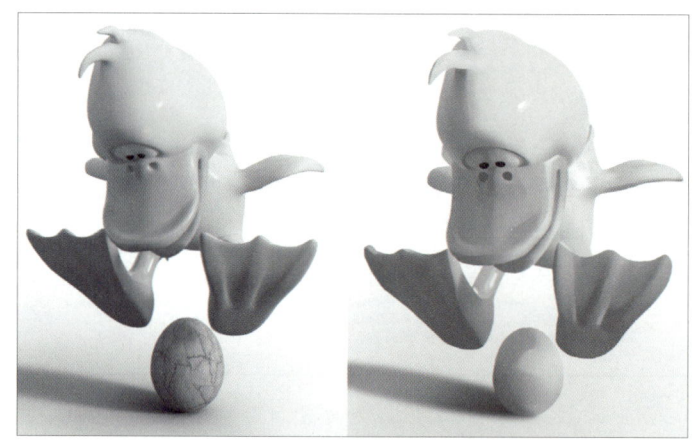

18 | 형태와 톤을 계속 비교하면서 전체적으로 맞춰 주세요. 하지만 명도 연습인 만큼 너무 지나친 묘사가 되지 않도록 적당한 선에서 끊어 주는 것도 중요합니다.

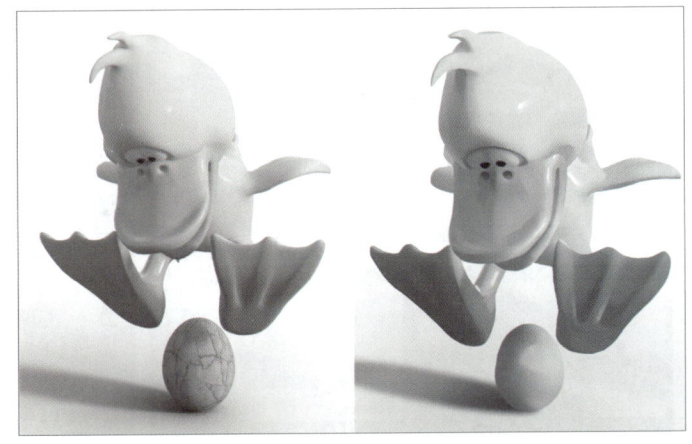

명도 레퍼런스 이미지 찾기

레퍼런스 사이트에서 '밸류 스터디', '면 크로키' 등의 키워드를 검색하면 다양한 자료를 찾을 수 있습니다. 예제처럼 컬러 이미지를 흑백으로 바꿔 연습해도 좋지만, 처음부터 흑백 레퍼런스 이미지를 찾아 연습하는 것도 좋아요.

캐릭터 중심의 레퍼런스   출처 : Pinterest

Viking Village - Explorations, Tim Kaminski

레퍼런스 이미지는 빛이 확실한 걸로 찾는 게 좋습니다. 빛이 흐릿하면 명암도 흐릿해지기 때문에 덩어리감을 파악하기가 쉽지 않아요. 캐릭터의 경우 3D나 석고 형태로 된 레퍼런스 이미지가 상대적으로 연습하기 좋습니다. 배경 또한 단순하게 공간감을 표현한 레퍼런스가 많으니 참고하여 연습하는 걸 추천합니다.

Colorful jungle, Wesley Surkijn

배경 중심의 레퍼런스   출처 : Pinterest

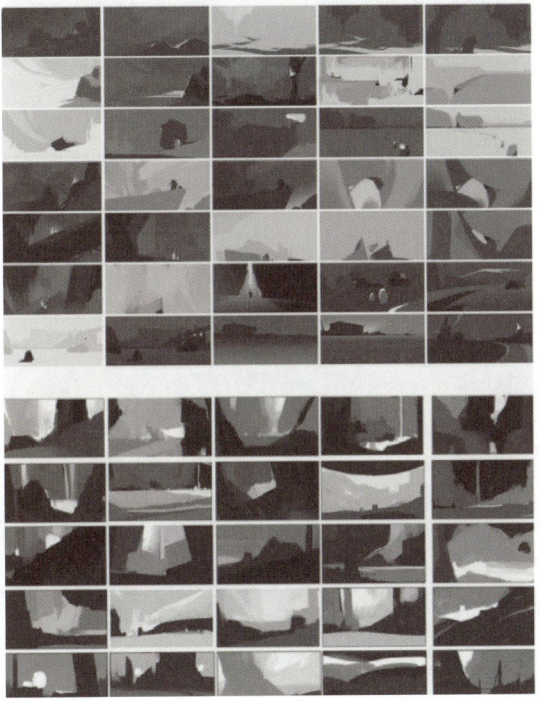

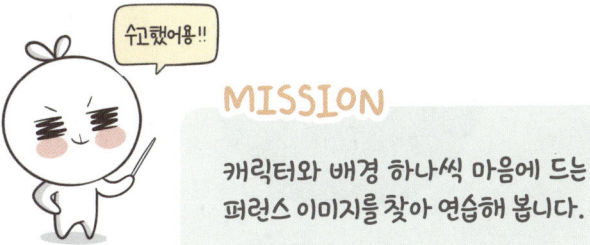

MISSION

캐릭터와 배경 하나씩 마음에 드는 레퍼런스 이미지를 찾아 연습해 봅니다.

그림을 깔끔하게 정리하는 명도   **93**

IPAD DRAWING 05

감각적인 색감을 찾아가는 러프 컬러 연습

색은 꾸준히 공부해야 하는 부분이며 거기에는 다양한 방법이 있지만, 그 중 '러프 컬러 스터디'에 대해 알아보도록 할게요. 디테일을 찾지 않고 색감에만 신경 쓰며 연습해 볼 수 있기 때문에 꾸준히 연습하면 굉장히 좋은 방법입니다. 그 전에 우선 색을 사용할 때 기본적으로 알아야 하는 몇 가지 용어를 알아보겠습니다.

색상 기본 용어

먼저 가장 기본적으로 나눌 수 있는 '한색'과 '난색'입니다. 요즘 피부 톤을 구분할 때도 웜톤과 쿨톤이라고 하죠? 어떤 색이던 이 두 가지 중 한 가지 느낌을 갖고 있기 때문에 구별하며 색을 사용하는 게 좋아요.

'보색'은 정반대에 있는 색으로, 이를 확인하기 위해서는 원형 색상환을 참고하는 게 좋습니다. 우리가 사용하는 프로크리에이트에 색상환 표는 따로 없지만, 색상 옵션 중 '디스크' 옵션이 원형으로 되어 있어 색을 참고하기 좋습니다. 색 단계를 좀 더 정확히 보고 싶다면 그러데이션이 아닌 단색으로 된 색상환 표를 검색하여 참고해 보세요.

한색 : 차가운 계열의 색   난색 : 따뜻한 계열의 색

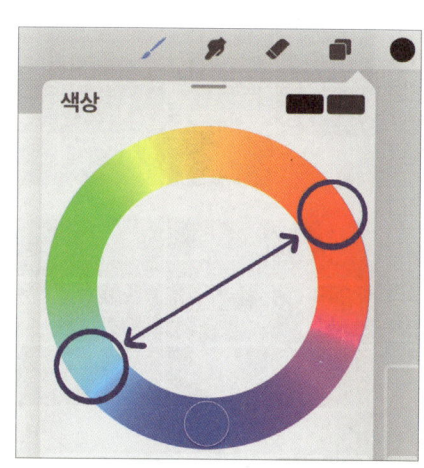

보색 : 정반대에 있는 색

Part 2 그림 기본기를 쉽게 익히는 6가지 노하우

'중성색'은 녹색/보라색 계통의 색처럼 난색과 한색에 속하지 않는 색입니다. 무엇을 더 섞는지에 따라서 한색에 가까울 수도, 난색에 가까울 수도 있기 때문이죠.

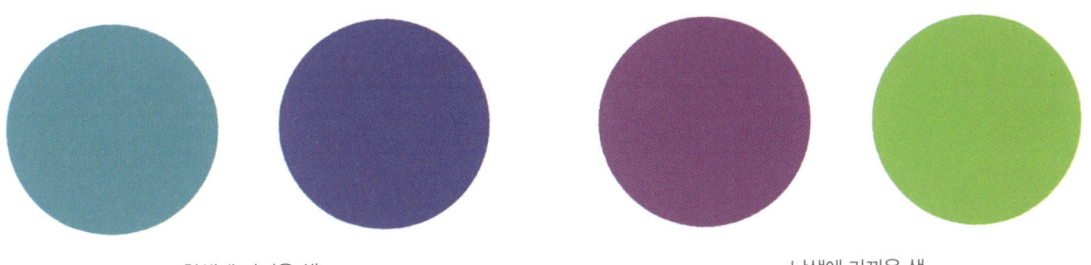

한색에 가까운 색   난색에 가까운 색

'유사색'은 하나의 색을 기준으로 가장 근접해 있는 색입니다. 같이 사용했을 때 조화롭고, 하나의 면에 함께 사용하면 부드럽게 연결되는 느낌이 납니다. 디스크 옵션에서는 그러데이션으로 되어 있다 보니 유사색이 어디까지인지 헷갈릴 수도 있는데, 이럴 땐 색을 그러데이션으로 함께 사용해 보면 바로 알 수 있어요. 아래의 A 이미지를 보면 유사색끼리 사용하여 부드럽게 연결되지만, B 이미지는 유사색을 벗어나 색이 분리되어 보입니다.

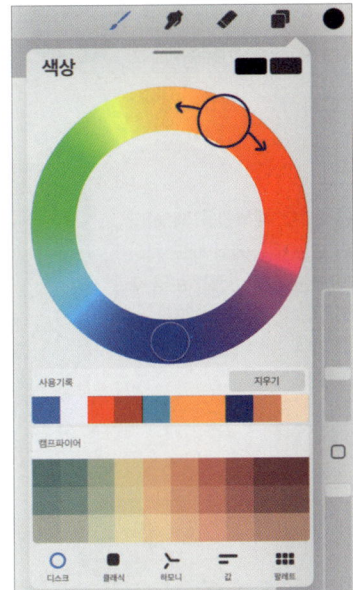

A. 유사색을 사용함   B. 유사색을 사용하지 않음

TIP
❶ 보색 : 색상환 표 기준 정 반대에 있는 색
❷ 중성색 : 난색과 한색을 왔다 갔다 할 수 있는 색(예 : 녹색, 보라색)
❸ 유사색 : 하나의 색을 기준으로 가장 근접해 있는 색으로 부드럽게 연결

채도

색을 공부하기 위해 먼저 채도를 이해해야 합니다. '채도'는 색의 선명도를 의미하는데, 무채색에 가까울수록 채도는 낮아지고, 원색에 가까울수록 채도는 높아져요. 채색할 때 무조건 채도 100%인 색들만 사용하면 그림이 촌스러워 보일 수 있고, 오브제가 너도나도 다 튀어 버리기 때문에 정리되어 보이지 않습니다. 채도에 높낮이를 주면서 적절히 섞어야 자연스러운 그림이 나오지요. 애니메이션 느낌을 원할 때는 채도를 어느 정도 높게 사용하기는 하지만, 너무 원색에 가까워지지 않도록 계속 체크하는 게 좋습니다.

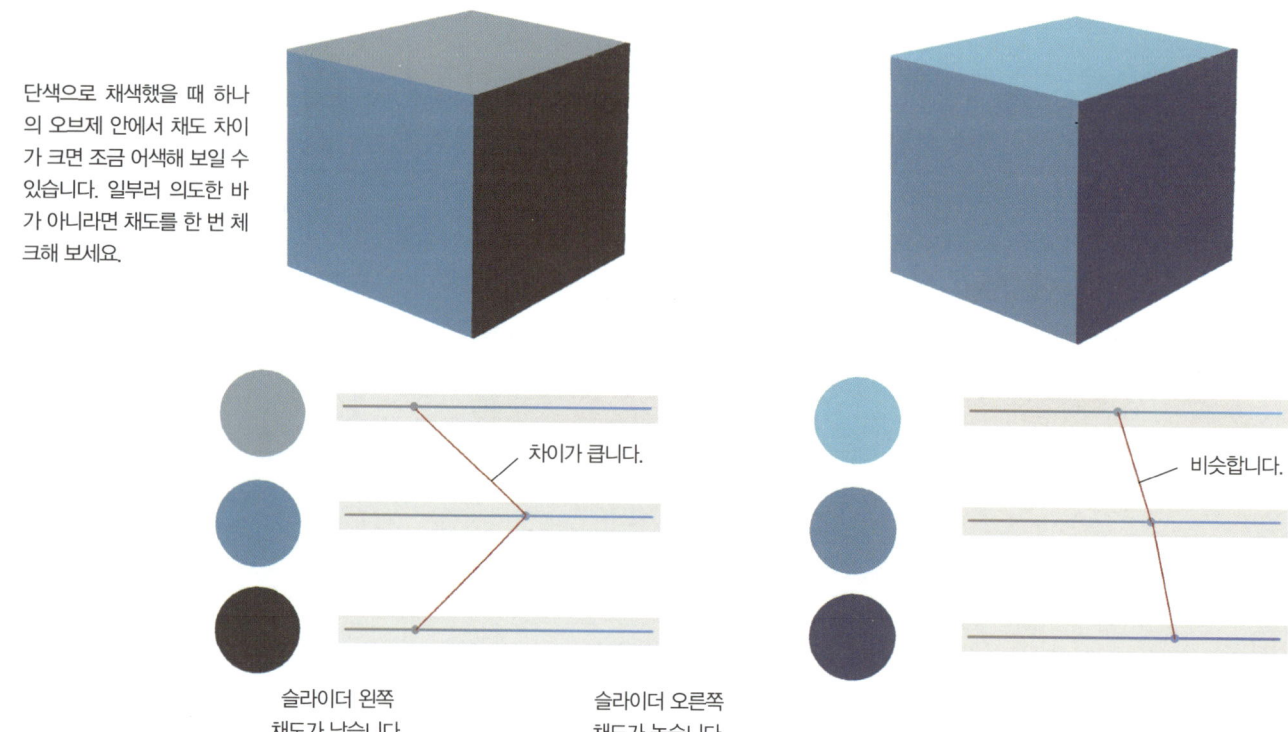

단색으로 채색했을 때 하나의 오브제 안에서 채도 차이가 크면 조금 어색해 보일 수 있습니다. 일부러 의도한 바가 아니라면 채도를 한 번 체크해 보세요.

모작할 때 색을 찾는 방법 알아보기

그림 공부를 할 때 무조건 할 수밖에 없는 것이 바로 모작 연습인데요. 모작하며 색을 사용할 때 스포이트 도구로만 색상을 계속 선택하며 연습하면 색상 공부에 어려움이 생길 수 있습니다. 어떤 색인지 직접 한 번 찾아보고 모르겠을 때 스포이트 도구를 활용하며 원본 그림에 어떤 색을 사용했는지 공부하는 걸 추천드려요. 이때 색은 어떻게 찾아보면 좋을까요?

01 예를 들어 오른쪽 그림을 모작한다고 가정하고 캐릭터 상의에 사용한 색을 한 번 찾아봅니다.

02 우선 보이는 대로 색을 선택하여 옆에 동그랗게 칠해 보세요.

03 | 그다음에는 색상에 있는 색, 채도, 명도를 조절하여 원본과 가까운 색을 찾습니다. 이때 색끼리 붙어 있으면 좀 더 구분하기 쉬울 거예요. 칠한 색상을 비교하면 원본의 색이 좀 더 난색에 가깝다는 걸 알 수 있죠?

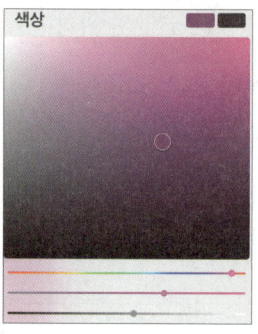

04 | 색상 슬라이더를 오른쪽으로 살짝 드래그하여 난색을 추가한 다음 다시 칠해 봅니다. 이번에는 원본의 명도가 더 높은 것 같네요.

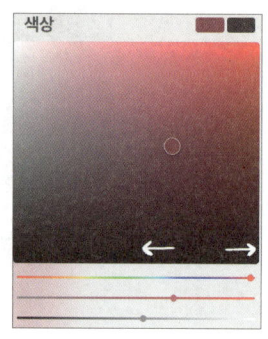

05 | 명도 슬라이더에서 오른쪽으로 드래그하여 명도를 좀 더 올린 다음 다시 칠합니다. 톤은 얼추 비슷하게 맞는데, 이번에는 채도가 너무 높습니다.

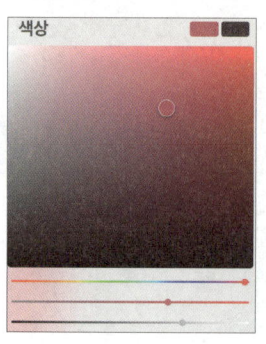

06 | 채도 슬라이더에서 왼쪽으로 드래그하여 채도를 살짝 낮춰서 다시 칠합니다. 색이 좀 더 비슷해졌습니다.

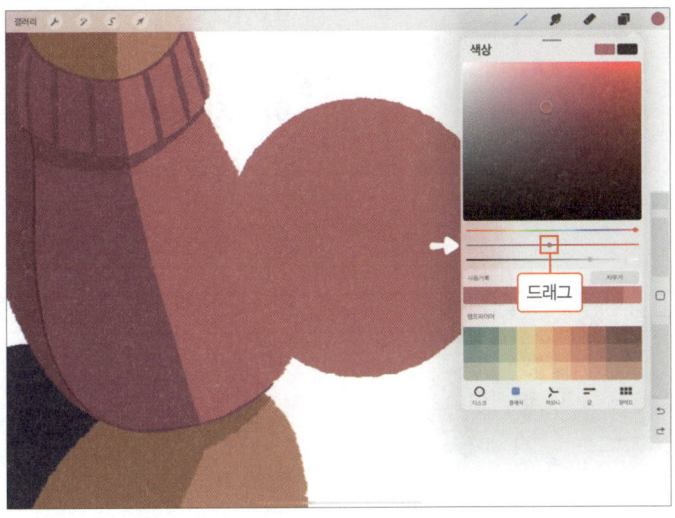

07 | 색을 얼추 찾았다면 색상의 위치가 어디쯤에 있는지 한 번 확인해 봅니다. 위치를 기억했다가 작업할 때 응용해서 사용해 볼 수도 있어요.

러프 컬러 연습 진행하기

이미지 찾기

스터디를 위한 이미지는 그림, 사진, 명화, 애니메이션 등 좋다고 느낀 이미지면 뭐든지 괜찮습니다. 인터넷에서 이미지를 검색할 수도 있지만, 인스타그램에서 '카페' 관련 계정을 팔로우해 보세요. 빛이 예쁘거나 따뜻한 사진들이 많이 올라옵니다. 마음에 드는 게시물은 스크랩해 놓았다가 컬러 스터디할 때 한 장씩 연습해 봅니다. 만약 배경에 오브제가 많아서 번거롭다면 몇 개만 생략하거나 소품 하나를 따로 골라 연습하는 것도 괜찮아요.

키워드 추천
Color study
Color key
Light color study

지나친 디테일은 배제하기

'러프'라는 단어가 들어간 만큼 지나친 디테일을 찾을 필요는 없기 때문에 적당한 선에서 끝내면 됩니다. 형태 또한 명도처럼 스케치를 생략하고 눈으로만 보며 진행하는 경우가 많죠. 다만 그림을 그리다 보면 크게 확대해서 그릴 때가 있는데, 러프 컬러 스터디를 할 때는 되도록이면 사진과 캔버스를 작게 두고 진행하는 게 좋아요. 그래야 전체적인 톤과 색감을 파악하기 수월합니다. 아주 작은 오브제를 그리는 게 아니라면 되도록 작게 전체적으로 볼 수 있도록 세팅한 후 진행해 보세요.

출처 : Pinterest

키워드를 검색하면 다양한 자료를 참고할 수 있습니다. 본인에게 맞는 적절한 난이도를 찾아 색을 관찰해 보며 차근차근 연습해 보세요.

그림을 선명하게! 올가미 활용하기

선택(S)에서 '올가미'는 형태를 날렵하고 빠르게 잡는 데에 굉장히 효율적이에요. 큼직한 형태뿐만 아니라 브러시로 하나하나 그리기 어려운 자잘한 표현이나 깔끔한 경계면을 잡을 때 또한 효율적이지요. 그럼 올가미와 브러시는 어떻게 함께 사용해야 할까요?

01 | (선택(S))을 탭한 다음 하단 메뉴에서 (올가미)를 선택합니다. 그리려는 오브제의 형태를 드래그하여 잡아 줍니다.

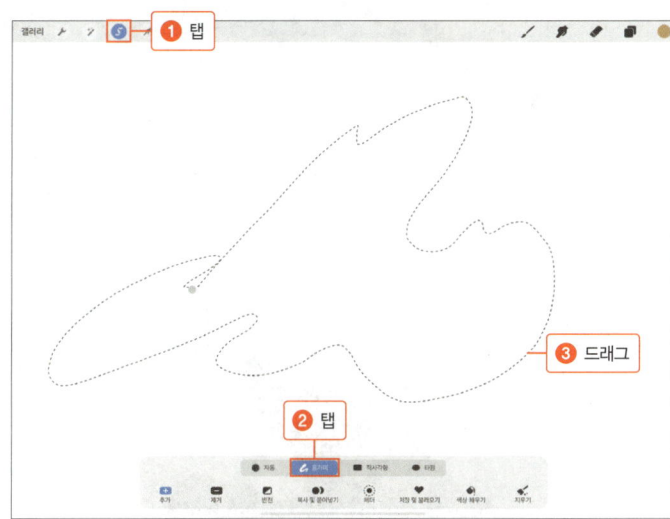

02 | (색상(●))을 지정한 다음 셰이프로 드래그하여 100% 불투명하게 채웁니다. 기본색에 투명도가 들어가면 '알파 채널 잠금'을 적용했을 때 투명도도 같이 잠기기 때문에 정확히 채색할 수 없습니다.

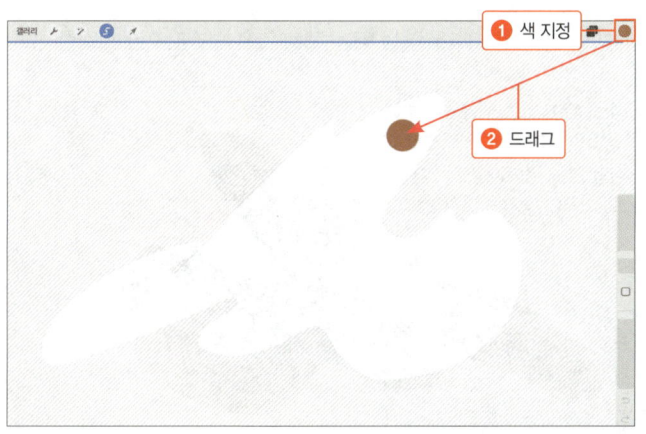 

03 | 레이어를 탭하여 표시되는 레이어 옵션에서 [알파 채널 잠금]을 선택하면 삐져나오지 않게 채색할 수 있습니다. 명암 표현을 위해 [올가미]로 드래그하여 모양을 다시 잡아 줍니다. 잡히는 부분만 신경 써서 모양을 잡아주고, 나머지 부분은 넓게 마무리해도 좋습니다.

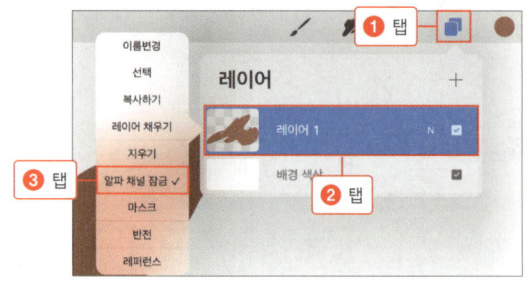
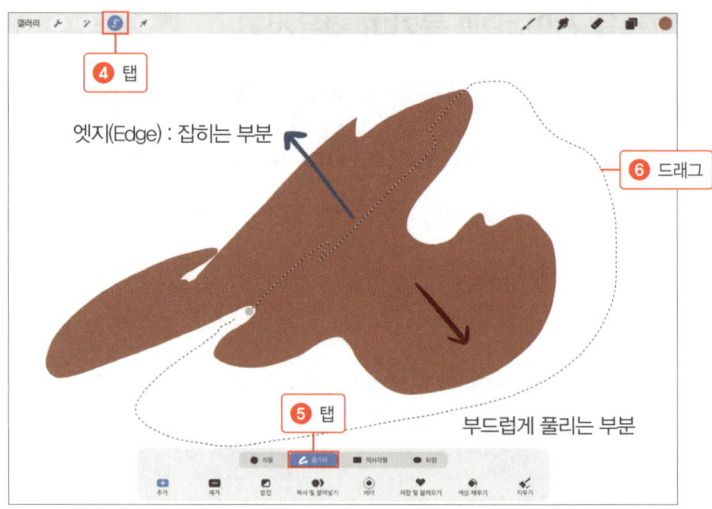

04 | [브러시(✏️)]를 탭하여 브러시 라이브러리에서 [에어브러시] → [소프트 브러시]를 선택한 다음 넓게 사용하여 원하는 톤을 살살 칠합니다. 여기서는 힘을 100% 주지 않는 게 좋습니다. 힘을 살짝만 줘도 색의 단계가 생기기 때문이에요. 잡히는 부분이 선명하게 보일 수 있도록 톤을 넣어 주면 자연스럽게 밝음과 어두움이 생겨요.

05 | 이 사이에 중간 톤을 넣으려면 다시 [올가미]로 원하는 모양을 잡습니다. 바로 옆 어두운 색을 길게 탭해 스포이트 도구로 선택합니다.

06 다시 살짝만 힘을 주어 칠해도 단계가 생깁니다. 이런 식으로 반복하며 채색하면 초반 속도가 굉장히 올라가고, 러프하면서도 선명한 형태를 잡기가 굉장히 편합니다. 너무 어렵게 느껴진다면 기능을 사용하여 낙서하거나, 간단한 오브제를 그려보며 먼저 연습해 보아요.

TIP 같은 방법이지만 오브제 느낌에 따라 브러시를 다르게 사용해주기도 합니다. 예로 오른쪽을 보면 A 이미지는 방금 사용한 '소프트 브러시'이고, B 이미지는 질감이 더 들어간 '니코 룰' 브러시인데요.
'니코 룰' 브러시는 바위나 나무 등 자잘한 표현이 많은 오브제를 그릴 때 사용하면 좋습니다. 질감이 들어간 브러시는 많으니 사용해 보며 여러분의 취향을 찾아보세요.

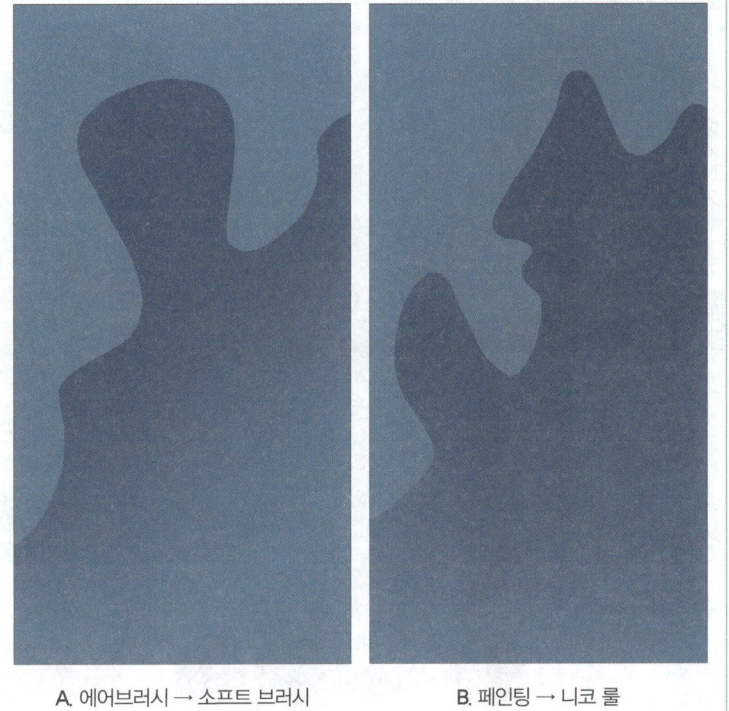

A. 에어브러시 → 소프트 브러시   B. 페인팅 → 니코 룰

여행 사진으로 러프 컬러 연습하기

여름과 잘 어울리는 해변과 배가 있는 여행 사진으로 러프 컬러 연습을 진행해 봅니다. 크게 크게 원래 느낌을 살리며 채색해 봅니다.

● **예제 파일** : 02\배.jpg　**완성 파일** : 02\배_완성.psd, 배_완성.jpg

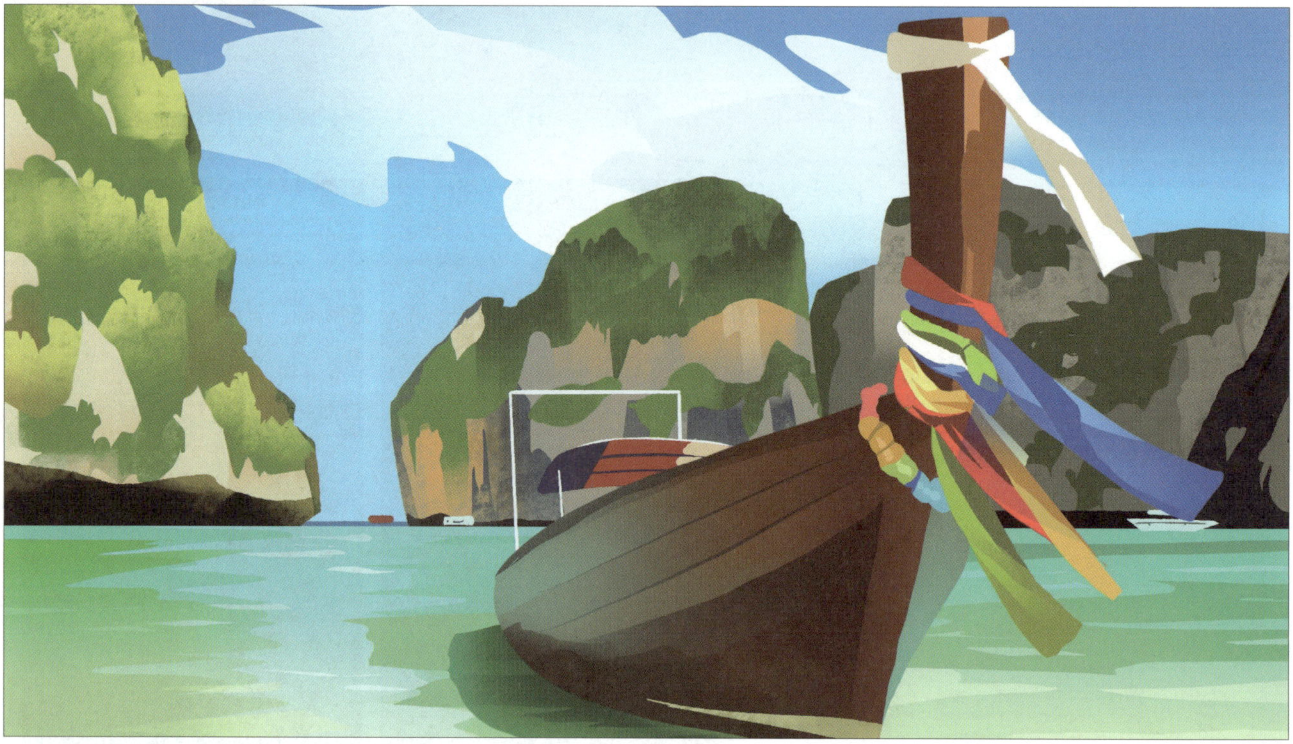

색상 코드

하늘(51cffe, e5f5fc)

배(aa4e1c)

물(52e2e0, 37ae4e, 006122)

바위산(e6d7a8, 55842d, 354e0d, 66644c)

끈(004fcc, f4bf2e, e3173d, a3c000)

해상도 : 300dpi
사용 브러시 : 에어브러시 - 소프트 브러시, 페인팅 - 니코 룰

캔버스 조절하고 배경 그리기

01 | 02 폴더에서 '배.jpg' 파일을 불러옵니다.

02 | (동작(🔧)) → (캔버스) → (잘라내기 및 크기 변경)을 탭 합니다.

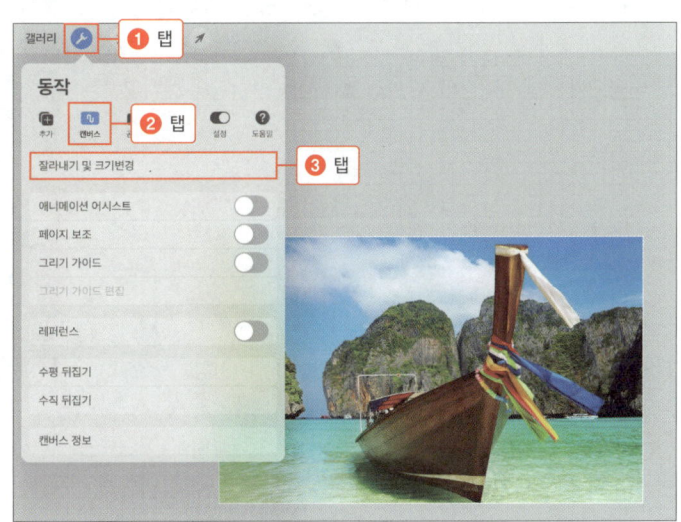

03 | 캔버스를 예제 이미지 비율과 동일하게 늘리기 위해 가이드 중심선에 맞춰 드래그하여 폭을 늘려요. 크기 변경이 완료되면 (완료) 버튼을 탭합니다.

04 이미지 레이어는 가장 위에 두고, 아래에 레이어를 추가하며 진행합니다. (레이어(■))에서 (+) 버튼을 탭하여 이미지 레이어 아래에 새 레이어를 추가한 다음 레이어 이름을 '하늘'로 변경합니다.

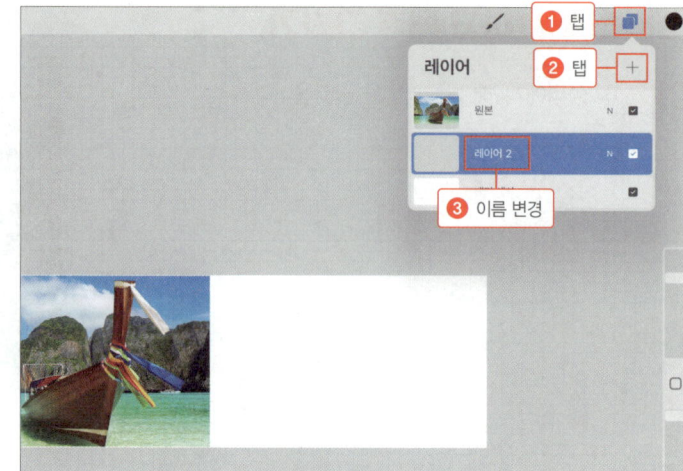

TIP 레이어는 그림을 그릴 때 불편하지 않을 정도로 분리해서 진행해 보세요.

05 배경색에 따라 오브제의 색도 달라 보이기 때문에 먼저 가장 큰 배경 톤을 맞춥니다. (색상(●))을 '파란색'으로 지정해서 투명도가 적용되지 않도록 드래그해 색을 단단하게 채워요.

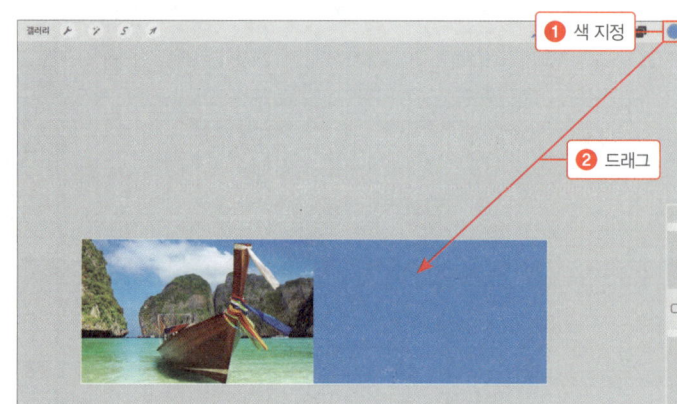

TIP 모작할 때 색 사용법은 '색을 찾는 방법(97쪽)'을 참고하세요.

06 (브러시(✎))를 탭하여 브러시 라이브러리에서 (에어브러시) → (소프트 브러시)를 선택합니다. 아래로 갈수록 밝아지게 그러데이션을 넣어 줍니다.

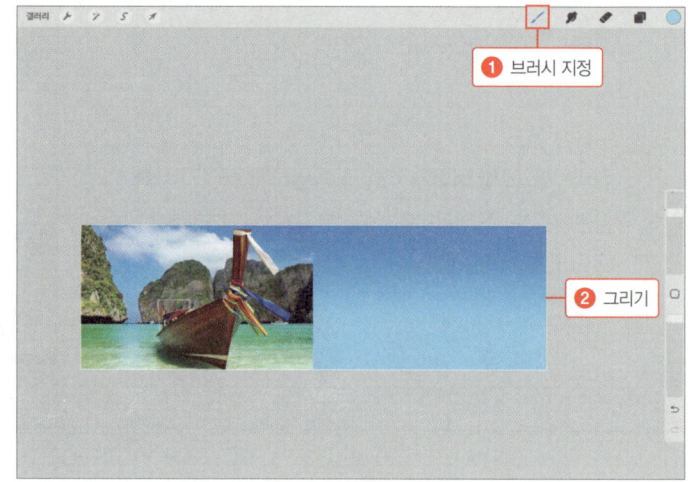

TIP 브러시 크기는 크게 사용해야 부드럽게 연결됩니다.

07 | (레이어(■))에서 (+) 버튼을 탭하여 '하늘' 레이어 위에 새 레이어를 추가한 다음 레이어 이름을 '바닥'으로 변경합니다. (선택(⬚))을 탭한 다음 하단 메뉴에서 (직사각형)을 선택합니다. 수평이 맞도록 드래그하여 사각형을 그립니다.

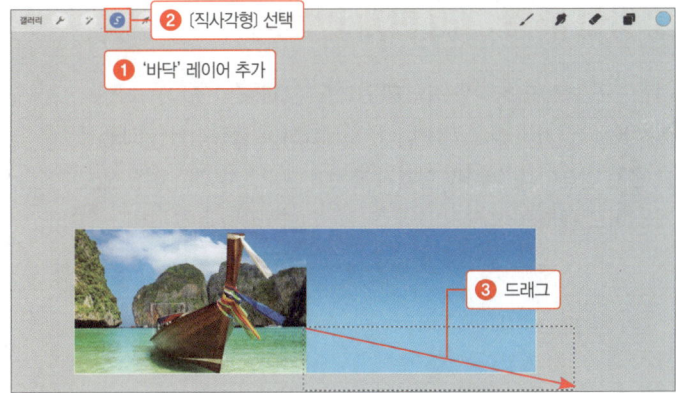

08 | 마찬가지로 (색상(●))을 지정한 다음 드래그하여 색을 채웁니다. 채색할 때 색이 삐져나오지 않도록 레이어를 탭하여 표시되는 레이어 옵션에서 (알파 채널 잠금)을 선택합니다.

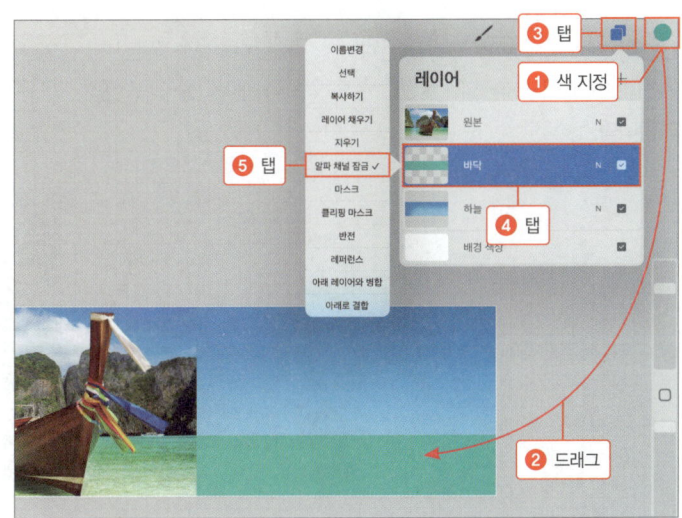

09 | (소프트 브러시)를 사용하여 색감을 비슷하게 맞춥니다.

바위와 배를 그려 단계 만들기

01 오브제를 하나씩 그립니다. (선택(5))을 탭한 다음 하단 메뉴에서 (올가미)를 선택합니다. 드래그하여 불규칙한 형태들을 먼저 잡습니다. 어차피 잘리기 때문에 캔버스 밖까지 여유 있게 잡아도 괜찮습니다.

TIP 올가미가 불편하다면 브러시 라이브러리에서 (잉크) → (스튜디오 펜) 브러시를 선택하여 셰이프를 그립니다.

02 같은 방법으로 바위를 그립니다. 가장 오른쪽에 있는 바위는 붙어 있어 채색할 때 불편할 수도 있으니 레이어를 따로 분리합니다.

TIP 오브제의 밑 색을 잡을 때는 너무 밝은 톤 기준으로 그리기보단 묵직한 중간 톤 정도로 잡는 게 좋습니다.

03 (레이어(■))에서 (+) 버튼을 탭하여 '바닥' 레이어 위에 새 레이어를 추가한 다음 레이어 이름을 '배'로 변경합니다. 크게 배를 그려요.

04 (레이어( ))에서 (+) 버튼을 탭하여 '배' 레이어 위에 새 레이어를 추가한 다음 레이어 이름을 '끈'으로 변경합니다. 너무 정확하지 않아도 괜찮으니 비슷하게 끈을 그립니다.

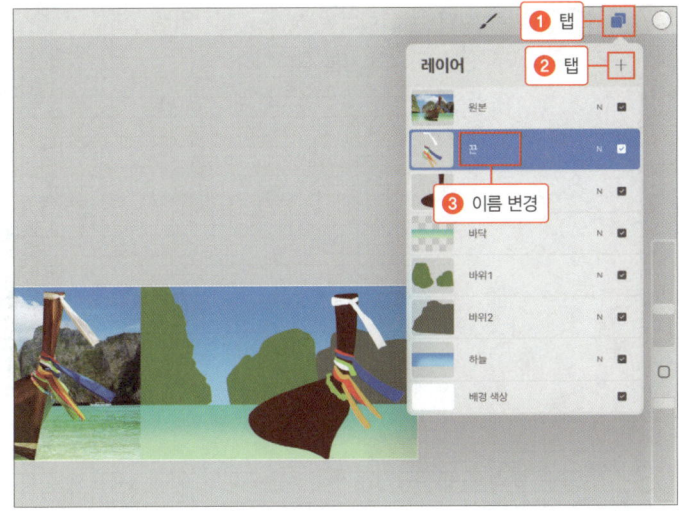

05 전체적으로 얼추 형태가 나오면 조금씩 톤을 넣습니다. 그 전에 이미지 레이어와 '하늘' 레이어를 제외한 나머지 레이어에 (알파 채널 잠금)을 적용해요.

06 먼저 배의 전체적인 톤을 보면 양쪽 부분이 물에 반사되어 밝아지고 중간 부분은 상대적으로 어두워 보이네요. 브러시 라이브러리에서 (에어브러시) → (소프트 브러시)를 선택하여 그러데이션을 넣어 줍니다.

07 │ (선택(S))을 탭한 다음 하단 메뉴에서 (올가미)를 선택하고 드래그하여 어두운 부분의 모양을 잡습니다.

08 │ (소프트 브러시)로 부드럽게 톤을 적용합니다. 이때 100% 힘을 주지 말고 필압을 조절하며 원하는 만큼 조금씩 톤을 추가합니다.

09 │ 물에 반사되는 푸른빛도 (올가미)를 사용하여 양옆에 적용해요.

TIP 톤 추가에 대한 레이어를 따로 분리한 다음 (클리핑 마스크)를 적용하여 채색해도 좋습니다.

10 '배' 레이어 아래에 새로운 레이어를 추가하여 그림자를 그립니다. 물이 에메랄드 빛이다 보니 그림자도 녹색 빛으로 보입니다.

11 새로운 레이어를 추가하여 (클리핑 마스크)를 적용합니다. 바위에서 녹색 부분을 제외한 나머지 부분을 (올가미)로 잡아 준 다음 드래그해서 채색합니다. 소프트 브러시를 사용하면 필압이 있다 보니 투명도가 적용될 수 있어요.

12 바위의 어두운 부분도 채색합니다.

13 구름도 (올가미)를 이용하여 잡은 다음 (소프트 브러시)로 칠합니다. 이때 원본의 모양을 너무 똑같이 그리지 않아도 괜찮아요. 다만 불규칙한 느낌이 날 수 있도록 형태에 신경 씁니다.

14 물결을 표현하기 위해 물결의 어두운 부분을 먼저 잡습니다. 배 그림자 위를 덮지 않도록 그림자 아래에 새 레이어를 추가해서 표현합니다. 시점상 수평 느낌을 유지하며 물결이 들어갈 수 있도록 체크해 주세요.

15 물결의 밝은 부분을 바위와 바위 사이 틈에 맞춰 빛이 많이 들어오는 느낌으로 그립니다.

TIP 물에 반사되는 부분은 이미 사용한 물의 색감을 스포이트로 추출하여 살살 추가해주면 더 자연스럽습니다.

16 다시 배로 돌아와 배의 갈라지는 나무 느낌을 표현하기 위해 [올가미]를 선택한 후 드래그합니다.

TIP 클리핑 마스크를 적용했기 때문에 배의 바깥쪽까지 넓게 사용해도 괜찮습니다.

17 소프트 브러시로 살살 칠하며 단계를 만듭니다.

18 그다음 배에 묶인 끈 부분을 표현합니다. 밝음, 어두움으로만 나눠서 표현해도 충분합니다.

19 바위에 있는 나무를 표현하기 위해 텍스처가 있는 브러시를 사용합니다. (올가미)로 드래그하여 선택한 다음 브러시 라이브러리에서 (페인팅) → (니코 룰) 브러시를 선택합니다. 역시 필압이 있는 브러시이기 때문에 힘 조절을 하며 사용합니다.

20 중간중간 보이는 갈색빛도 필압을 약하게 하여 조금씩 추가해 봅니다. 바위에 조금씩 톤을 넣어 봅니다. 마찬가지로 (올가미)와 거친 느낌 표현을 위해 (니코 룰) 브러시를 사용합니다.

TIP 색감을 크게 나눴을 때 어두운 부분에는 푸른 톤, 중간에 변하는 오렌지 톤, 회색 톤 정도로 볼 수 있습니다.

21 마지막으로 뒤쪽에 보이는 작은 오브제와 배에 들어간 무늬 표현 등 부수적인 것들을 그립니다. 그림자 안에도 물결은 너무 밝은 톤이 들어가면 그림자가 깨져 보일 수 있으니 소프트 브러시로 필압을 약하게 하여 살짝만 넣어 줍니다.

22 전체적으로 체크하면서 부족한 부분을 조금씩 수정하여 완성해요.

PART

3

캐릭터를 결정하는
얼굴 그리기

얼굴을 그릴 때 어색해 보이는 몇 가지 이유가 있습니다. 그러므로 기본 구조를 간단하게라도 알고 난 후에 응용해야 어떤 부분을 고쳐서 자연스럽게 보이는지 알 수 있을 거예요. 이번 시간에는 이목구비부터 헤어스타일까지 하나씩 차근차근 알아보도록 할게요!

캐릭터의 인상을 결정하는 눈

쉽지만 어려운 눈! 각도에 따라 어떻게 그릴지 막막하셨나요? 기본 구조부터 차근차근 어떻게 그리는지 방법을 하나씩 알아보도록 하겠습니다.

캐릭터를 봤을 때 보통 얼굴을 가장 먼저 보는데요. 이 중에서도 가장 중요한 부분이 바로 '눈'입니다. 형태를 어떻게 변형하는지에 따라 그림체의 특징도 달라 보이기 때문이에요. 그림 스타일은 다양할 수 있지만 기본 구조는 같으니 다음의 내용을 바탕으로 응용해서 연습해 보세요.

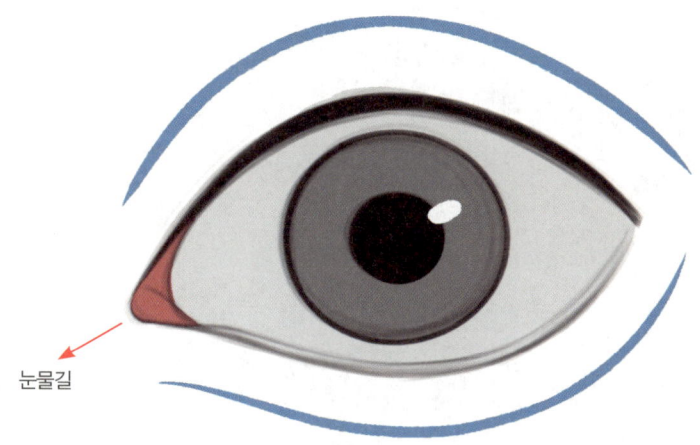

눈의 형태는 보통 윗부분이 더 올라가 있으며 아랫부분은 비교적 완만하게 보여야 자연스럽습니다. 눈물길을 그리는 경우 너무 커지지 않도록 주의하세요.

눈의 기본 형태를 보면, 먼저 눈꼬리를 기준으로 나눴을 때 윗부분이 더 둥글한 느낌으로 보이고, 아랫부분은 상대적으로 완만해 보입니다. 눈 앞부분에 있는 눈물길을 표현할 때는 아래쪽에 살짝 곡선을 넣어 그리기도 하는데요. 이 부분은 그림체에 따라 생략하기도 합니다.

다이아몬드 형태의 눈   한쪽이 좁아져요   삼각형 형태의 눈

다이아몬드 형태였던 눈은 얼굴 각도에 따라 점점 가리며 측면이 되었을 땐 반쪽의 삼각형 형태만 보입니다.

얼굴의 각도에 따라 눈이 다이아몬드에서 점점 좁아져 삼각형 형태가 돼요.

이 기본 형태를 단순하게 보면 다이아몬드 형태로 보이는데요. 눈의 가장 높은 곳을 중심으로 반을 나눴을 때 얼굴을 돌릴수록 한쪽이 점점 좁아지며, 완전한 측면이 되었을 때는 삼각형 형태의 절반만 보입니다. 얼굴을 얼만큼 돌리는지에 따라 눈이 보이는 정도도 함께 맞춰야 자연스러워요.

콧대는 눈썹과 연결되는 형태입니다. 눈이 콧대를 넘지 않도록 주의하세요.

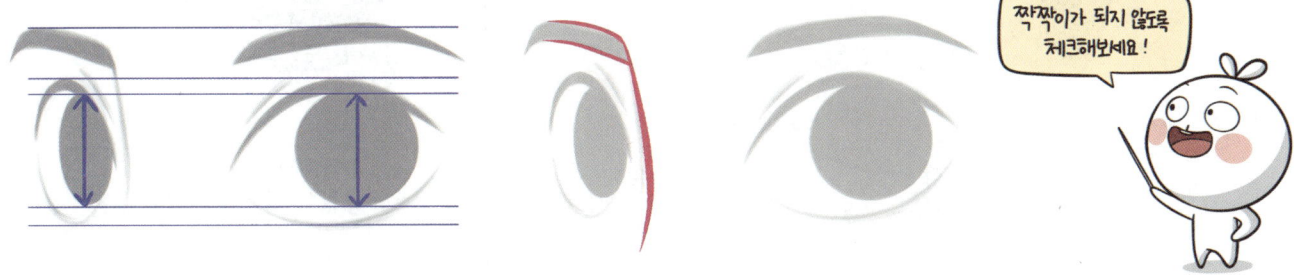

이때 전체적인 눈의 위치를 잘 맞추는 게 중요합니다. 얼굴을 돌리더라도 폭의 변화가 있을 뿐, 세로는 비슷하게 보이지요. 눈썹, 눈, 눈동자 등 위치가 어긋나거나 세로가 너무 많이 차이 나면 눈이 짝짝이처럼 보일 수 있으니 가이드라인을 활용하여 눈의 길이를 맞춰보면 좋습니다.

눈동자의 세로 길이가 달라지면 어색해 보일 수 있습니다. 가이드라인을 활용하여 크기를 비교하세요.

이번에는 좀 더 안으로 들어가 볼까요? 우리 눈은 '구' 형태로 되어 있는데요. 이때 흰자는 사실 흰색이 아닙니다. 구 또한 빛을 받는 방향에 따라 명암이 생기기 때문에 기본적인 톤은 살짝 어둡게 잡는 게 좋아요. 어두운 공간에 있는 캐릭터라면 흰자 또한 더 어두워지겠죠?

나이가 어릴수록 눈꺼풀에 살이 많지만 나이가 들수록, 또는 눈꺼풀에 살이 빠질수록 '아이홀'이라 부르는 부분이 선명히 보이는데, 이 위치는 구 형태에 맞춰 생깁니다. 눈 윗부분을 만져 보면 움푹 들어간 부분이 느껴지나요? 바로 그 부분이 아이홀입니다.

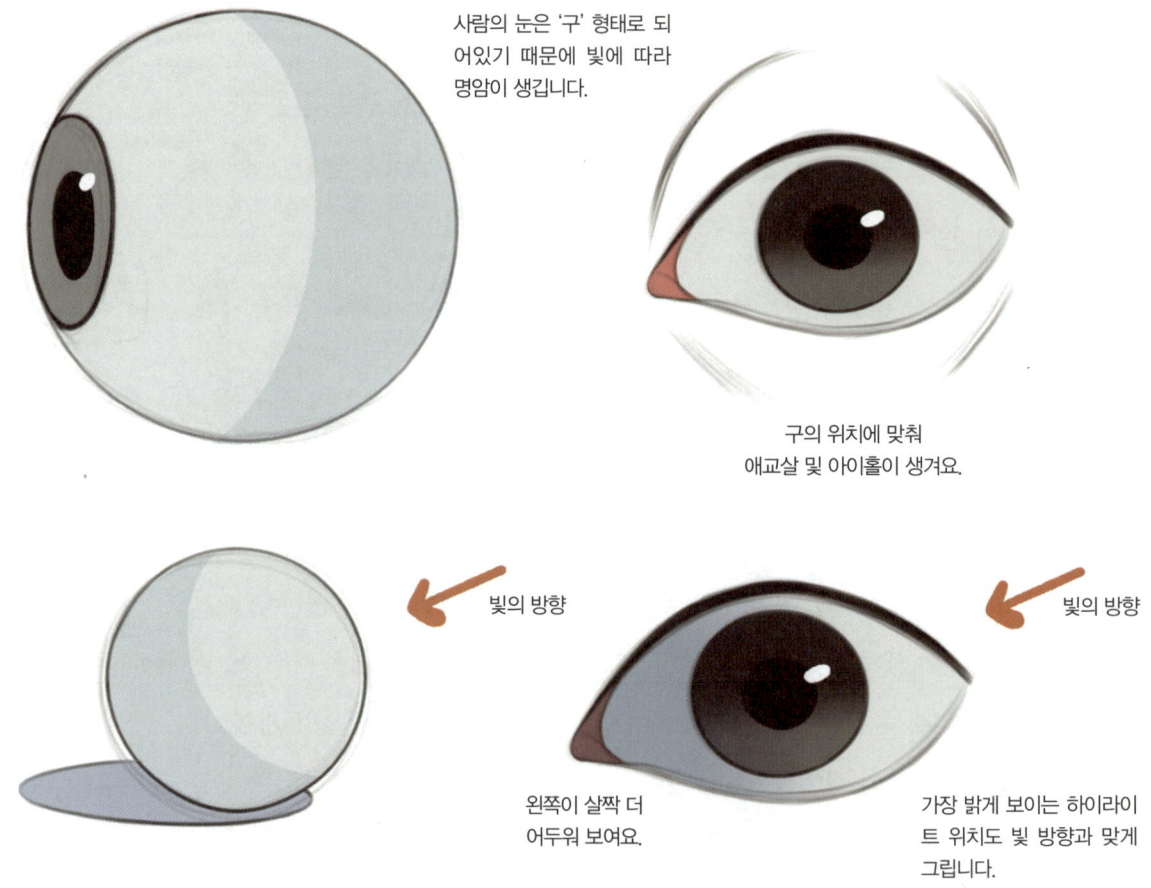

사람의 눈은 '구' 형태로 되어있기 때문에 빛에 따라 명암이 생깁니다.

구의 위치에 맞춰 애교살 및 아이홀이 생겨요.

빛의 방향

빛의 방향

왼쪽이 살짝 더 어두워 보여요.

가장 밝게 보이는 하이라이트 위치도 빛 방향과 맞게 그립니다.

앞서 알아본 구가 흰자라면 이 안에는 우리가 자주 보는 눈동자가 있겠죠? 드로잉에서 보는 눈동자의 구조는 크게 홍채와 동공, 이 두 가지로 나눌 수 있습니다. 여기서 동공은 홍채의 중간에 위치하고 있지만, 홍채 자체가 평평하지 않고 안쪽으로 살짝 들어가 있는 형태이기 때문에 측면에서 봤을 때도 위치를 안쪽으로 살짝 넣어 주는 게 자연스러워요. 이 위에 투명한 막이 한 번 올라가면서 빛을 받았을 때 하이라이트가 선명히 맺힙니다. 빛 방향에 따라 하이라이트의 위치는 달라질 수 있고 표현 방법 또한 다양하지만, 보통 동공과 홍채 사이에 하나 정도만 간단히 점을 찍어 줍니다. 물론, 스타일이나 캐릭터의 감정에 따라 생략할 때도 있어요.

홍채의 색은 다양하게 보일 수 있습니다. 컬러 렌즈를 끼면 색이 달라지는 것처럼요. 여기서 홍채의 톤은 보통 위쪽으로 갈수록 더 어두워지는 느낌이 있습니다. 홍채의 색이 어두우면 그만큼 동공도 가려지지만, 홍채의 색이 밝으면 윗부분이 어두워지더라도 톤 자체가 높기 때문에 동공 형태 또한 선명하게 잘 보입니다. 이것이 동양인과 서양인의 차이이기도 하죠.

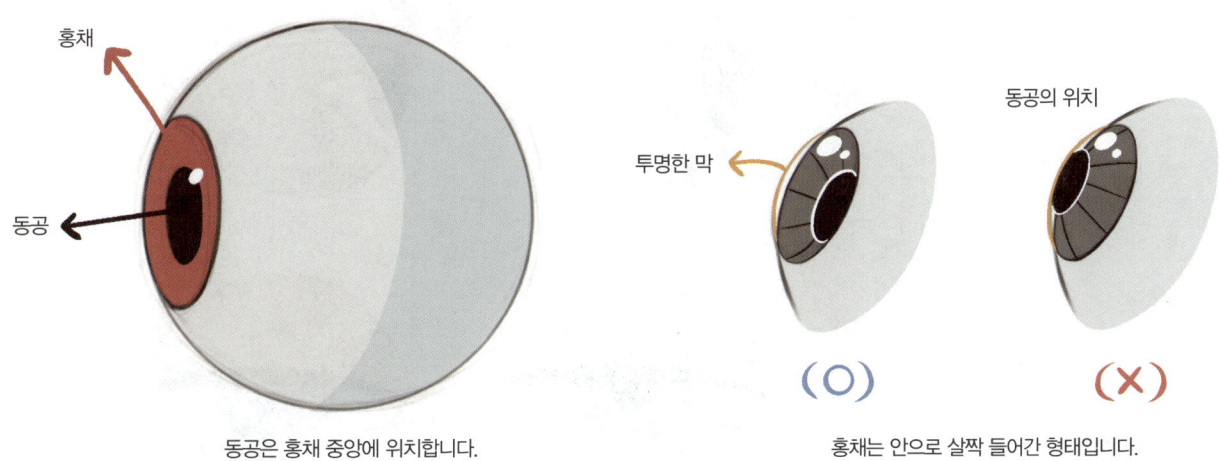

서양인의 홍채는 보통 밝은 편이라 동공이 전체적으로 잘 보입니다. 반면 동양인의 홍채는 보통 어두운 편이라 동공이 살짝만 보이지요.

동양인

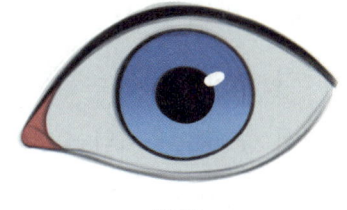
서양인

이번엔 우리가 평소에 보는 눈의 형태를 좀 더 살펴볼까요? 구 위에 살이 덮이면서 눈을 감싸면 우리가 알고 있는 눈의 형태가 나옵니다. 여기서 눈꺼풀이 내려오는 형태를 그릴 때 눈동자와 동공 또한 다 보이도록 납작하게 그리는 경우가 종종 있지만, 사실 눈동자는 그대로 있고 눈꺼풀만 내려오는 구조이기 때문에 눈동자 형태에 변화는 없습니다.

헷갈린다면 초반에 뜨고 있는 눈을 먼저 그린 다음 위에 살을 덮어 보세요. 눈의 기본형을 바탕으로 감은 눈, 웃는 눈 등을 표현하면 크기를 맞추기 좀 더 수월합니다.

눈꺼풀이 내려오면 눈동자는 가려질 뿐입니다. 눈동자나 홍채가 찌그러지지 않도록 체크하세요.

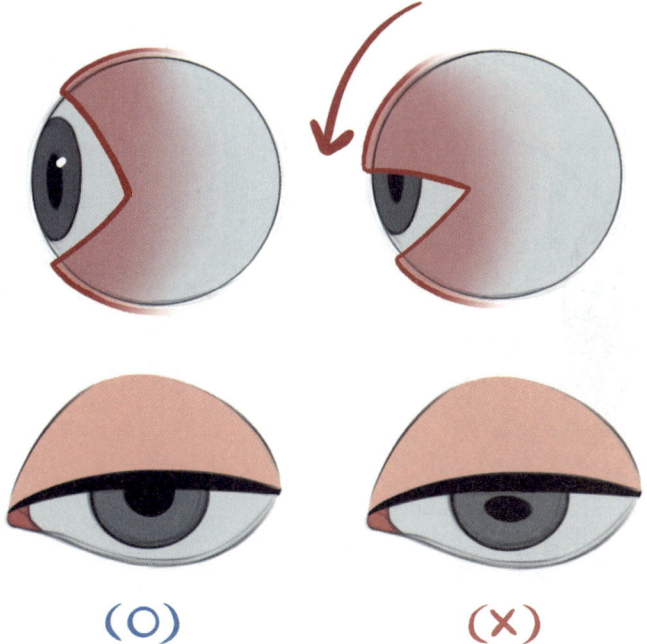

(O)   (X)

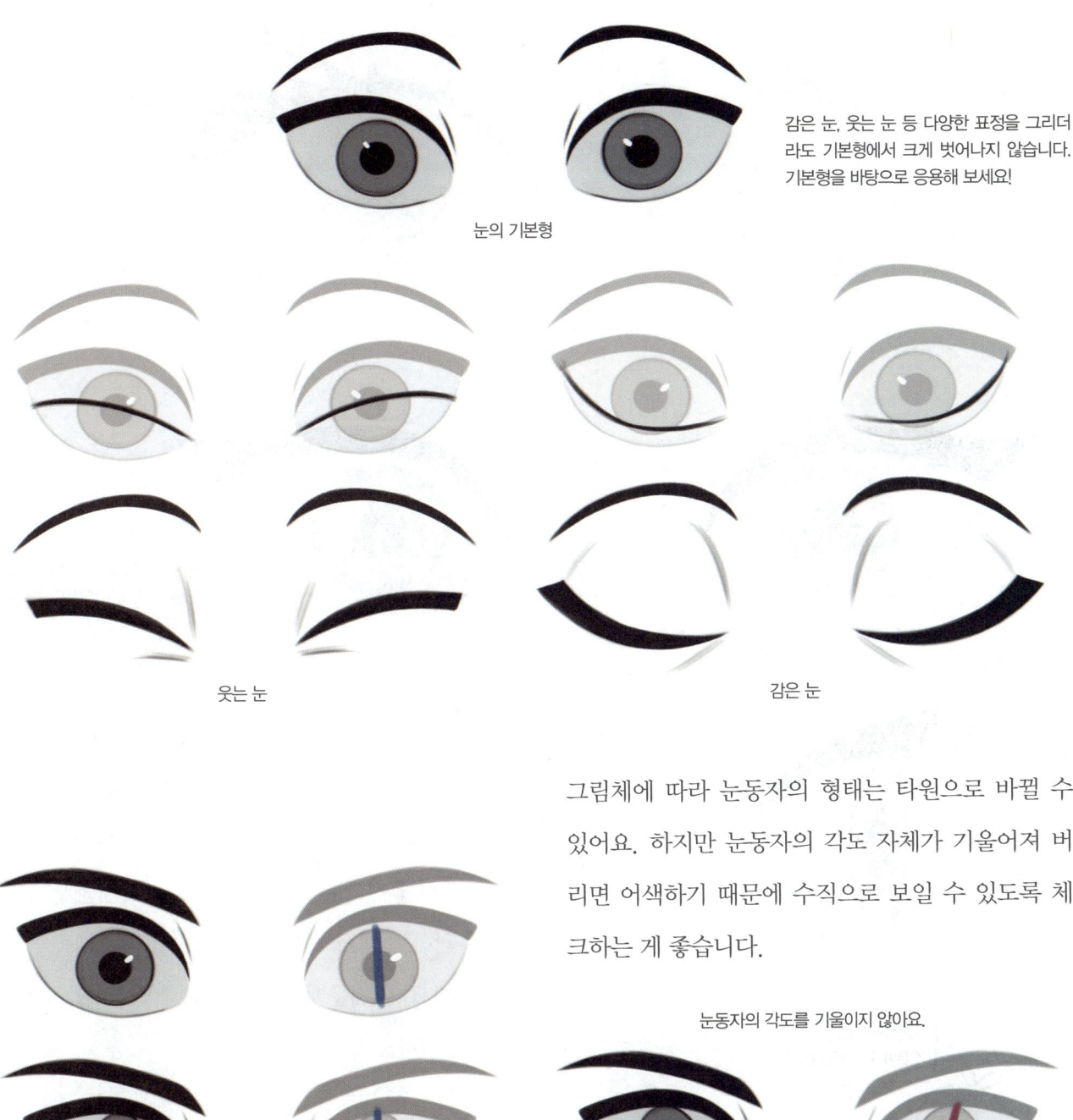

감은 눈, 웃는 눈 등 다양한 표정을 그리더라도 기본형에서 크게 벗어나지 않습니다. 기본형을 바탕으로 응용해 보세요!

눈의 기본형

웃는 눈

감은 눈

그림체에 따라 눈동자의 형태는 타원으로 바뀔 수 있어요. 하지만 눈동자의 각도 자체가 기울어져 버리면 어색하기 때문에 수직으로 보일 수 있도록 체크하는 게 좋습니다.

눈동자의 각도를 기울이지 않아요.

(O) (X)

캐릭터의 인상을 결정하는 눈

눈의 위, 아래 안쪽에는 점막이라 불리는 공간이 있습니다.

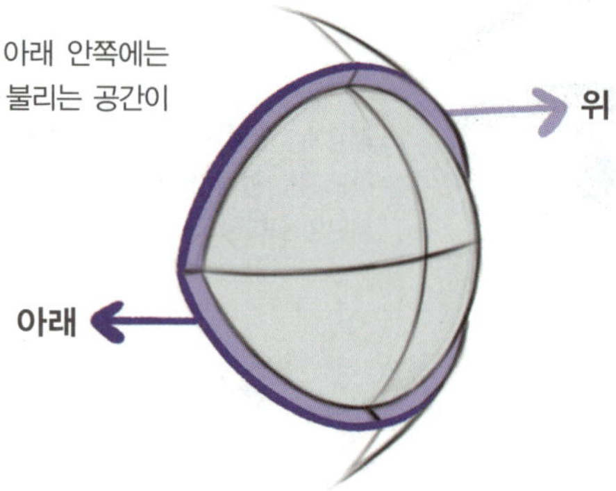

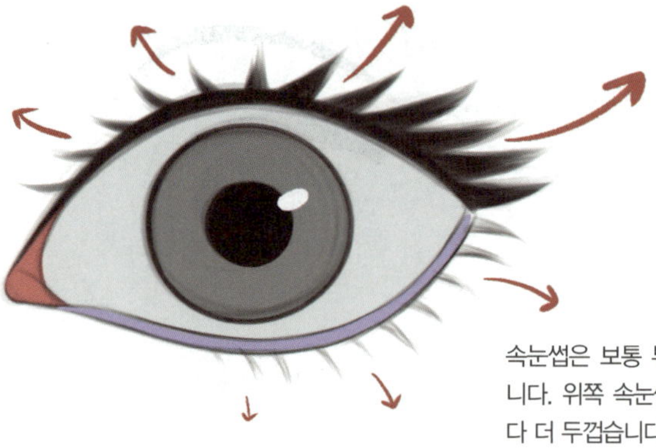

속눈썹은 보통 부채꼴 형태입니다. 위쪽 속눈썹이 아래쪽보다 더 두껍습니다.

캐주얼하게 표현할 때는 디테일을 생략하여 위쪽만 강조해서 그리기도 합니다.

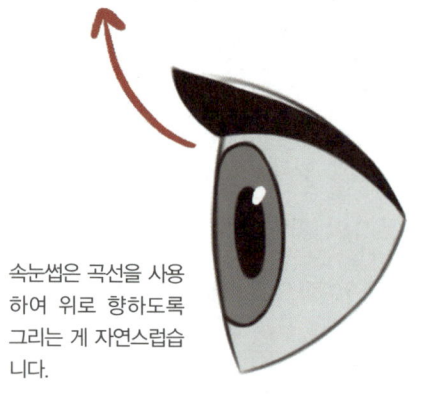

속눈썹은 곡선을 사용하여 위로 향하도록 그리는 게 자연스럽습니다.

우리 눈의 바깥쪽에는 위아래 모두 '점막'이 있습니다. 속눈썹은 이 점막에 붙어 있는데요. 위쪽 속눈썹이 아래쪽보다 훨씬 더 두껍기 때문에 보통 눈의 위쪽을 더 진하게 그립니다. 위아래 모두 진하면 평면적으로 보이거나 화장을 진하게 한 것 같은 느낌을 줄 수 있기 때문에 의도한 바가 아니라면 주의하는 게 좋아요. 속눈썹 방향은 부채꼴에 가깝지만, 길이는 뒤쪽이 더 길기 때문에 단순한 그림체에서도 앞쪽보다 뒤쪽을 더 강조하는 편입니다.

측면에서 보면 앞쪽이 더 강조됩니다!

또한 눈꺼풀과 속눈썹에 의한 그림자가 눈 위에 살짝 생깁니다. 이는 위에서 아래로 빛이 내려오기 때문에 생기는 현상으로, 그림체에 따라 생략하기도 하는 부분입니다.

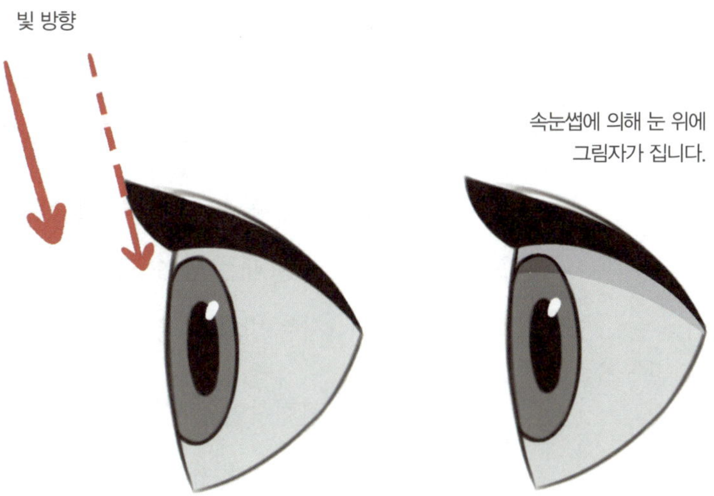

빛 방향

속눈썹에 의해 눈 위에 그림자가 집니다.

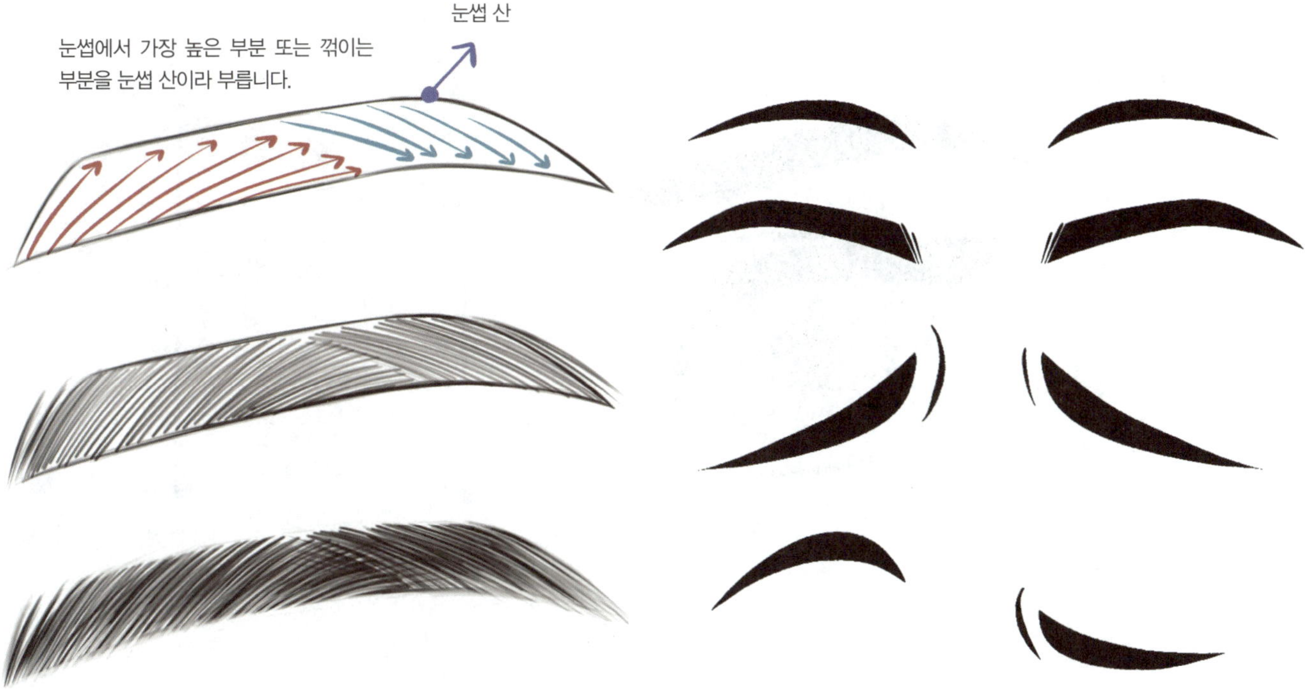

눈썹에서 가장 높은 부분 또는 꺾이는 부분을 눈썹 산이라 부릅니다.

눈썹 산

찡그릴 때는 미간 사이의 주름을 표현하기도 합니다.

캐릭터의 인상을 결정하는 눈 **125**

눈썹은 보통 앞쪽이 더 두껍고 뒤로 갈수록 가늘어지는 형태입니다. 여기서 방향은 두 가지! 위에서 점점 기울어지며 내려가다가 중간 부분에서 아래쪽으로 방향이 바뀝니다. 캐주얼한 그림체에선 눈썹결을 하나하나 그리기보다는 오른쪽 이미지처럼 하나의 덩어리로 그리는 게 더 어울리지요. 두꺼운 눈썹을 그릴 때는 앞쪽 또는 뒤쪽에 살짝 한두 개 정도 그리기도 합니다. 응용을 위해서는 방향을 잘 알고 있는 게 좋아요.

전체적인 눈썹의 길이는 눈의 가로 길이보다 조금 더 길어야 자연스럽습니다. 이때 눈썹에서 가장 높은 부분을 '눈썹 산'이라고 얘기하는데, 눈썹 산의 위치는 눈의 끝부분보다 살짝 안쪽에 위치하도록 그리면 자연스럽습니다.

눈꼬리보다 눈썹의 뒷부분이 조금 더 길게 나오면 자연스럽습니다.

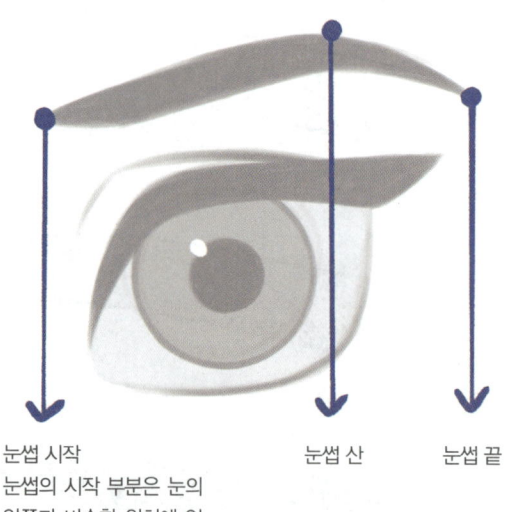

눈썹 시작
눈썹의 시작 부분은 눈의 앞쪽과 비슷한 위치에 있어도 괜찮습니다.

눈썹 산

눈썹 끝

IPAD DRAWING 02

눈의 기본 형태 그리기

자, 지금까지 눈의 기본 구조에 대해 알아보았습니다. 기본 형태를 잘 알고 있어야 응용하기도 편하겠죠? 정면을 기준으로 눈의 구조를 간단히 한 번 그려 봅니다.

- **완성 파일 :** 03\눈_완성.jpg

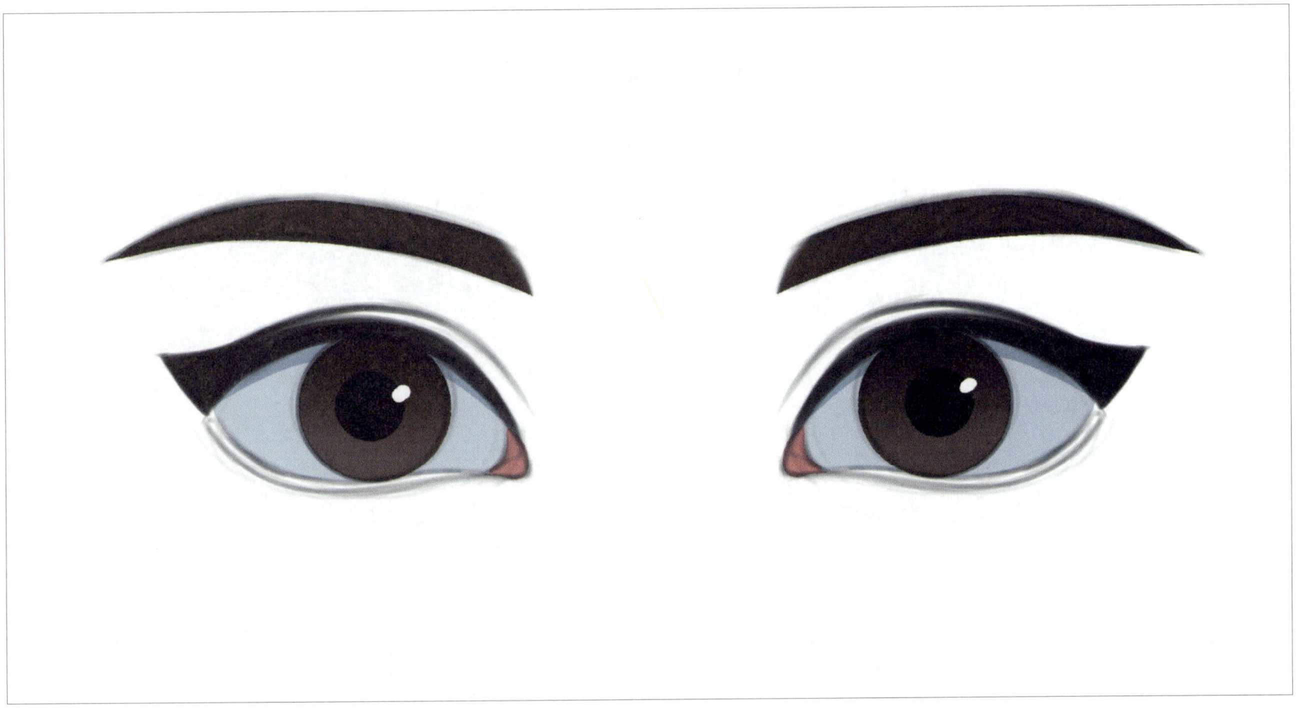

색상 코드

ced8e5 665149 d18585

캔버스 크기 : 2500×1300px
해상도 : 300dpi
사용 브러시 : 스케치 → HB연필 / 잉크 → 스튜디오 펜

01 | 대칭을 쉽게 맞추기 위해 그리기 가이드를 함께 사용해 봅니다. (동작(🔧)) → (캔버스) → (그리기 가이드)를 활성화한 다음 (그리기 가이드 편집)을 탭합니다.

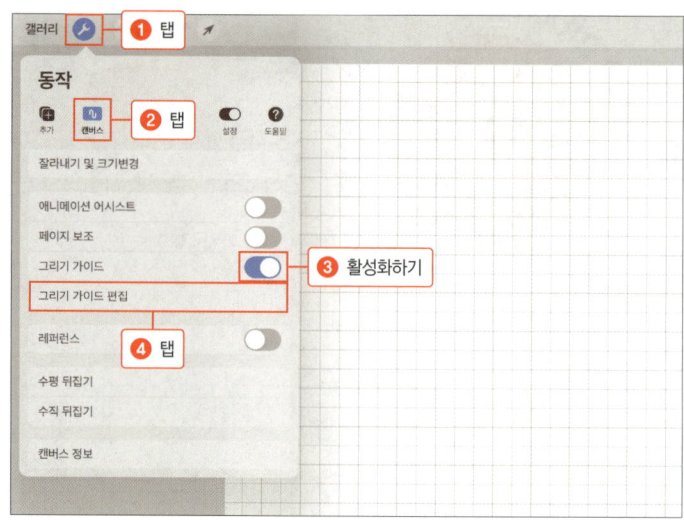

02 | 하단 메뉴에서 (대칭)을 선택하면 선이 하나 표시되는데, 이 선을 기준으로 양쪽에 똑같이 그림을 그릴 수 있어요. 이어서 (완료) 버튼을 탭합니다.

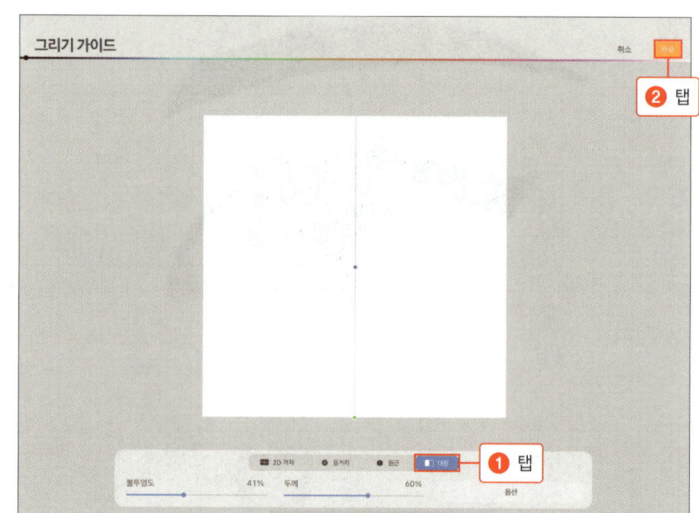

TIP 그리기 가이드의 파란색 조절점을 드래그해서 이동할 수 있으며, 상단의 색상 바와 하단 메뉴에서 옵션을 설정하여 선을 수정할 수도 있습니다.

03 | 레이어를 탭하여 표시되는 레이어 옵션에서 (그리기 도우미)를 선택하여 비활성화하면 일반 레이어로 변경해서 사용할 수 있습니다.

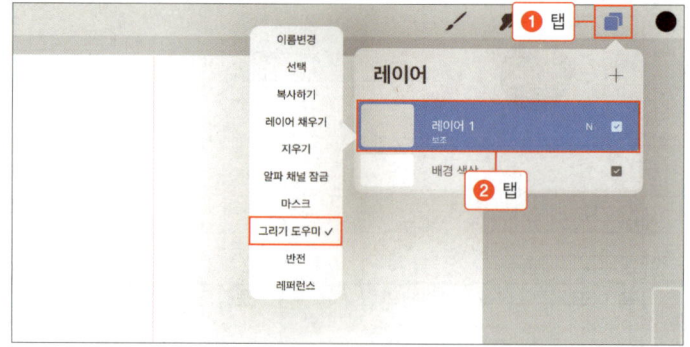

TIP 레이어를 확인하면 '보조'라는 옵션이 표시되는데, 이는 그리기 가이드가 적용되었다는 뜻입니다.

04 | 대칭을 활성화한 상태에서 먼저 가이드로 활용할 동그라미를 그려 줄게요. 가로가 더 길어지도록 형태를 잡습니다.

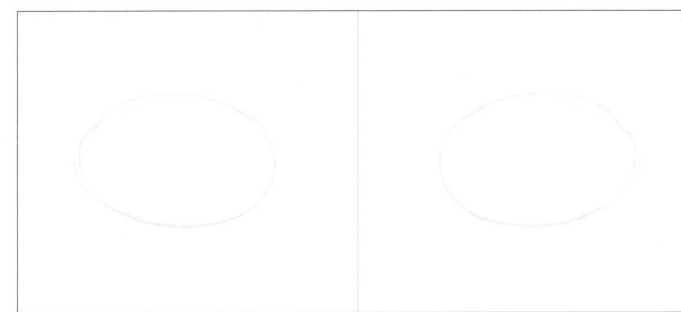

05 | 눈 윗부분을 진하게 둥글둥글한 느낌을 살려 그립니다.

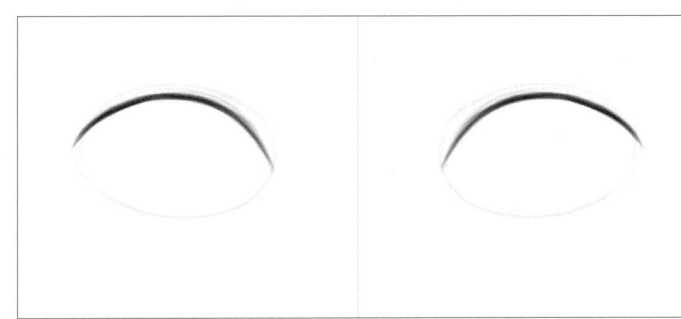

06 | 눈 밑부분도 그리면서 앞쪽 눈물길도 함께 표현합니다. 이때 앞쪽이 살짝 들어가도록 곡선으로 그려 줄게요.

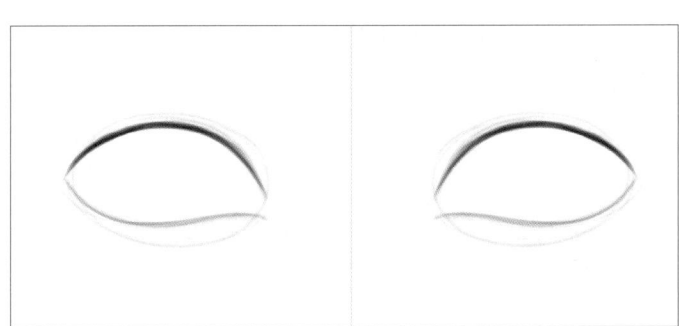

07 | 밑부분과 자연스럽게 연결되도록 눈물길을 나눠요.

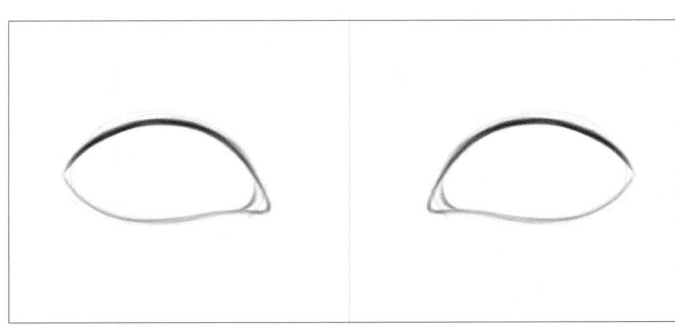

08 | 이번에는 눈동자를 그려 봅니다. 정원을 그리기 위해 동그라미를 그린 다음 펜을 떼지 말고 두 손가락으로 길게 탭해서 형태를 보정해 주세요.

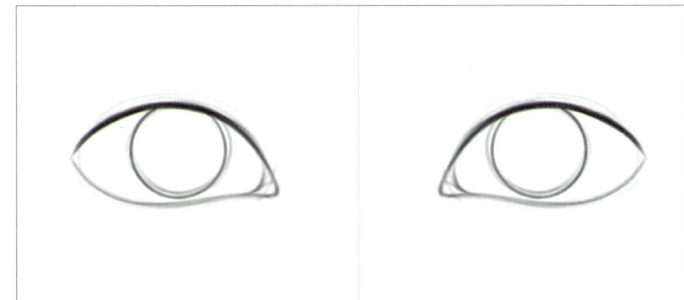

TIP | 보통 눈을 뜨고 있으면 눈동자가 살짝 가려집니다.

09 | 눈동자의 가려진 부분까지 고려하여 중앙에 동공을 동그랗게 그립니다.

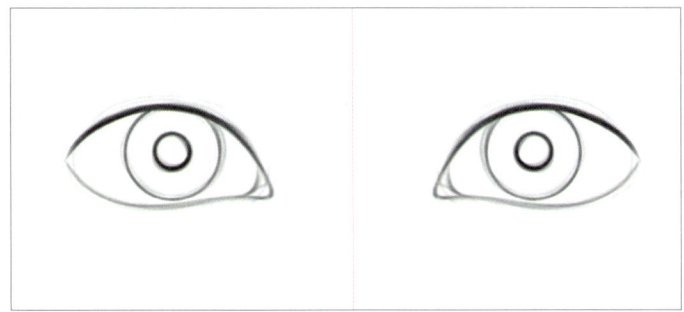

10 | 아래쪽의 점막을 너무 두꺼워지지 않게 주의하며 그려줄게요.

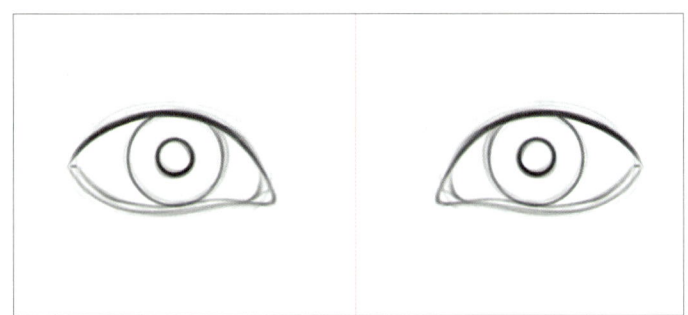

11 | 실제 눈을 정면에서 보면 위 점막이 살짝 보이지만 중간으로 갈수록 가려지므로 참고해서 그립니다.

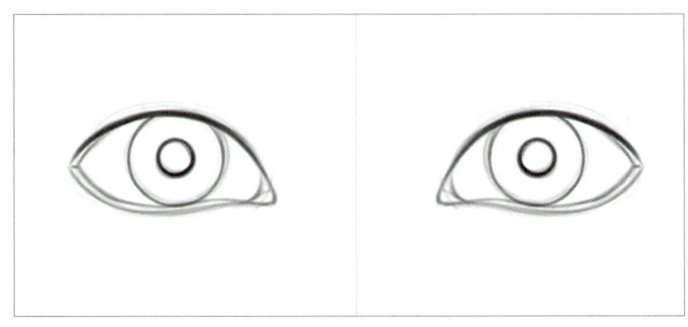

TIP | 눈의 점막은 그림체에 따라 생략해도 괜찮습니다.

12 속눈썹은 강약 차이만 넣어 그립니다. 뒤쪽이 가장 두껍고 길기 때문에 더 강조하여 그립니다.

속눈썹이 눈 안쪽에서 휘어지지 않도록 주의합니다. (✕)

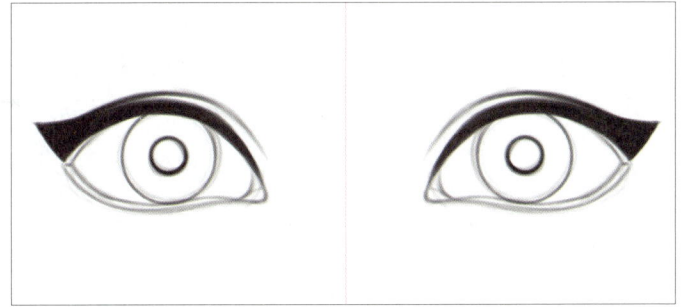

13 쌍꺼풀도 살짝 표현합니다. 형태는 다양할 수 있지만, 쌍꺼풀이 점점 사라질수록 선 또한 약하게 그려 줄게요.

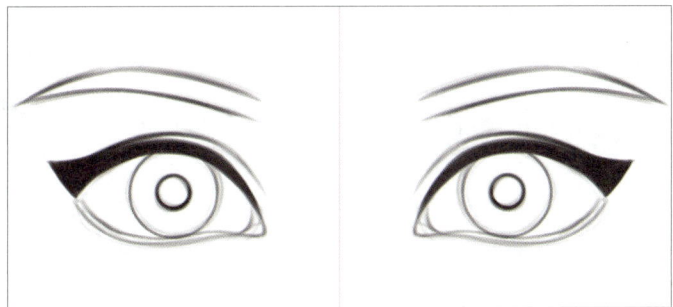

14 눈썹은 앞쪽이 더 두껍고 뒤로 갈수록 가늘어지게 그립니다.

TIP 눈썹의 시작 부분은 눈과 비슷한 위치로 잡아도 괜찮습니다.

15 방향에 맞춰 살짝 러프하게 눈썹결을 살려 스케치를 마무리해요.

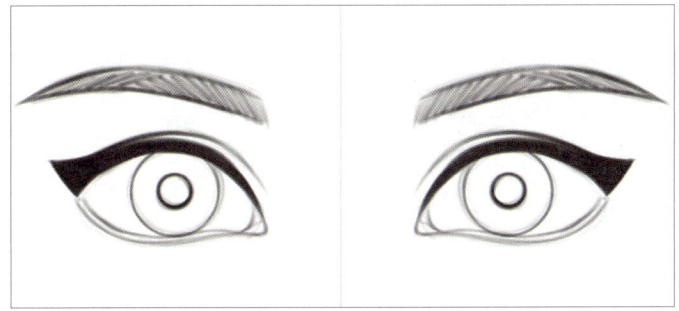

TIP 두 가지 방향을 살려 넣어보세요.

16 | 형태가 얼추 나오면 간단히 채색합니다. 흰자, 눈물길, 홍채에 각각 기본색으로 채색해 줍니다.

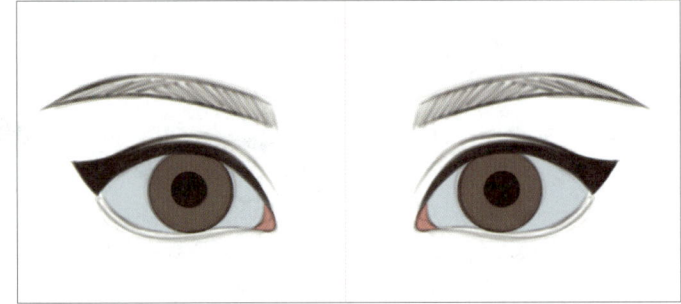

TIP 이때 눈동자와 홍채 레이어를 분리하면 채색하기 좀 더 편리합니다.

17 | 눈썹도 색을 채우고, 홍채도 위쪽이 더 어두워지도록 브러시 라이브러리에서 (에어브러시) → (소프트 브러시)를 사용해 채색해요.

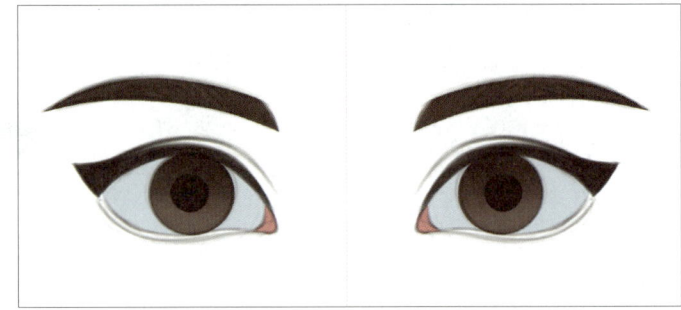

TIP 눈동자 밖으로 색이 나가지 않도록 (레이어 옵션) → (알파 채널 잠금)을 설정하면 좋습니다.

18 | 속눈썹 아래에 그림자를 살짝 표현하고, 하이라이트도 찍어 줍니다.

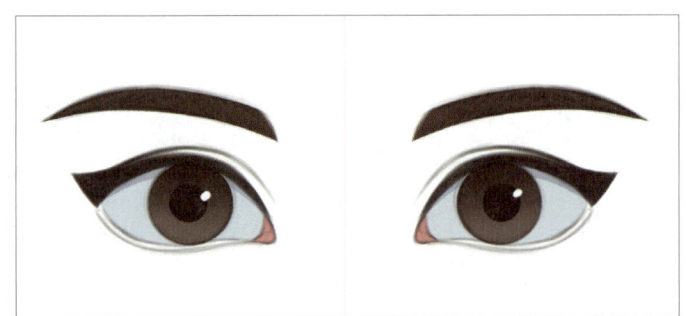

19 | 아래 속눈썹을 살짝 그리면 정면을 바라보는 눈이 완성돼요. 그림체 특성상 여기에서 끝내도 괜찮지만, 아래 속눈썹을 살짝 넣어 위치를 한 번 연습해도 좋습니다.

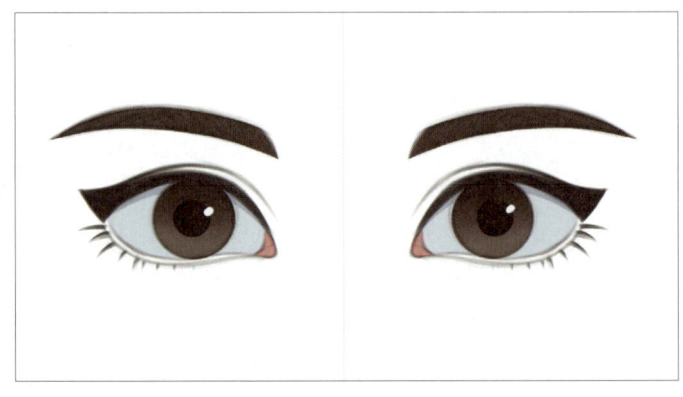

기본적인 눈의 구조는 유지하면서 스타일을 변경해 보세요. 캐주얼할수록 디테일한 부분은 생략하고 단순하게 표현하는 경우가 많습니다.

눈꼬리를 올리면 조금 더 날카로워 보이는 느낌이 있습니다.

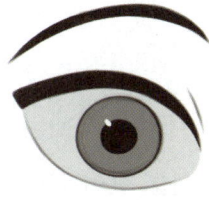 

눈썹 두께에 따라 캐릭터의 느낌도 달라집니다. 여성은 눈썹을 가늘게 그리는 편입니다.

눈꺼풀이 내려오더라도 눈동자는 찌그러지지 않습니다.

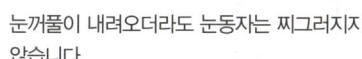

MISSION
기본형을 바탕으로 캐주얼하게 눈을 바꿔 봅니다.

얼굴의 중심에서 입체감이 두드러지는 코

코는 이목구비 중 얼굴에서 가장 나와 있는 부위이기 때문에 입체감을 제대로 이해하는 게 중요합니다. 너무 평평하게 그리거나 위치를 잘못 잡으면 어색함이 바로 느껴지기도 하죠. 코를 그리는 방법은 다양하지만, 가장 이해가 잘 되는 방법을 바탕으로 한 번 알아보도록 할게요.

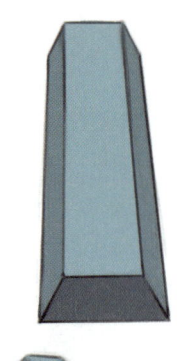

코의 전체적인 셰이프는 사다리꼴 형태의 도형과 가깝습니다. 완전한 직육면체가 아니기 때문에 정면에서도 코의 옆면은 보입니다.

사다리꼴 형태를 약간 다듬어 세분화했을 때 콧부리, 콧등, 콧방울 이렇게 세 가지로 나눌 수 있습니다. 여기서 콧방울은 각도에 따라 보이는 정도가 달라지기 때문에 조금 어렵게 느껴질 수도 있어요. 간단하게 그리는 법을 한 번 알아봅시다!

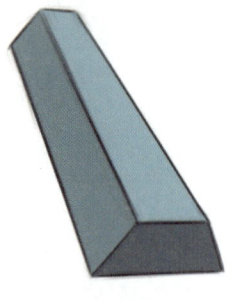

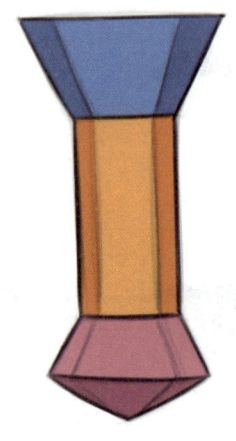

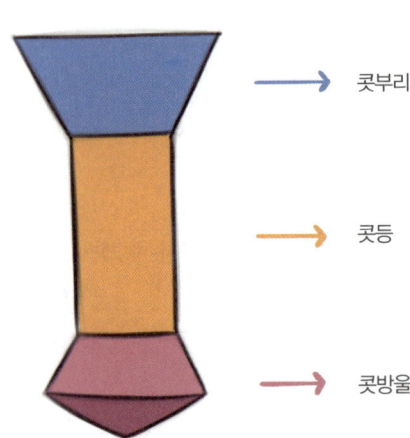

코는 얼굴에서 가장 튀어나와 있는 부분이기 때문에 입체감을 잘 이해하는 게 좋습니다.

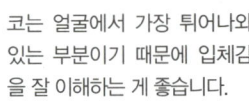

사다리꼴과 가까운 코의 형태

1 콧방울은 원 세 개로 가이드를 잡을 수 있습니다. 중앙 부분이 가장 크고, 양옆 부분이 살짝 작은 형태가 이상적입니다. 양쪽 콧방울이 너무 커지면 코 자체가 커 보일 수 있으니 참고하여 가이드를 잡아보세요.

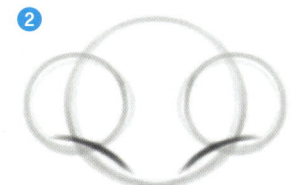

2 아래쪽에 콧구멍을 그립니다. 이때 콧구멍 각도는 형태마다 다양하지만, 보통 사선 형태로 보이는 게 자연스럽습니다.

3 양쪽 콧방울에 맞춰서 살을 다듬습니다. 아이는 둥글게, 성인일수록 각진 느낌으로 그리면 좋아요.

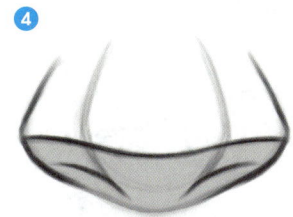

4 양쪽 콧방울의 가장 튀어나온 부분을 기준으로 코가 꺾이는 부분에 그림자를 넣습니다. 보통 빛이 위에서 아래로 내려오기 때문에 아래쪽에 그림자가 지지만, 아래에서 위로 빛이 올라온다면 반대로 밝아집니다.

콧대 부분과 콧방울을 연결하여 같이 봤을 때, 콧대는 중앙에 있는 콧방울과 연결되는 형태입니다. 어긋나면 어색해 보일 수 있기 때문에 콧대를 그리는 경우 주의하는 게 좋아요.

그리고 싶은 코의 각도에 맞춰 양쪽 콧방울의 위치를 잡으면 다양하게 활용 가능합니다. 위에서 내려다볼 때는 콧구멍이 가려져 보이지 않지만, 아래에서 위로 보는 각도의 경우 콧구멍이 잘 보이기 때문에 타원으로 그리는 게 자연스러워요. 이때 만약 인중 부분을 그리면 역시 중앙 콧방울과 연결되는 느낌으로 그려야 합니다.

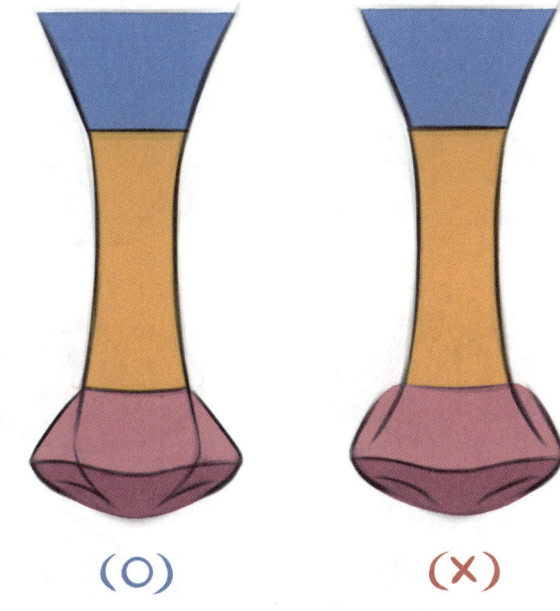

(O)　　　(X)

콧대는 가운데 콧볼과 연결되는 형태입니다.
어긋나지 않도록 위치를 잘 체크해 주세요.

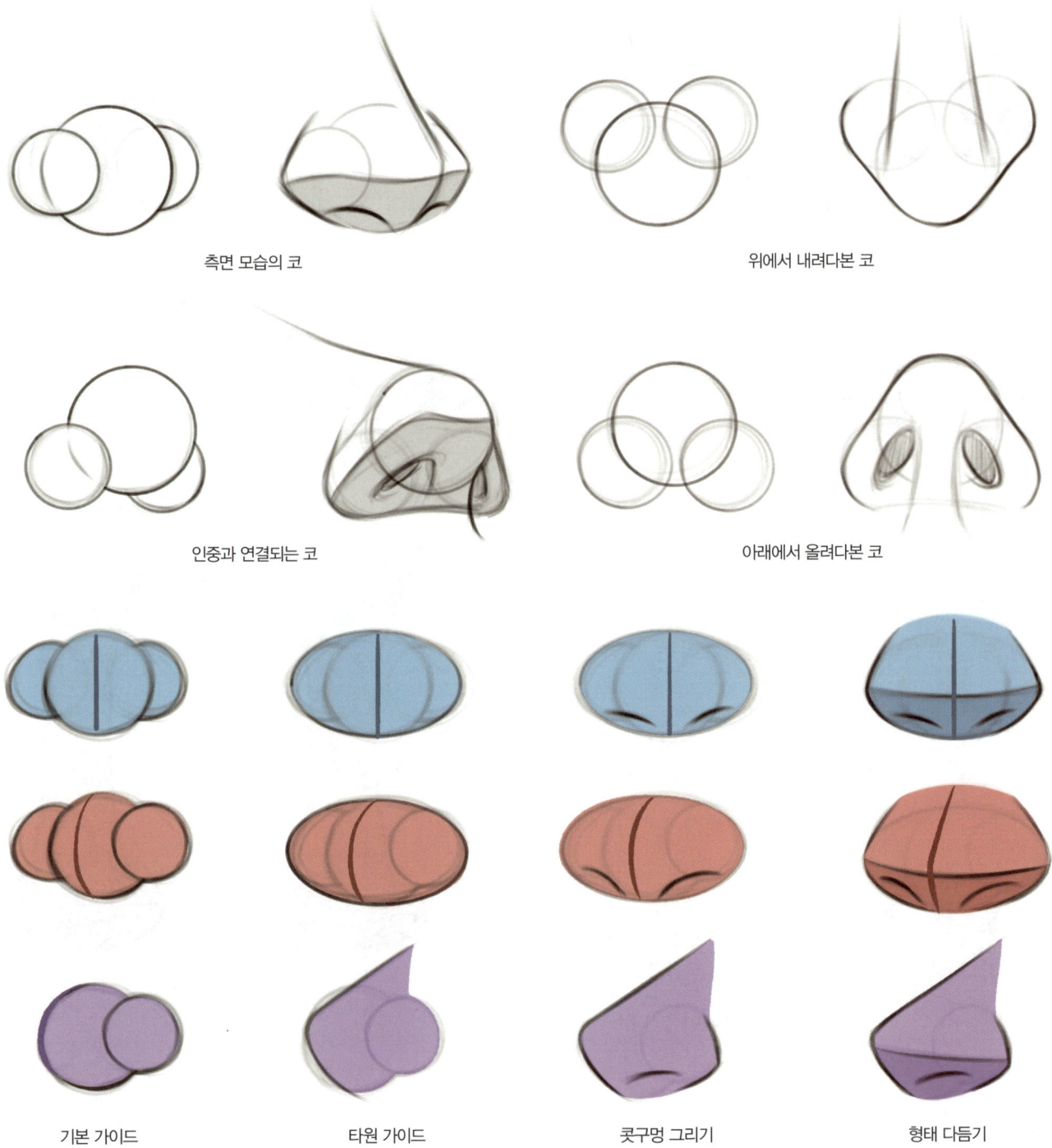

캐주얼한 그림체에서는 매번 원 세 개를 놓고 가이드를 잡기 번거롭겠죠? 단순하게 그리는 경우가 많기 때문에 가이드로 계속 활용하기엔 과하기도 합니다. 앞서 설명한 구조와 입체감만 제대로 이해하고 있다면 처음부터 타원 하나로만 가이드를 잡고 코를 그릴 수도 있어요. 단, 코의 중심 부분이 어긋나지 않도록 입체감을 계속 체크하는 게 중요합니다.

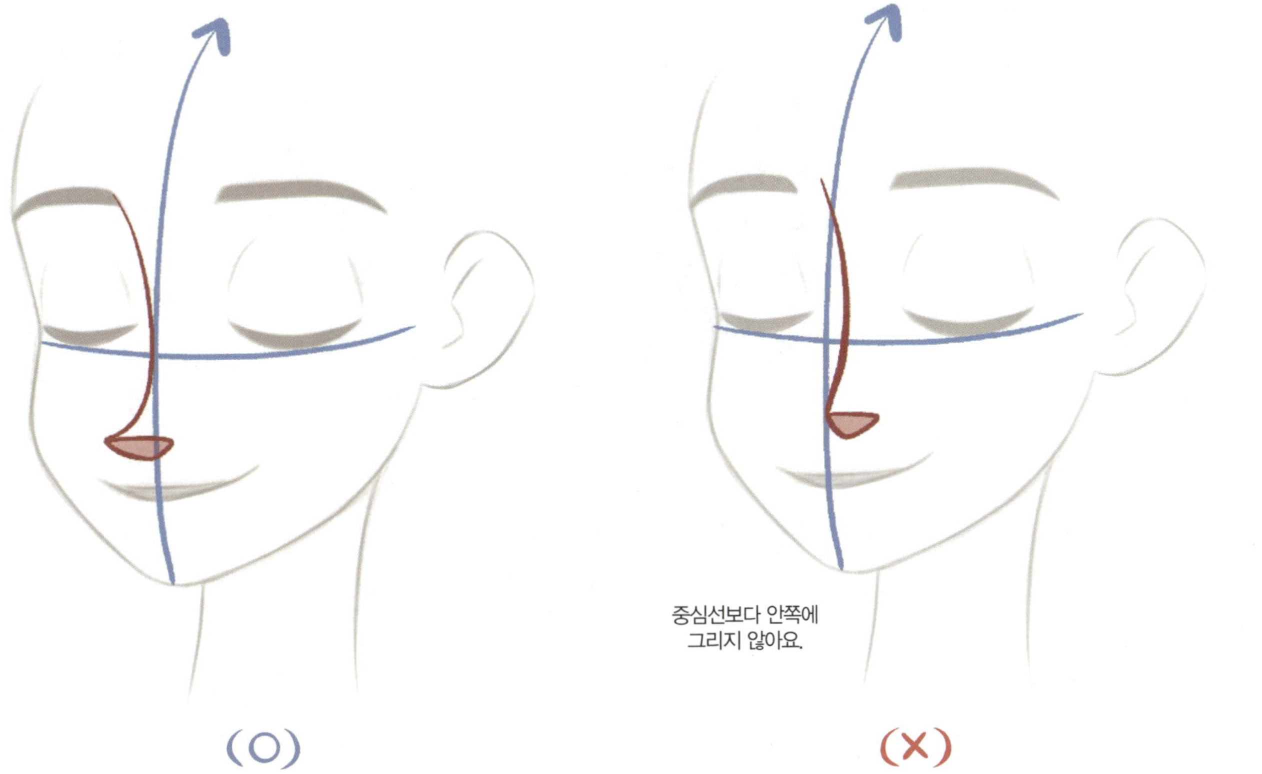

중심선보다 안쪽에 그리지 않아요.

(O)　　　　　　　(X)

얼굴에서 코를 그릴 때 주의해야 할 사항은 코를 얼굴 중심선에 너무 딱 맞춰 그리거나 중심선보다 안쪽에 위치하면 어색해 보인다는 것입니다. 코는 얼굴에서 가장 나와 있는 부위이기 때문에 중심선보다 바깥쪽에 위치하도록 그려야 합니다.

눈썹과 콧대는 연결됩니다!

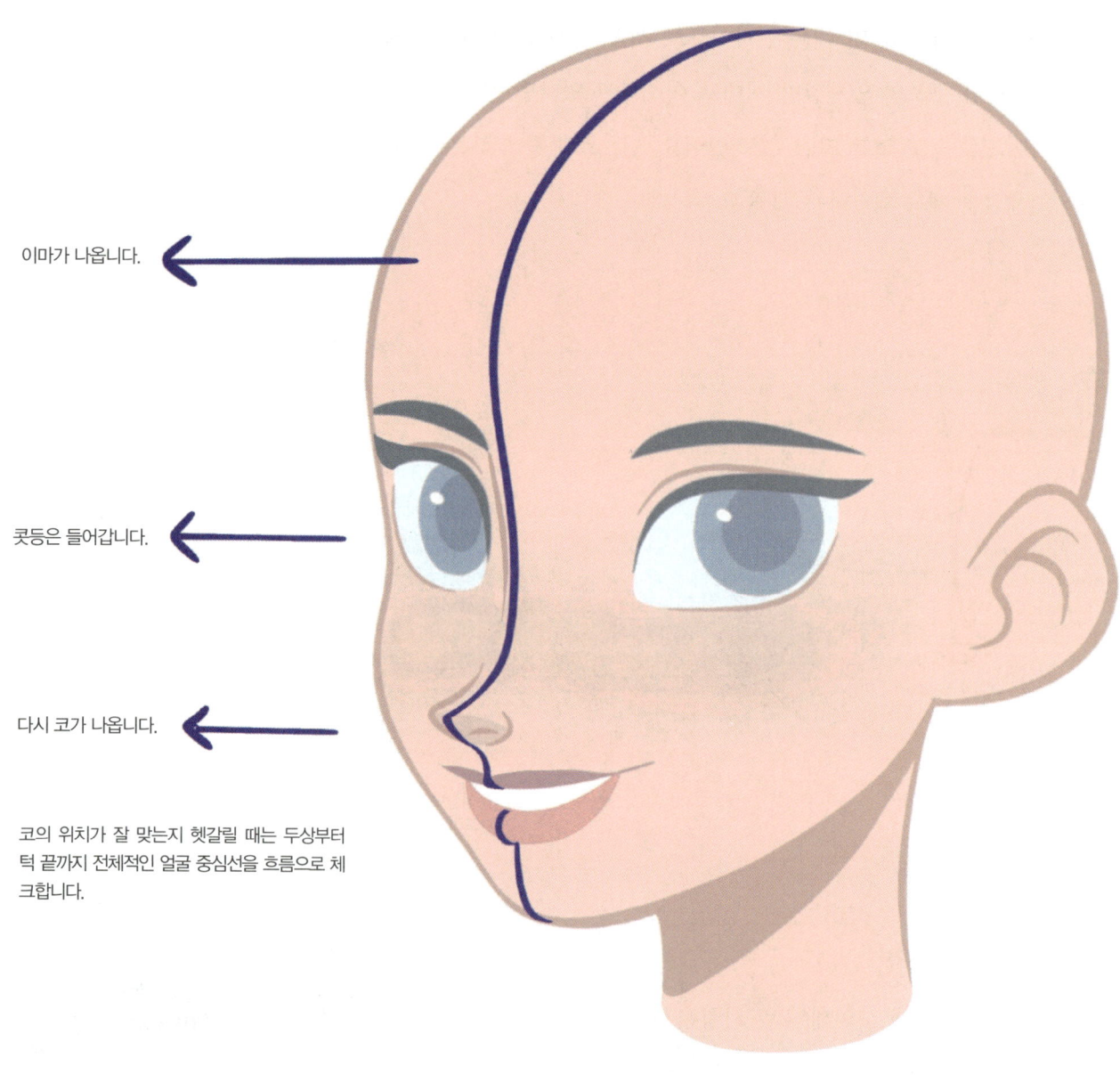

이마가 나옵니다.

콧등은 들어갑니다.

다시 코가 나옵니다.

코의 위치가 잘 맞는지 헷갈릴 때는 두상부터 턱 끝까지 전체적인 얼굴 중심선을 흐름으로 체크합니다.

앞서 배웠던 메시를 기억하나요? 얼굴에도 메시처럼 라인을 넣으면 입체감을 인식하기 좀 더 수월할 거예요. 전체적으로 넣기 어렵다면 중심선만이라도 한 번 체크해 보세요.

콧등의 길이에 따라 연령대를 다르게 표현할 수도 있습니다. 어릴수록 콧등이 짧아지면서 눈과 코의 거리가 가까워지고, 성인이 될수록 콧등의 길이는 길어지면서 눈과 코의 거리도 길어집니다. 단, 콧등이 짧아진다고 해서 코가 눈만큼 위로 올라갈 수는 없으니 위치에 주의해서 그립니다.

콧등이 짧은 아이의 코　　　　　　　　　　콧등이 비교적 긴 성인의 코

성인과 아이의 형태 차이는 콧등의 길이뿐만 아니라 하관의 길이에서도 차이가 있습니다.

어린아이는 하관이 짧고 젖살이 있어 둥글둥글한 느낌이 강하고, 성인은 하관이 길며 조금 더 날렵하고 각진 느낌이 강하지요.

얼굴의 중심에서 입체감이 두드러지는 코　**139**

성별에 따라, 연령대에 따라 셰이프의 느낌에도 조금씩 차이를 주면 좋습니다. 남성은 각진 느낌을 살리며 콧등이 아래로 떨어지도록 그리는 반면, 여성은 부드러운 곡선의 느낌을 강조하고 콧방울도 살짝 위쪽으로 올려서 표현하지요. 아이는 성인에 비해 전체적으로 짧게 표현하는데, 여성과 같은 곡선이지만 좀 더 둥글둥글한 느낌을 살려주면 좋아요.

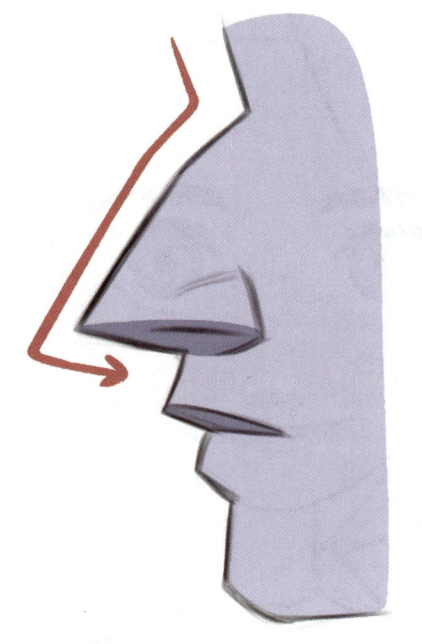
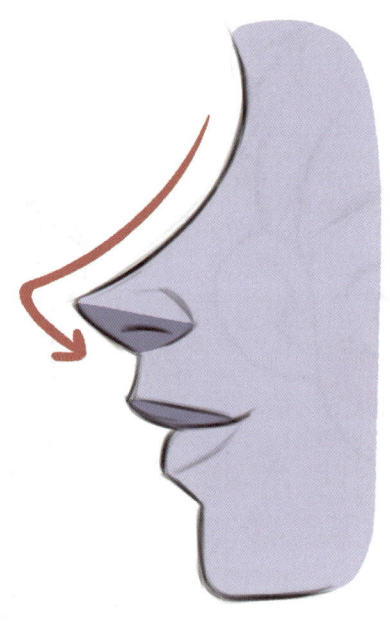
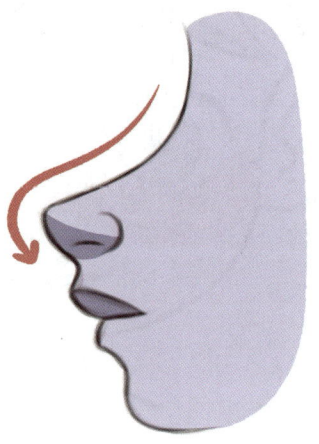

이는 평균적인 느낌이며, 캐릭터의 콘셉트에 따라 얼마든지 바꿀 수 있습니다.

각진 남성의 코 부드러운 곡선인 여성의 코 둥글둥글한 아이의 코

MISSION
가이드에 맞춰 다양한 각도의 코를 그려 봅니다.

굴곡과 흐름, 선의 강약이 필요한 입

캐주얼한 그림체에서 보통 입을 단순하게 표현하다 보니 대충 알고 넘어가는 경우가 많지만, 알고 보면 모두 기본 구조를 바탕으로 변형된 형태이기 때문에 확실히 알아 두는 게 좋아요. 그래야 위치나 모양 등을 어색하지 않게 표현할 수 있습니다. 입을 다물고 있는 것부터 벌리고 있는 것까지, 차근차근 한번 알아보도록 할게요.

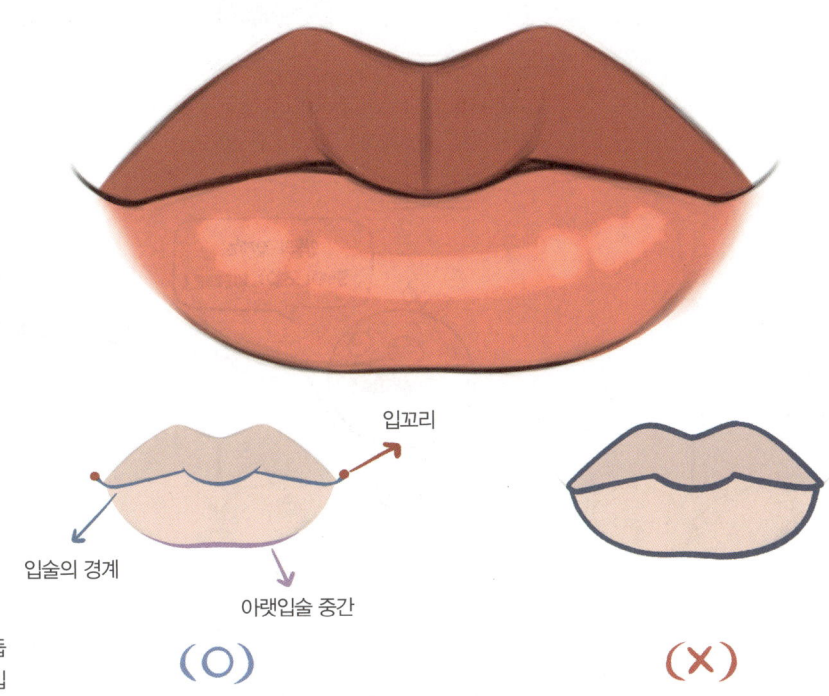

입술 라인을 선명하게 따기보다는 명암이 어둡게 지는 부분에만 선을 강하게 써주는 것이 입체감을 표현하기 좋습니다.

우선 입을 그릴 때 모든 라인을 진하게 그리면 평면적으로 보이기 때문에 좋지 않습니다. 명암이 진하게 맺히는 부분 위주로 선을 강하게 사용하고, 나머지 부분은 연하게 그려야 입체감이 잘 보이지요. 명암이 진하게 맺히는 부분은 보통 입꼬리, 입술의 경계, 아랫입술 중간 부분으로 볼 수 있습니다. 여기서 입꼬리는 안쪽으로 파여 있어 명암이 생기는데, 웃을 때는 위로 당겨지며 명암이 더 강해집니다.

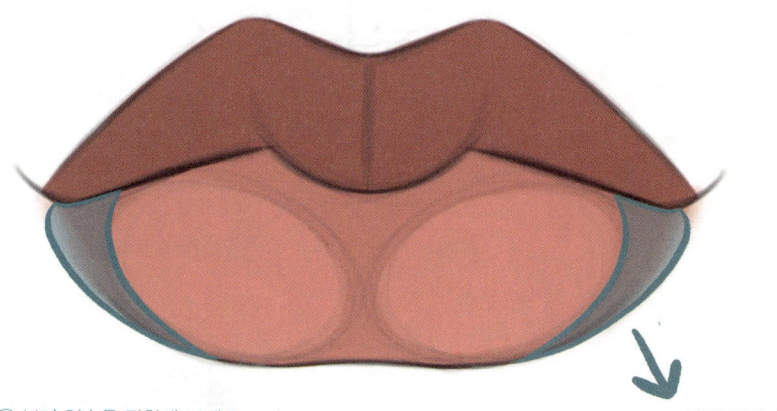

거울을 보며 입술을 관찰해 보세요.
가장 튀어나온 부분과 평평해지는 부분을 찾
으면 입체감을 이해하기 좀 더 쉬울 거예요.

점점 평평해져요.

아랫입술의 경우엔 중간 부분이 가장 튀어나와 있기 때문에 입술 아래쪽에 명암이 강하게 잡히지만, 양쪽으로 갈수록 입술은 평평해지며 명암도 약해집니다. 입체감에 따라 선의 강약도 다르게 사용해야 한다는 점을 기억하세요.

그렇다면 입술의 형태는 어떻게 잡을 수 있을까요? 입술은 다행히도 복잡하게 생각할 필요 없이 세 개의 원만 있으면 됩니다. 윗입술에 하나를 그린 다음 중심에 맞춰 나머지 두 개를 그리면 가이드가 완성되지요. 이때 원의 크기를 어떻게 잡는지에 따라 입술의 형태가 달라질 수 있습니다.

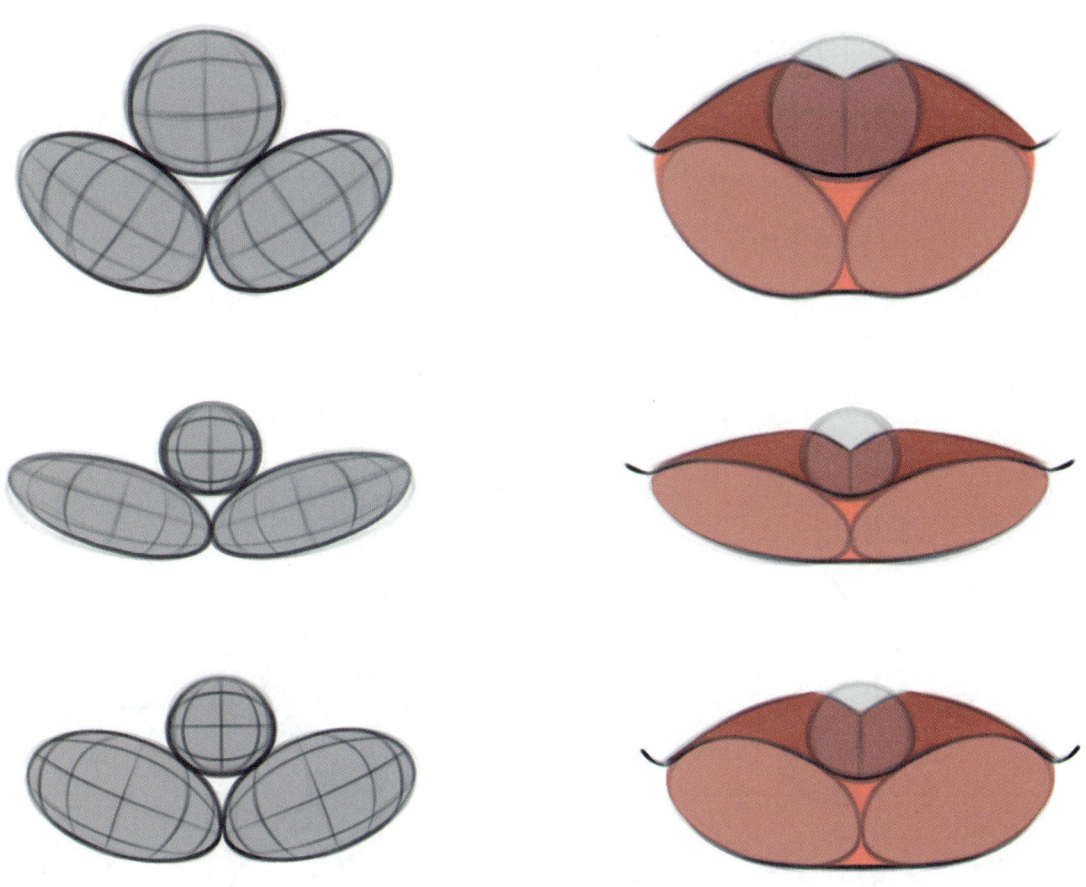

입술의 형태는 다양하지만 기본 구조는 같습니다. 구의 크기나 모양에 따라 가이드를 다양하게 잡아줄 수 있어요.

굴곡과 흐름, 선의 강약이 필요한 입　**143**

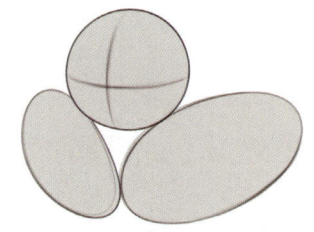

입술을 반 측면으로 봤을 때는 중심선이 돌아가면서 한쪽이 상대적으로 짧아 보입니다. 눈을 그릴 때와 비슷하죠? 시점이 달라지더라도 입술에 두께감이 있는 만큼 곡선을 사용하여 중심을 잡는 게 중요해요.

또한 입술에는 확실한 명암이 생깁니다. 보통 빛은 위에서 아래로 내려오기 때문에 꺾여 들어가면서 빛을 덜 받는 윗입술이 상대적으로 더 어둡고, 밖으로 나와 있는 아랫입술은 빛을 더 받아 밝아 보입니다. 이때 윗입술에 의한 그림자도 아랫입술에 살짝 맺히게 되지요. 코 밑, 입술 아래, 턱 아래 등 명암이 지는 부분은 모두 빛을 덜 받는 조건을 갖고 있으니 명암이 헷갈릴 때는 들어가는 곳과 나오는 곳을 먼저 구분해도 좋습니다.

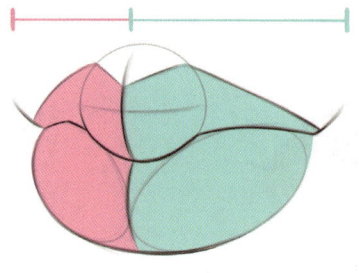

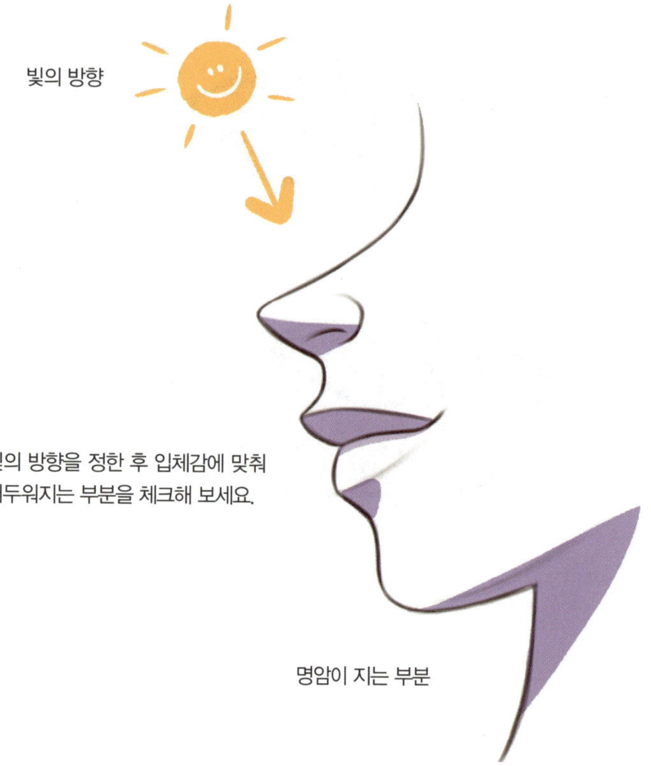

눈과 마찬가지로 입술 또한 돌아갈수록 한쪽이 좁아 보입니다. 튀어나와 있는 부분이니 곡선을 사용하여 흐름을 잡아보세요.

빛의 방향

빛의 방향을 정한 후 입체감에 맞춰 어두워지는 부분을 체크해 보세요.

명암이 지는 부분

들어가는 곳
나오는 곳

측면에서 본 입술은 곡선의 흐름으로 되어 있습니다.

벌리고 있는 입을 그릴 때는 원의 간격을 떨어트리면 됩니다. 입을 벌리면 턱이 내려가서 윗입술이 아래쪽으로 늘어난 형태로 보이게 되지요. 캐주얼한 캐릭터에는 이러한 입술 형태의 포인트를 반영하여 좀 더 간단하게 그립니다.

단순하게 그리더라도 입의 구조나 입체감에 대해서는 확실히 이해해야 응용하기 좋습니다. 가이드부터 차근차근 연습해 보세요.

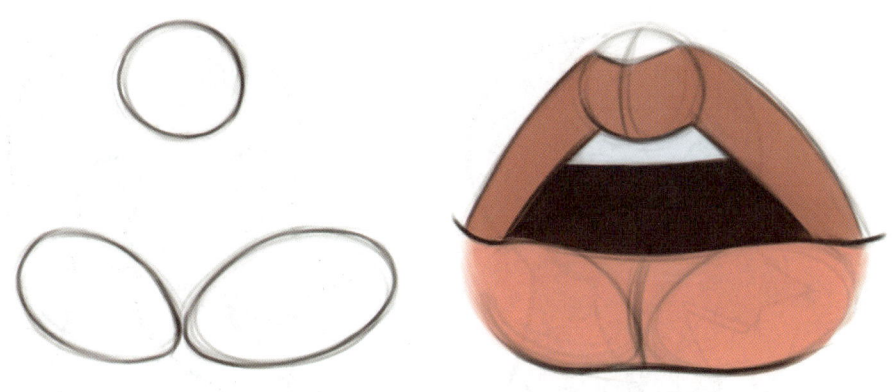

단, 간단하게 그리더라도 입 안쪽 공간은 동일하게 봐야 합니다. 입을 벌렸을 때는 치아가 보이게 되는데, 치아의 형태를 단순하게 보면 U자 모양 두 개로 볼 수 있어요. 운동선수들이 사용하는 마우스피스도 이와 비슷한 형태지요.

보통 입에 많이 가리기 때문에 살짝만 보이게 되지만, 그래도 형태가 어렵다면 기다란 종이를 U자 모양으로 말아서 관찰해도 좋습니다.

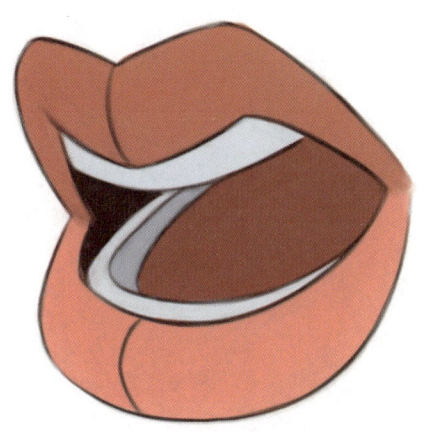
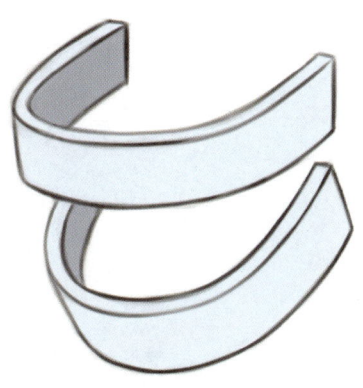

굴곡과 흐름, 선의 강약이 필요한 입　**145**

입을 벌릴 때는 턱이 수직으로 내려오는 게 아니라 곡선을 이루며 내려오기 때문에 아랫니도 앞쪽으로 기울어집니다. 측면을 그릴 때 이 부분을 감안하여 형태를 잡아 보세요.

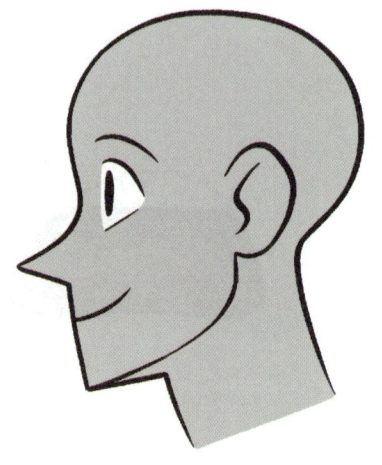

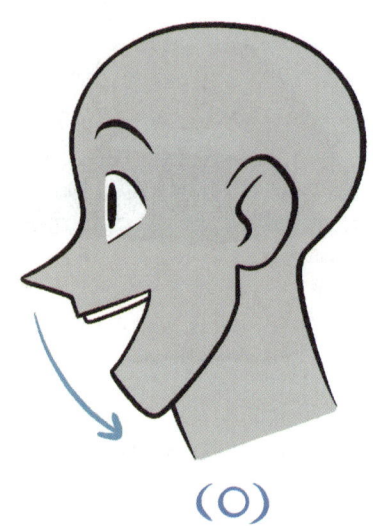

(O)

먼저 곡선으로 가이드를 잡은 후에 턱을 그리면 좀 더 편하게 형태를 잡을 수 있습니다.

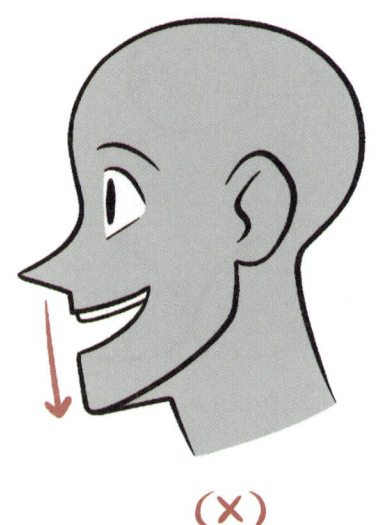

(X)

입을 벌릴때는 턱이 수직으로 내려오지 않아요.

MISSION

원 세 개 가이드와 함께 다양한 입술의 형태를 그려 봅니다.

복잡해 보이지만 단순한, 비율에 주의해야 하는 귀

귀는 얼핏 보면 굉장히 복잡해 보이지만, 알고 보면 특징이 명확하기 때문에 쉽게 그릴 수 있습니다.

우선 귀의 형태를 보면 가장 튀어나온 부분을 기준으로 봤을 때 위쪽이 짧고, 아래쪽이 더 길게 내려오는 느낌입니다. 캐주얼한 그림체 특성상 형태에 변형을 줄 수도 있지만, 자칫 어색해 보일 수 있으니 주의하여 비율을 맞춰 보세요.

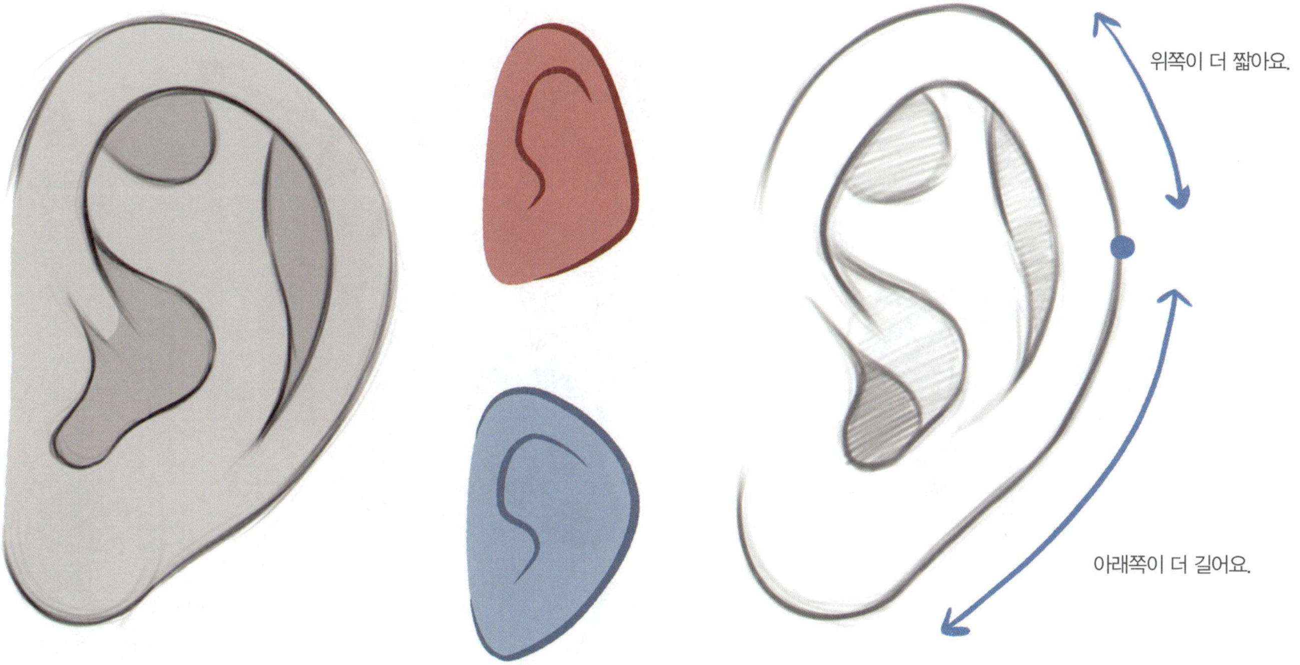

위쪽이 더 짧아요.

아래쪽이 더 길어요.

형태가 명확한 귀

아래쪽이 너무 길어지면 모양이 어색해 보일 수 있습니다. 거꾸로 되어있는 물방울 정도의 형태로 체크해 보세요.

복잡해 보이지만 단순한, 비율에 주의해야 하는 귀 **147**

구조를 보면 크게 세 가지로 나눌 수 있어요. 귀를 둥글게 감싸고 있는 귓바퀴, 안쪽에 큼직하게 들어가 있는 Y자 형태의 뼈, 그 옆으로 들어가며 생기는 하트 모양의 공간이 있습니다. 사람마다 모양은 조금씩 다를 수 있지만 공통적으로 갖고 있는 특징이기 때문에 확실히 알아 두면 좋아요. 귓바퀴를 제외한 아래쪽은 귓불 부분, 즉 살만 있는 부분이니 위쪽 뼈가 너무 내려오지 않도록 주의합니다.

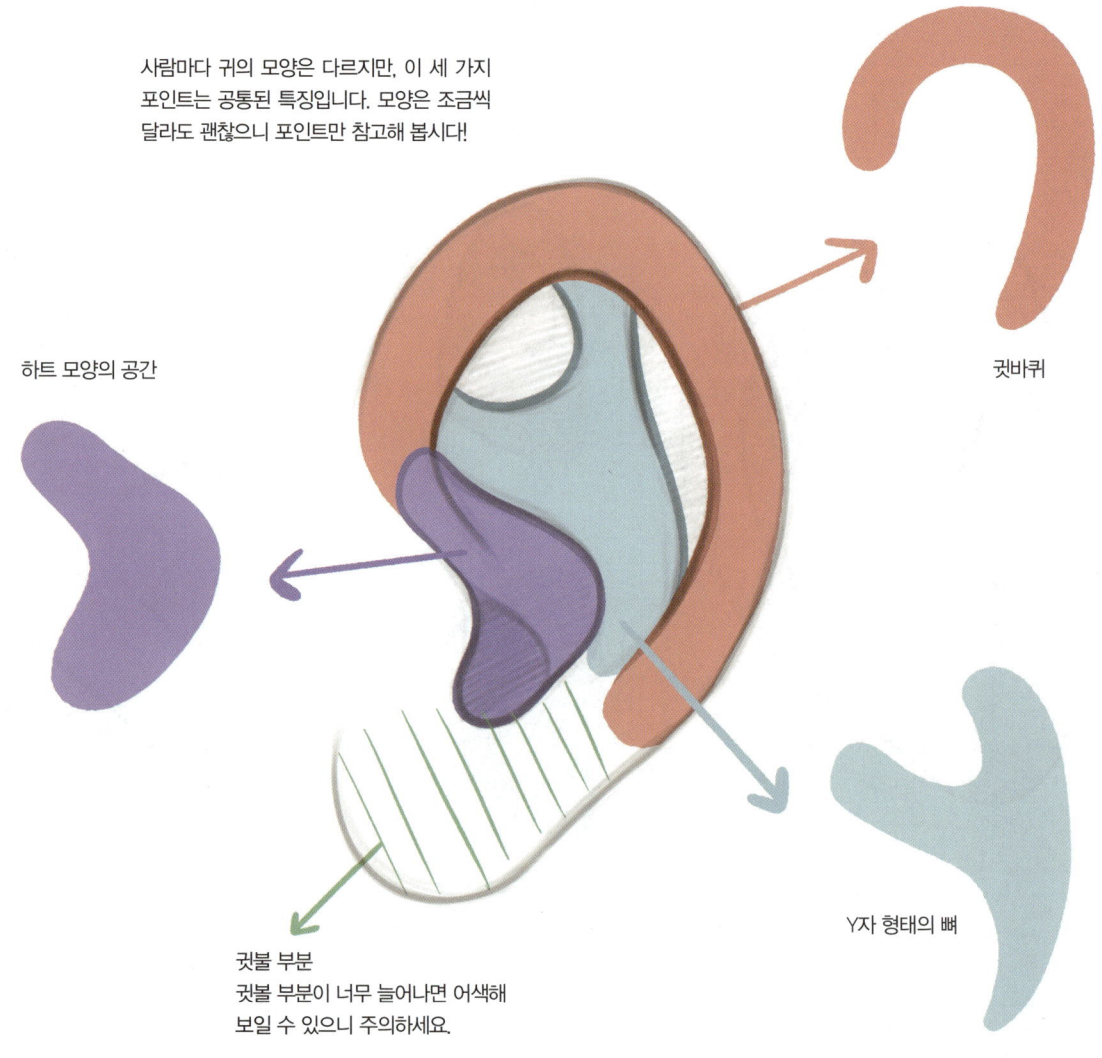

사람마다 귀의 모양은 다르지만, 이 세 가지 포인트는 공통된 특징입니다. 모양은 조금씩 달라도 괜찮으니 포인트만 참고해 봅시다!

하트 모양의 공간

귓바퀴

귓불 부분
귓불 부분이 너무 늘어나면 어색해 보일 수 있으니 주의하세요.

Y자 형태의 뼈

귀를 연습할 때는 입체감에 익숙해질 수 있도록 흐름도 간단히 넣으면 좋아요. 나오고 들어간 부분이 확실하니 평면적으로 보이지 않도록 구조를 생각해 보세요.

뒤에서 본 귀는 안쪽으로 살짝 말려 있는 느낌이에요. 기본 형태를 먼저 그린 다음 귓바퀴를 추가해도 좋습니다.

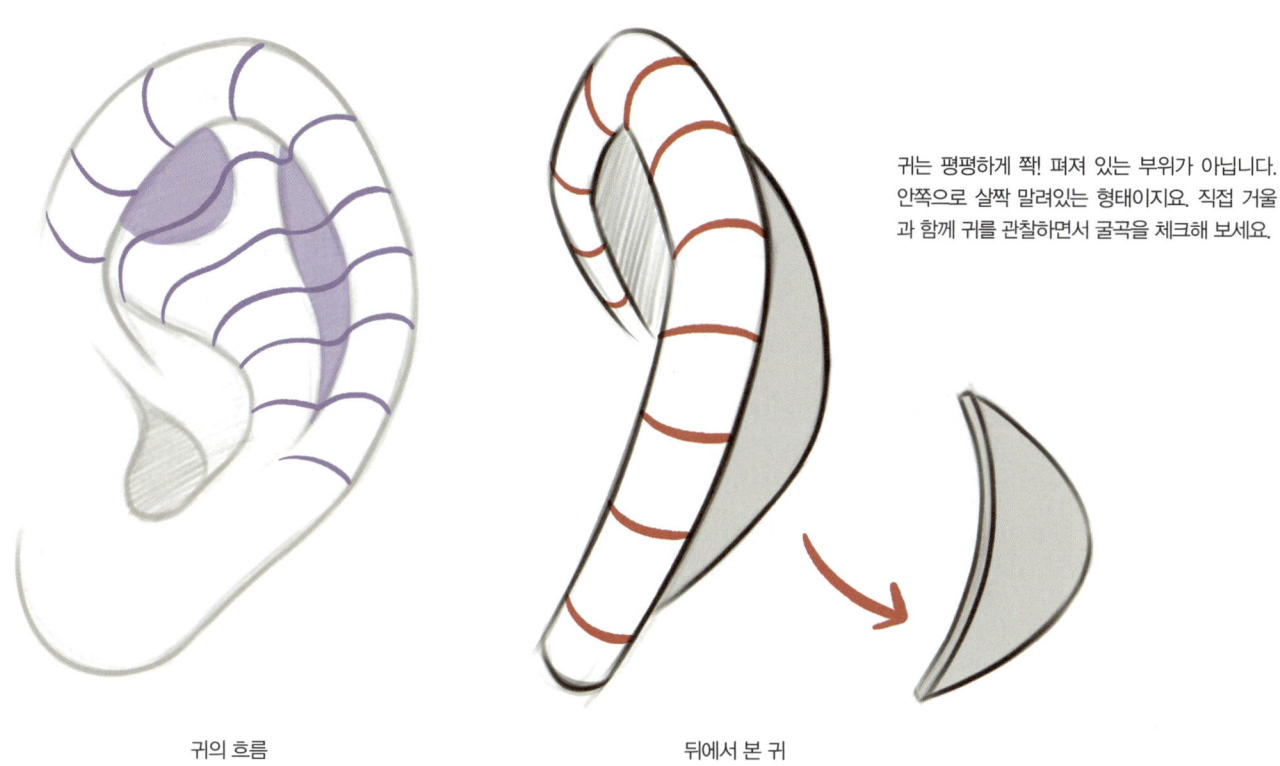

귀는 평평하게 쫙! 펴져 있는 부위가 아닙니다. 안쪽으로 살짝 말려있는 형태이지요. 직접 거울과 함께 귀를 관찰하면서 굴곡을 체크해 보세요.

귀의 흐름   뒤에서 본 귀

앞서 배운 특징들을 바탕으로 기본 구조와 함께 귀를 간단하게 그려 봅니다.

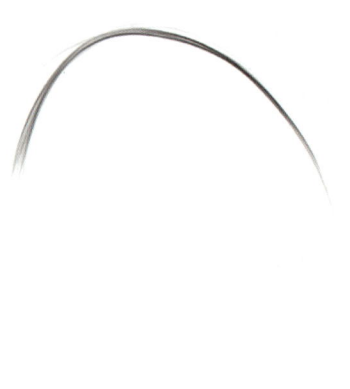

01 큰 형태를 위해 먼저 볼록하게 위쪽 곡선을 그립니다. 오른쪽으로 갈수록 넓어지도록 라인을 사용해 주세요.

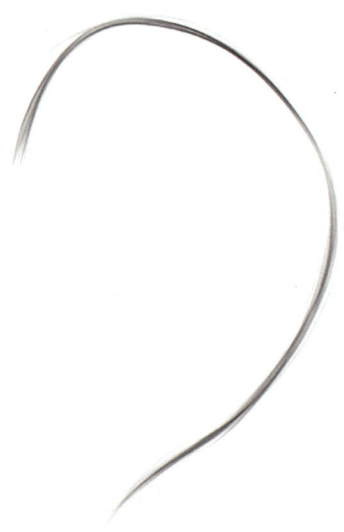

02 가장 튀어나온 부분을 기점으로 아래쪽을 그립니다. 위쪽과 비교했을 때 더 길어 보여야 자연스러워요.

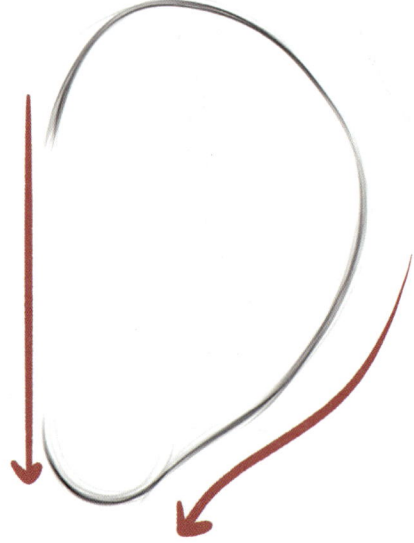

03 귓불도 마저 그립니다. 이때 오른쪽 라인을 보면 귓바퀴 뼈가 사라지면서 안쪽으로 살짝 들어가는 느낌이고, 왼쪽 라인은 위쪽과 아래쪽이 비슷한 위치로 나와야 합니다.

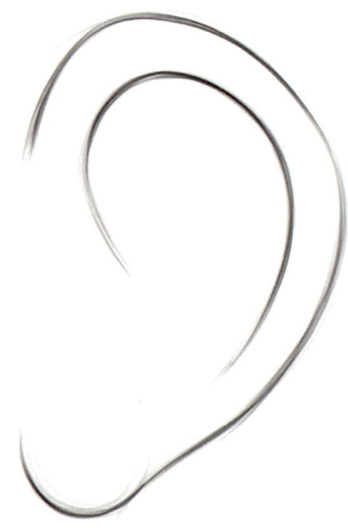

04 큰 형태가 나왔으니 안쪽에 첫 번째 특징인 귓바퀴를 그립니다. 귓불 부분까지 내려오지 않도록 넣어서 그립니다.

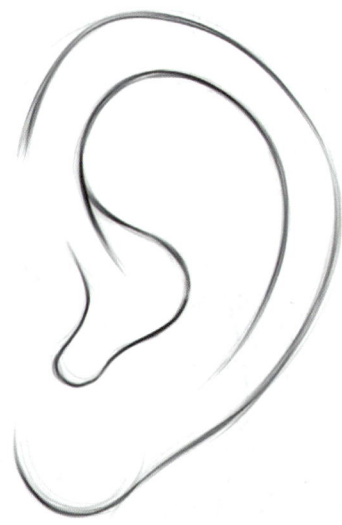

05 안쪽에 두 번째 특징인 하트 모양의 공간을 그립니다. 곡선을 살려서 그려 보세요.

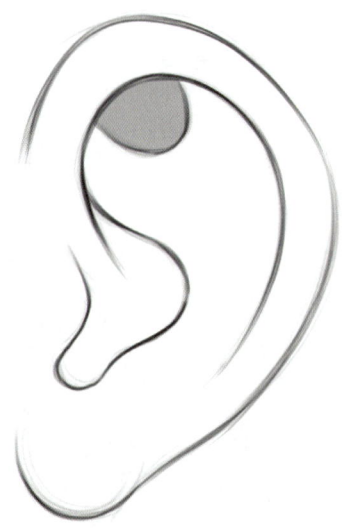

06 Y자 형태의 뼈를 그리기 위해 먼저 위쪽에 U자를 그려 공간을 만듭니다.

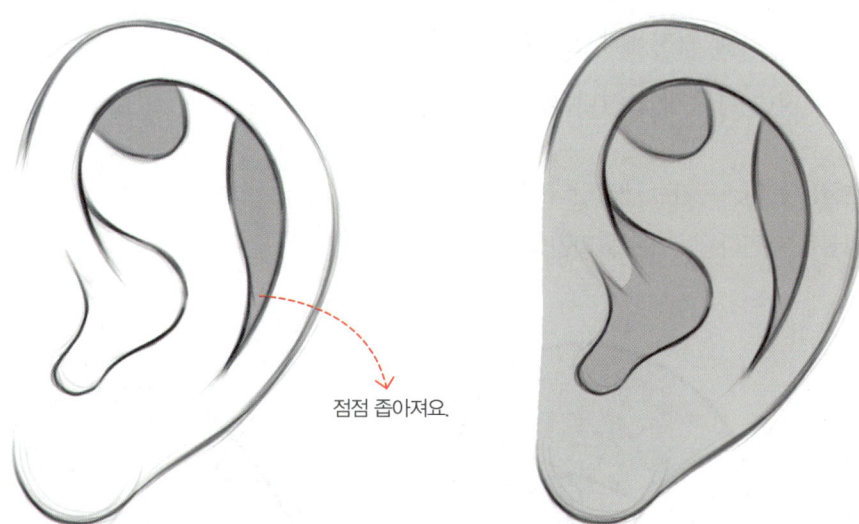

점점 좁아져요.

07 오른쪽에 긴 공간을 만들면 자연스럽게 Y자 뼈가 나옵니다. 이때 오른쪽 공간은 점점 좁아져야 자연스러워요. Y자 뼈까지 그리면 간단하게 귀가 완성됩니다.

복잡해 보이지만 단순한, 비율에 주의해야 하는 귀

캐주얼하게 그렸을 때 생략의 정도는 스타일에 따라 다르지만, 최소한 귓바퀴와 튀어나온 연골 뼈 정도는 꼭 표현하는 게 좋습니다.

캐주얼한 그림체를 그릴 때는 귀의 모든 특징을 자세히 그리기보다는 적절히 생략해줬을 때 더 자연스럽습니다. 기본 구조를 바탕으로 큼직한 형태와 귓바퀴 표현 정도만 넣어도 충분하니 너무 사실적이지 않도록 주의하세요.

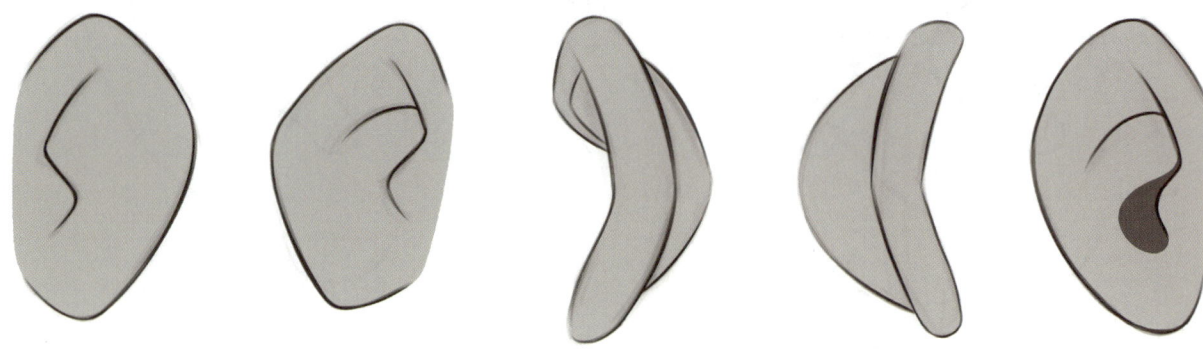

마지막으로 귀의 위치를 한 번 더 체크합니다. 두상에서 귀는 눈썹과 코끝 라인 사이에 맞춰 위치해야 합니다. 그 위치는 변하지 않지만, 얼굴 각도에 따라 귀의 위치는 다르게 보이니 꼭 체크해 보세요.

꼭 라인에 정확히 맞춰 그릴 필요는 없지만, 이 기준을 넘지 않는 것이 자연스럽습니다.

얼굴을 든다. → 귀는 내려간다.
얼굴을 숙인다. → 귀는 올라간다.

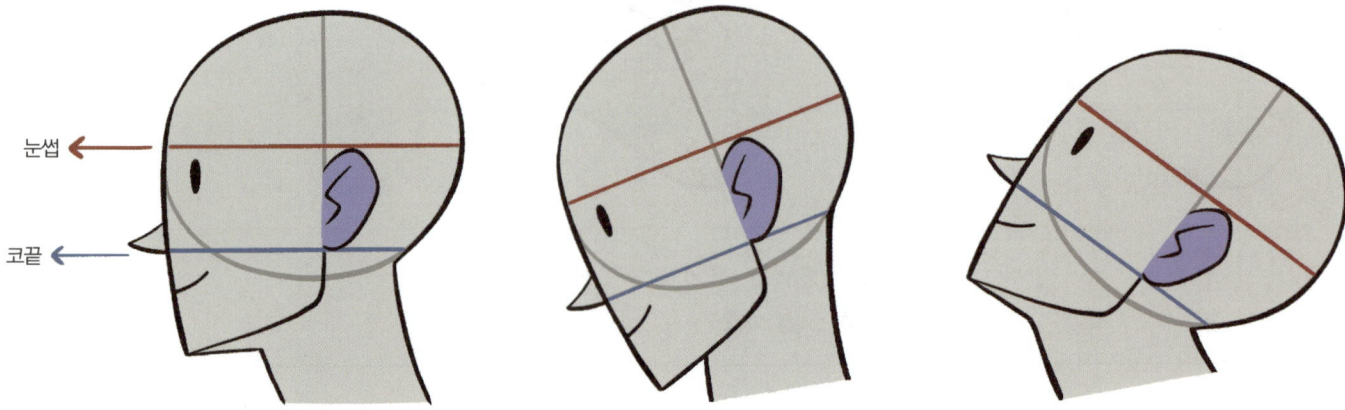

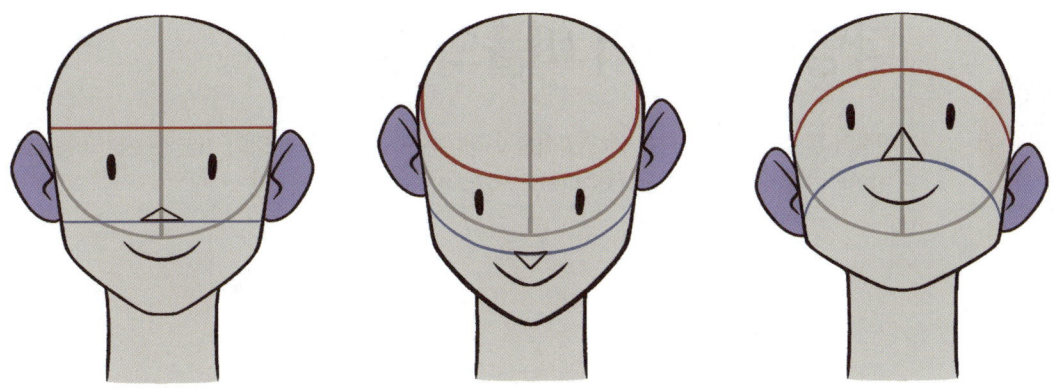

가이드라인을 보면 정면에서는 직선으로 보였지만, 얼굴의 각도에 따라 곡선으로 바뀌는 것을 볼 수 있습니다. 반드시 모든 부분을 정확히 계산하여 비율에 맞춰 그릴 필요는 없지만, 어색하지 않게 적당한 위치를 잡는 것은 중요하기 때문에 먼저 기본적인 입체감과 원리를 공부하는 게 좋습니다. 다음 이미지처럼 두상의 각도와 귀가 어긋나면 어색해 보일 수 있으니 꼭 확인해 보세요.

디테일을 잡기 전에 동그라미로 위치를 먼저 잡아도 좋습니다.

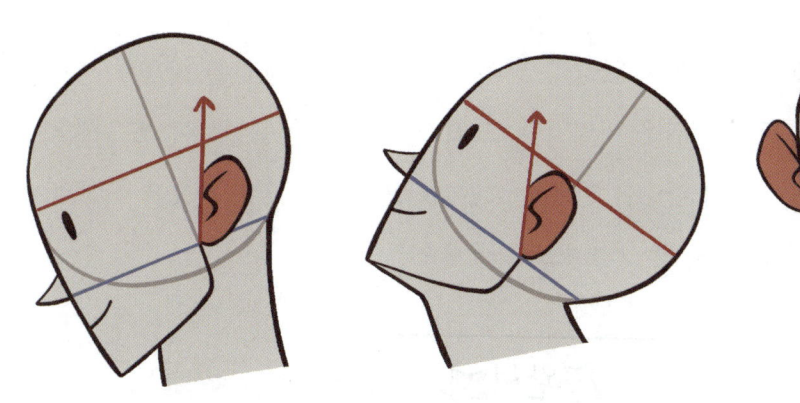

얼굴의 각도와 귀의 방향이 맞지 않아요.

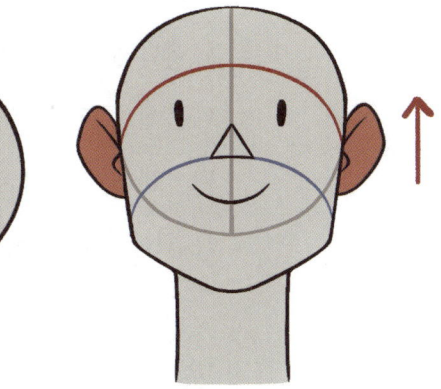

귀의 위치가 너무 올라가 있어요.

수고했어용!!

MISSION
두상을 간단히 그린 다음 각도에 맞춰 귀를 그려 봅니다.

다양한 각도와 비율의 두상

캐릭터 얼굴을 위한 두상에 대해 알아볼 예정이에요. 황금비율 바탕의 기본 구조부터 응용해서 그리는 다양한 각도까지 차근차근 배워보도록 합시다.

얼굴을 그릴 때 두상의 기본 구조에 대한 이해 없이 이목구비에만 집중하여 그리면 어색해 보이기 쉽습니다. 얼굴이 평면적으로 보이고 이목구비의 위치 또한 어긋날 수 있기 때문이죠.

그렇다면 두상을 어떻게 그려야 할까요? 다행히도 얼굴에는 몇 가지의 규칙이 존재합니다. 이목구비를 그리기 전에 이 규칙을 바탕으로 단순한 형태와 함께 가이드를 잡으면 훨씬 편하게 그릴 수 있지요.

남성과 여성의 차이도 있을 뿐만 아니라 모든 얼굴이 같은 비율을 갖지 않기 때문에 무조건 정답은 아니지만, 그래도 이 규칙을 응용하여 조금씩 비율을 다르게 수정하면 다양한 얼굴을 그릴 수 있습니다. 우선 비율을 어떻게 잡을 수 있는지 같이 한 번 그려 보도록 할게요!

비율에 맞게 두상 그리기

비율에 맞춘 연습인 만큼 정확하게 계산하며 그리지 않는 이상 약간의 오차가 생길 수 있어요. 이목구비 또한 후반에 배울 예정이니 우선 비율과 크기만 참고하며 편하게 따라 그려 봅시다!

● **완성 파일** : 03\두상스케치.jpg

캔버스 크기 : 2000×2000px
사용 브러시 : 스케치 → HB연필

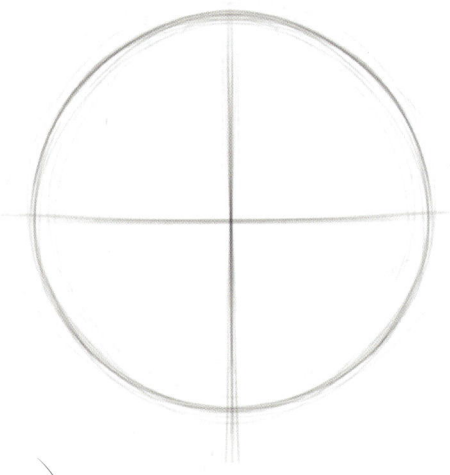

01 | 새 캔버스를 만들고 먼저 동그란 원을 그립니다. 중심에 십자 표시를 넣어 줍니다.

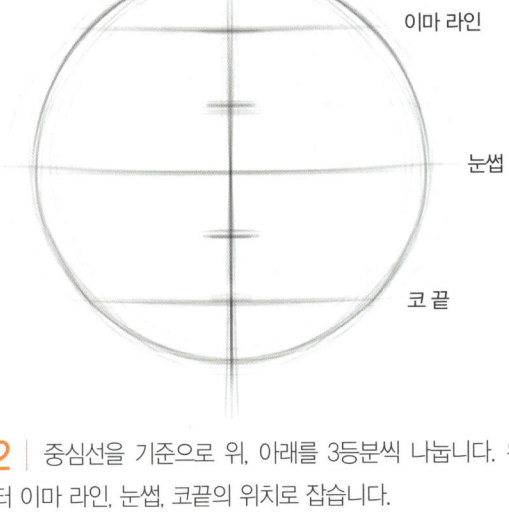

02 | 중심선을 기준으로 위, 아래를 3등분씩 나눕니다. 위쪽부터 이마 라인, 눈썹, 코끝의 위치로 잡습니다.

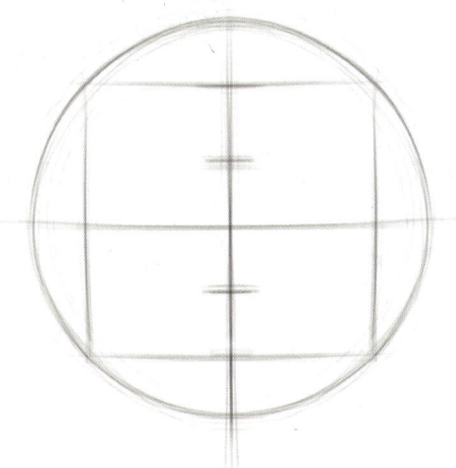

03 | 꼭짓점을 연결하여 그림과 같이 수직으로 선을 그리면 사각형 형태가 됩니다.

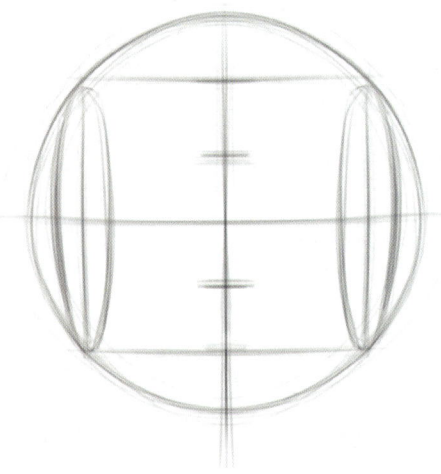

04 | 이 수직선을 기준으로 양쪽에 살짝 타원을 그리면 잘린 부분이 생깁니다. 이 부분은 지우개로 지웁니다.

다양한 각도와 비율의 두상 **155**

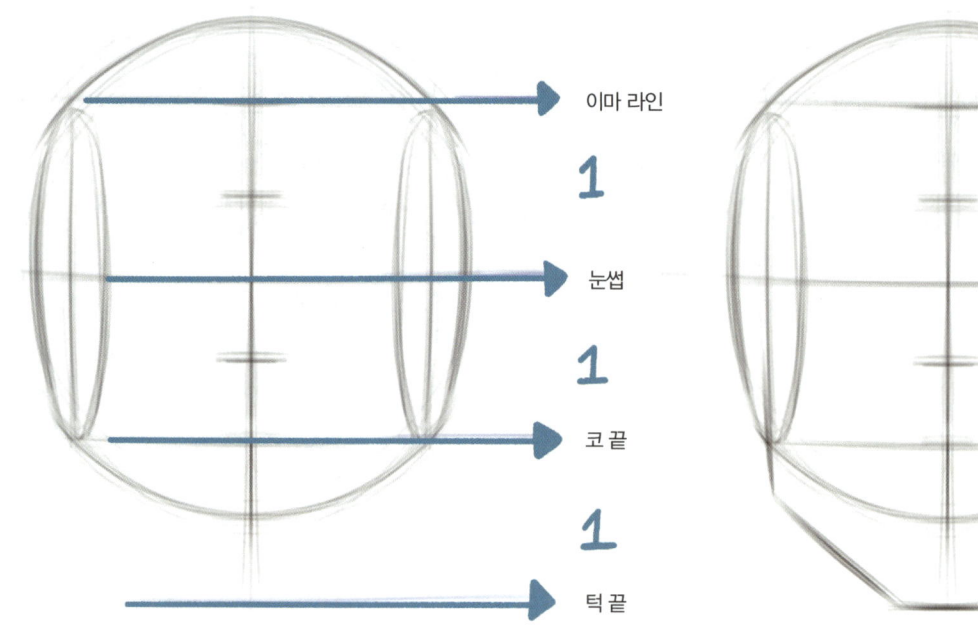

05 잡은 비율을 바탕으로 턱 끝의 위치를 잡습니다. 이마 라인, 눈썹, 코 끝에 이어 턱 끝까지 1:1:1 비율을 갖습니다.

06 이 비율에 맞춰 하단에 턱을 그리면 두상의 형태가 완성됩니다. 튀어나온 턱 부분은 원보다 살짝 내려 주세요.

턱이 너무 내려오면 사각턱처럼 보일 수 있으니 주의해 주세요.

> **TIP 타원은 왜 그리는 건가요?**
> 우리의 두상은 위에서 내려다봤을 때 동그랗게 생기지 않았습니다. 사선 방향으로 살짝 잘려 있는 형태예요. 이때 뒤쪽이 앞쪽보다 넓기 때문에 잘려 나간 옆면이 정면에서도 보입니다.

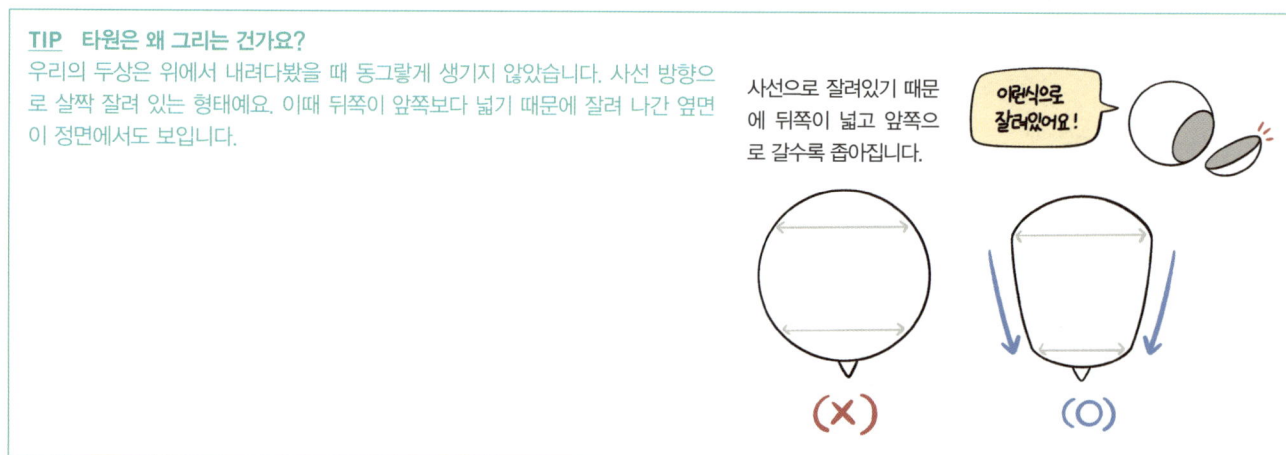

사선으로 잘려있기 때문에 뒤쪽이 넓고 앞쪽으로 갈수록 좁아집니다.

이런식으로 잘려있어요!

(X)　　(O)

07 귀는 눈썹부터 코 끝 라인 사이에 위치합니다. 이때 길이는 너무 딱 맞추지 않아도 괜찮습니다.

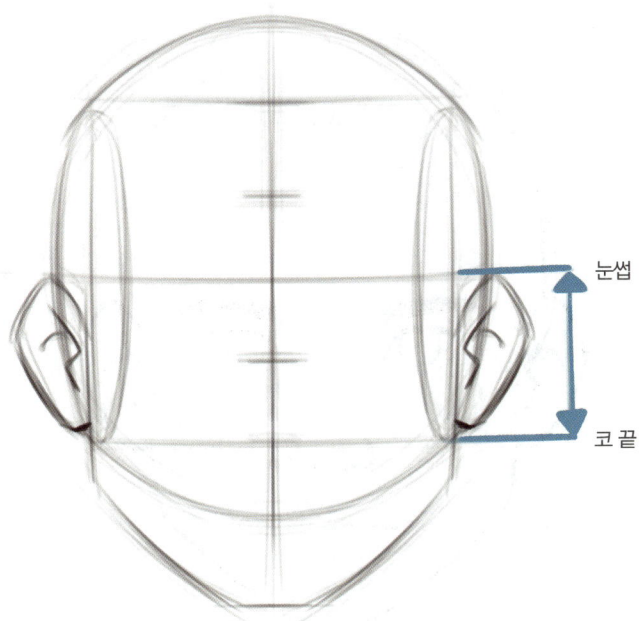

눈썹의 끝부분은 잘려 나간 단면 쪽으로 살짝 넘어갑니다.

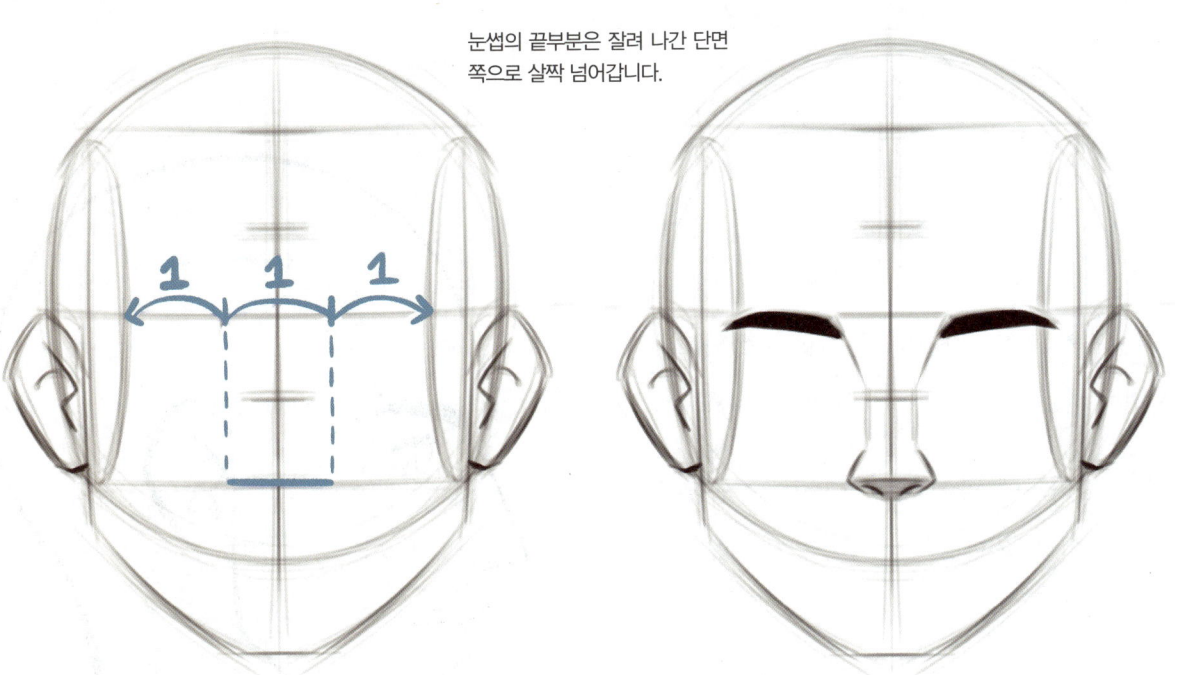

08 이목구비의 위치를 간단하게 그립니다. 정면을 기준으로 봤을 때 눈과 코의 간격은 같기 때문에 1:1:1 비율로 잡습니다. 코는 코 끝 위치에 맞춰 그리되, 눈썹은 옆쪽으로 살짝 더 길게 빼 줍니다.

다양한 각도와 비율의 두상

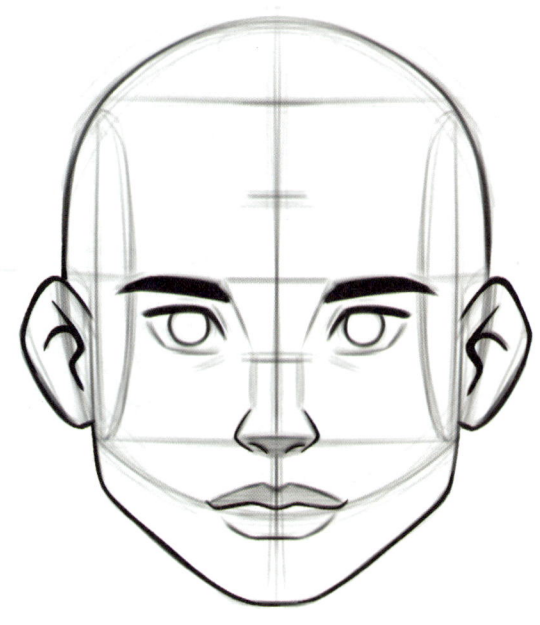

09 눈과 입까지 그리면 대략적인 얼굴이 완성됩니다.

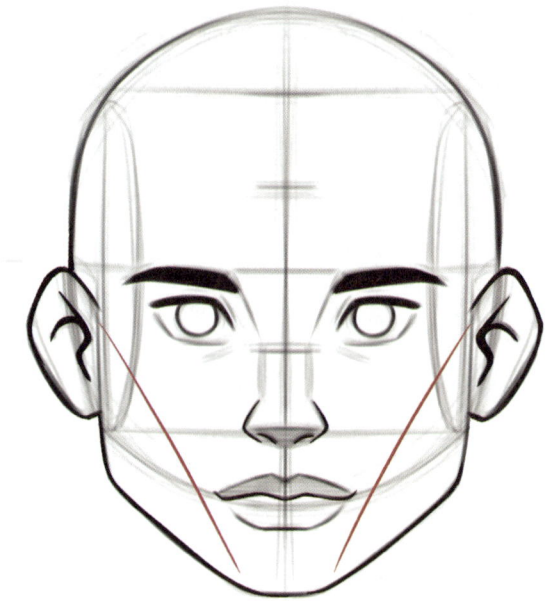

10 추가로 귀의 위쪽과 턱 끝부분까지 연결하면 광대뼈의 위치도 잡아줄 수 있습니다.

자, 여기까지가 기본 비율이었는데 어떠셨나요? 각 비율을 따지며 그리니까 조금 어렵지는 않았나요?

앞서 잡은 가이드에 맞춰 옆모습까지 함께 연습해 보면 더 도움이 될 거예요. 옆모습을 그릴 때도 다음과 같은 포인트가 몇 가지 있습니다.

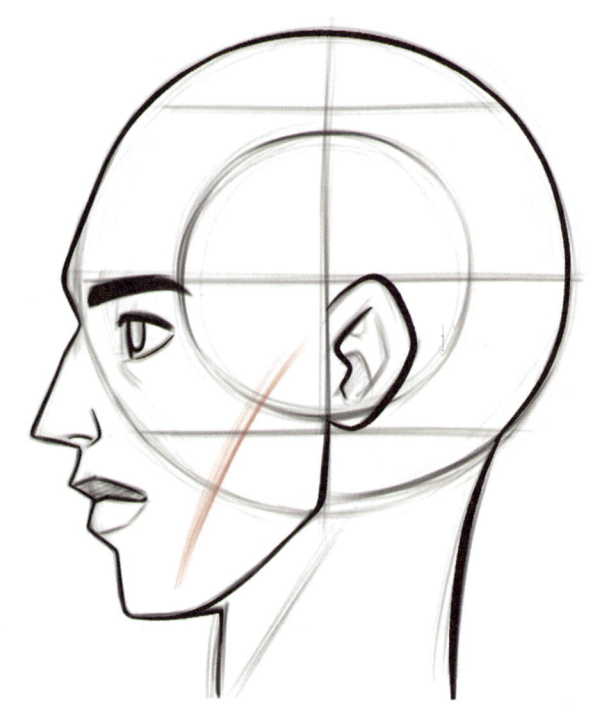

❶ 옆 얼굴은 살짝 사선의 흐름으로 나오도록 그리는 게 자연스럽습니다. 입술이나 턱이 너무 나오지 않도록 가이드라인과 함께 먼저 체크해 주세요.

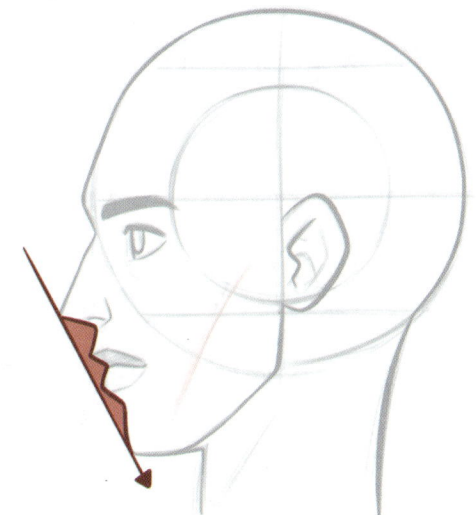

❷ 턱 밑에도 살이 있습니다. 그림과 같이 파이면 어색해 보일 수 있으니 채워서 그립니다.

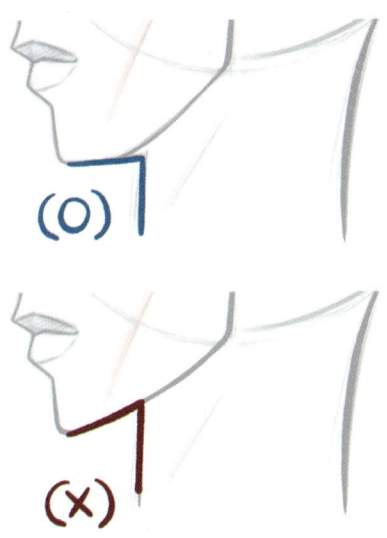

❸ 목덜미는 귀 밑 라인(코 끝 라인) 정도에서 그립니다.

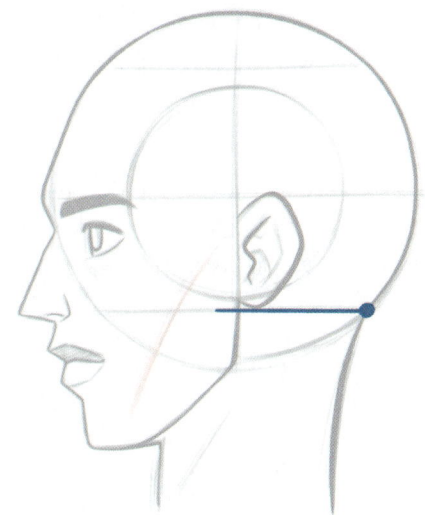

❹ 정면, 측면 모두 정원을 가이드로 잡고 그렸지만, 실제 두상의 측면은 정면에 비해 앞뒤로 긴 타원 형태로 보입니다. 그래서 두상 가이드를 잡을 때도 시점에 따라 타원을 더 많이 사용하기도 하죠.

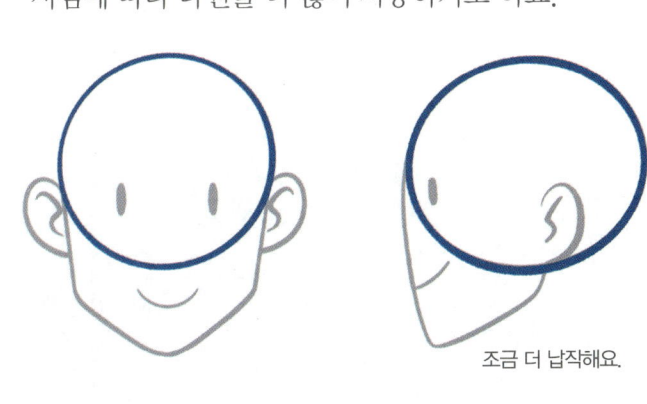

조금 더 납작해요.

얼굴에는 더 많은 비율이 존재하지만, 이 책에서는 인물화가 아닌 캐릭터 중심으로 진행하기 때문에 중요한 포인트 몇 가지만 알아보았습니다. 이 비율을 조금 더 단순화시켜 다양한 각도로 연습해 보도록 할게요!

다양한 각도로 두상 돌려 보기

캔버스 크기
2000×2000px
사용 브러시
스케치 → HB연필

이번에는 기본 구조를 바탕으로 다양한 각도의 두상을 연습해 볼게요. 얼굴의 앞면과 옆면을 어떻게 같이 잡아야 하는지 가이드라인을 잘 참고해 주세요. 캐릭터에 따라 1:1:1의 비율은 달라질 수 있으니 구조 위주로 연습해 보시는 걸 추천드립니다.

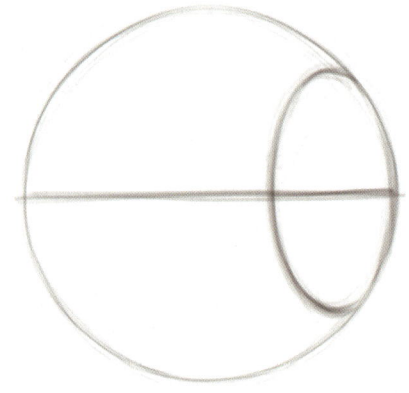

01 새 캔버스에 동그란 원을 하나 그립니다.

02 원하는 얼굴 각도에 맞춰 잘려 나간 단면을 그립니다. 여기서는 얼굴을 살짝 돌린 반 측면 각도로 그려 볼게요.

03 중심에 가로선을 그립니다. 이 위치는 눈썹으로, 시점이 정면이기 때문에 위, 아래 면적이 비슷하게 나올 거예요.

04 원하는 방향에 맞춰 중심선을 그립니다. 얼굴이 돌아갈수록 중심선도 같이 돌아가기 때문에 한쪽이 살짝 더 좁아 보입니다.

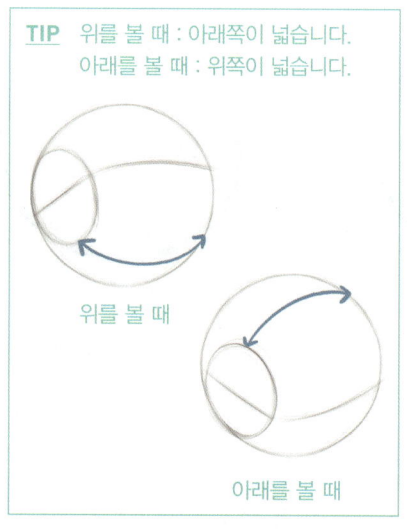

TIP 위를 볼 때 : 아래쪽이 넓습니다.
아래를 볼 때 : 위쪽이 넓습니다.

위를 볼 때
아래를 볼 때

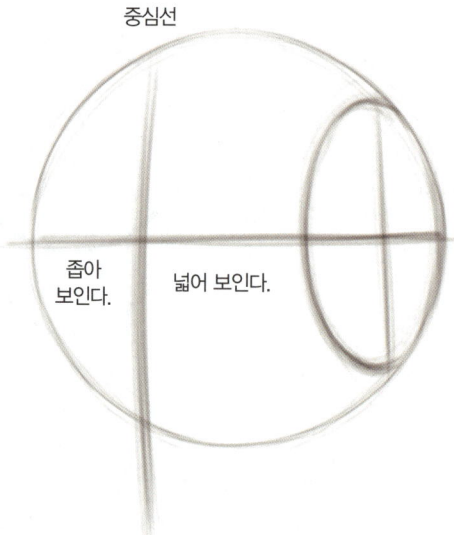

중심선
좁아 보인다.   넓어 보인다.

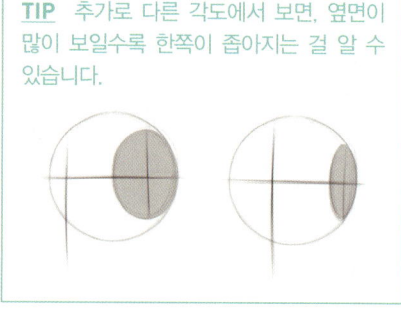

TIP 추가로 다른 각도에서 보면, 옆면이 많이 보일수록 한쪽이 좁아지는 걸 알 수 있습니다.

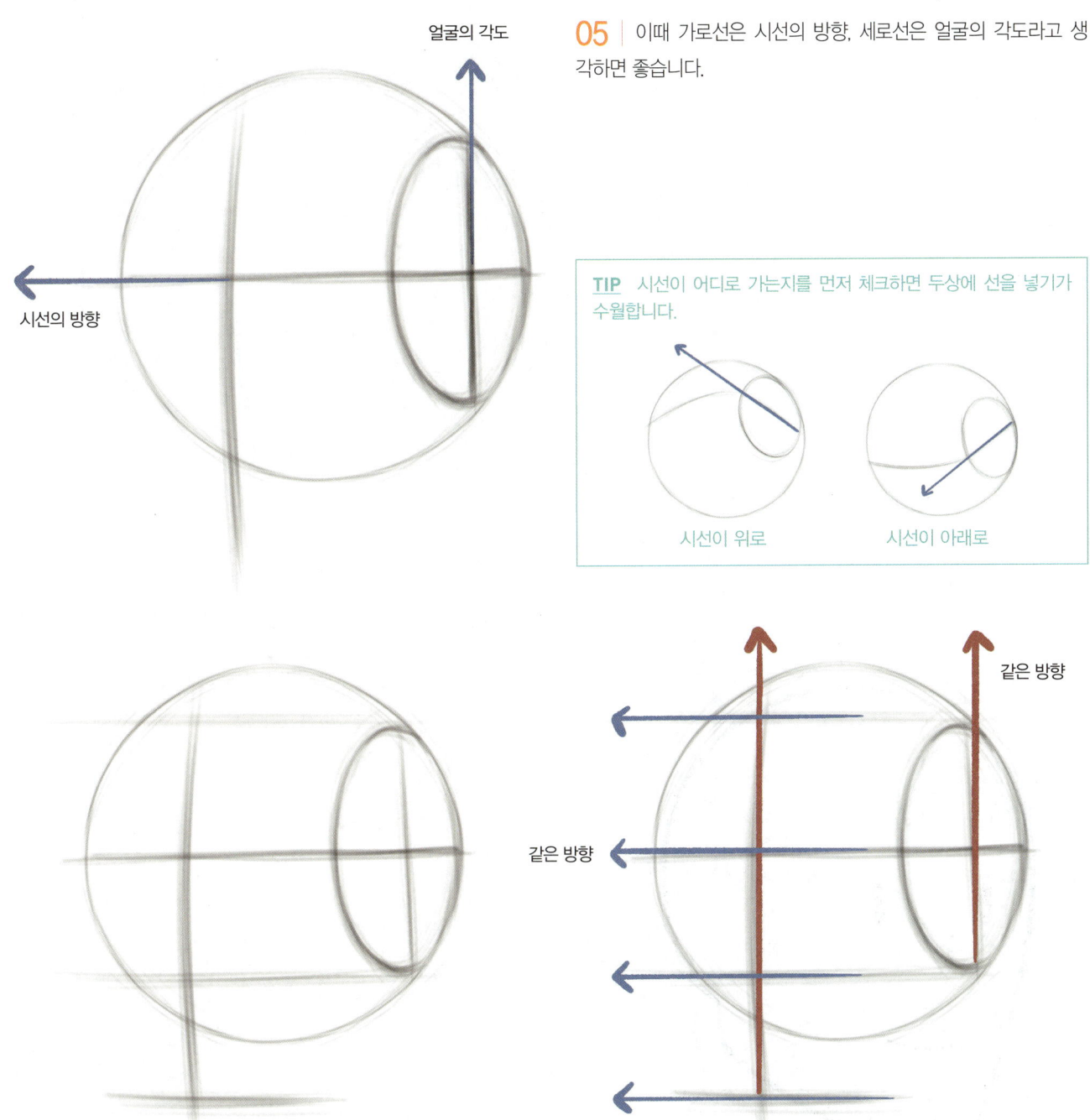

05 이때 가로선은 시선의 방향, 세로선은 얼굴의 각도라고 생각하면 좋습니다.

TIP 시선이 어디로 가는지를 먼저 체크하면 두상에 선을 넣기가 수월합니다.

시선이 위로 　　시선이 아래로

06 잘려 나간 단면을 기준으로 1:1:1 비율을 그려 위치를 잡아 줍니다. 이때 세로선과 가로선은 각각 같은 방향으로 가야 합니다. 방향이 틀어지면 이목구비를 넣었을 때도 틀어져 보일 수 있습니다.

다양한 각도와 비율의 두상

중심선

07 턱 라인에 맞춰 양옆에 선을 그립니다. 선은 중심선 쪽으로 모이도록 그리세요.

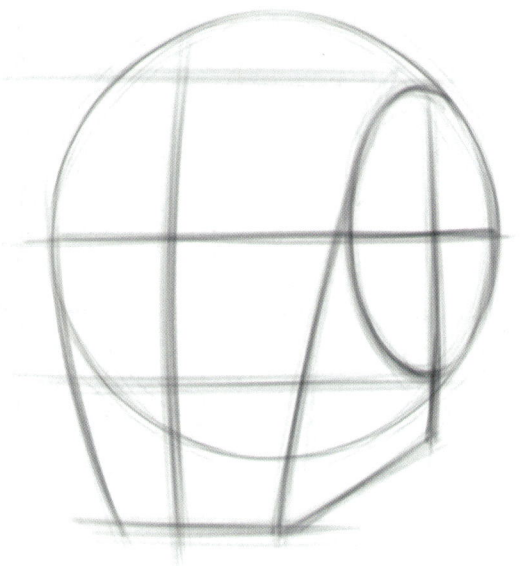

08 마지막으로 귀 밑에서 나오는 턱까지 그리면 완성입니다. 아이언맨 가면 같기도 한 이 형태는 이목구비를 뺀 형태이기 때문에 얼굴의 굴곡 없이 단순하게 잡혀요. 기본적인 얼굴 각도를 연습하기에는 굉장히 좋으니 다양하게 연습해 보시길 추천드립니다.

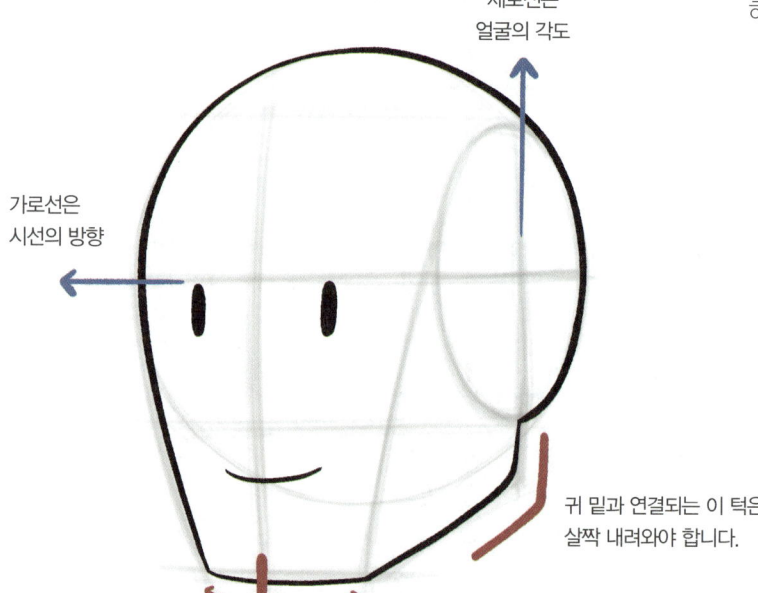

세로선은 얼굴의 각도

가로선은 시선의 방향

귀 밑과 연결되는 이 턱은 살짝 내려와야 합니다.

얼굴을 살짝 돌리고 있기 때문에 중심선을 기준으로 한쪽이 더 좁아 보입니다.

두상을 그릴 때 많이 하는 실수

두상을 그리다 보면 초반에 자주 실수하게 되는 부분이 몇 가지 있습니다. 그리는 과정에서 무언가 어색하게 느껴진다면 아래 예시를 참고해 보세요!

❶ 두상에 비해 잘려 나간 단면이 너무 작은 경우

1:1:1 비율을 잡을 때 굉장히 짧게 나오기 때문에 턱이 많이 짧아집니다.

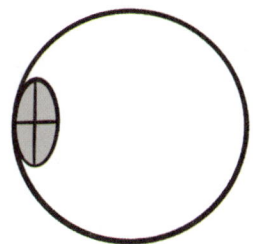

❷ 잘려 나간 단면의 위치가 맞지 않는 경우

단면 모양은 반 측면 정도인데, 위치는 완전 측면처럼 들어간 상태입니다.

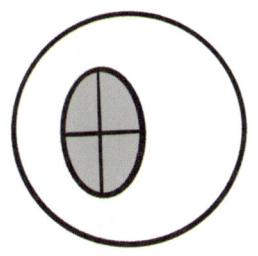

❸ 중심을 가르는 십자 라인의 위치가 어긋난 경우

가로선, 세로선 모두 중심에 위치하도록 체크하세요.

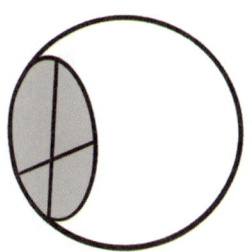

❹ 세로선과 가로선 각도가 서로 맞지 않는 경우

세로선의 방향은 같아야 하며, 앞면의 가로선 또한 이목구비가 틀어지지 않도록 같은 방향으로 가야 합니다.

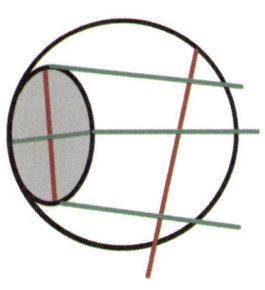

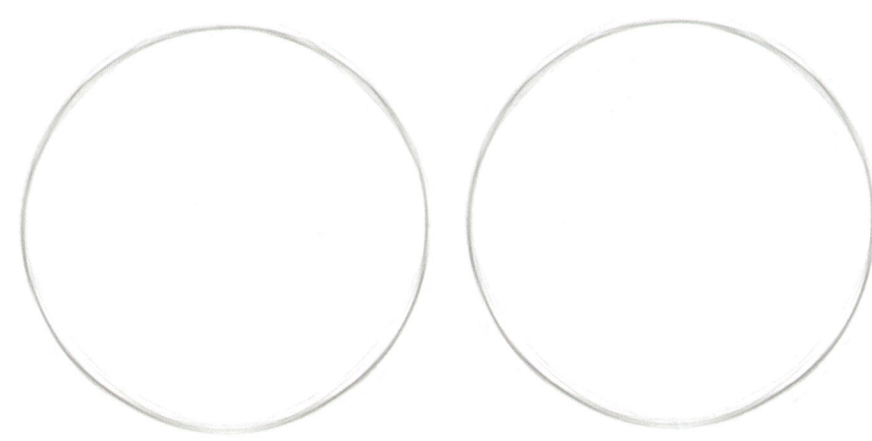

01 | 두상을 그릴 때 많이 하는 실수 항목에 유의하며 또 다른 각도로 두상을 그려 봅니다. 먼저 새 캔버스에 동그란 원을 두 개 그립니다.

02 원하는 각도에 맞춰 잘려 나간 단면을 그립니다. 여기서는 고개를 들고 있는 두상과 숙이고 있는 두상을 그립니다.

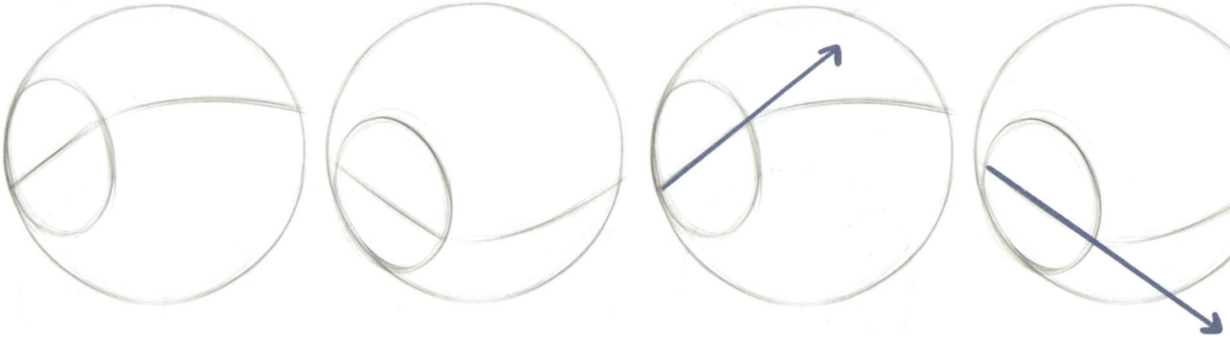

03 중심에 맞춰 가로선을 그립니다. 이때 잘려 나간 단면의 가로선은 시선의 방향에 따라 그립니다. 시선의 방향은 설정하기 나름입니다. 원하는 각도로 그려 보세요.

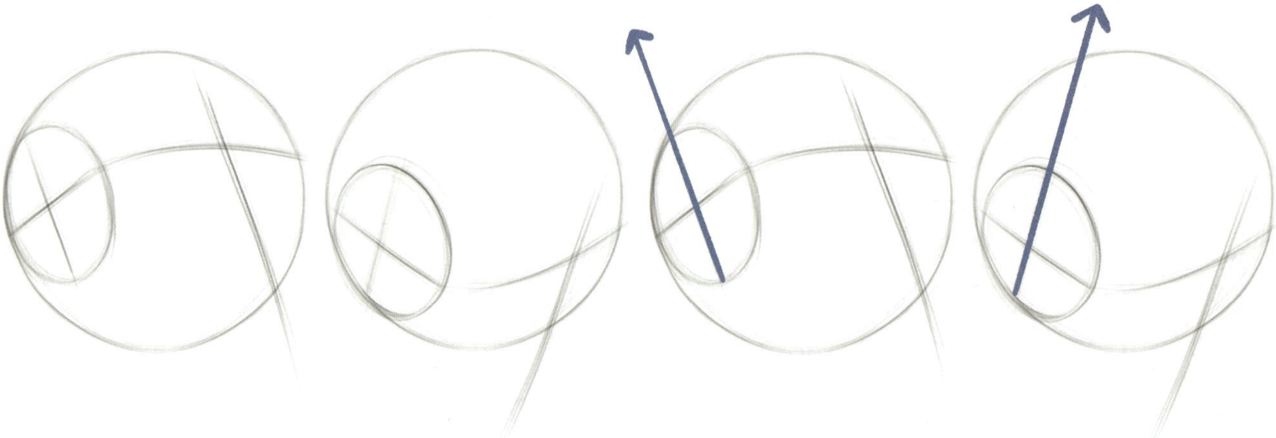

04 얼굴의 각도인 세로선은 앞면과 같은 방향으로 그립니다.

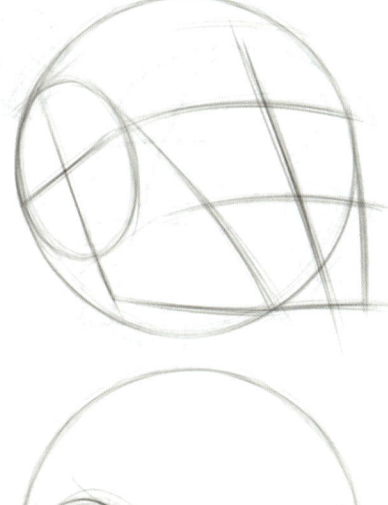
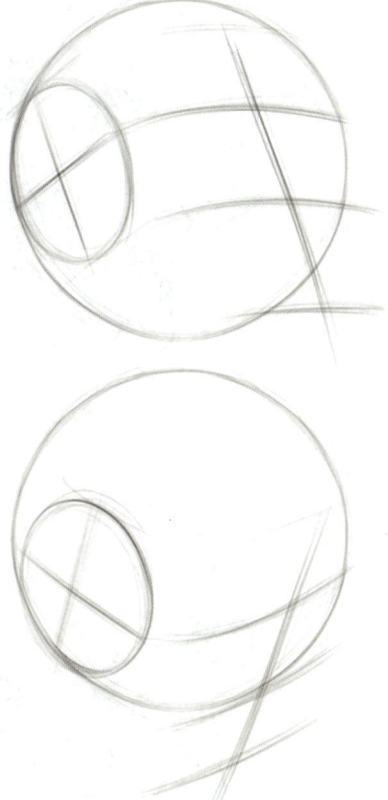
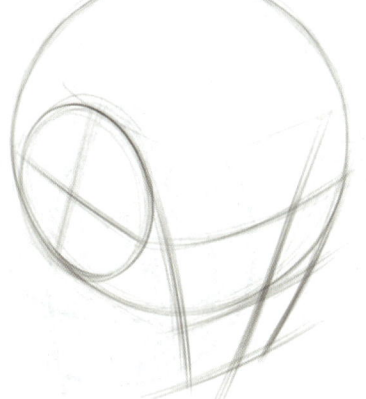

05 잘려 나간 단면을 기준으로 1:1:1 비율을 잡아봅니다.

TIP 캐릭터는 이목구비에 따라 비율이 달라질 수 있습니다.

06 중심선으로 모이도록 양쪽 선을 그립니다. 반 측면이기 때문에 한쪽이 더 좁아 보여야 합니다.

07 턱을 살짝 내려 마무리하면 완성입니다.

08 이때 얼굴을 많이 들고 있다면 턱의 아랫부분까지 보일 수 있습니다.

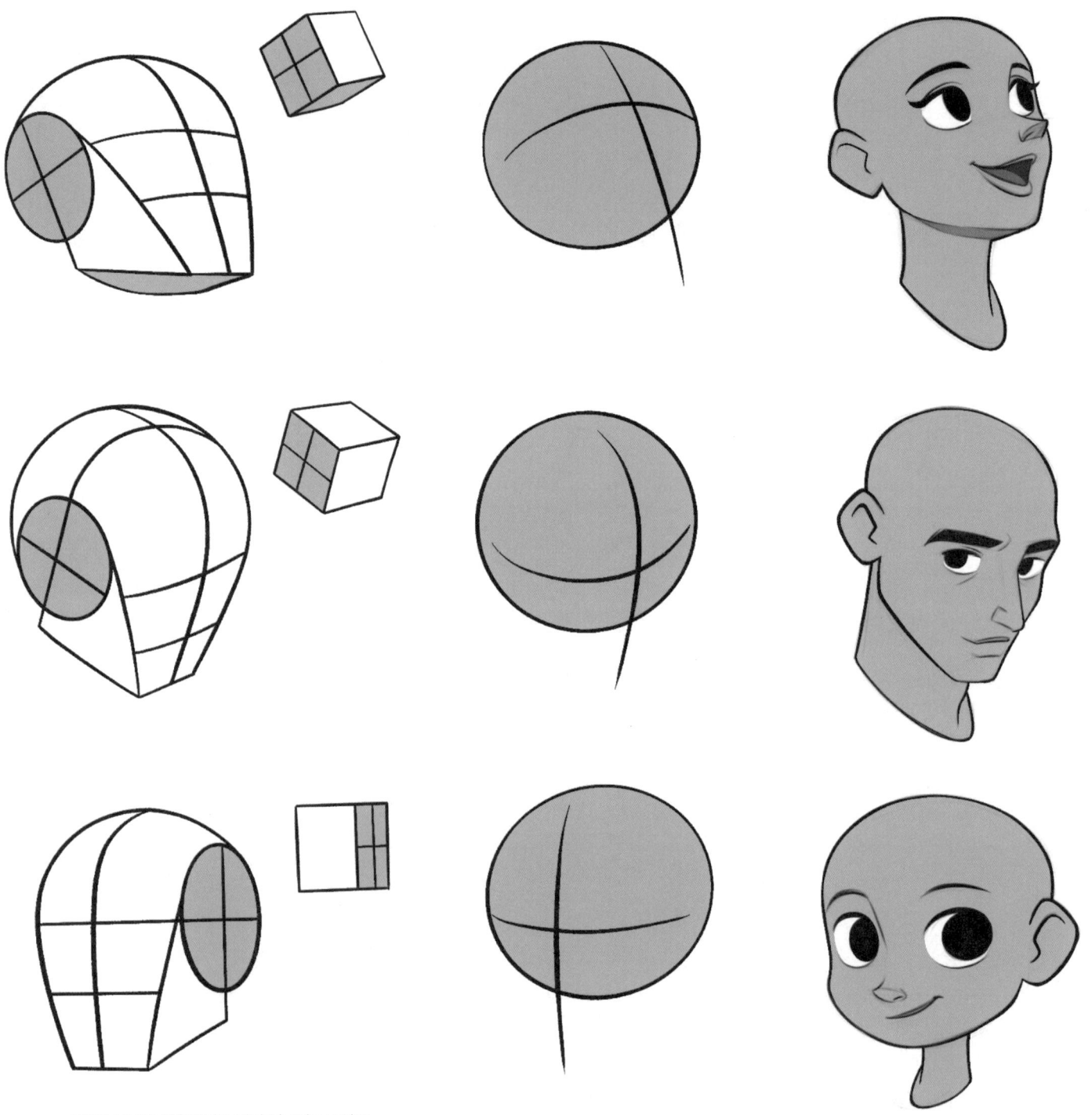

비슷한 각도의 직육면체로 먼저 체크해도 좋아요.

두상이 익숙해지면 가이드를 좀 더 단순하게 잡더라도 입체감을 유지하며 얼굴을 그릴 수 있습니다. 단순화 연습을 할 때는 우선 이목구비나 머리카락 같은 부분은 제외하고 큰 덩어리 위주로 연습하길 추천합니다. 물론 재밌는 부분을 다 빼 버린 연습이기 때문에 조금 지루하게 느껴질 수도 있지만, 기본 두상이 잘 나와야 다른 부분을 추가했을 때도 잘 어우러질 수 있습니다.

MISSION
다양한 각도로 두상을 그려 봅니다.

IPAD DRAWING 07

방향성과 볼륨감으로 자연스러운 헤어스타일

재미있지만 잘못 그리면 어색해 보이기 쉬운 부분이 머리카락입니다. 하지만 머리카락의 속성을 잘 이해하면 문제 없어요. 많이 하는 실수부터 그리는 방법까지 한 번 알아보도록 할게요.

머리카락을 그릴 때 초보자는 보통 한 가닥씩 전부 그리려는 경향이 있습니다. 하지만 이러면 오히려 공간이 많아 보이기 때문에 머리숱도 없어 보이고 선 두께가 두껍게 들어가면 레게 머리처럼 보일 수도 있어요. 또한 가닥가닥을 표현할수록 뭔가 지저분해지고, 입체감이 없는 듯한 느낌으로 보이기도 쉽습니다.

뭔가 조금 이상하죠?

머리카락 사이에 공간이 많아 머리숱이 없어 보입니다.

두상의 입체감을 고려하지 않고 그려 평평한 종이처럼 보입니다.

168　Part 3　캐릭터를 결정하는 얼굴 그리기

머리카락을 그릴 때는 우선 딱 세 가지! 방향, 입체감, 불규칙을 기억하세요. 이 세 가지만 초반에 잘 체크해도 디테일이 들어갔을 때 덩어리감이 깨지지 않게 그릴 수 있답니다. 하나씩 알아볼까요?

방향

앞서 배웠던 기본 도형을 생각해 보세요. 두상은 그중에서 '반구' 형태를 갖고 있습니다. 쉽게 바가지를 쓰고 있다고 생각하면 좋아요. 머리카락도 두상을 덮는 형태이기 때문에 '반구'의 흐름을 해치지 않는 선에서 방향을 잡아야 합니다.

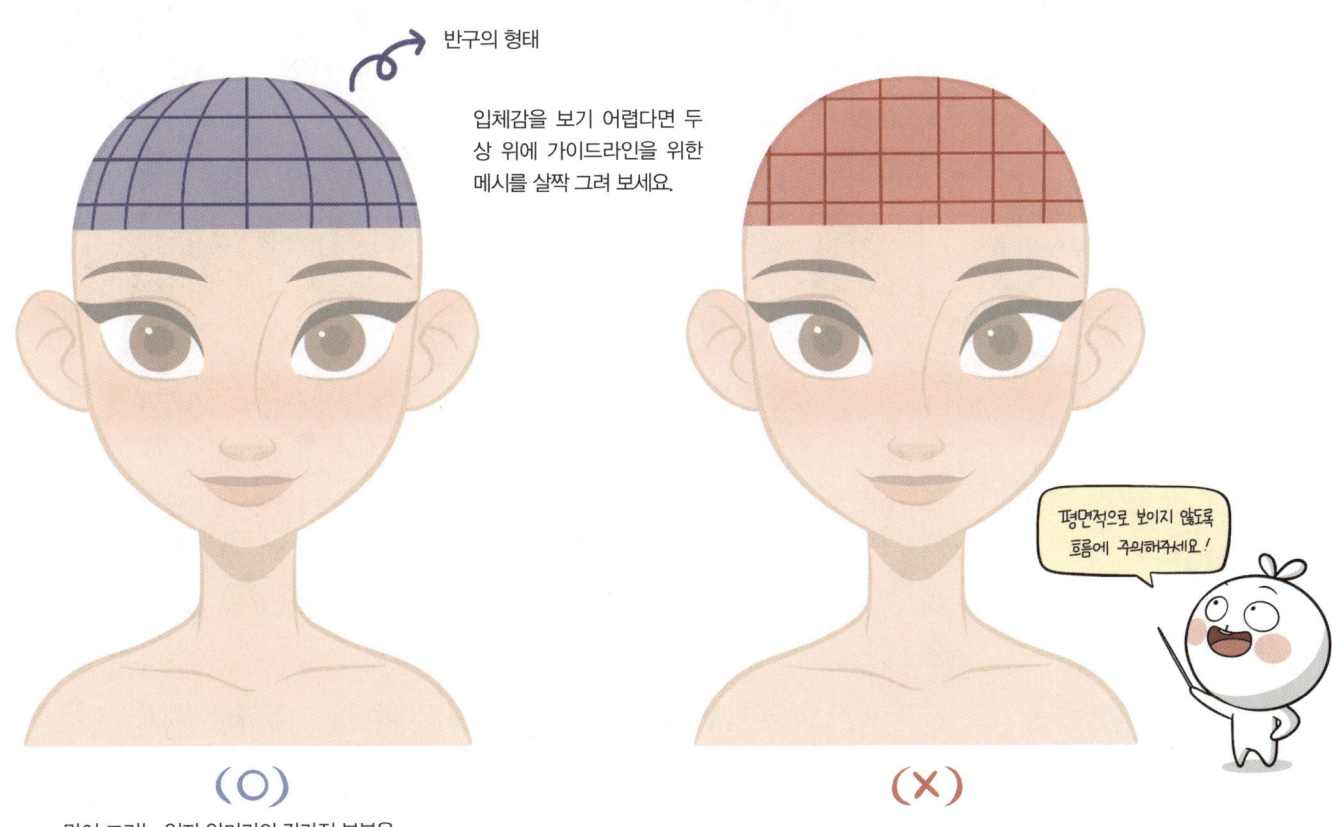

많이 그리는 일자 앞머리의 갈라진 부분을 넣을 때도 이 반구의 흐름을 생각해줍니다.

이 흐름을 생각하지 않고 처음부터 머리카락을 그리기 시작하면 평면적으로 보일 확률이 높기 때문에 항상 두상을 먼저 대략적으로 그리고, 그 위에 머리카락을 올리는 식으로 연습하기를 추천합니다.

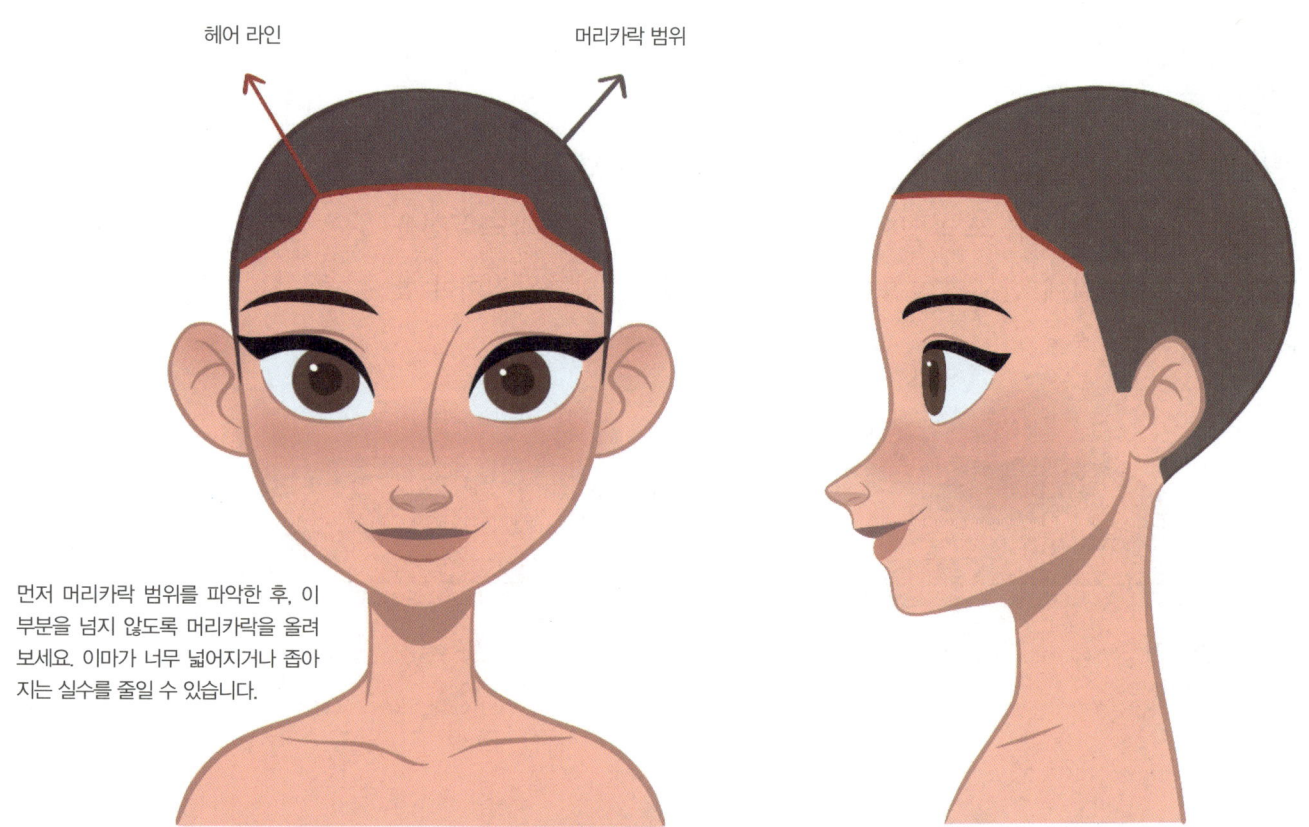

헤어 라인

머리카락 범위

먼저 머리카락 범위를 파악한 후, 이 부분을 넘지 않도록 머리카락을 올려 보세요. 이마가 너무 넓어지거나 좁아지는 실수를 줄일 수 있습니다.

두상을 그렸다면 이제 머리카락을 올려 볼 텐데요. 그 전에 머리카락 영역을 한 번 보겠습니다. 풀고 있는 긴 머리카락이라면 대부분이 가려지겠지만 그래도 어느 정도의 면적을 갖고 있는지 알고 그리는 게 좋겠죠? 영역을 그릴 때는 이마 너비가 너무 좁아지거나 넓어 보이지 않도록 체크하면 좋습니다.

자, 이제 드디어 머리카락을 그릴 차례네요. 헤어스타일에 따라 머리카락의 방향도 조금씩 달라지게 되는데, 몇 가지 예시를 한 번 볼까요?

앞머리가 내려올 때

풀고 있는 머리이기 때문에 전체적인 방향은 아래로 향합니다. 다만 앞머리가 있을 때는 뒷머리와 방향이 달라지기 때문에 분리하여 그려주는 게 좋아요. 앞머리 시작점을 어디로 잡을지 먼저 정하고, 그 지점부터 앞머리가 뿜어져 나오는 형태로 머리카락을 그리면 편합니다. 이때 앞에서 본 두상의 흐름(반구 형태)에 어긋나지 않도록 곡선을 잘 활용해 보세요.

헤어 라인보다 살짝 위쪽에 앞머리 시작점을 찍고, 이 점을 기준으로 두상 흐름에 맞춰 앞머리를 내립니다.

뒷머리는 가르마 기준 양쪽 방향으로 갈라지며 내려갑니다.

긴 머리카락이 앞으로 넘어오면 어깨에 걸쳐질 거예요. 머리카락 방향에 맞춰 곡선을 살려 그려 보세요.

앞머리가 꺾일 때

앞머리가 길어지면 이마가 보이면서 꺾입니다. 이때는 5:5, 6:4 등 원하는 비율로 가르마만 잡으면 편하게 진행할 수 있어요.

뒷머리는 가르마 기준 양쪽으로 갈라지며 내려옵니다.

앞머리가 꺾이며 안쪽 공간이 보입니다. 꺾이는 방향에 맞춰 라인을 살짝 넣어 주면 좋습니다.

머리카락을 귀 뒤로 넘기고 있다면 그쪽으로 방향을 넣어 줍니다.

헤어라인을 넘어가면 이렇게 될거에요!

이마가 너무 좁고 헤어 라인의 방향도 맞지 않아요.

이마 면적을 적당히 잡고 헤어 라인에 맞춰 앞머리를 꺾어 주세요.

여기서 주의해야 할 점은 꺾인 앞머리를 그리는 경우 헤어 라인을 넘지 않도록 같이 체크하는 것이에요. 헤어 라인의 위치를 생각하지 않고 머리카락을 그리면 이마에서 머리카락이 자라난 것 같은 어색한 느낌으로 표현될 수 있습니다.

머리를 묶고 있을 때

머리를 어떻게 묶는지에 따라 시작점이 여러 개 나올 수도 있습니다. 포인트 지점을 확실히 정한 다음 라인을 넣어 보세요.

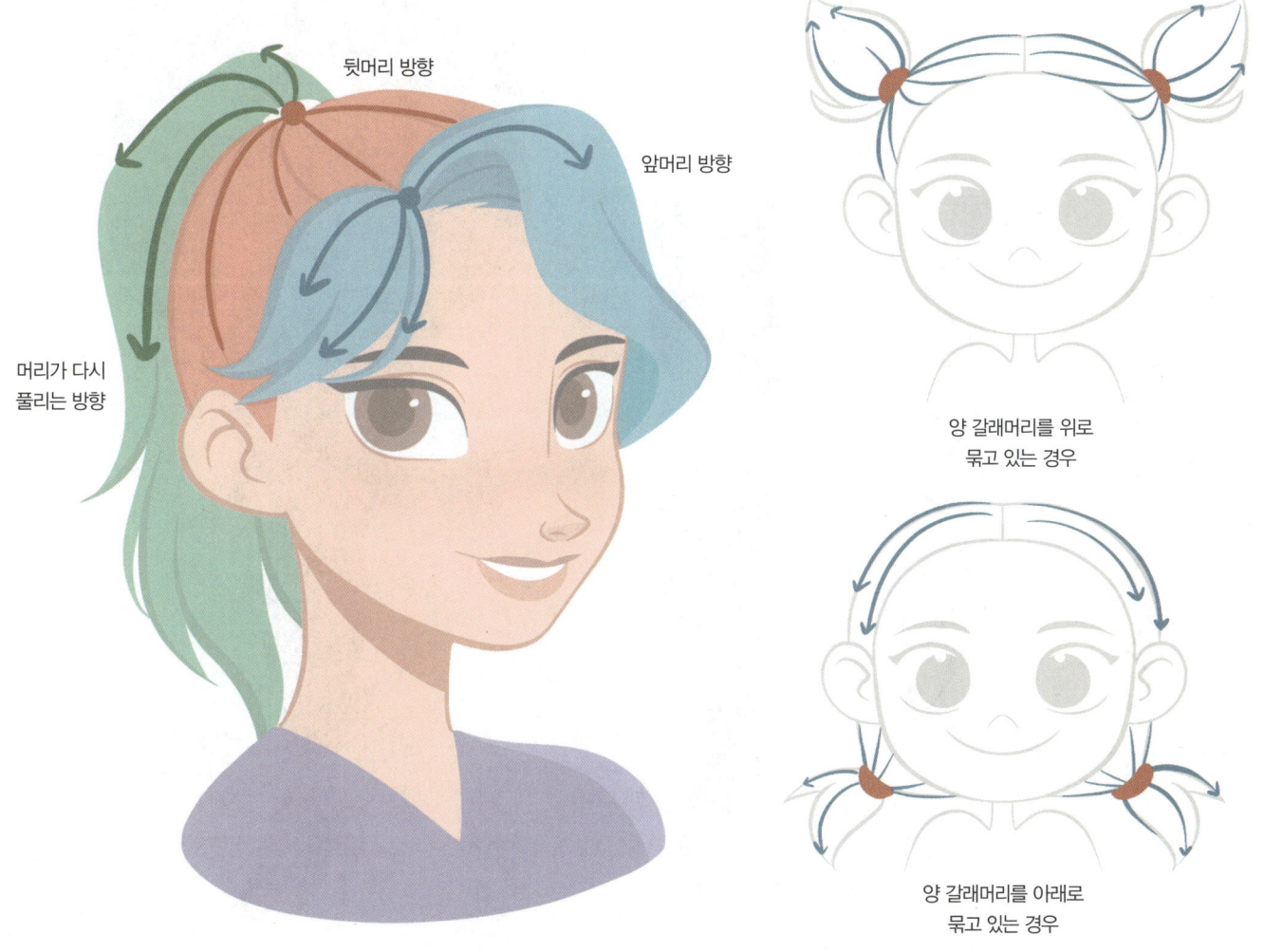

머리를 땋았을 때

땋은 머리는 지그재그 흐름으로 보입니다. 처음부터 입체감을 주려면 헷갈릴 수 있으니 원하는 흐름에 맞춰 지그재그를 먼저 그린 다음 머리카락을 올려 보세요. 먼저 큰 덩어리를 잡아 주고 잔머리나 라인을 추가하면 좋습니다.

지그재그의 크기는 아래로 내려갈수록 점점 작아지도록 그리면 더 자연스럽습니다.

아래로 갈수록 좁아집니다.

묶였다가 풀리면서 끝부분의 머리카락이 퍼집니다.

잔머리와 머리카락 방향을 조금씩 추가하면 디테일을 올릴 수 있습니다.

여러 방향에서의 관찰

머리카락은 귀의 흐름을 따라 내려갑니다. 하지만 귀와 너무 가까이 붙지 않도록 주의하세요.

땋은 머리는 앞에서 봤을 때 모양이 반대로 보입니다.

짧은 머리는 무게가 가볍기 때문에 위로 올라갑니다.

귀 뒤쪽으로 머리를 넘기면 내려오던 머리카락의 흐름도 바뀝니다. 어깨에 걸쳐지면 이렇게 갈라지기도 하지요.

방향성과 볼륨감으로 자연스러운 헤어스타일

입체감

이번엔 입체감을 한 번 보겠습니다. 아래의 오른쪽 그림처럼 머리카락을 그릴 때 두상에 너무 딱 붙게 그리면 밋밋해 보이기 때문에 두상보다 살짝 더 나와 보이는 느낌으로 부피감 있게 그리는 게 좋습니다. 이때 한 가지 톤으로만 그리면 평면적인 느낌으로 보이기 때문에 얼굴 뒤로 넘어가는 부분에는 공간 표현을 위해 명암을 넣는 게 좋습니다.

가르마를 기준으로 갈라지는 부분은 책과 굉장히 비슷한 느낌입니다. 책을 펼쳤을 때 종이가 살짝 올라오는 느낌처럼 그려 보세요!

풍성
뒤쪽에 공간 있음

밋밋
뒤쪽에 공간 없음

만약 어디서부터 볼륨감을 넣어야 할지 잘 모르겠다면, 가르마를 기준으로 두상 위에 펼친 책을 살포시 올려 보세요. 형태의 느낌이 비슷하기 때문에 참고하면 좋습니다.

머리 위에 책을 먼저 올려봅시다!

이때 볼륨감을 위해 두상에서 너무 많이 벗어나게 그리면 오히려 두상의 비율이 어색해 보일 수 있기 때문에 과해지지 않도록 조절하는 게 필요합니다. 이런 실수를 방지하기 위해서라도 처음에 꼭 먼저 두상을 그려보는 게 좋아요.

초반에 배웠던 입체감에 대해 다시 생각해 볼까요? 모든 실루엣을 입체감 있는 형태로 인식하면, 머리카락의 입체감 또한 쉽게 파악할 수 있을 거예요. 머리카락은 도톰한 부피감에 비해 성질은 굉장히 부드럽기 때문에 형태 또한 일정하지 않고 스타일에 따라 다양하게 변할 수 있기 때문이지요. 입체감을 고려해야 명암을 어색하지 않게 넣을 수 있고, 머리카락을 묶는 끈이나 액세서리 같은 것도 자연스럽게 그릴 수 있으니 작은 머리카락보다 큰 덩어리를 먼저 보세요.

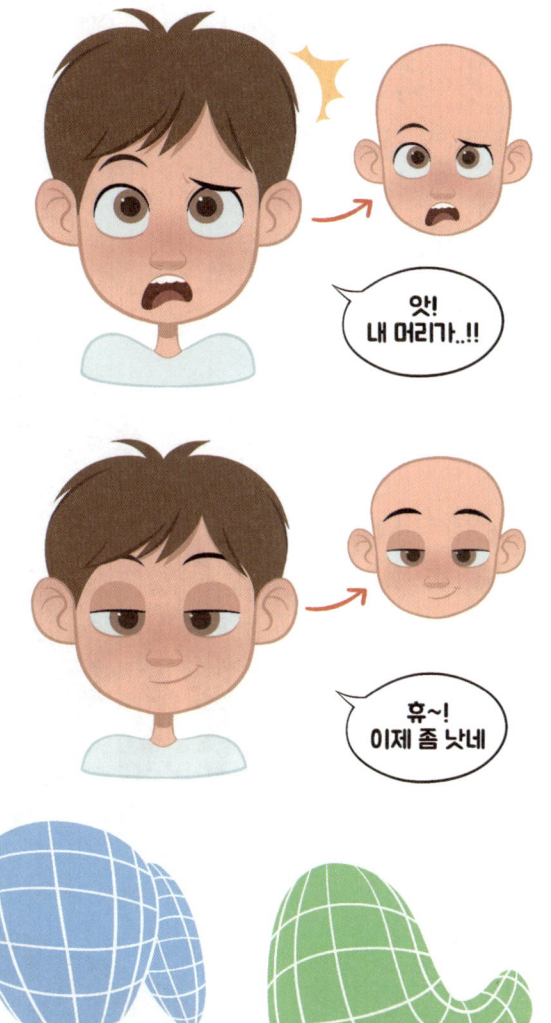

두상이 너무 길어지지 않도록 주의합니다.

앗! 내 머리가..!!

휴~! 이제 좀 낫네

흐물흐물한 머리카락 특성상 굉장히 다양한 형태로 나올 수 있어요.

불규칙

머리카락은 일부러 규칙적으로 나누는 형태(땋은 머리)가 아닌 이상 불규칙한 느낌을 살려서 그려야 자연스럽습니다. 잔머리나 머리카락이 갈라졌을 때의 간격, 두께 등 전체적으로 규칙적인 부분이 없는지 체크해 보세요.

규칙적인 느낌

불규칙적인 느낌을 살리면 머리카락이 좀 더 자연스러워 보입니다. 잔머리나 갈라지는 덩어리 간의 간격, 두께 등 최대한 불규칙한 느낌을 살려 보세요.

불규칙적인 느낌

각진 실루엣
잔머리가 뜬금없이 삐죽삐죽 나오면 자다 일어난 것처럼 정리가 안 된 머리로 보일 수 있어요. 의도한 바가 아니라면 어색해 보일 수 있으니 주의하시는 게 좋습니다.

곡선 실루엣
잔머리는 머리카락의 큰 덩어리로부터 나옵니다. 덩어리의 흐름에 맞춰 부드럽게 연결되도록 그려야 자연스럽습니다.

반묶음 헤어스타일 그리기

자, 이번엔 앞서 배운 포인트들을 바탕으로 반묶음 머리를 함께 그려 볼 거예요. 얼굴부터 그려 보셔도 좋지만, 머리카락만 함께 연습해 보기 위해 대머리 캐릭터를 하나 준비했어요. 두상 위에 차근차근 한 번 그려봅시다.

● 예제 파일 : 03\헤어.jpg   완성 파일 : 03\헤어_완성.psd, 헤어_완성.jpg

색상 코드

헤어(c28557, 814f2a)

피부(efbeaf, b66a50)

리본/옷(7095cb, b14948)

빛/어두움(ffcaa7, 6873c7, fba3a1)

캔버스 크기 : 2500×2500px
해상도 : 300dpi
사용 브러시 :
스케치 → HB 연필
잉크 → 스튜디오 펜
에어브러시 → 소프트 브러시

헤어 스케치하기

01 03 폴더에서 '헤어.jpg' 파일을 불러옵니다. 스케치가 잘 보일 수 있도록 (레이어(■))에서 이미지 레이어의 (N)을 탭하고 불투명도를 '46%' 정도로 조절합니다. (+) 버튼을 탭하여 이미지 레이어 위에 새 레이어를 추가하고 스케치를 진행합니다.

TIP 이미지 파일을 가져오기 위해 (동작(🔧)) → (추가)를 탭한 다음 (파일 삽입하기)를 탭합니다. 다운 받은 예제 파일은 아이패드 '폴더' 앱에서 확인할 수 있습니다.

02 (브러시(✏️))를 탭하여 브러시 라이브러리에서 (스케치) → (HB 연필) 브러시를 선택합니다. 두상 위에 머리카락의 면적을 먼저 체크합니다.

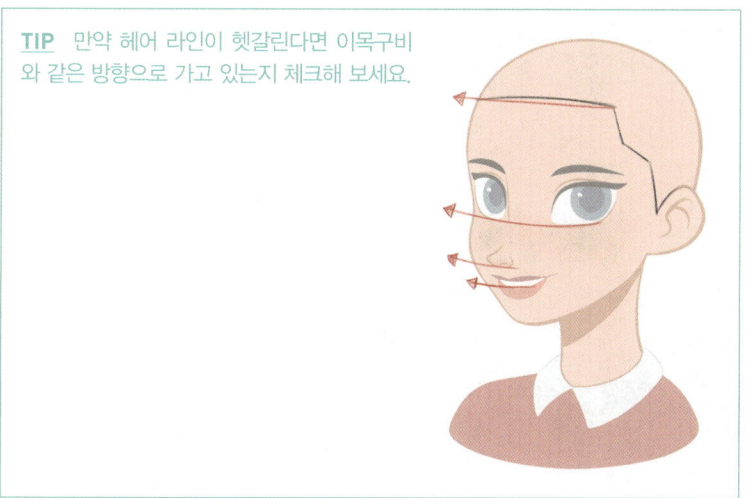

TIP 만약 헤어 라인이 헷갈린다면 이목구비와 같은 방향으로 가고 있는지 체크해 보세요.

03 헤어 라인에서 약간 위쪽에 시작점을 찍고 앞머리 방향을 곡선으로 먼저 그립니다. 이 곡선의 방향에 맞춰 앞머리를 그려 줄게요.

TIP 앞머리 두께나 간격이 불규칙한 느낌이 들도록 주의하며 그리세요.

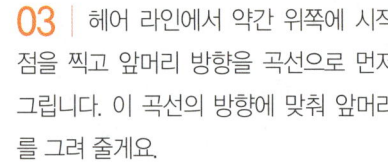

04 시작점에 맞춰 가르마를 넣어 줍니다. 두상의 흐름에 맞도록 곡선으로 그리세요. 너무 밋밋해 보이지 않도록 부피감 있게 뒷머리를 그립니다.

TIP 앞서 배운 가르마 기준으로 펼친 책 올리기를 기억하나요? 이 부분은 아래로 내려가는 방향이 될 거예요.

05 반 묶음 부분을 그립니다. 묶인 느낌을 확실히 주기 위해 리본도 살짝 보이도록 그려 줄게요. 리본 위치로 모이도록 흐름을 잡아 줍니다.

06 리본으로 가는 방향을 제외한 나머지 머리카락은 아래쪽으로 내려옵니다. 부드러워 보이도록 끝부분은 곡선으로 점점 가늘어지도록 그릴게요.
안쪽은 어두운 부분이므로 스케치에서도 명암 표현을 살짝 넣어 주세요. 간단하게 스케치가 완성되었습니다.

헤어 밑 색 작업하기

01 | 채색을 하기 위해 채색이 잘 보이도록 (레이어(■))에서 스케치를 그린 레이어의 (N)을 탭한 다음 불투명도를 '41%' 정도로 조절합니다. (+) 버튼을 탭해서 스케치를 그린 레이어 아래에 새 레이어를 추가하여 진행합니다.

02 | (브러시(✏))를 탭하여 브러시 라이브러리에서 (잉크) → (스튜디오 펜) 브러시를 선택합니다.

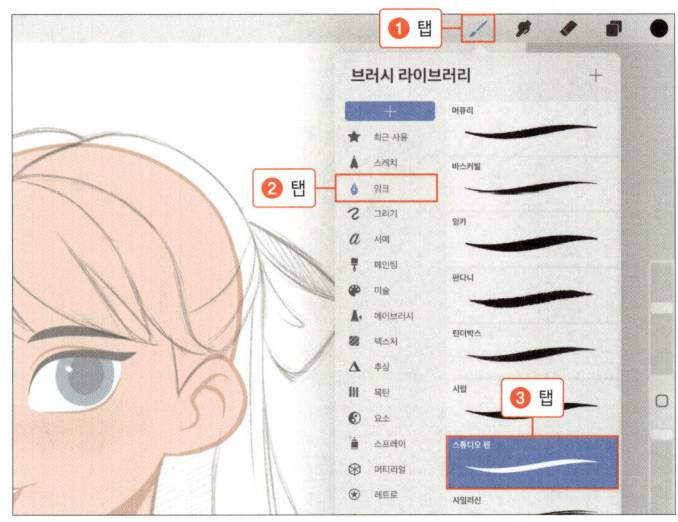

TIP 스튜디오 펜 브러시는 단단하면서도 필압에 따라 두께 변화가 가능해 채색에서 자주 사용합니다.

03 | 브러시를 한 번 더 탭하여 브러시 스튜디오가 표시되면 (안정화) 탭에서 Stream Line의 양을 '최대'로 조절합니다. 설정이 완료되면 (완료) 버튼을 탭합니다.

TIP 안정화 기능을 설정하면 손떨림을 보정해 주기 때문에 더 편리합니다.

04 머리카락을 채색하기 위해 (색상(●))에서 '밝은 갈색'을 선택합니다.

TIP 원하는 다른 색상으로 지정해도 좋습니다.

05 스케치를 따라 실루엣을 그립니다. 조금이라도 틈이 생기면 색을 채울 때 삐져나올 수 있으니 선끼리 겹쳐서 꼼꼼하게 그립니다.

TIP 선을 그릴 때 천천히 그리면 오히려 손 떨림이 들어갈 수 있으니 조금 빠르게 진행해 보세요.

06 (색상(●))을 실루엣 안쪽으로 드래그하면 깔끔하게 채색됩니다.

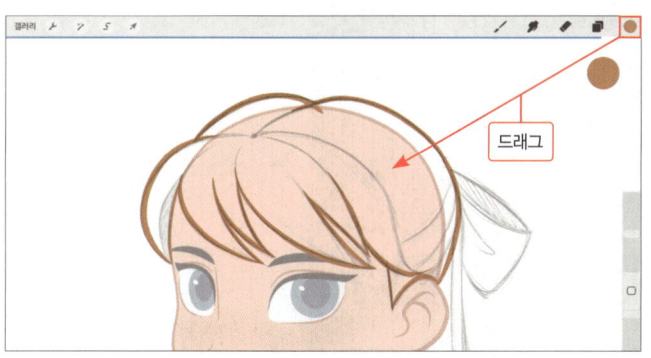

반묶음 헤어스타일 그리기 **185**

07 다시 얼굴이 선명하게 보이도록 (레이어(■))에서 이미지 레이어의 (N)을 탭하고 불투명도를 '100%'로 조절합니다. 뒷머리를 그리기 위해 (+) 버튼을 탭하여 이미지 레이어 아래에 새 레이어를 추가합니다.

TIP 몸 뒤쪽으로 머리카락이 넘어가기 때문에 레이어를 분리하는 게 더 편리합니다.

08 마찬가지로 뒷머리도 실루엣을 그립니다.

TIP 이때 가려진 부분까지 확실하게 이어 줘야 색을 채웠을 때 밖으로 삐져나오지 않습니다.

09 (색상(●))을 드래그하여 뒷머리 안쪽 색을 채웁니다. 리본이 머리보다 뒤에 있으니 (레이어(■))에서 (+) 버튼을 탭하여 뒷머리를 그린 레이어 아래에 새 레이어를 추가하여 분리합니다.

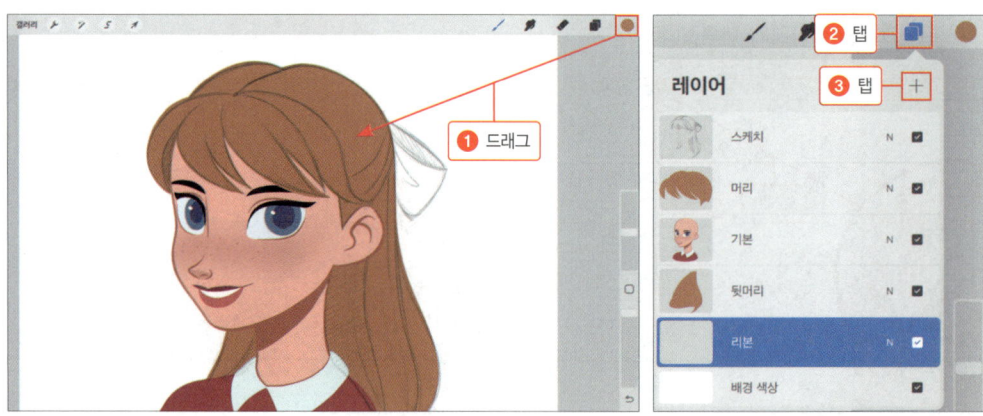

10 | (색상(●))에서 '파란색'을 선택하고 리본의 실루엣을 그린 다음 채색합니다. 밑 색은 어느 정도 나왔으니 라인을 넣어 조금씩 정리하기 위해 (레이어(■))에서 (+) 버튼을 탭하여 맨 위에 새 레이어를 추가합니다.

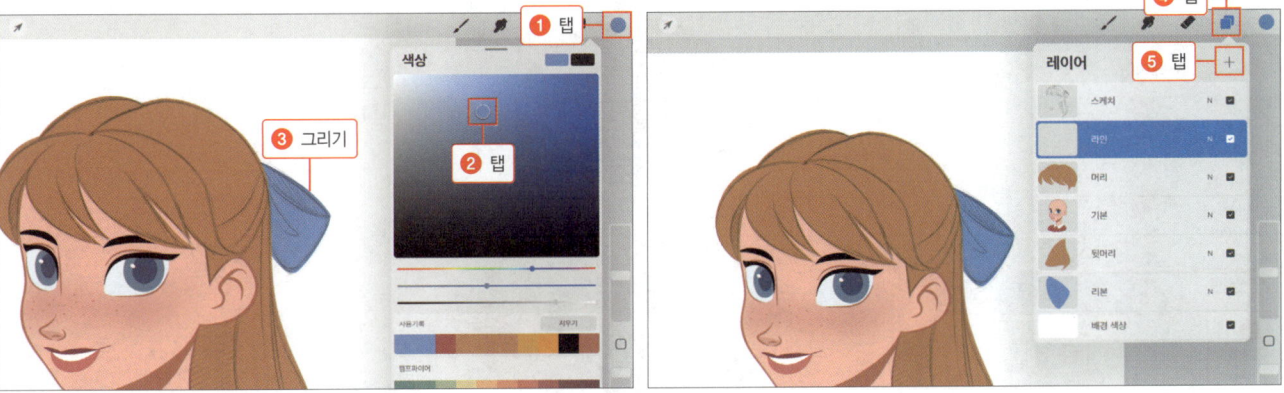

11 | (색상(●))에서 머리 색보다 살짝 더 어두운 색상을 지정하여 라인을 넣습니다. 이때 전체적으로 선을 그리기보다는 형태 분리용으로 살짝씩 넣어주도록 할게요.

12 | 이어서 묶인 쪽의 머리도 리본 방향으로 라인을 넣습니다. 두께나 간격에 주의하여 넣어 보세요.

TIP 선에 두께 변화를 주면 그림이 더 부드러워 보입니다.

13 | [레이어(■)]에서 뒷머리를 그린 레이어를 탭하여 표시되는 레이어 옵션에서 [알파 채널 잠금]을 선택합니다. 명암을 표시한 부분에 어두움을 표현하고, 머리 부분은 흐름에 맞게 라인을 추가합니다.

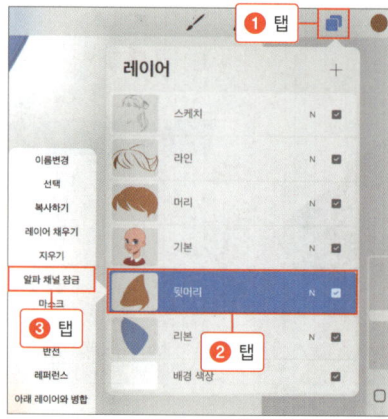

TIP 어두움을 표현하는 부분은 조금 더 진한 색을 사용하면 좋습니다.

14 | 큰 덩어리는 잡았으니 다시 레이어를 선택하여 표시되는 레이어 옵션에서 [알파 채널 잠금]을 탭하여 비활성화합니다. 작은 덩어리를 넣기 위해 잔머리도 그립니다. 틀릴까 불안하다면 새로운 레이어를 추가해서 그려도 좋아요.

TIP 그림체 특성상 너무 많이 그리기보다는 몇 가닥만 살짝씩 그리는 게 더 잘 어울립니다.

15 | 이번에는 리본을 그린 레이어를 탭하여 표시되는 레이어 옵션에서 [알파 채널 잠금]을 탭합니다. [색상(●)]에서 기존 리본 색상보다 어두운 색상을 지정하여 명암과 주름을 그립니다.

명암 표현하기

01 밑 색이 완성되었으면 이제 약간의 빛 표현을 넣어 볼게요. 우선 레이어를 오른쪽으로 드래그해서 다중 선택한 다음, 오른쪽 상단에 생성된 (그룹)을 탭하여 그룹으로 지정합니다.

02 그룹 레이어를 왼쪽으로 드래그하여 (복제) 버튼을 탭합니다.

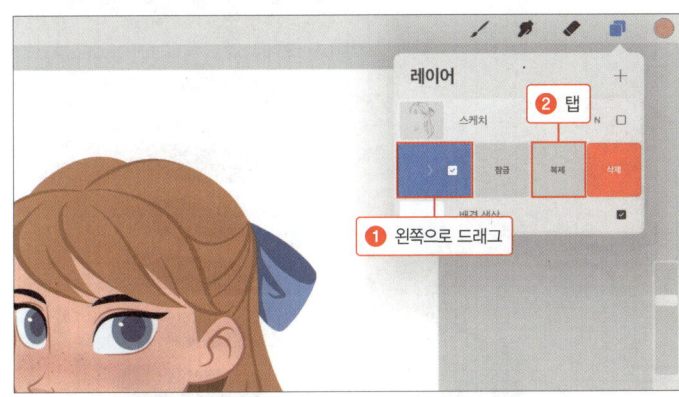

TIP 레이어를 복제하면 원본 레이어를 보존할 수 있습니다.

03 위의 그룹 레이어를 탭하여 표시되는 그룹 레이어 옵션에서 (병합)을 선택합니다. 레이어가 병합되면 (+) 버튼을 탭하여 새 레이어를 추가한 다음 (N)을 탭하고 블렌딩 모드를 '오버레이'로 선택합니다. 기존 'N' 표시가 'O'로 변경됩니다.

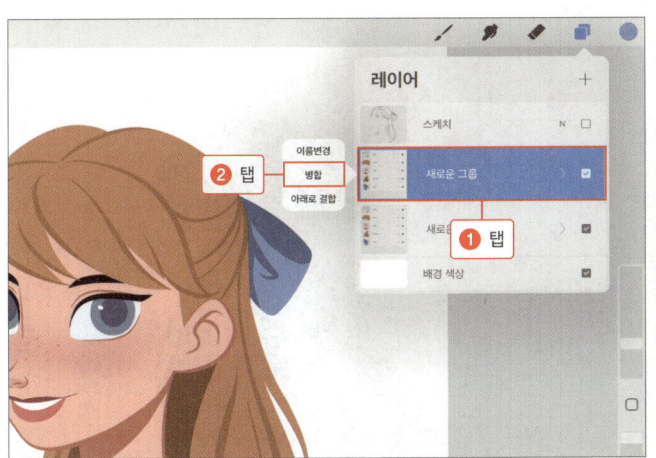
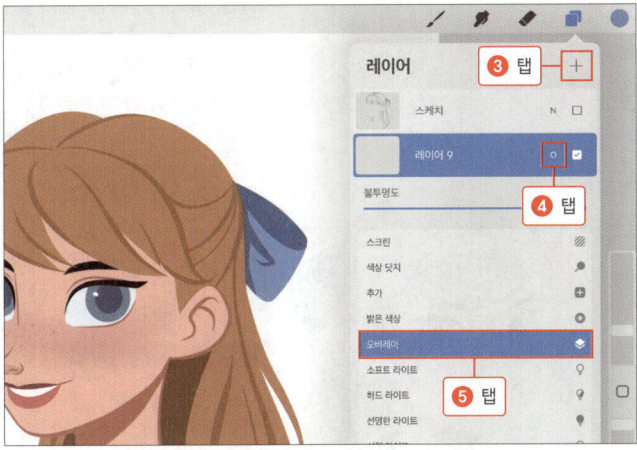

04 | 새 레이어를 탭하여 표시되는 레이어 옵션에서 (클리핑 마스크)를 선택합니다.

TIP 클리핑 마스크를 지정하면 레이어가 병합된 레이어 안으로 들어가기 때문에 밖으로 삐져나오지 않게 그릴 수 있습니다.

05 | 빛을 부드럽게 넣기 위해 (브러시(✏️))를 탭하여 브러시 라이브러리에서 (에어브러시) → (소프트 브러시)를 선택합니다. (색상(⬤))을 '난색'으로 지정하여 왼쪽에 빛을 넣어 줍니다.

06 | (레이어(🗐))에서 (+) 버튼을 탭하여 빛을 표현한 레이어 위에 새 레이어를 추가합니다. (N)을 탭하여 블렌딩 모드를 '곱하기'로 선택합니다. (색상(⬤))을 '한색'으로 지정하여 오른쪽에 어두움을 넣어 줍니다. 이때 단계가 생기지 않도록 브러시는 큼직하게 사용합니다.

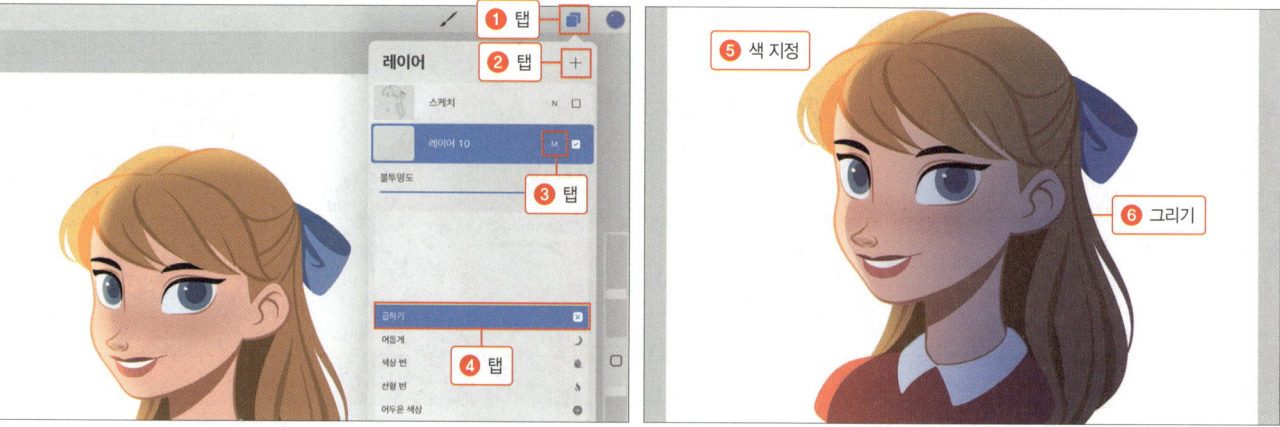

07 〔레이어(⬛)〕에서 〔+〕 버튼을 탭하여 새 레이어를 추가한 다음 〔N〕을 탭하여 블렌딩 모드를 〔오버레이〕로 선택합니다. 〔색상(●)〕을 '약간 붉은색'으로 지정합니다.

08 밝은 빛의 경계에 살짝 빛을 추가해 완성합니다.

MISSION
다양한 헤어스타일 사진을 참고하여 캐릭터에 그려 봅니다.

각도에 따른 다양한 얼굴 캐릭터화하기

같은 그림체라 하더라도 성별이나 연령대에 따라서 느낌이 달라집니다. 이번 시간에는 보통 가장 많이 그리는 세 명의 기본 캐릭터를 그려 볼게요.

앞서 배운 내용들을 합하여 캐릭터 얼굴을 그려 봅니다. 가이드라인을 최소한으로 줄여 그릴 거지만, 입체감은 계속 생각하며 연습하는 게 좋아요. 아이, 여성, 남성 세 가지 버전을 기본형으로 그려 볼 텐데요. 기본형이 익숙해진 다음에 다양한 표정과 각도를 바꿔 연습하는 것을 추천합니다.

1 그리기 가이드 활용

정면 얼굴을 그릴 때는 그리기 가이드를 활용해 볼게요. (동작(🔧)) → (캔버스) → (그리기 가이드)를 활성화한 다음 (그리기 가이드 편집)을 선택합니다. 하단 메뉴에서 (대칭)을 선택하면 양쪽을 똑같이 그릴 수 있어요.

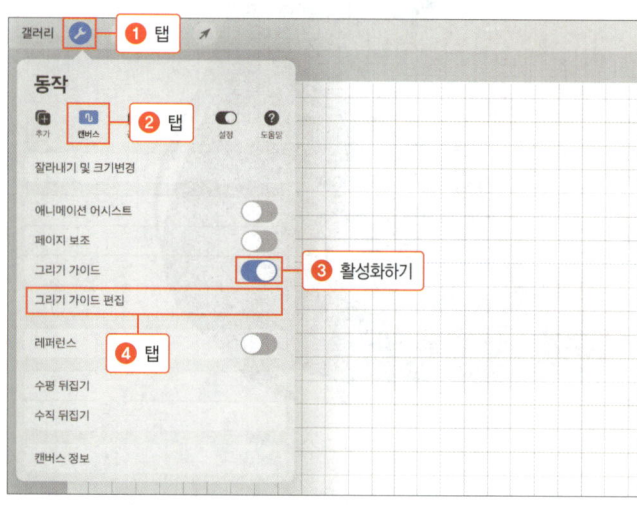

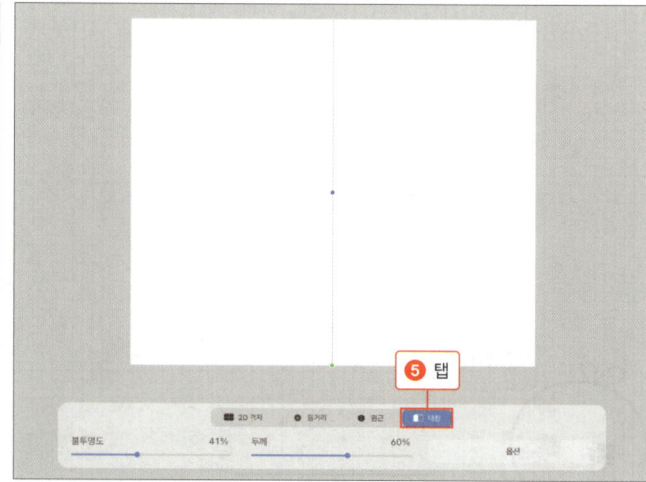

❷ 픽셀 유동화

스케치를 하다 보면 마음에 들지 않는 부분이 생기고는 합니다. 그럴 때 간단한 부분은 그냥 수정해도 되지만, 지우기 힘들 것 같은 부분이나 스케치가 끝난 후에는 픽셀 유동화를 활용하면 좋아요. [조정( )] → [픽셀 유동화]를 선택한 다음 하단 메뉴에서 [밀기]를 선택하여 조금씩 조절하며 형태를 보정하면 됩니다. 크기에 따라 범위 조절이 가능하니 함께 사용해 보세요.

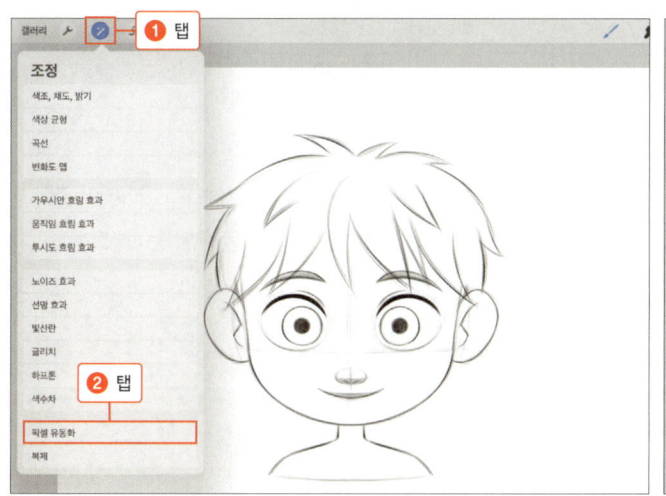
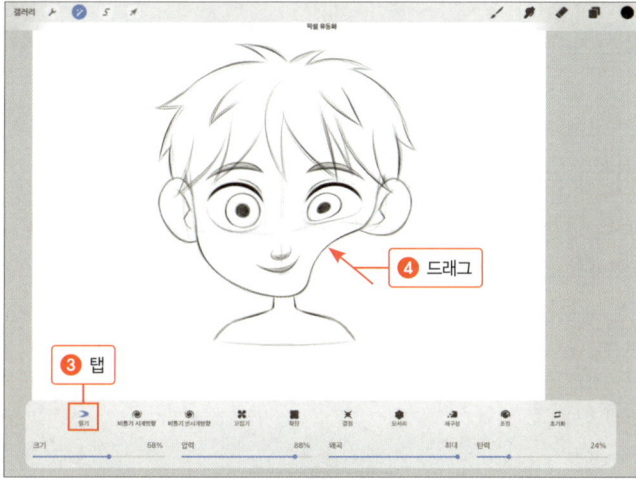

정면의 아이 얼굴 그리기

설정이 끝났다면 가장 베이직한 정면 얼굴을 그려 볼게요. 아이의 얼굴은 전체적으로 둥글둥글한 느낌을 살려 그려주면 좋습니다.

01 │ 새 캔버스에 정원에 가까운 동그라미를 그립니다.

02 중심보다 살짝 아래쪽에 십자 표시를 넣어 줍니다. 아이 얼굴은 턱이 짧기 때문에 굳이 아래쪽을 길게 남겨 두지 않아도 괜찮습니다.

03 십자 표시에 맞춰 이목구비의 위치를 대략적으로 잡아 줍니다. 동그라미와 라인을 이용하여 간단히 그려 봅니다. 눈과 코의 거리가 가까울수록 아이처럼 보이니 간격에 주의해 주세요.

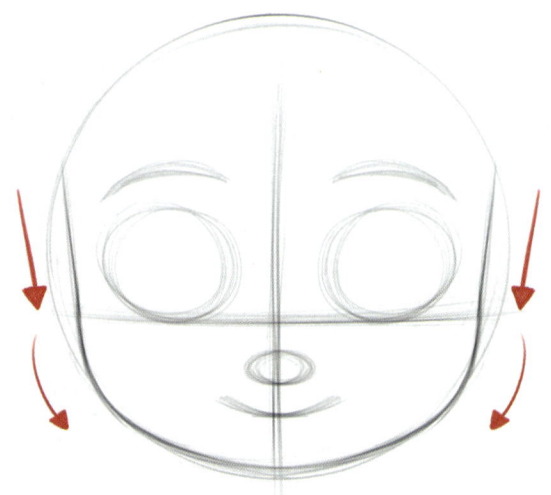

04 이목구비에 맞춰 얼굴 라인을 그립니다. 눈썹부터 눈 아래까지는 직선에 가깝고, 그 밑으로는 볼살이 나오기 때문에 곡선의 형태로 그립니다. 어릴수록 볼살을 더 통통하게 그려도 괜찮아요.

05 눈썹과 코 끝 중간쯤에 귀가 위치하도록 그립니다. 아이 얼굴에서 귀는 큼직하게 그리는 게 더 귀여워 보입니다.

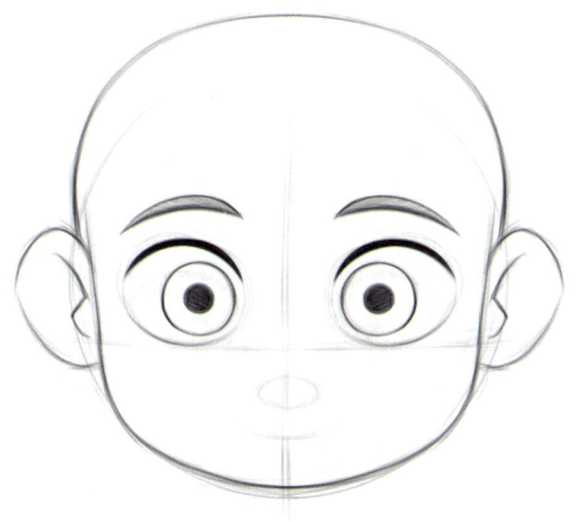

06 두상의 윗부분을 그린 다음 이목구비를 다듬습니다. 눈썹은 적당히 두께를 넣으면 되지만 끝부분은 가늘게 끝나도록 그립니다. 눈은 속눈썹이 두꺼운 위쪽만 진하게 보이도록 그려 줍니다.

07 눈동자를 동그랗게 그립니다. 동그라미를 그린 다음 펜을 떼지 않고 길게 탭한 상태로 있으면 정원으로 만들 수 있어요. 흰자 중앙에 눈동자를 그리기보다는 살짝 가운데로 모이도록 위치를 잡아 줍니다. 동공은 중심에 위치할 수 있도록 그립니다.

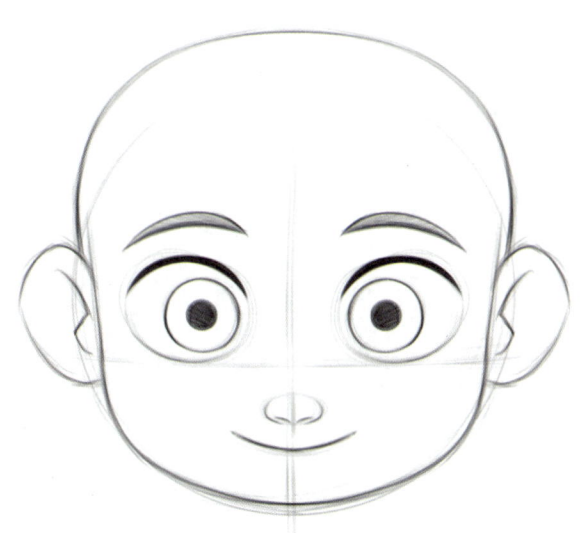

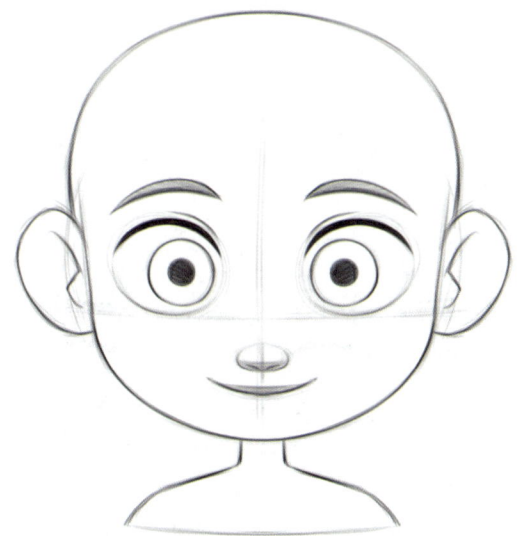

08 중심에 맞춰 콧구멍을 살짝 그린 다음 양쪽 콧방울을 작고 둥글게 그립니다. 아이는 얼굴이 전체적으로 둥글둥글하기 때문에 콧방울도 둥글게 그려야 잘 어울려요.

09 코의 아랫부분과 윗입술 부분에만 명암을 살짝 넣은 다음 얼굴 중심에 맞춰 목과 어깨도 살짝 그립니다.

10 두상이 나왔으니 이제 머리카락을 그려 볼게요. 먼저 두께나 간격이 불규칙하게 보일 수 있도록 앞머리를 그리세요.

11 부피감이 느껴질 수 있도록 두상보다 높게 머리카락을 그립니다. 이 부분도 불규칙한 느낌으로 실루엣을 잡아 줄게요.

12 전체적으로 선을 다듬어 완성합니다. 스케치를 완성한 다음 마음에 들지 않는 부분은 (조정( )) → (픽셀 유동화)를 선택하고 보정해 보세요.

반 측면의 여성 얼굴 그리기

● **완성 파일** : 03\스케치.jpg, 스케치.psd

이번엔 여성의 얼굴을 살짝 돌린 반 측면 각도로 그려 볼게요. 아이 얼굴보다 살이 적기 때문에 약간 날렵한 느낌으로 그려 줍니다.

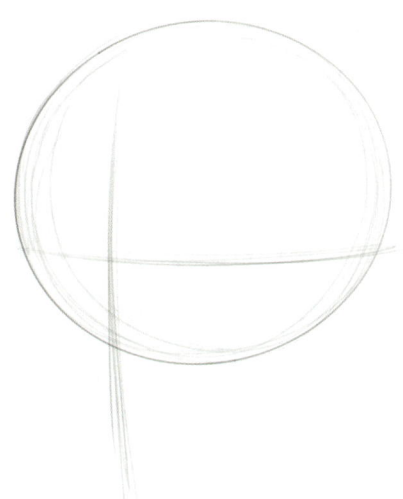

01 새 캔버스에 동그라미를 그립니다. 반 측면이기 때문에 동그라미는 정원보다 살짝 눌린 형태로 그리면 더 좋아요.

02 반 측면 정도의 각도로 십자 표시를 넣습니다. 세로선이 너무 휘어지지 않게 주의하세요.

03 동그라미와 라인을 이용하여 이목구비 위치를 연하게 그립니다. 눈의 세로 길이가 비슷한지 체크하고, 코는 가장 튀어나와 있는 부분이니 중심선보다 바깥쪽에 위치하도록 그립니다. 이때 눈과 코의 거리가 어느 정도 떨어지도록 잡아 주세요. 너무 가까우면 아이처럼 보이므로 주의해야 합니다.

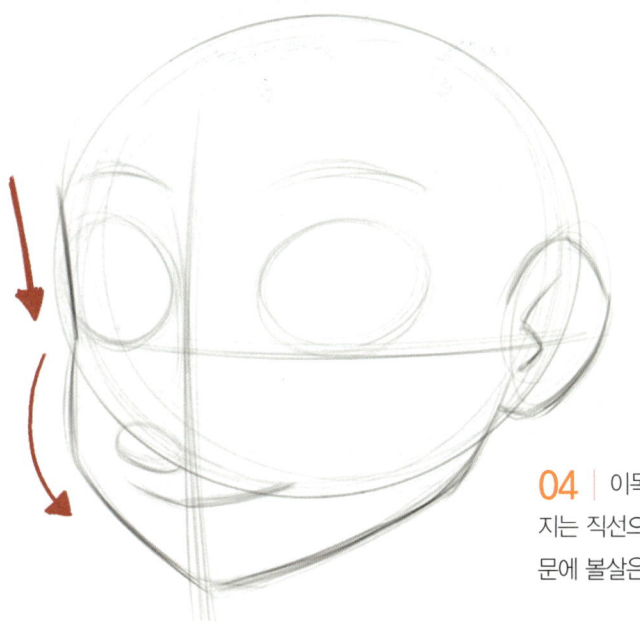

04 이목구비에 맞춰 얼굴을 그립니다. 정면과 마찬가지로 눈썹부터 눈 아래까지는 직선으로, 눈 아래부터는 볼살이 있으니 곡선으로 그립니다. 아이가 아니기 때문에 볼살은 살짝 빼도 괜찮아요.

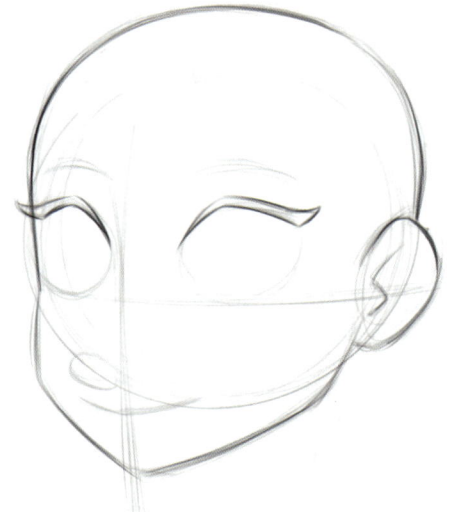

05 | 나머지 부분에 맞춰 두상과 귀도 그립니다. 정면에서 살짝 얼굴을 돌린 각도이기 때문에 정면과 마찬가지로 눈썹과 코 끝 중앙쯤 위치하도록 귀를 그립니다.

06 | 이제 이목구비를 조금 더 디테일하게 다듬어볼게요. 먼저 눈 위쪽의 속눈썹을 잡아 줍니다. 속눈썹이 길어 보이도록 양쪽 끝부분을 살짝 빼줄게요. 눈 안쪽에서 속눈썹이 휘어지지 않도록 주의합니다.

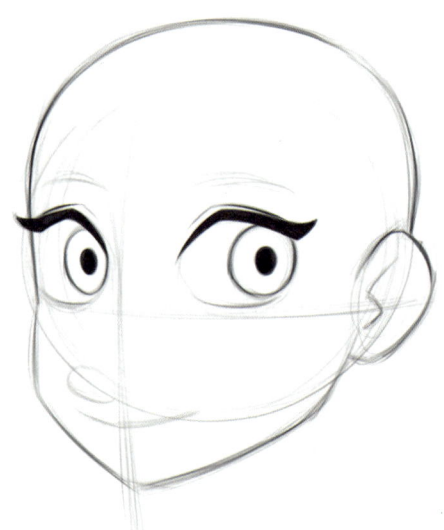

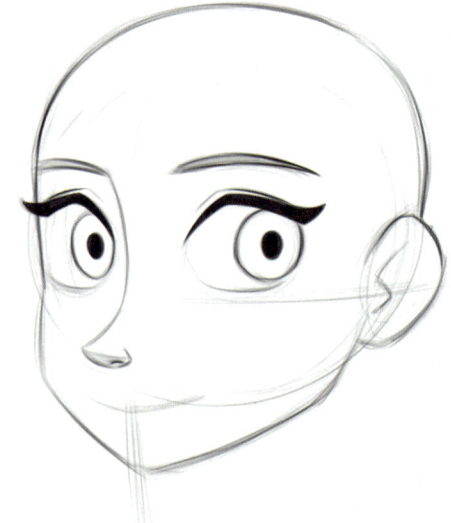

07 | 속눈썹을 진하게 채운 다음 눈동자와 동공을 그립니다. 얼굴을 돌렸기 때문에 눈동자는 타원 느낌으로 보일 거예요. 눈을 그리다 보면 한쪽에만 집중하다 보니 위아래 높이가 달라지거나 크기가 너무 짝짝이처럼 보일 때가 있어요. 대칭처럼 보이도록 계속 체크하며 그립니다. 눈 위쪽에 살짝 쌍꺼풀도 그려 줄게요.

08 | 콧대가 조금 길어진 것 같아 살짝 위로 이동하여 코를 그려줬어요. 콧대는 눈썹과 연결시키고 여자 캐릭터이기 때문에 코가 너무 커지지 않게 그려 줍니다. 양쪽 눈썹도 가늘게 잡아 줄게요.

09 코를 올렸으니 입술도 살짝 올려야겠죠? 입술은 간단한 느낌으로 그릴 수도 있지만, 여기에서는 두께감 있게 표현해 볼게요. 윗입술은 얇게, 아랫입술은 조금 도톰하게 그립니다. 얼굴을 돌렸기 때문에 중심선을 기준으로 입술 한쪽이 더 좁아 보일 거예요.

10 이목구비가 나왔으니 여기에 맞춰 얼굴 라인을 정리합니다. 코와 입이 올라갔으니 볼도 조금 더 올려 주고, 가느다란 목과 어깨도 함께 그려 줄게요. 여기에 쇄골도 살짝 표현하는데, 쇄골은 어깨와 연결되어 보이도록 그리세요.

11 두상에 맞춰 머리카락도 그립니다. 꺾인 앞머리가 있다면 이 부분을 먼저 이마 라인에 맞춰 그려 주는 게 편할 거예요.

12 두께감 있게 앞머리 형태를 먼저 잡아 줍니다. 너무 쪼개지지 않게 큼직한 형태로 그립니다.

13 나머지 뒷머리를 그린 다음 머리카락 방향을 살짝씩 넣어 완성합니다.

각도에 따른 다양한 얼굴 캐릭터화하기

측면의 남성 얼굴 그리기

마지막으로 남성 얼굴을 측면 각도로 그려 볼게요. 남성은 여성보다 좀 더 각진 느낌을 살리면 좋습니다. 앞서 연습했던 아이, 여성과 어떤 부분이 다른지 차이점도 한 번 찾아보세요.

01 새 캔버스에서 이번에는 완전한 측면으로 남성 얼굴을 그려 봅니다. 측면을 그릴 때는 눌린 타원으로 가이드를 잡으면 좋습니다.

02 살짝 안쪽으로 휘어지도록 턱의 위치를 잡습니다. 나중에 수정해도 괜찮으니 러프하게 먼저 그려 보세요.

03 여기에 맞춰 이목구비의 위치를 잡아 봅니다. 측면이기 때문에 눈은 세모 형태로, 남성이기 때문에 눈썹은 좀 더 두께감 있게 그립니다.

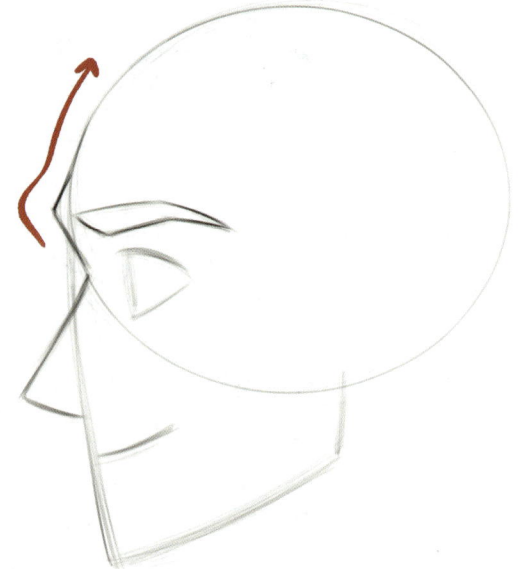

04 이제 얼굴 형태를 잡아 봅니다. 남성은 여성보다 눈썹 뼈가 더 나와 있기 때문에 이 부분을 강조하여 그립니다. 좀 더 캐주얼한 느낌을 원하면 부드러운 곡선으로 생략해도 괜찮아요. 콧대도 단단해 보이도록 각진 느낌을 유지하며 그립니다.

05 눈, 코, 턱을 다듬어 줍니다. 코의 아랫부분에 명암을 넣고, 턱은 여성보다 각진 느낌을 추가합니다. 속눈썹을 너무 강조하면 여성스러운 느낌이 나기 때문에 짧고 진한 정도로만 표현합니다.

06 안쪽에 동공을 살짝 넣고, 두상과 목을 함께 그립니다. 턱 아랫부분이 비어 있지 않도록 잘 채우고, 목덜미의 위치는 코 끝의 위치와 비슷하게 잡습니다. 이때 스타일에 따라 목젖을 좀 더 표현하기도 하지요. 입술은 단순하게 윗입술이 살짝만 더 나오도록 그립니다.

07 머리카락을 그리기 위해 먼저 앞머리를 그립니다. 너무 작은 덩어리보다는 큼직한 덩어리로 봅니다.

08 두상에 너무 달라붙지 않도록 부피감을 생각하며 형태를 잡습니다. 머리가 짧기 때문에 가벼워서 뜨는 머리가 생길 수도 있어요.

09 전체적으로 라인을 다듬고 안쪽에도 머리카락 덩어리를 몇 개 넣어 완성합니다.

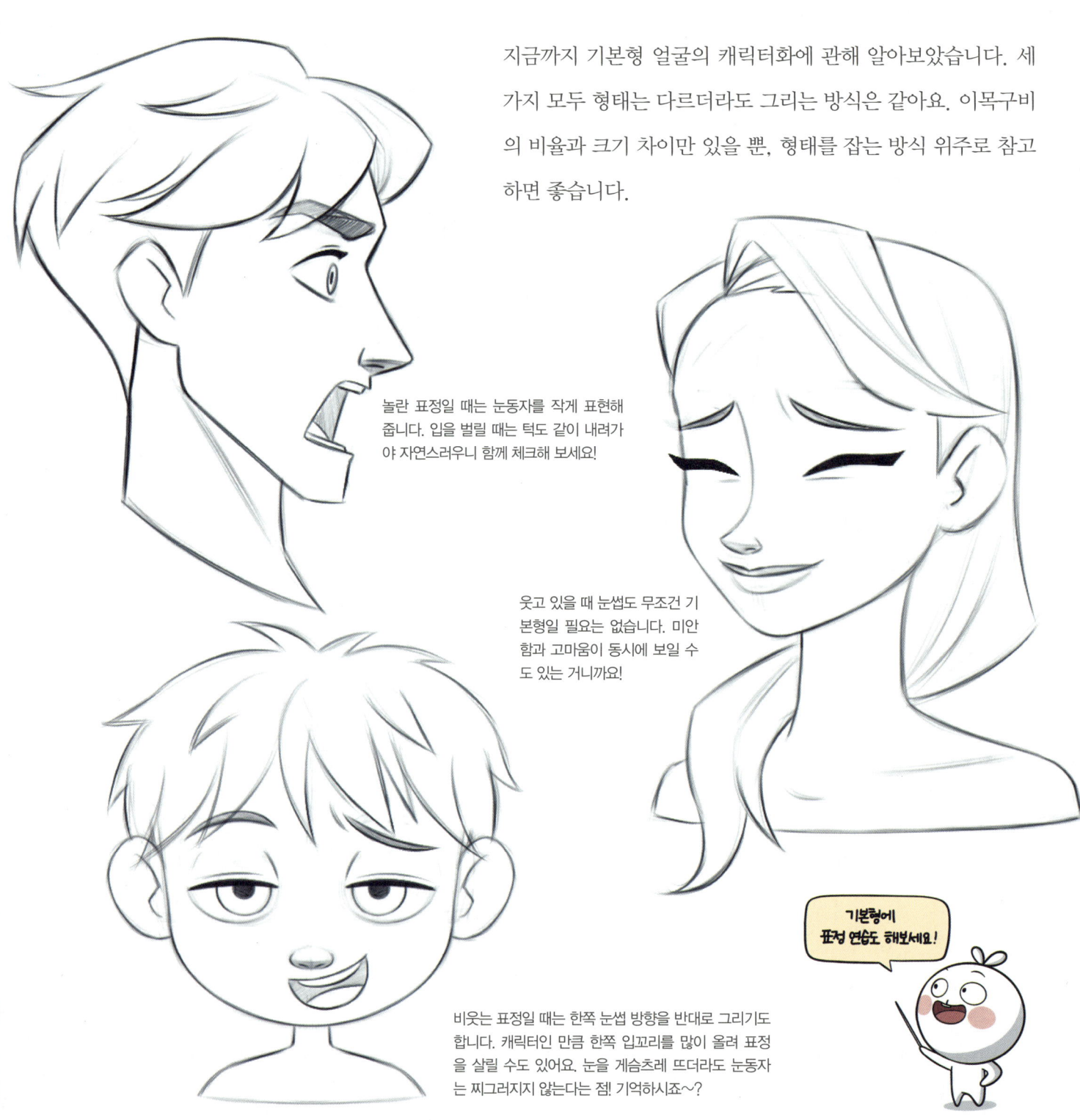

창작이 익숙하지 않은 경우에는 먼저 주변 지인이나 좋아하는 연예인, 영화 캐릭터 등 인물의 특징을 참고하여 연습해 보는 것도 좋아요. '어떻게 닮게 그려야 할까?' 싶다면 캐리커처처럼 그 사람만의 포인트를 먼저 찾아보세요.

얼굴에 있는 점이나 유난히 강조된 앞니 혹은 주근깨, 이목구비의 간격이나 크기 등 그 인물이 갖고 있는 포인트를 추가하면 좀 더 닮아 보입니다. 얼굴뿐만 아니라 그 인물이 자주 입는 의상이나 헤어스타일처럼 부수적인 부분까지 참고하여 그리면 더 즐거운 연습이 될 거예요.

가볍게 여성 얼굴 채색하기

앞서 그린 여성 얼굴을 바탕으로 간단한 채색을 진행해 보도록 합니다. 채색하는 방식은 비슷하니 과정을 참고하여 다른 얼굴들도 한 번 가볍게 채색해 보세요.

● **예제 파일 :** 03\스케치.jpg, 스케치.psd   **완성 파일 :** 03\채색_완성.psd

색상 코드

헤어(a66b49, 7a4728)

피부(f5afa5, d77b70)

눈동자(44558b, e1d9e8)

입술(a24341, c55956)

캔버스 크기 : 2500×2500px
사용 브러시 : 잉크 → 스튜디오 펜,
　　　　　　 에어브러시 → 소프트 브러시

스케치 바탕색 적용하기

01 | 03 폴더에서 '스케치.psd' 파일을 불러옵니다. 앞서 직접 그린 여성 얼굴 스케치로 채색을 진행해도 괜찮습니다.

TIP 이미지 파일을 가져오기 위해 (동작) → (추가)를 탭한 다음 (파일 삽입하기)를 탭합니다. 다운 받은 예제 파일은 아이패드 '폴더' 앱에서 확인할 수 있습니다.

02 | '스케치' 레이어의 (N)을 탭한 다음 불투명도를 '22%' 정도로 조절하여 스케치가 희미하게 보이도록 만듭니다.

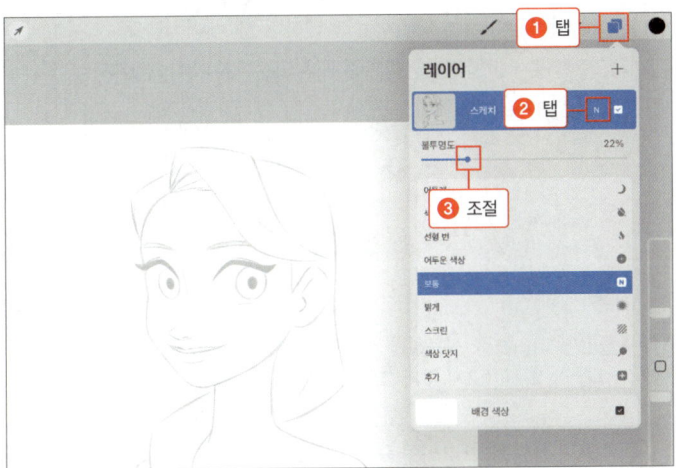

03 | 채색 방식은 여러 가지가 있지만, 이번에는 실루엣을 먼저 잡아주는 방식으로 진행해 볼게요. 새 레이어를 추가하여 먼저 실루엣 라인을 전체적으로 그립니다. 색이 바깥으로 삐져나오지 않도록 겹쳐서 그려 주세요.

TIP 실루엣은 보통 무채색 계열이 좋기 때문에 회색을 사용하여 선을 따줬습니다.

04 선따기에 사용한 색을 캔버스로 드래그해 한 번에 색을 채웁니다.

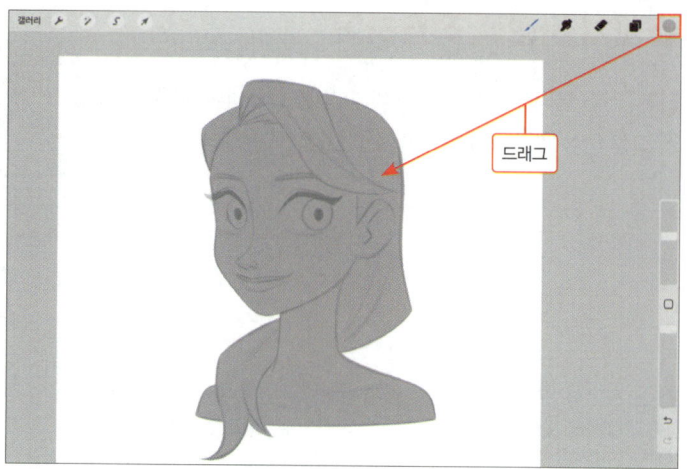

05 [레이어(■)]에서 [+] 버튼을 탭하여 새 레이어를 추가합니다. 추가한 '레이어 3'을 탭하여 표시되는 레이어 옵션에서 [클리핑 마스크]를 선택합니다.

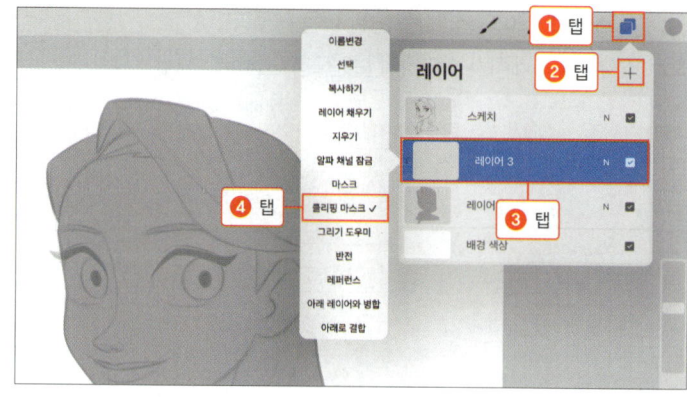

TIP 클리핑 마스크를 적용하면 실루엣을 그린 레이어 안으로 들어가기 때문에 삐져나오지 않게 그릴 수 있습니다.

06 이제 부분마다 분리해 줄 차례예요. 먼저 머리의 실루엣을 그린 다음 채워 줍니다. 실루엣을 그릴 때는 구멍이 나지 않도록 보이지 않는 곳까지 다 연결해야 해요.

TIP 클리핑 마스크를 적용하면 실루엣 안쪽만 보이기 때문에 삐져나오도록 그려도 괜찮습니다.

얼굴 채색하기

01 (+) 버튼을 탭하여 머리를 그린 레이어 아래에 새 레이어를 추가해서 피부를 채웁니다. 피부의 색을 선택할 때는 같은 난색이어도 노란 계열의 난색보다 붉은 계열의 난색이 좀 더 생기 있어 보입니다.

TIP 클리핑 마스크를 적용한 레이어와 실루엣을 그린 레이어 사이에 새 레이어를 추가하면 자동으로 클리핑 마스크가 설정되어 편리합니다.

02 속눈썹은 실루엣 밖으로 나가기 때문에 클리핑 마스크를 설정하지 않을게요. (+) 버튼을 탭하여 '스케치' 레이어 아래에 새 레이어를 추가합니다. 형태를 깔끔하게 그려 끝부분이 가늘게 끝나도록 다듬어 주세요.

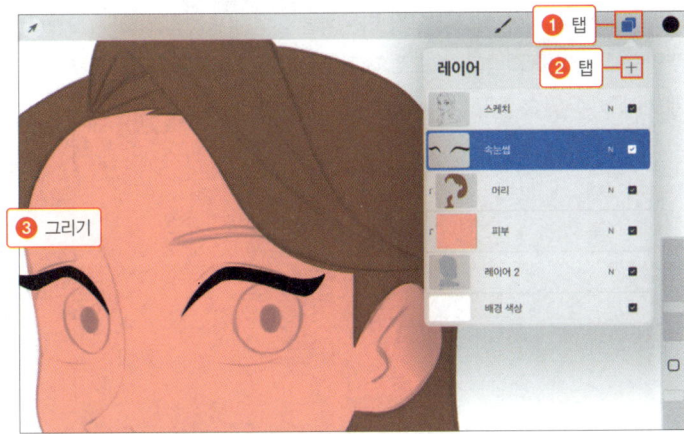

03 눈동자는 흰자 안쪽에만 들어가도록 (클리핑 마스크)를 설정합니다.

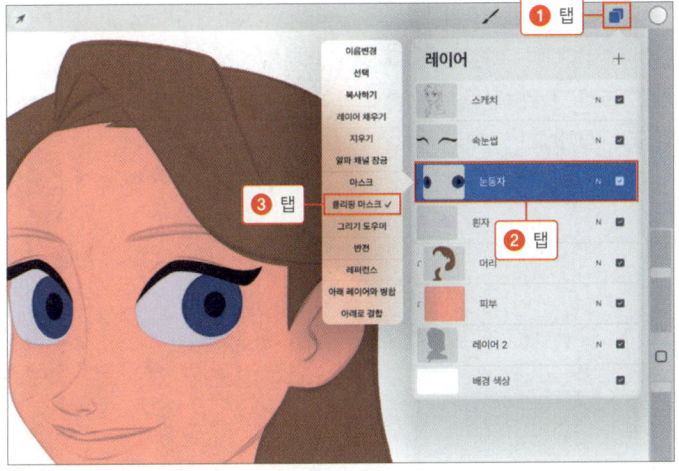

TIP 눈을 그릴 때 색상이나 모양을 수정하는 경우가 종종 있어서 흰자, 눈동자 등 최대한 따로따로 분리하는 편입니다. 꼭 똑같이 할 필요는 없으니 참고만 해 주세요.

04 | (+) 버튼을 탭하여 스케치 레이어 아래에 새 레이어를 추가합니다. 입술을 그린 다음 (알파 채널 잠금)을 설정하여 밖으로 삐져나오지 않도록 합니다.

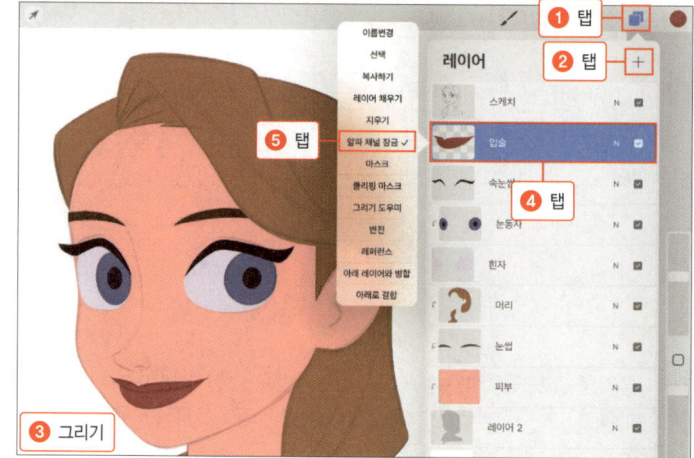

05 | 기존에 칠한 색보다 살짝 밝은색을 선택하여 윗입술, 아랫입술에 차이를 줍니다. 밖으로 삐져나오지 않기 때문에 편하게 채색할 수 있습니다.

06 | 목과 얼굴은 그림자를 그려 분리하고, 귓바퀴 부분도 간단히 묘사합니다. 그림자 색을 고를 땐 피부의 색을 길게 탭하여 스포이트 도구로 색상을 선택한 다음 비슷한 색감의 낮은 명도를 골라 칠합니다.

입체감 있는 얼굴 만들기

01 | 얼굴에 홍조 느낌을 추가합니다. [소프트 브러시]를 선택한 다음 크게 조절하여 코와 눈가 주위에 살살 칠합니다.

TIP 콧대 부분을 감안하여 살짝 굴곡이 지도록 칠하면 더 자연스러워요. 처음부터 세게 칠하면 어색해 보일 수 있으니 주의합니다.

02 | [+] 버튼을 탭하여 '스케치' 레이어 아래에 새 레이어를 추가한 다음 코를 그립니다. 코 아래의 그림자도 칠해 줄게요.

TIP 홍조에 사용한 톤보다 어둡게 사용해야 콧대가 선명하게 보이겠죠?

03 | 눈동자에 하이라이트도 찍어 주면 얼굴 부분은 거의 완성됩니다.

가볍게 여성 얼굴 채색하기 **209**

04 | 머리를 그린 레이어도 (알파 채널 잠금)을 설정하여 바깥으로 삐져나오지 않게 합니다.

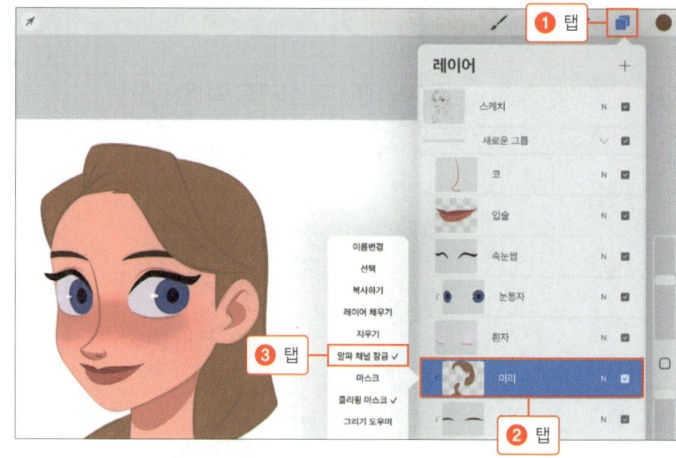

05 | 먼저 머리카락이 꺾이는 부분을 어둡게 칠합니다. 그 다음 방향을 알 수 있도록 더 어두운 색으로 라인을 살짝 그립니다.

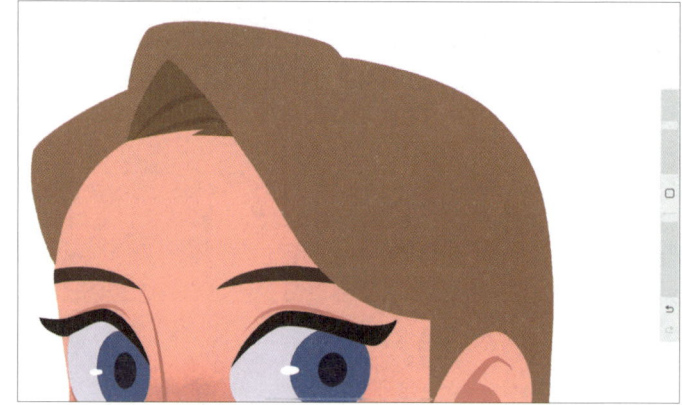

06 | 클리핑 마스크가 적용되지 않은 새 레이어를 추가하여 헤어 라인을 그립니다. 형태가 불분명한 부분이 잘 보이도록 명도가 낮은 색을 골라 그려 주세요.

07 머리 안쪽에 들어가는 라인은 굳이 많이 그리지 않아도 괜찮아요. 너무 많으면 지저분해 보일 수 있으니 방향 정도만 알 수 있도록 한두 개 정도 그립니다.

<u>TIP</u> 라인을 넣어줄 때 최대한 불규칙한 느낌이 들도록 체크해 보세요.

08 큰 덩어리가 나왔으니 잔머리도 한두 가닥 그려 줍니다. 머리카락과 느낌을 맞추기 위해 얼굴이나 어깨 쪽에도 라인을 살짝 넣어 줄게요.

잔머리는 큰 덩어리와 자연스럽게 연결되어 보이도록 그려 줍니다.

<u>TIP</u> 필압을 이용해서 두께 변화도 표현하면 좋습니다.

09 전체적으로 라인을 다듬고 목에 사용한 색상을 선택해 얼굴과 몸에 그림자도 넣어 완성합니다.

PART

4

인체 구조와
동작 표현하기

지금까지 얼굴에 대해 알아봤다면, 이제 인체에 대해 알아볼 시간입니다. 많이 어려워하는 손, 발의 구조부터 간단하게 그려보는 크로키까지 차근차근 함께 배워보도록 할게요!

손의 구조와 움직임

이번에는 많이 어려워하는 손의 기본 구조에 대해 한 번 알아보겠습니다. 손은 각도에 따라 굉장히 다양한 형태를 볼 수 있기 때문에 많이 헷갈리는 부분이기도 해요. 하지만 손 역시 구조를 단순화시키면 쉽게 진행할 수 있습니다.

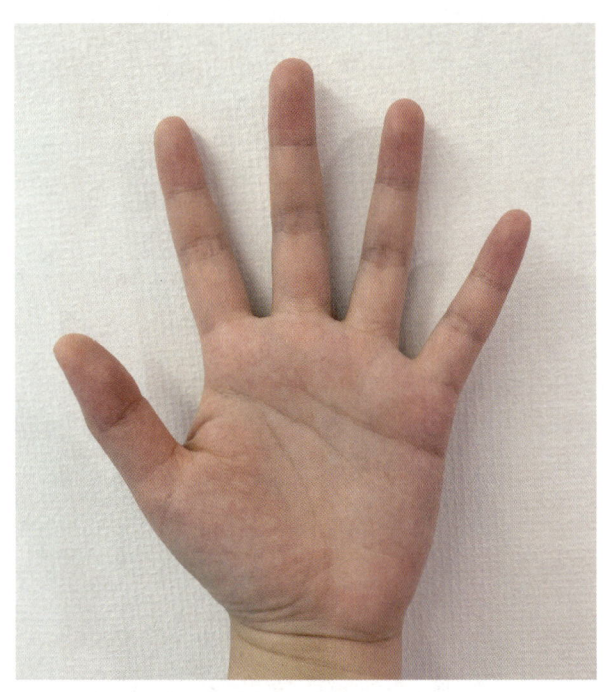

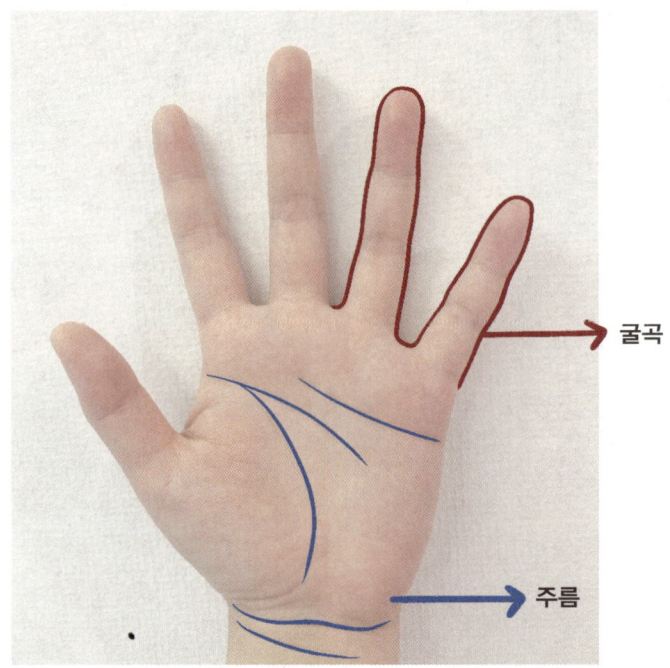

→ 굴곡

→ 주름

손은 살의 굴곡이나 주름처럼 디테일이 많은 부위라 실수하기가 쉽습니다. 처음 연습할 때는 디테일을 제외한 후 기본 구조에만 집중해 그리는 게 좋아요.

우선 손은 전체적으로 봤을 때 살의 굴곡이나 주름처럼 디테일이 많은 부위이다 보니 자기도 모르게 라인에만 집중하며 그릴 수 있습니다. 하지만 이런 디테일만 보며 그리면 기본 구조가 다 틀어지고 평면적으로 보이기 쉽지요. 우선 디테일은 제외하고 기본 구조에만 집중해서 연습해 보세요.

먼저 손바닥과 손등으로 시점을 나눠 볼게요. 손바닥은 근육에 의해 크게 3등분으로 부위를 나눌 수 있습니다. 엄지손가락 쪽 근육 하나, 새끼손가락 쪽 근육 하나, 그리고 나머지 윗부분의 넓은 근육 하나. 다만 이 중에서 엄지 근육이 가장 도드라져 보이기 때문에 보통은 이 부분만 잘 그려도 손의 느낌이 살아납니다.

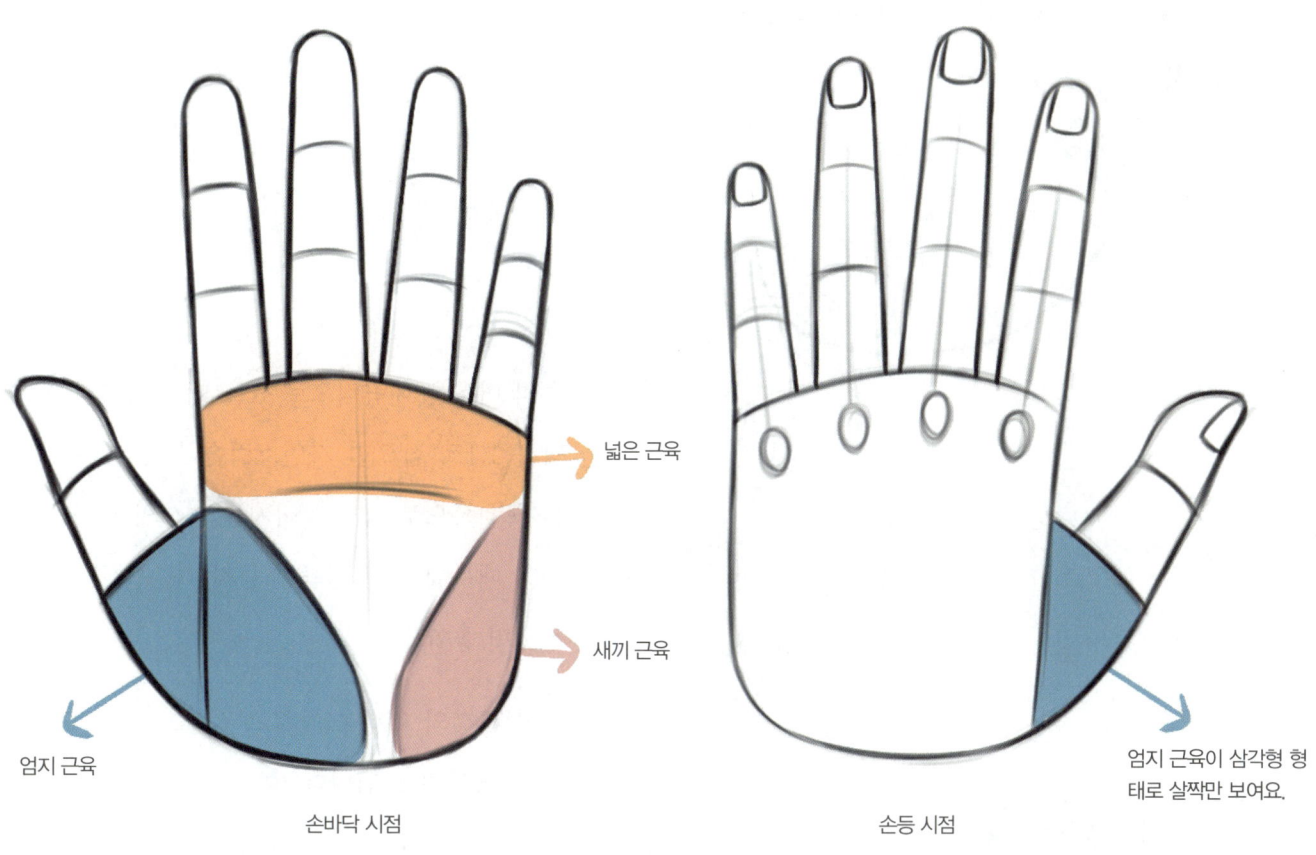

손바닥 시점

손등 시점

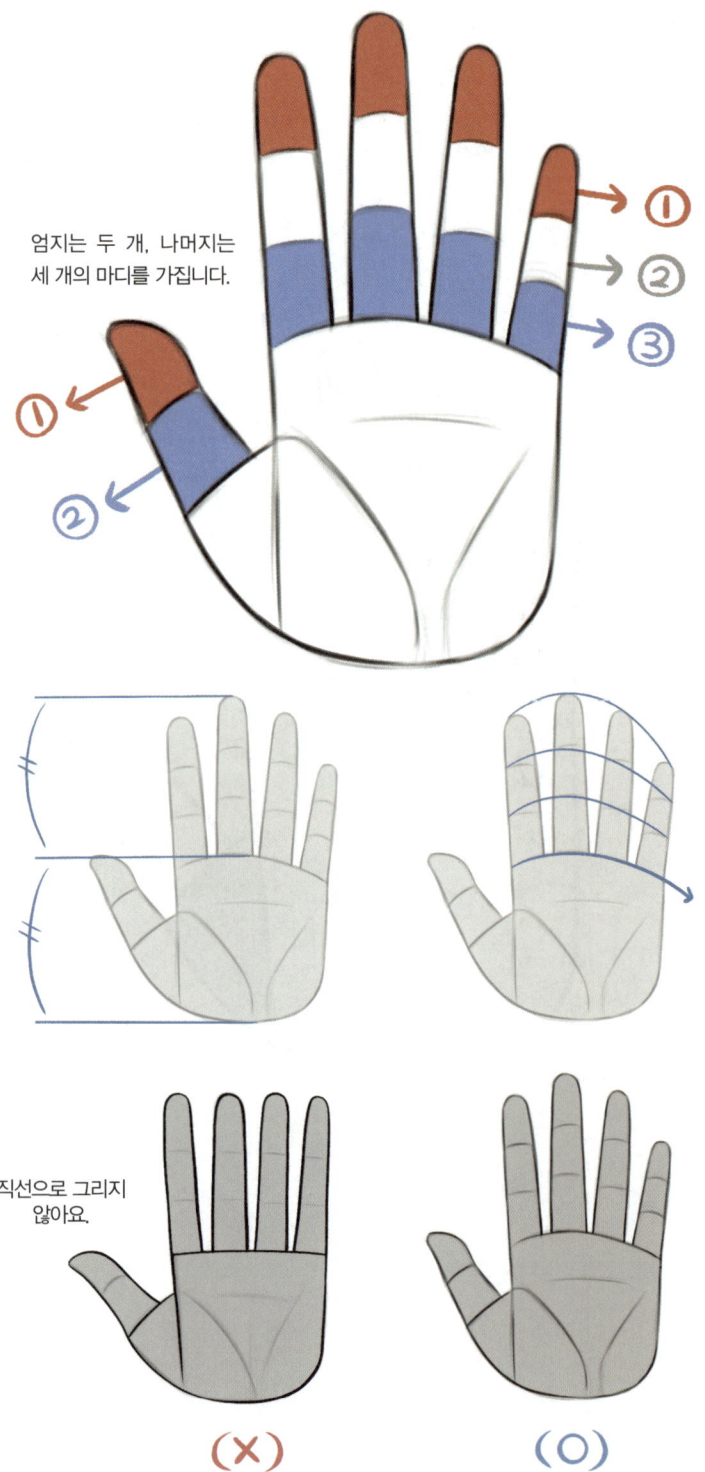

손가락 마디는 엄지만 두 개, 나머지는 세 개의 마디를 갖고 있습니다. 주름을 잘못 넣으면 마디가 여러 개로 보일 수 있기 때문에 주의하는 게 좋습니다.

엄지는 두 개, 나머지는 세 개의 마디를 가집니다.

손의 비율은 대략적으로 봤을 때 손가락과 손바닥을 1:1로 잡으면 자연스럽습니다. 손은 새끼손가락 쪽으로 점점 짧아지는 곡선의 흐름을 가지기 때문에 가장 길쭉한 중지 기준으로 비율을 잡으면 좋아요.

만약 곡선의 흐름을 놓치고 직선으로 그리면 굉장히 어색해 보입니다. 이렇게 되지 않도록 손가락 마디를 나누기 전에 먼저 각 관절을 연결하여 곡선 가이드를 잡으면 편하게 그릴 수 있어요.

직선으로 그리지 않아요.

(X)　　(O)

손가락과 손바닥의 평균 비율은 1:1이며 곡선의 흐름을 갖고 있습니다.

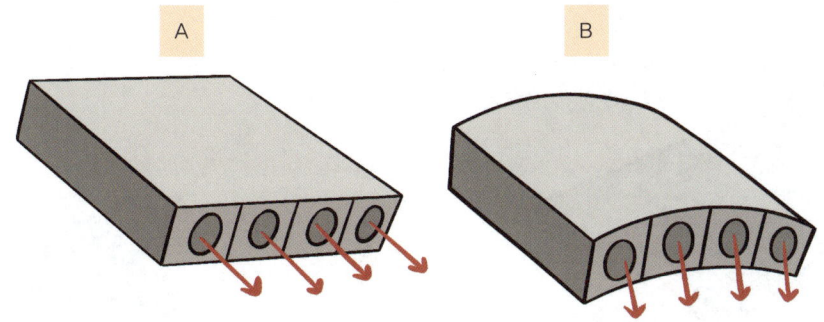

손바닥은 보통 힘이 들어가지 않기 때문에 안으로 살짝 말려있는 형태이지만, 손에 힘을 넣었을 때는 쫙 펴집니다.

손바닥은 손의 중심이기 때문에 가장 먼저 잡아야 하는 부분이에요. 인체로 따지면 몸통 부분이라 볼 수 있죠. 손에 힘을 넣어 쭉 펴고 있으면 위의 A 이미지 처럼 평평한 느낌으로 보이지만, 보통 힘을 빼고 있기 때문에 평평하지 않습니다. B 이미지처럼 살짝 동그랗게 말려 있는 형태가 일반적이며, 손가락 또한 힘이 풀려 안으로 살짝 모이죠.

위 이미지에서 안쪽으로 굽은 쪽을 손바닥, 올라와 있는 쪽을 손등으로 봤을 때, 이 직육면체 4개의 구멍에는 엄지손가락을 제외한 나머지 네 손가락이 들어갑니다. 하나씩 꽂아진다고 생각하면 되겠죠? 하지만 처음부터 손가락을 하나하나 넣으면 비율이 어긋날 수 있기 때문에 주의해야 합니다. 그리다 보면 나도 모르게 전체적인 손의 흐름을 놓치고 손가락 하나에만 집중하게 되기 때문이죠.

그런 실수를 방지하기 위해 초반 스케치에서는 손가락을 큰 덩어리로 먼저 나눠 보는 게 좋습니다. 자세나 각도에 따라 덩어리 흐름과 형태는 얼마든지 달라질 수 있기 때문에 그때그때 다르게 잡아야 해요. 각 손가락의 가장 튀어나온 부분들을 연결하여 실루엣을 잡으면 편하지만, 엄지손가락까지 함께 보기에는 구조상 떨어져 있기도 하고 길이도 많이 다르기 때문에 엄지 근육과 함께 따로 봐주는 게 좋습니다.

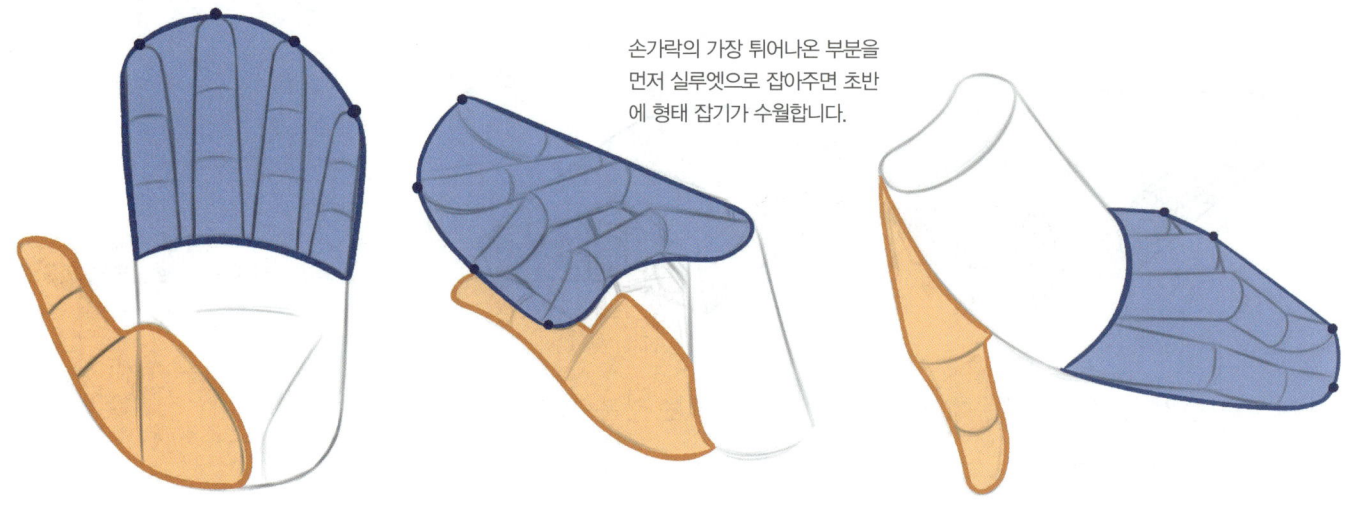

손가락의 가장 튀어나온 부분을 먼저 실루엣으로 잡아주면 초반에 형태 잡기가 수월합니다.

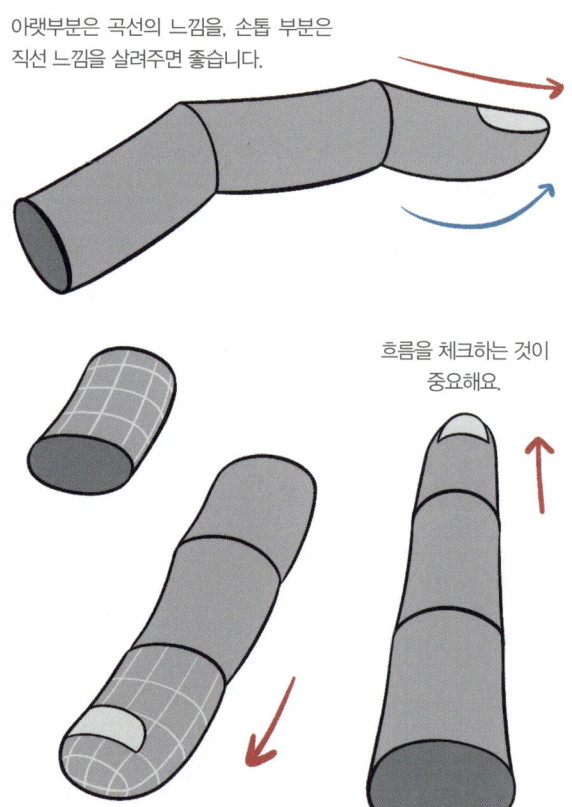

아랫부분은 곡선의 느낌을, 손톱 부분은 직선 느낌을 살려주면 좋습니다.

흐름을 체크하는 것이 중요해요.

손가락 방향에 따라 관절에 들어가는 라인도 달라질 거예요.
방향이 헷갈릴 땐 살짝 눌린 원기둥의 단면을 생각해 보면 좋습니다.

큰 비율을 잡았으니 이번에는 손가락만 따로 보도록 합니다. 손가락을 측면에서 보면 손톱이 있는 윗부분은 상대적으로 평평하게 보이고, 아래쪽은 살이 많아 볼록하게 보입니다. 위아래 다 통통하게 그리면 어색해 보일 수 있기 때문에 확실하게 차이를 주는 게 좋아요.

손의 마디를 분리해 보면 납작한 원기둥 느낌에 가깝습니다. 손의 방향이 헷갈린다면 마디의 단면을 봤을 때 어떤 면이 보일지 고민하면 좋아요. 손가락을 어떻게 꺾고 있는지에 따라 윗면이 보일 수도, 아랫면이 보일 수도 있습니다. 손톱 또한 손가락의 흐름에 맞춰 들어가야 하기 때문에 흐름을 체크하는 것은 아주 중요하지요. 직선으로만 표현하면 평면적으로 보일 수 있어요.

손가락 마디 사이에는 동그란 관절이 있기 때문에 손가락을 접기가 수월합니다. 흔히 보이는 빨대의 접힌 부분과 비슷하다고 볼 수 있죠. 손의 각도에 따라 투시가 들어가서 손가락이 짧아 보일 때가 있는데, 이럴 때도 보이는 대로만 그리기보다는 각 마디를 분리해서 입체감을 생각해 보는 게 좋습니다.

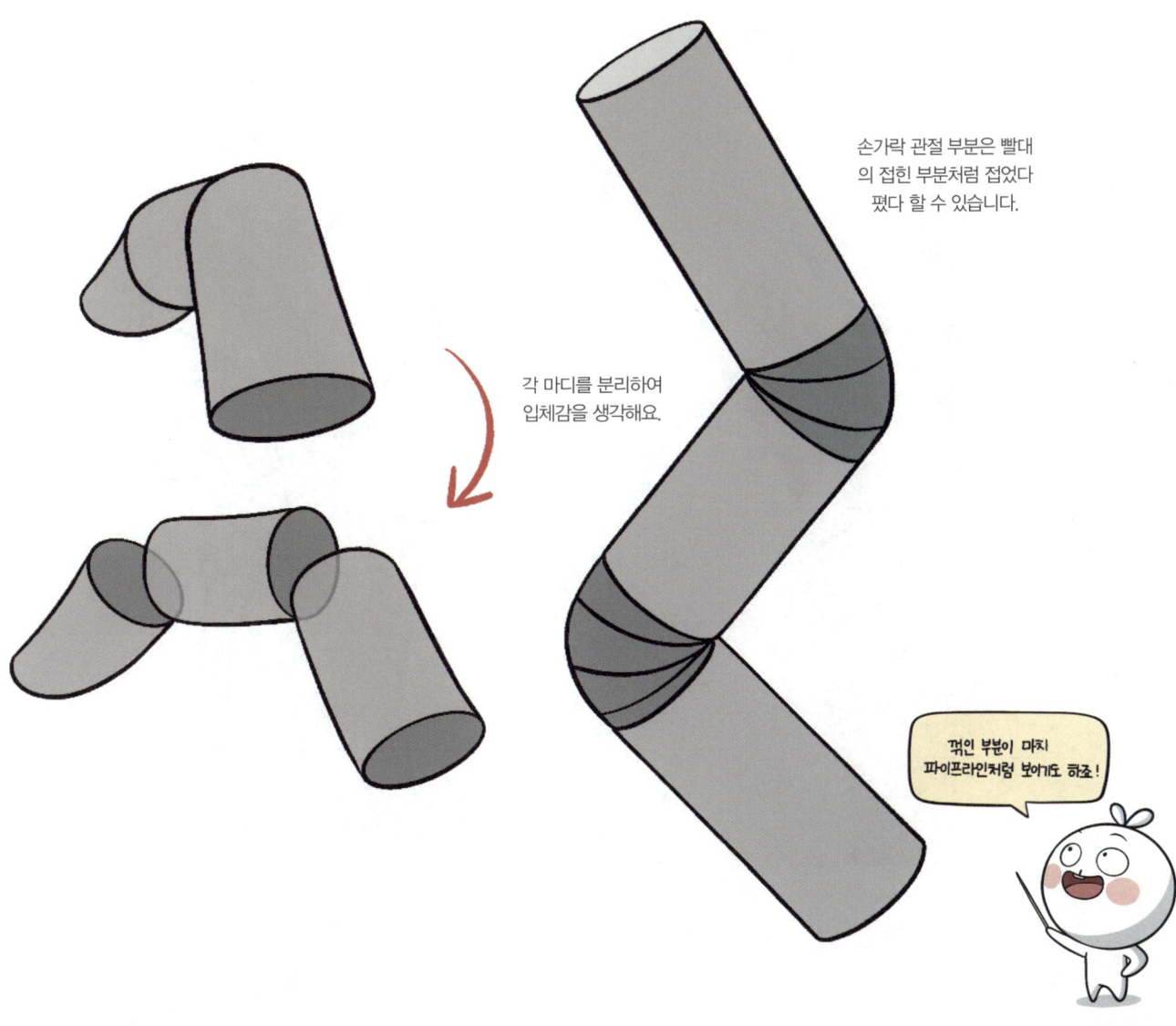

기본 자세의 손 그리기

손 연습을 할 때는 처음부터 너무 어려운 포즈를 그리기보다는 실생활에서 사용할 수 있는 기본 자세 위주로 연습하는 게 좋습니다. 구조가 익숙해진 후에는 조금씩 난이도를 높이는 걸 추천 드려요. 이번 시간엔 레퍼런스와 함께 손의 구조를 어떻게 찾아 나가야 하는지 함께 살펴보도록 할게요.

● 예제 파일 : 04\손.jpg   완성 파일 : 04\손_완성.jpg

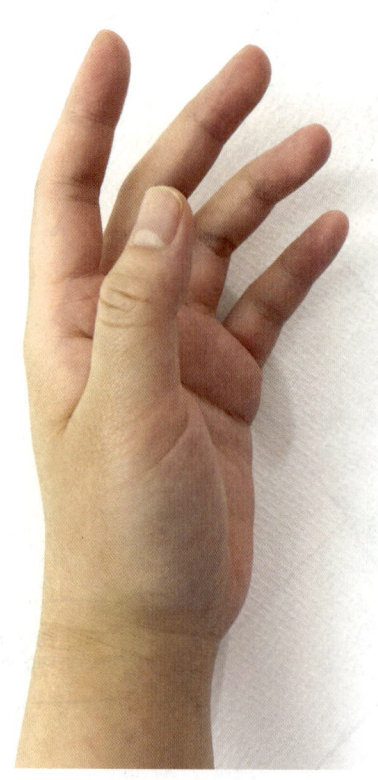
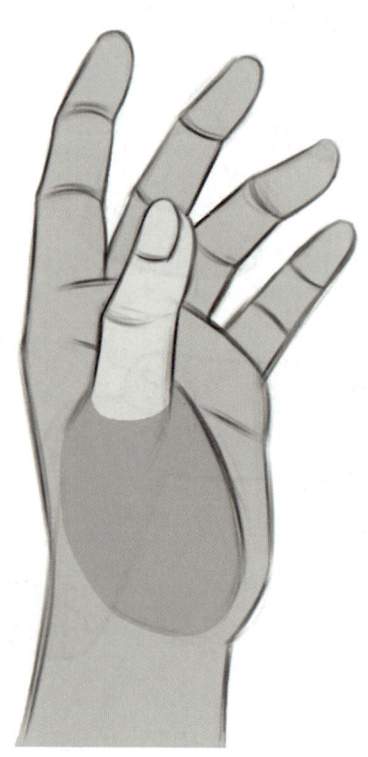

예제 사진을 프로크리에이트로 불러온 후 캔버스를 옆으로 늘려 그려도 좋습니다.

캔버스 크기 : 2000×3000px
해상도 : 300dpi
사용 브러시 : 스케치 → HB 연필

색상 코드

ced8e5   665149   d18585

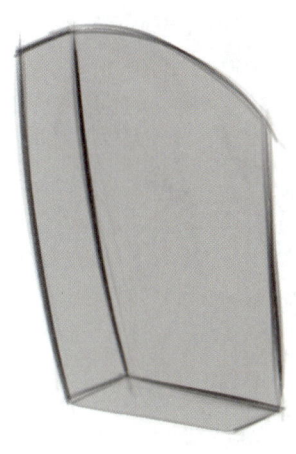

01 04 폴더의 '손.jpg' 파일을 열고 참고해서 그립니다. 먼저 손가락을 제외한 육면체를 그립니다. 반 측면 느낌의 시점이기 때문에 옆면도 함께 보일 거예요.

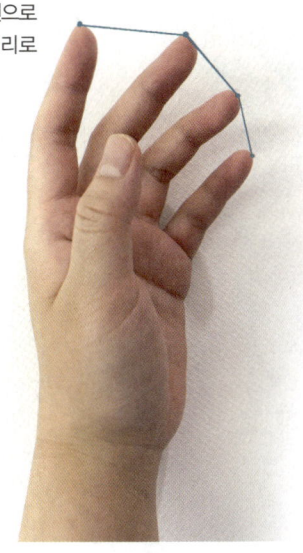

네 손가락을 선으로 연결하여 덩어리로 표현합니다.

02 네 손가락을 묶어서 한 덩어리로 봐줍니다. 튀어나온 부분을 연결하여 실루엣을 잡아 그립니다.

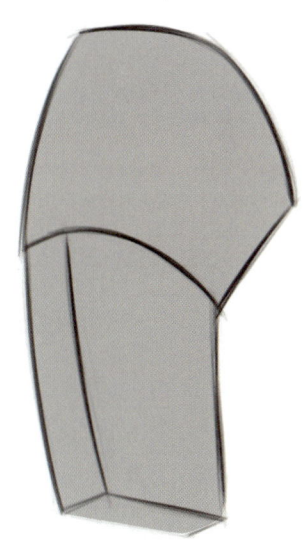

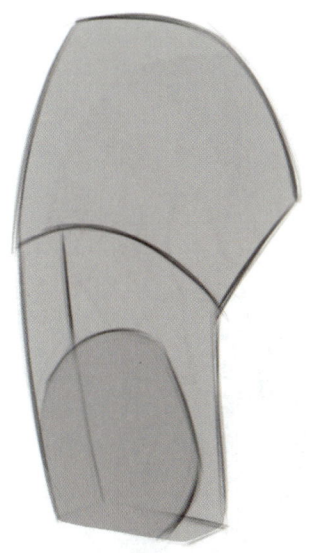

03 엄지 근육을 체크해 그립니다.

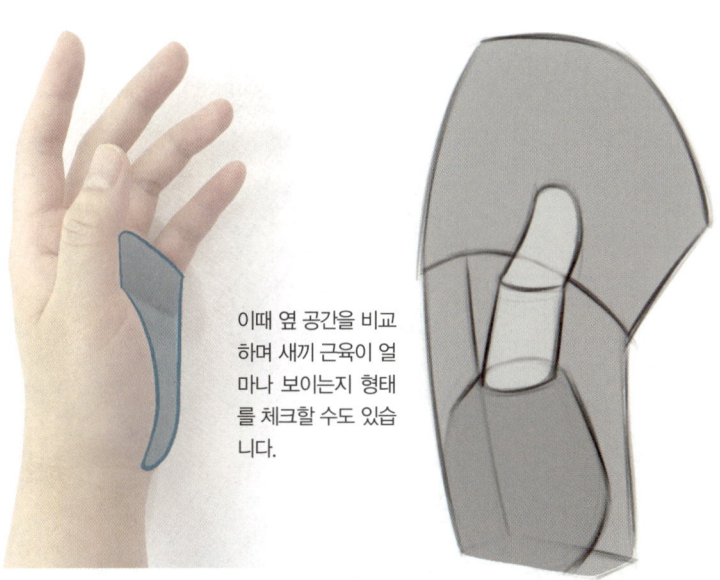

이때 옆 공간을 비교하며 새끼 근육이 얼마나 보이는지 형태를 체크할 수도 있습니다.

04 엄지 근육 위에 엄지손가락을 그리세요.

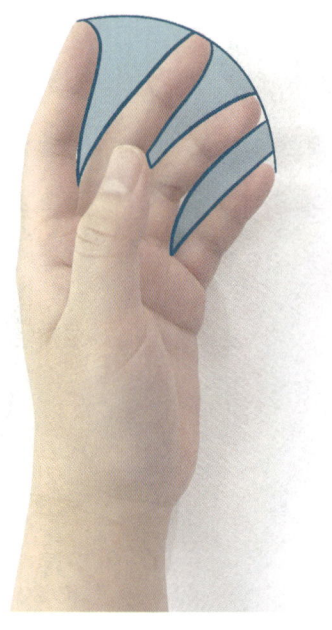

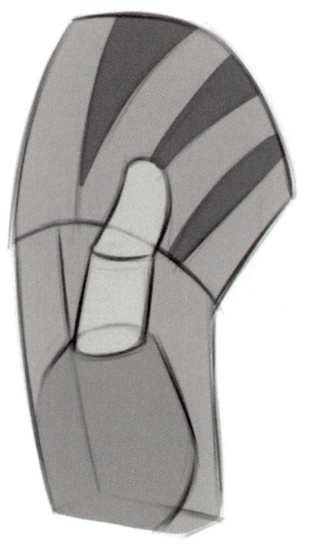

05 | 손가락을 나눌 차례입니다. 공간을 비교하며 곡선으로 먼저 분리해 주세요.

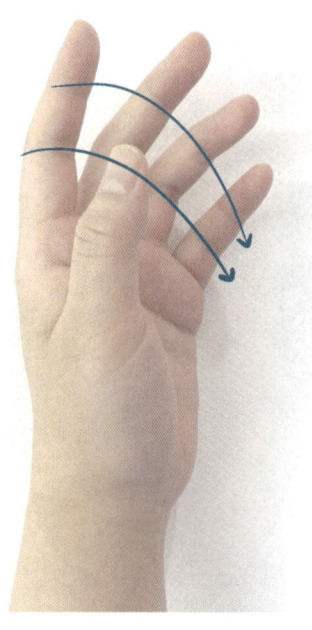

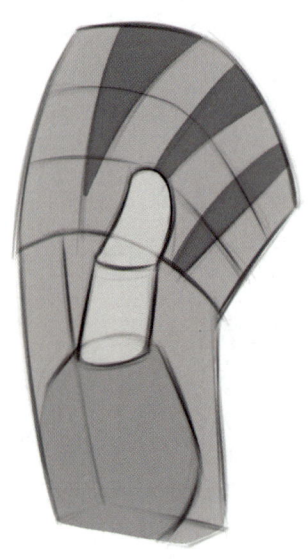

06 | 관절 부분도 연결하여 곡선의 흐름을 잡아 줍니다. 가이드라인이기 때문에 선을 약하게 사용해도 괜찮아요.

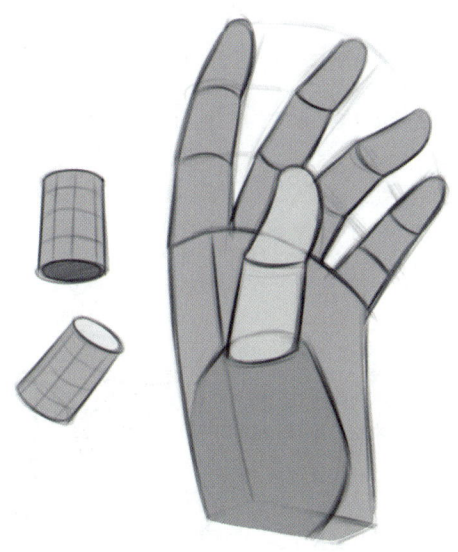
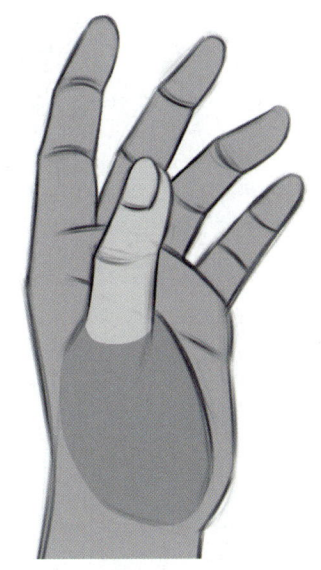

07 가이드라인에 맞춰 손가락을 다듬습니다. 이때 마디에 들어가는 곡선은 손가락 방향에 맞춰 넣어야 어색하지 않을 거예요. 헷갈릴 때는 어떤 단면이 보일지 한 번 생각해 보세요. 연필처럼 비슷한 오브제를 손가락과 같은 각도로 놓고 관찰해도 좋습니다.

08 손바닥 라인을 다듬고 엄지 손톱을 그려 완성합니다. 손의 굴곡이 너무 디테일해지지 않게 주의해 주세요!

보통 캐릭터에서는 남성의 손, 여성의 손에 차이를 많이 둡니다. 남성의 손은 좀 더 각지고 관절이 도드라지는 반면에 여성은 곡선이나 부드러운 느낌을 강조하지요. 조금 더 카툰 느낌을 살리고 싶다면 손가락의 끝부분을 강조하여 그리기도 합니다. 또한 손의 형태뿐만 아니라 손톱의 모양이나 체형에 따른 손목의 두께 등 여러 부분을 바꿀 수 있습니다.

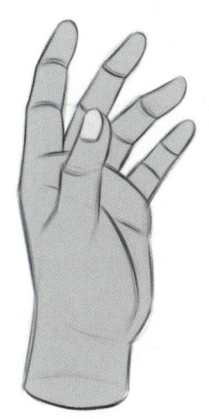
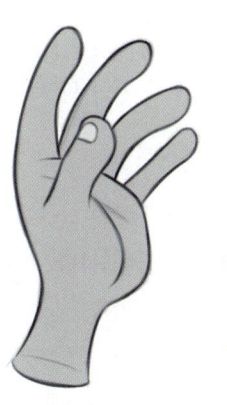
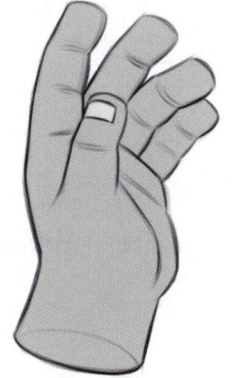

기본형 여성(뾰족) 아이(둥글) 덩치 큰 남성(뭉툭)

캐릭터에 따라 다양하게 디폼할 수 있습니다.

정답은 없어요. 여러분이 원하는 스타일에 따라 기본형을 살짝씩 바꾸면 됩니다. 어떤 부분을 강조하는지에 따라 느낌은 다양해질 수 있지만, 기본 구조는 크게 달라지지 않으니 앞에서 배운 가이드를 확실하게 잡고 그려 보세요.

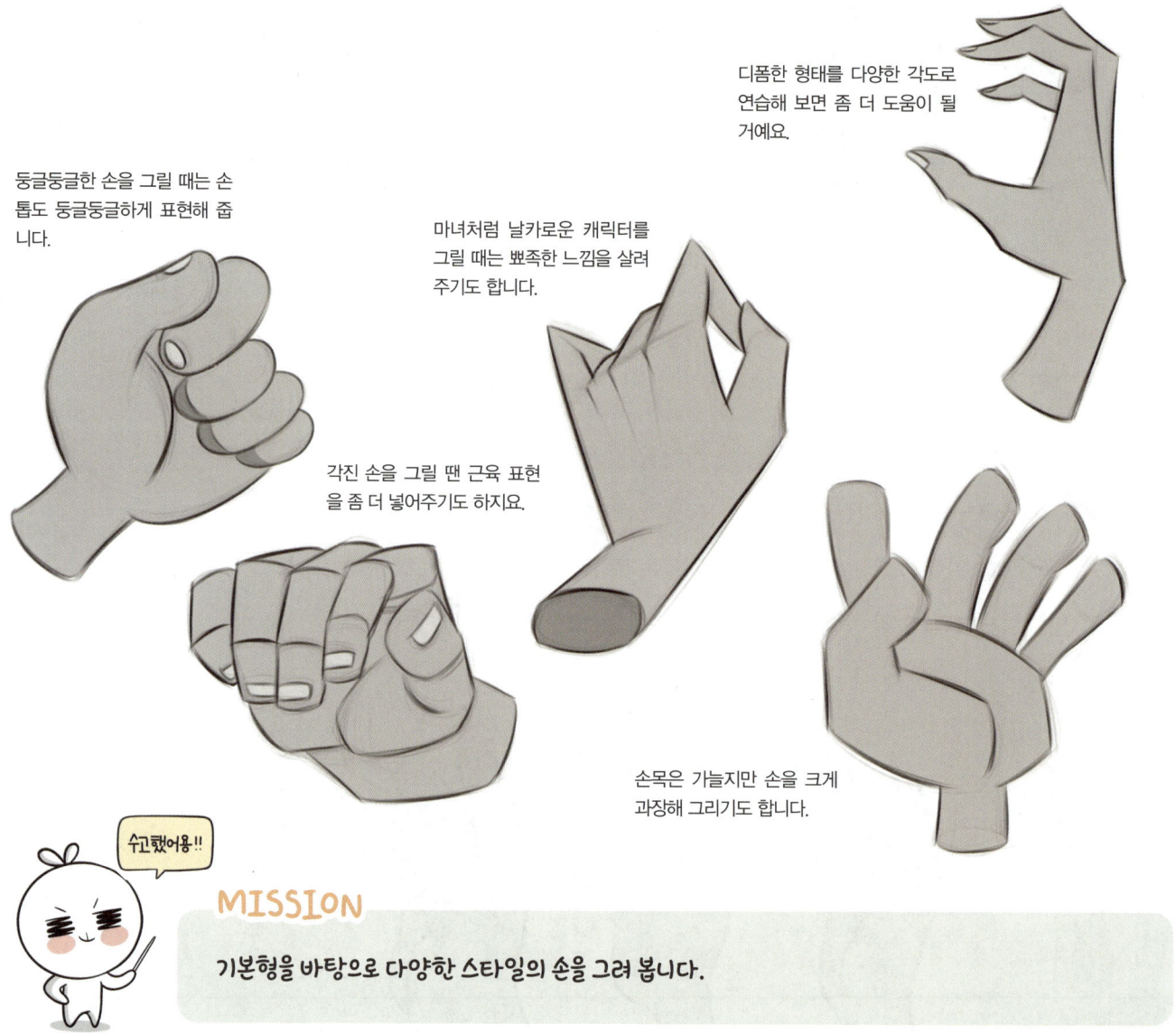

둥글둥글한 손을 그릴 때는 손톱도 둥글둥글하게 표현해 줍니다.

마녀처럼 날카로운 캐릭터를 그릴 때는 뾰족한 느낌을 살려주기도 합니다.

디폼한 형태를 다양한 각도로 연습해 보면 좀 더 도움이 될 거예요.

각진 손을 그릴 땐 근육 표현을 좀 더 넣어주기도 하지요.

손목은 가늘지만 손을 크게 과장해 그리기도 합니다.

MISSION

기본형을 바탕으로 다양한 스타일의 손을 그려 봅니다.

발의 움직임과 흐름

발도 손 못지않게 굴곡이 굉장히 많은 부위예요. 이런 굴곡을 구조도 모르는 상태로 처음부터 다 그리려 하면 당연히 어색해질 수밖에 없을뿐더러, 디테일한 굴곡이 들어갈수록 그림은 리얼해지기 때문에 캐주얼한 그림체와 어울리지 않을 수 있어요. 기본 구조만 확실히 알아 두고 이를 바탕으로 캐주얼하게 바꿔 그려 봅시다.

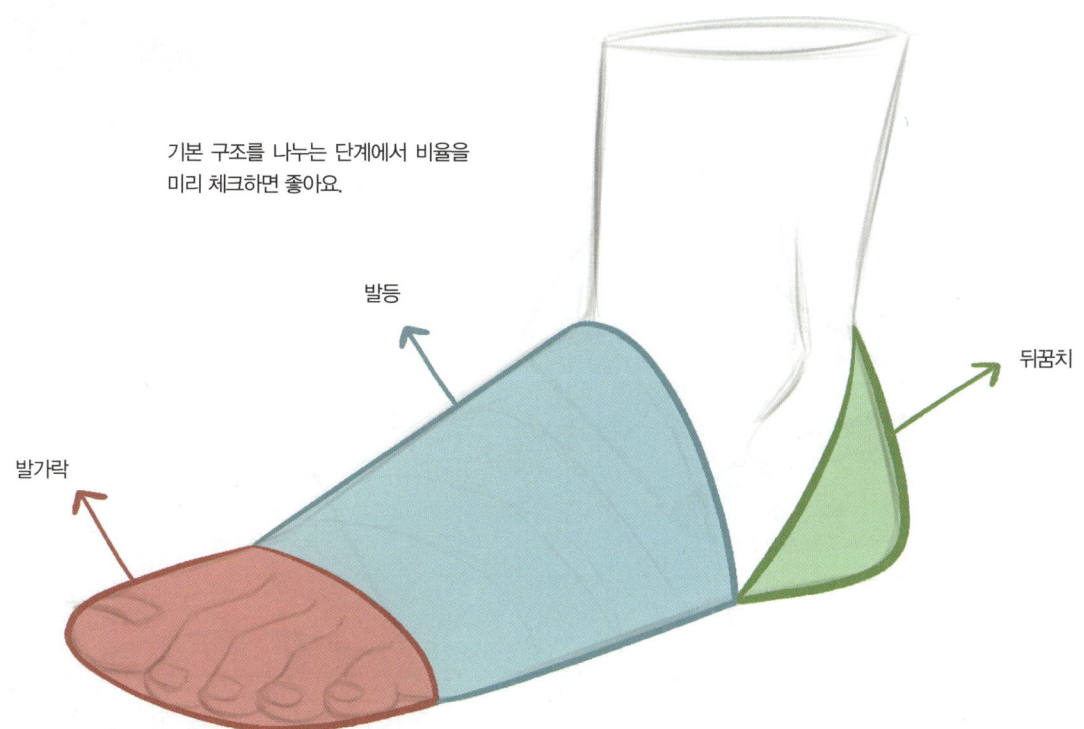

기본 구조를 나누는 단계에서 비율을 미리 체크하면 좋아요.

먼저 기본적인 발의 구조를 보면 크게 세 가지로 나눌 수 있습니다. 몸통에 속하는 발등 부분, 발가락 부분, 뒤꿈치 부분 이 세 가지만 확실히 분리해 주세요. 이렇게 나누면 자연스럽게 가운데 부분이 비는데, 여기에 복숭아뼈를 그리면 기본 구조는 뚝딱 완성됩니다.

여기서 발등은 사다리꼴 원기둥을 반 잘라 놓은 형태에 가깝지만, 흐름을 보면 엄지발가락에서 시작하여 검지발가락 쪽이 가장 올라와 있고 새끼발가락 쪽으로 갈수록 점점 낮아집니다. 가장 높은 부분이 엄지발가락과 검지발가락 사이 위치와 비슷하기 때문에 한 번 나눠서 가이드를 잡아도 좋아요.

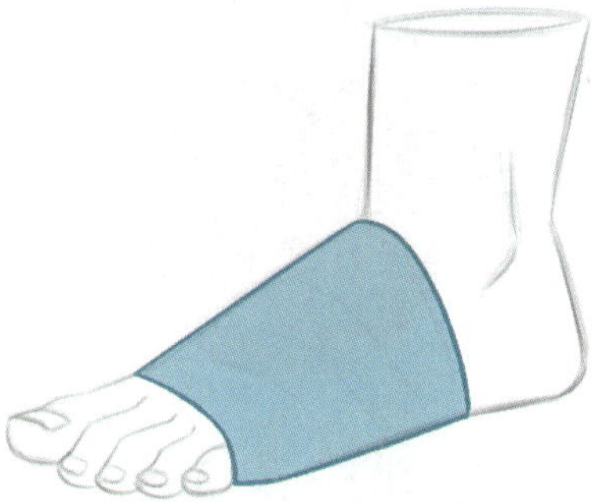

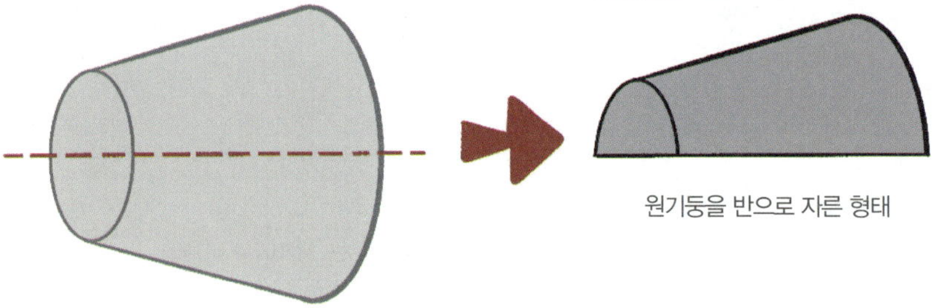

원기둥을 반으로 자른 형태

다양한 각도로 그려본 후 메시를 넣어 높은 부분을 체크해 보세요.

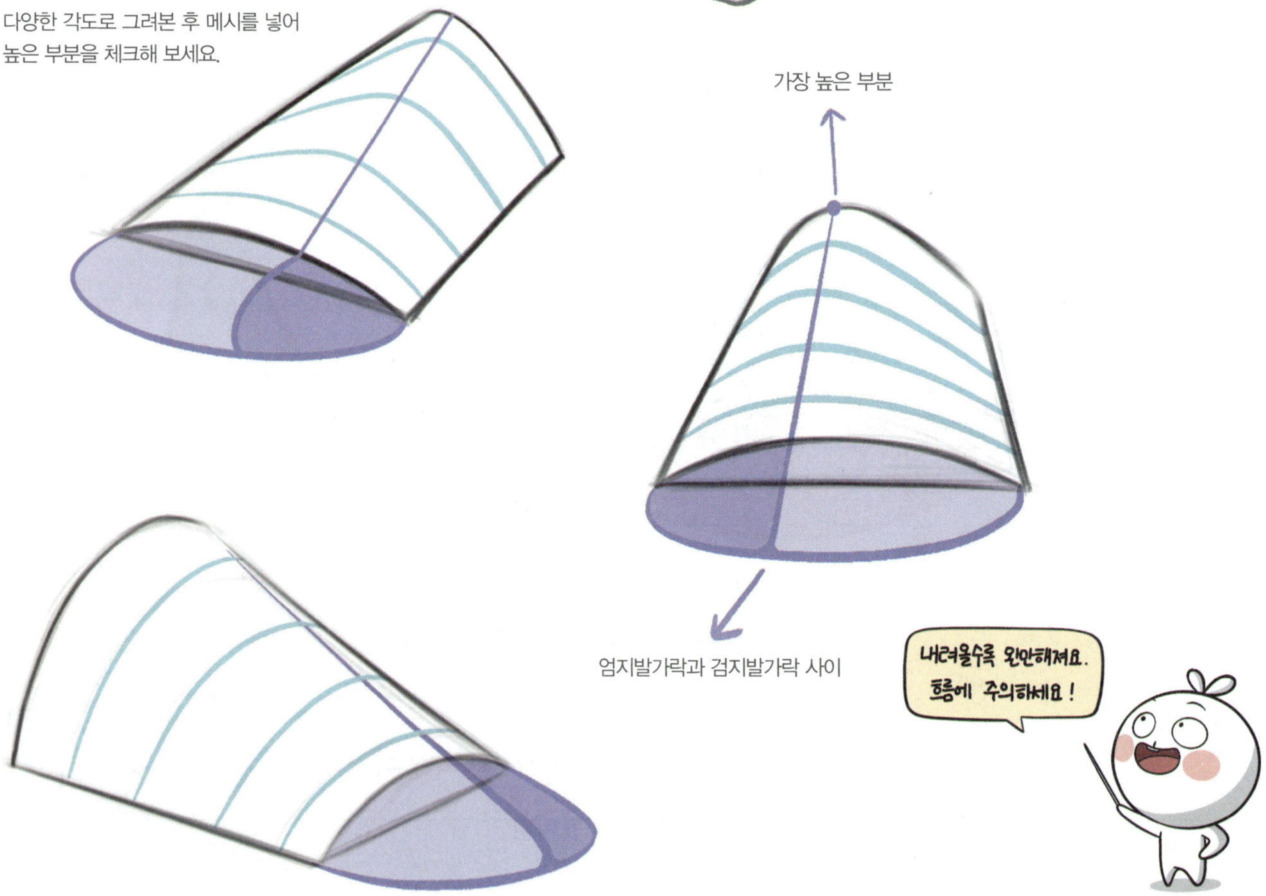

가장 높은 부분

엄지발가락과 검지발가락 사이

내려올수록 완만해져요. 흐름에 주의하세요!

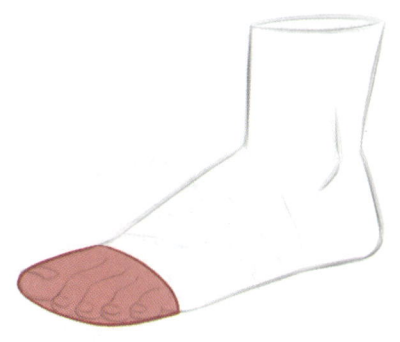

사선의 흐름

손가락의 경우에는 네 손가락을 한 덩어리로 보고 엄지손가락만 별개로 나눴지만, 발가락은 5개 모두 길이와 위치가 비슷하기 때문에 초반에는 모두 묶어서 보는 게 더 편할 거예요. 이때 엄지부터 새끼발가락까지 점점 작아지는 형태이기 때문에 사선의 흐름이 되도록 가이드를 잡아 주세요.

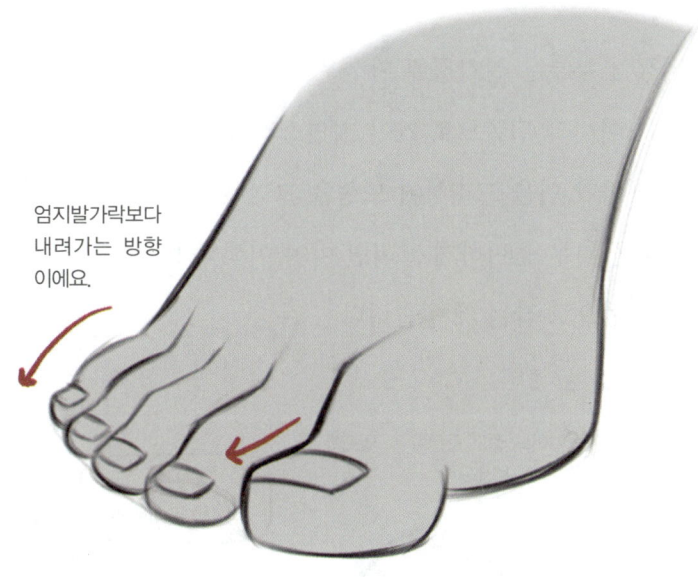

엄지발가락보다 내려가는 방향이에요.

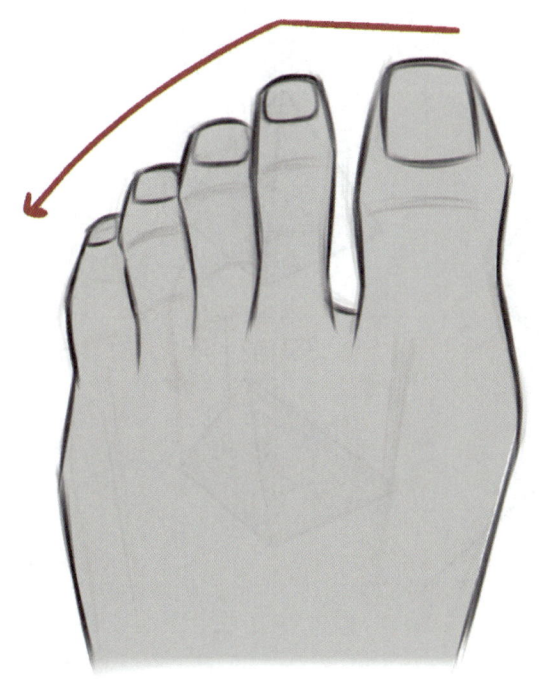

새끼발가락으로 갈수록 점점 작아지는 사선의 흐름입니다.
발 모양에 따라 검지발가락이 엄지발가락보다 긴 경우도 있습니다.

발가락의 형태를 좀 더 보면 손가락처럼 납작한 원기둥 형태라고 생각할 수 있습니다. 정면에서 보는 발가락일 때는 원기둥이 서로 겹쳐져 있기 때문에 뒤로 갈수록 상대적으로 짧게 보이지요.

이때 발톱의 방향을 관찰하면 엄지발가락은 위쪽을 향하고 나머지는 상대적으로 아래쪽을 바라보고 있어요. 발가락의 관절 표현은 계단과 비슷한 느낌이에요. S자를 눕힌 형태로 굴곡을 넣으면 자연스럽게 그릴 수 있습니다.

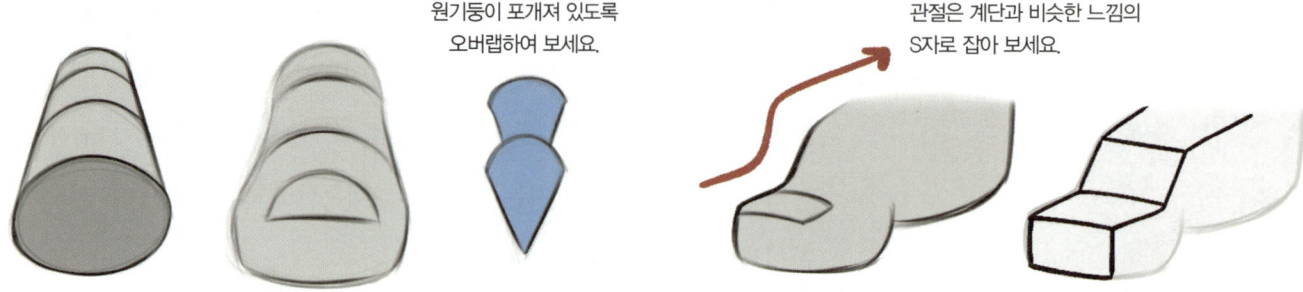

뒤꿈치 부분은 삼각뿔에 가까운 형태입니다. 이 뿔의 중심은 가운데인 것이 아니라 뒤쪽으로 가야 자연스러워요. 이때 발바닥이 보이는 자세라면 바닥 면을 고려하여 도형을 그려야 입체감이 느껴질 거예요. 꺾인 부분을 너무 물렁하게 그리면 발이 어색해 보일 수 있으니 단단하게 각진 느낌으로 잡는 게 좋습니다.

사선의 흐름

처음에는 이 구조가 익숙해질 때까지 디테일은 모두 뺀 상태로 반복하여 연습하는 게 좋아요. 초반에 가이드만 잘 그려도 발가락이나 다른 부분을 넣었을 때 훨씬 자연스럽게 보일 수 있습니다.

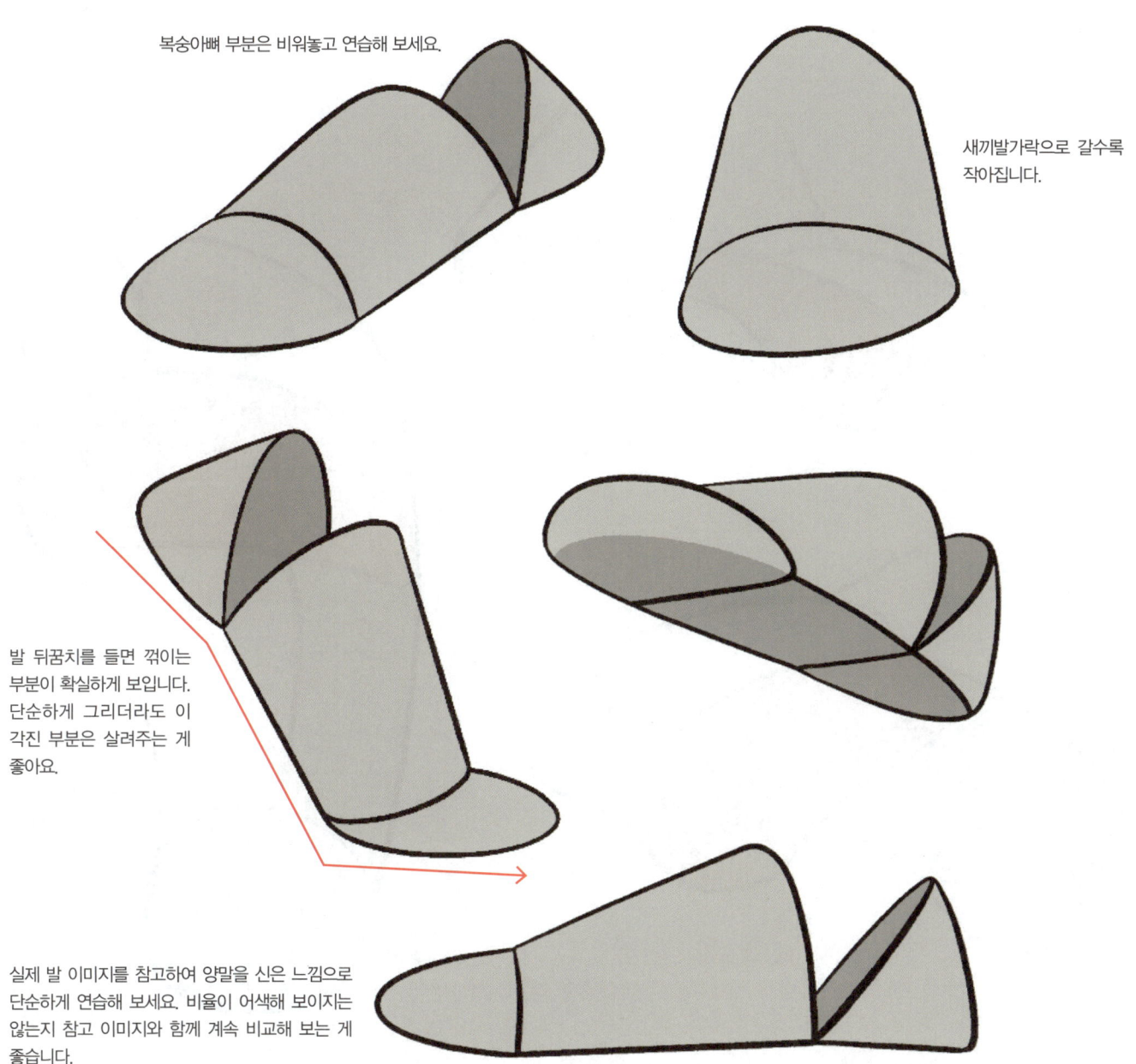

발바닥의 구조도 크게 세 가지로 나눠서 위쪽, 새끼발가락 쪽, 뒤꿈치로 볼 수 있습니다. 이때 바닥에 닿는 면을 보면 새끼발가락 쪽은 평평하지만, 엄지발가락 쪽은 살짝 들어가 있는 형태라서 공간이 생깁니다.

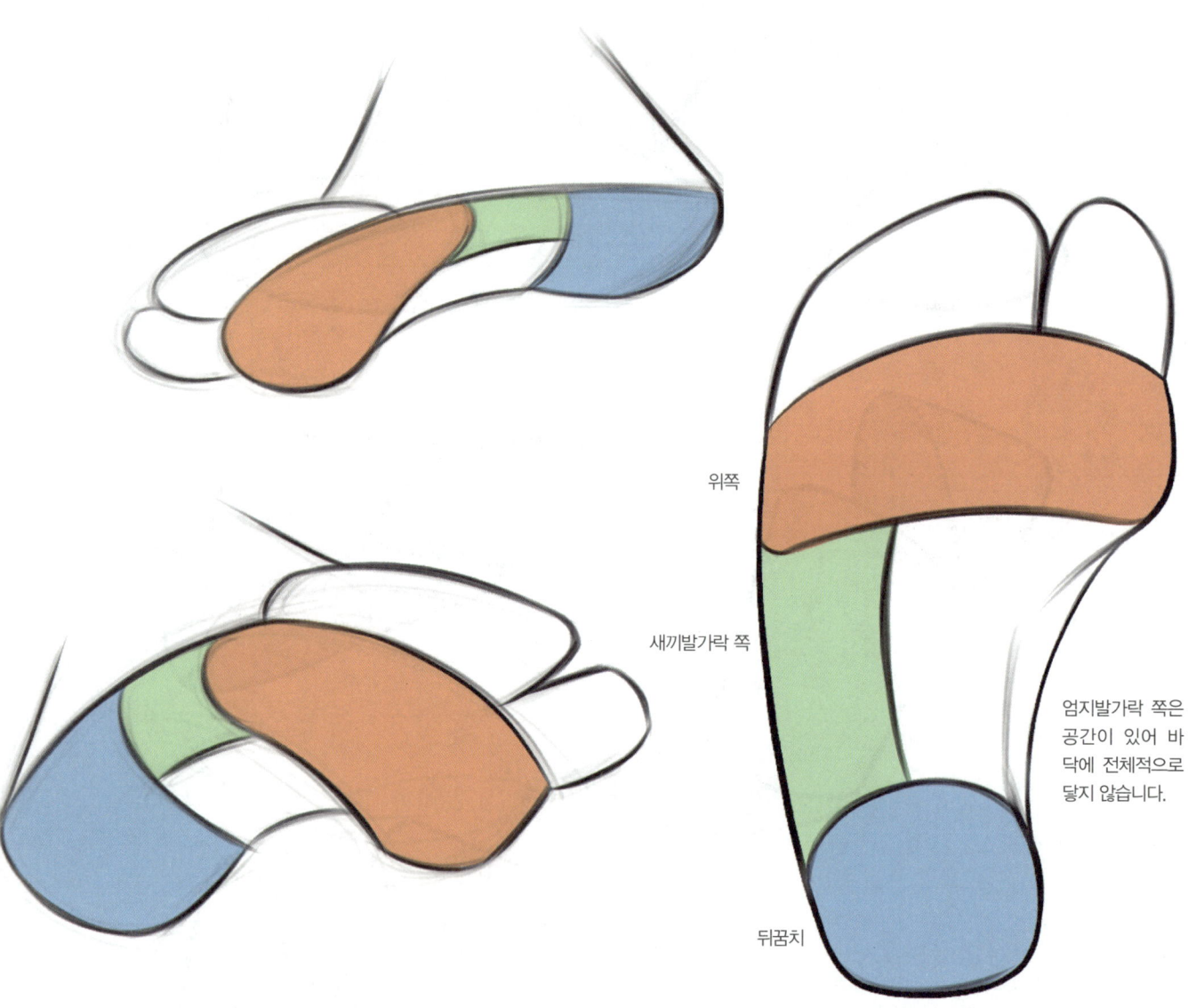

위쪽

새끼발가락 쪽

엄지발가락 쪽은 공간이 있어 바닥에 전체적으로 닿지 않습니다.

뒤꿈치

그렇다면 복숭아뼈는 어떻게 들어갈까요? 보통 가장 많이 하는 실수는 복숭아뼈를 수평 느낌으로 그리는 거예요. 실제 사람 발목을 관찰해 보면 엄지 쪽 복숭아뼈가 더 위쪽으로 가 있는 사선의 흐름으로 보입니다. 복숭아뼈를 넣기 전에 이 흐름을 먼저 체크한 다음 넣으면 좋을 거예요. 이번에는 시점에 따라 보이는 발의 특징을 몇 가지 알아보도록 할게요!

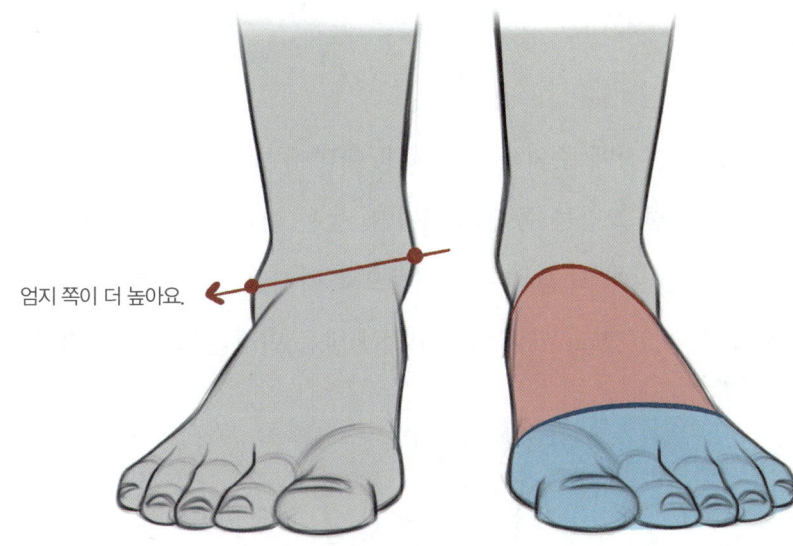

엄지 쪽이 더 높아요.

복숭아뼈를 그리기 전에 사선의 흐름으로 가이드를 먼저 잡아주면 좋습니다.

먼저 측면은 새끼발가락 쪽에서 본 것과 엄지발가락 쪽에서 본 발의 형태에 약간 차이가 있어요. 엄지발가락 쪽에서 봤을 때는 엄지발가락이 가장 크기 때문에 나머지 발가락은 가려집니다. 다만 검지발가락이 엄지발가락보다 긴 경우에는 살짝 보이기도 하지요. 또한 앞에서 언급했듯 엄지발가락 쪽은 중간 부분이 들어가 있는 형태이기 때문에 곡선도 강하게 보입니다.

반면 새끼발가락 쪽에서 봤을 때는 새끼발가락으로 갈수록 길이가 점점 짧아지기 때문에 나머지 발가락도 전부 보입니다. 또한 중간 부분은 상대적으로 평평하기 때문에 직선의 흐름에 가깝게 보여요.

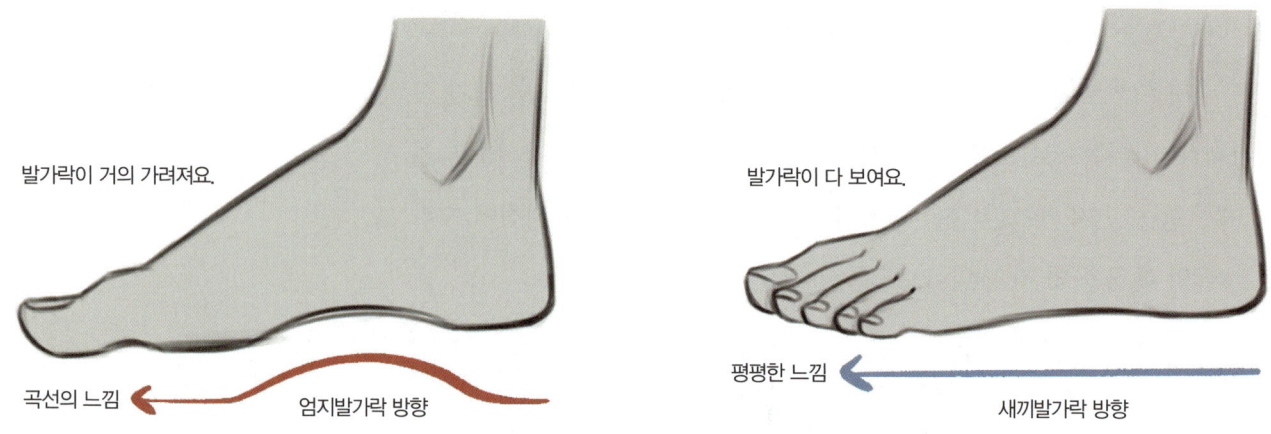

정면에서는 발등의 시점에 주의해야 합니다. 바닥에 발바닥이 붙은 일반적인 각도에서는 발등 또한 그만큼 좁게 보이지만, 높은 힐을 신고 있거나 뒤꿈치를 올릴수록 발등은 많이 보입니다. 원기둥으로 따지면 세운 상태와 누운 상태의 차이라고 볼 수 있겠죠. 이 차이를 고려해 발등 면적을 잡으면 좋습니다.

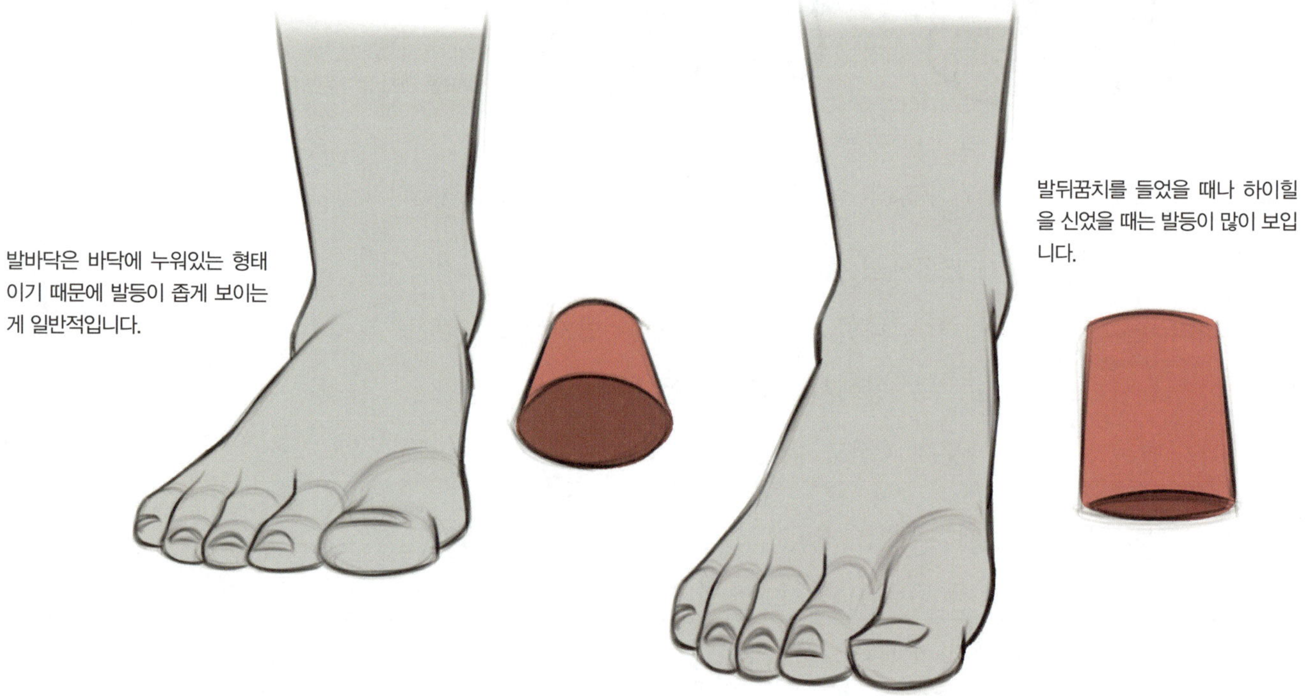

발바닥은 바닥에 누워있는 형태이기 때문에 발등이 좁게 보이는 게 일반적입니다.

발뒤꿈치를 들었을 때나 하이힐을 신었을 때는 발등이 많이 보입니다.

뒤에서 본 발을 그릴 때는 아킬레스건, 발의 앞부분, 뒤꿈치 이 세 가지를 기억하세요. 이때 뒤에서 본다고 발이 다 가려지지는 않습니다. 발은 앞으로 갈수록 넓어지는 형태이기 때문에 뒤꿈치와 살짝 분리되면서 어느 정도는 보이게 돼요.

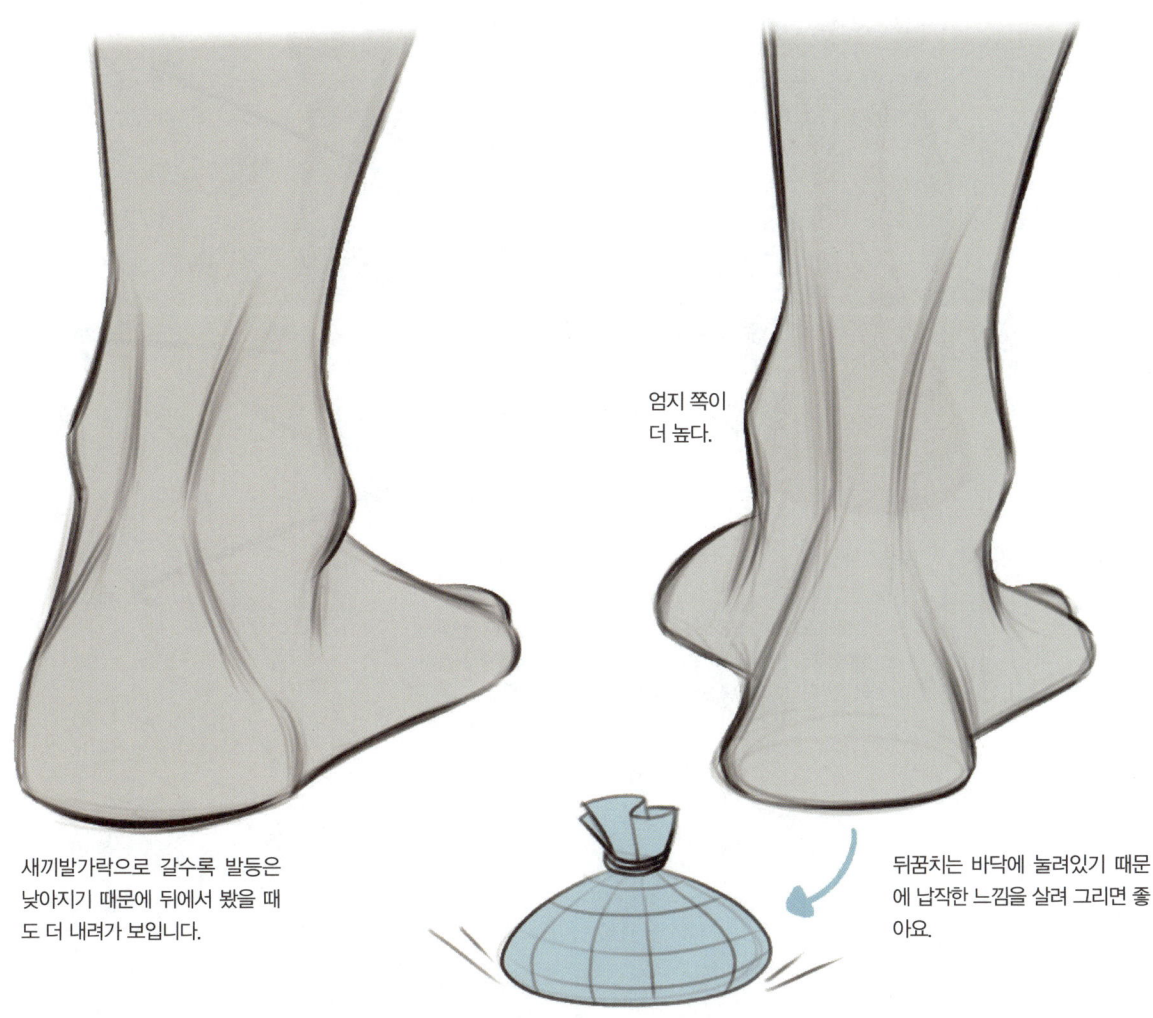

엄지 쪽이 더 높다.

새끼발가락으로 갈수록 발등은 낮아지기 때문에 뒤에서 봤을 때도 더 내려가 보입니다.

뒤꿈치는 바닥에 눌려있기 때문에 납작한 느낌을 살려 그리면 좋아요.

- 아킬레스건과 뒤꿈치는 연결되는 물방울 모양에 가까워요. 라인이 서로 엇갈리지 않도록 함께 보면 편하게 그릴 수 있어요.
- 뒤꿈치는 바닥에 눌려 있으니 납작하게 그리세요.
- 어느 쪽이 엄지발가락인지에 따라 앞서 배운 복숭아뼈의 높낮이를 맞춰야 어색하지 않습니다.

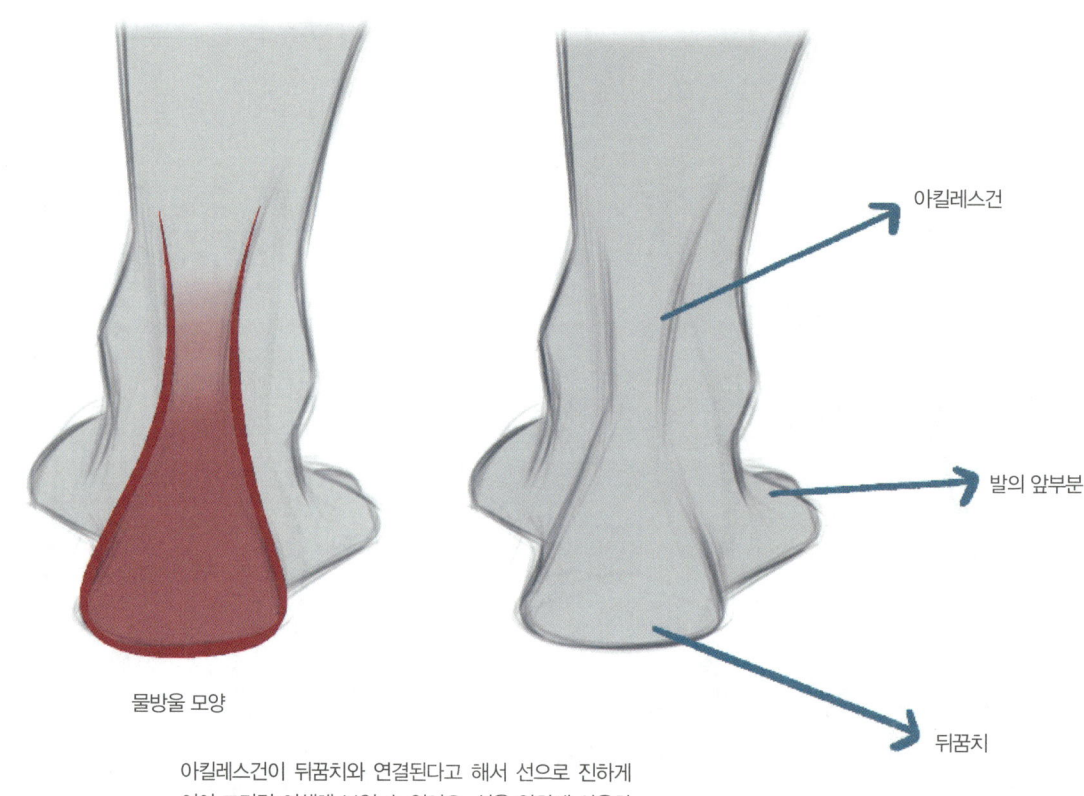

물방울 모양

아킬레스건

발의 앞부분

뒤꿈치

아킬레스건이 뒤꿈치와 연결된다고 해서 선으로 진하게 이어 그리면 어색해 보일 수 있어요. 선을 약하게 사용하여 살짝만 보이도록 하면 더 자연스러울 거예요.

IPAD DRAWING 04

옆 모습의 발 그리기

지금까지 발의 큰 특징을 단순하게 한 번 체크해 봤어요. 이번에는 앞서 배운 내용과 함께 실제 발 사진을 바탕으로 어떻게 단순하게 잡아 나가는지 한 번 연습해 봅시다. 발 역시 처음부터 너무 어려운 자세로 연습하지 않고 기본 구조가 익숙해질 때까지는 단순한 것 위주로 진행해 보세요.

- 예제 파일 : 04\발.jpg   완성 파일 : 04\발_완성.jpg

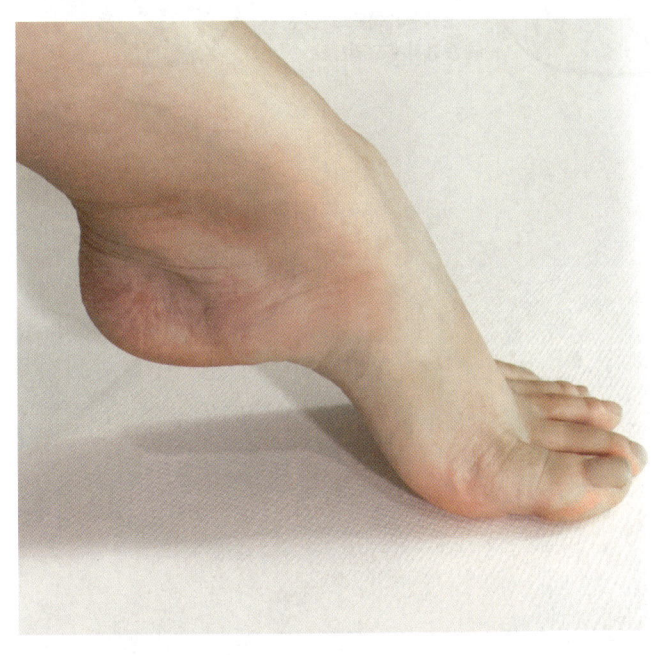

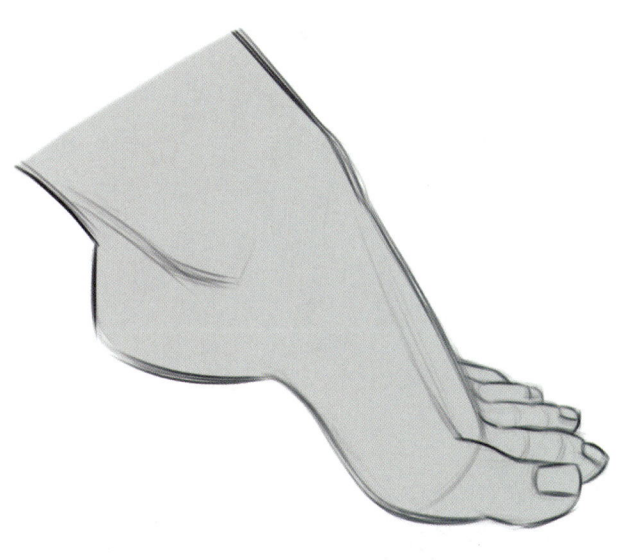

예제 파일을 프로크리에이트로 불러와 캔버스를 가로로 늘려 연습해도 좋습니다.

색상 코드

ced8e5   665149   d18585

캔버스 크기 : 2300×2000px
해상도 : 300dpi
사용 브러시 : 스케치 → HB 연필

01 새 캔버스에서 먼저 발의 몸통인 발등을 각도에 맞춰 잡아 줍니다.

02 앞쪽에 발가락을 묶어서 그립니다.

사선의 흐름을 기억하며 새끼발가락 쪽으로 갈수록 좁아지게 그리세요.

03 뒤꿈치도 마저 각진 느낌으로 그려주면 간단한 기본 구조는 완성입니다.

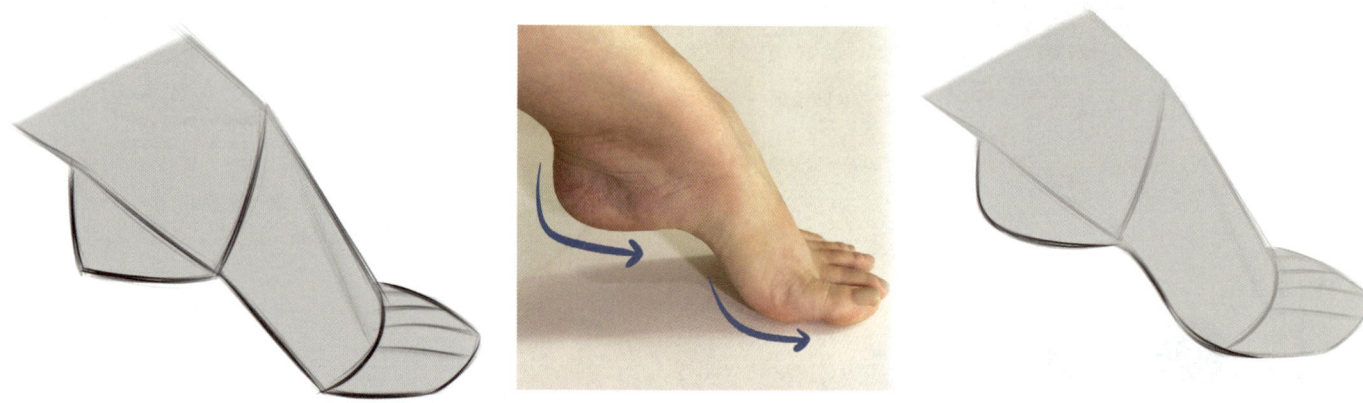

04 발의 흐름에 맞춰 발가락을 살짝씩 나눕니다.

05 새로운 레이어를 추가한 후 기존 스케치를 가이드로 활용하여 다듬어 봅니다. 하이힐을 신은 것처럼 발을 꺾고 있는 자세이기 때문에 뒤꿈치와 앞꿈치 모두 곡선이 확실하게 보입니다. 밋밋해지지 않도록 단단하게 그리세요.

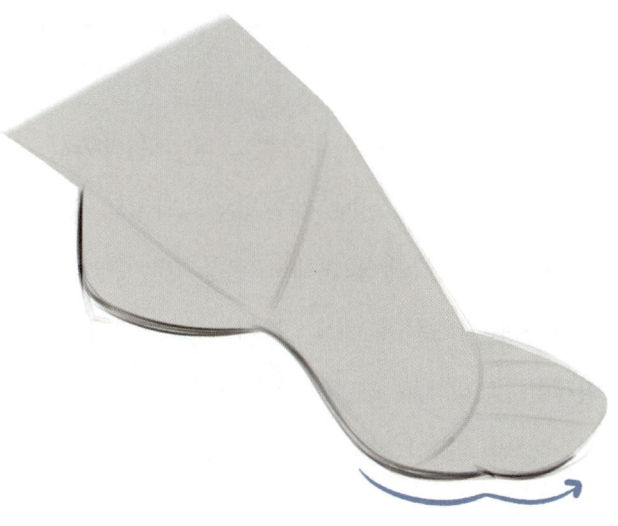

06 앞꿈치에 엄지발가락을 붙여 그립니다. 근육과 살이 있기 때문에 볼록한 느낌이 들어가야 자연스러워요.

07 가장 앞에 있는 엄지발가락부터 그려 줄게요. 앞서 관절 부분은 계단과 비슷한 느낌이라고 했지만, 예제의 사진에서는 발가락이 많이 꺾여 있지 않기 때문에 굴곡도 살짝만 넣어 줍니다.

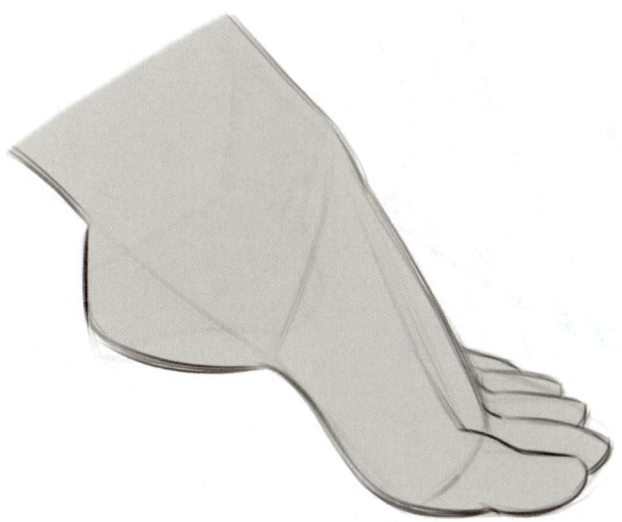

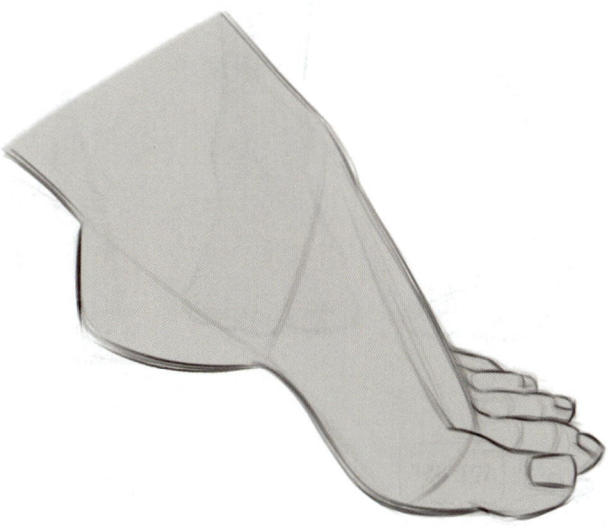

08 나머지 발가락도 흐름에 맞춰 그립니다. 뒤로 갈수록 점점 가려질 거예요.

09 발가락 위치가 안정감 있게 나왔다면 발톱을 그립니다. 발톱이 발가락 옆면에 위치하지 않도록 위쪽에 확실히 그려 주세요.

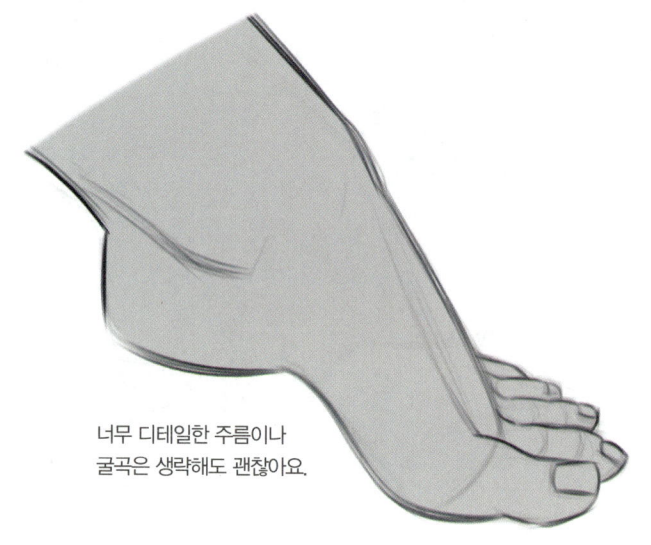

너무 디테일한 주름이나 굴곡은 생략해도 괜찮아요.

기본 구조를 이해하면 다양한 스타일로 바꿔서 그리기도 편합니다. 이때 캐주얼한 스타일의 경우에는 좀 더 단순하게 표현해도 괜찮지만, 그래도 입체감은 유지해줘야 해요. 특히 신발을 신고 있는 형태를 그릴 때는 평면적으로 보이지 않도록 앞서 배운 발의 흐름에 맞춰 그려 주세요.

10 | 선을 정리한 후 복숭아뼈를 살짝 표현하면 완성입니다!

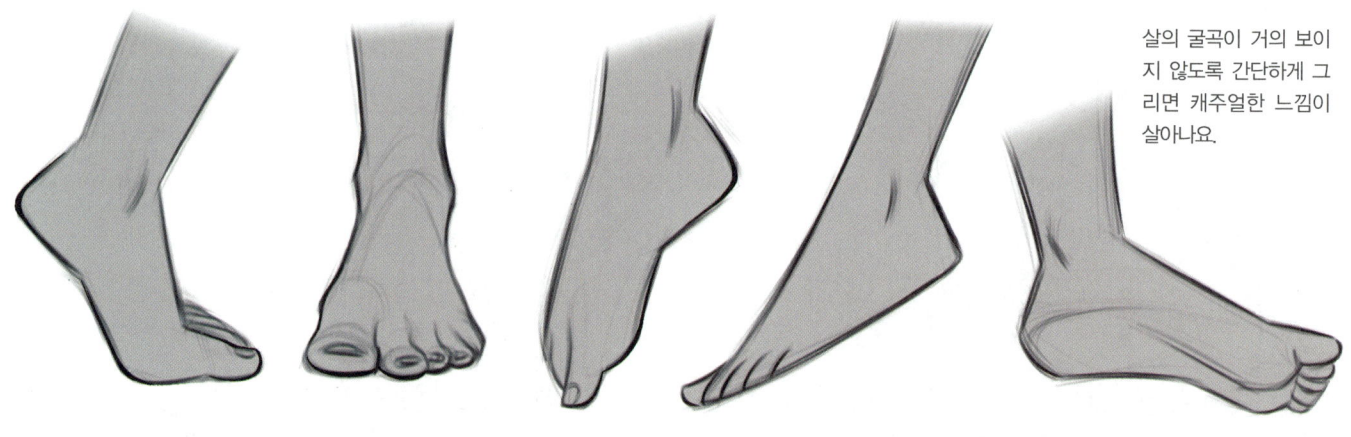

살의 굴곡이 거의 보이지 않도록 간단하게 그리면 캐주얼한 느낌이 살아나요.

MISSION
기본 구조를 연습한 다음 캐주얼하게 바꿔 그려 봅니다.

IPAD DRAWING 05

내 캐릭터는 왜 평면적으로 보일까?

캐릭터를 처음 그리다 보면 기본 구조를 깜빡할 때가 있습니다. 구조가 어긋난 결과물을 보면 어딘가 어색해 보일 때가 많지요. 이번 시간에는 기본 구조에 대해 알아본 후 캐주얼한 느낌을 위해 어떻게 디폼하면 좋은지 함께 그려보도록 할게요.

캐릭터를 그릴 때 인체의 구조를 이해하지 못하고 실루엣만 관찰하며 그리다 보면 완성하고 나서 평면적으로 보이는 경우가 많습니다. 팔을 그릴 때는 팔만 보고, 얼굴을 그릴 때는 얼굴만 보게 될 때 말이죠. 또한 처음부터 몸의 굴곡을 하나하나 보다 보니 기본 비율이 깨지기도 쉽습니다. 보통 캐주얼한 캐릭터에서 근육이나 명암을 해부학처럼 자세히 표현하는 경우는 거의 없기 때문에 좀 더 단순하게 바꿔서 보는 게 필요하긴 하지만, 알고 보면 이런 단순한 캐릭터들도 기본 구조에 맞춰 변형된 캐릭터입니다.

> **Deform(디폼/데포르메)**
> 대상을 사실적으로 묘사하지 않고 일부 변형, 축소, 왜곡을 넣어 표현하는 기법

소품 파트에서도 디폼에 대해 간단히 배울 예정인데요. 이는 캐릭터에도 똑같이 적용할 수 있습니다. 기본형을 바탕으로 늘리고 줄이는 소품처럼 인체 또한 파트별로 크기 변화를 다양하게 바꿔볼 수 있는 거죠.

실제 비율에 맞춰 크로키를 그리는 것도 좋지만, 원하는 그림체로 디폼한 상태의 크로키 또한 많이 그려보는 것을 추천합니다. 그래야 실제 일러스트를 그릴 때 어떻게 캐릭터를 그려야 좋을지 감이 잡힐 거예요.

기본 구조를 해치지 않는 선에서
다양한 비율로 표현할 수 있습니다.

기본적인 부분보다는 디폼된 형태 위주로 하나씩 알아보도록 할 텐데요. 그림체가 다양한 만큼 디폼에 정답은 없다는 점을 먼저 참고해 주세요.

우선 남성과 여성의 신체를 간단히 비교해 볼까요? 전체적으로 남성은 근육과 뼈가 도드라지며 각진 느낌을 갖고 있는 반면, 여성은 곡선의 느낌을 좀 더 강조하여 그리는 편입니다. 목의 두께부터 팔꿈치, 정강이뼈 등 여성에 비해 남성이 좀 더 단단한 느낌으로 보입니다. 물론 근육질이 아닌 마른 몸의 남성도 있기 때문에 콘셉트에 따라 근육 표현의 정도를 결정하여 그리면 좋습니다.

여성은 골반이 더 넓어요.

남성은 어깨가 더 넓어요.

남성은 근육 표현을 위해 어깨를 조금 더 강조해 줍니다.

캐주얼한 스타일인 만큼 몸의 굴곡도 적당히 줄여 표현해 줍니다.

여성은 발목이나 뼈의 형태도 남성보다 좀 더 가늘게 표현해 줍니다.

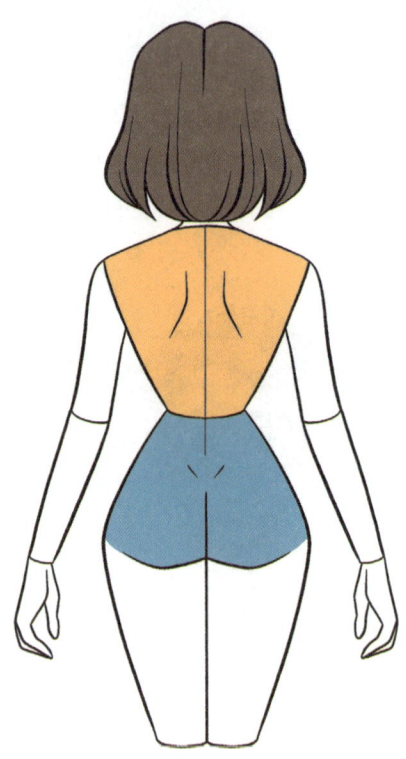

척추 라인과 엉덩이가 나뉘는 부분은 연결됩니다. 이때 뒷모습에서 선명히 보이는 척추 라인은 꼭 표현해 주세요.

또한 상대적으로 여성은 골반이 더 넓고, 남성은 어깨가 더 넓기 때문에 실루엣을 잡을 때 이 특성을 넣어 강조하면 남, 여 차이를 쉽게 표현할 수 있어요. 이때 남성의 골반뼈는 가로가 더 긴 여성의 골반뼈에 비해 세로로 길기 때문에 너무 넓어지지 않도록 주의하는 게 좋습니다.

뒷모습은 척추 라인이 선명하게 보이기 때문에 중심선으로 활용하기가 좋지만, 생략되면 어색해 보이는 부분이기도 합니다. 등부터 엉덩이 사이까지 라인이 연결되기 때문에 초반에 함께 가이드를 잡는 게 좋아요. 또한 엉덩이 아래쪽은 엉덩이 살이 있기 때문에 너무 밋밋해지지 않도록 그려 주세요.

디폼을 할 때는 라인으로만 진행하기보다는 먼저 큰 형태를 생각하면 좋습니다. 삼각형, 사각형, 원형과 같은 기본 도형 외에도 다각형이나 다른 형태를 대입할 수도 있으니 모양을 바꿔 단순하게 한 번 체크해 보세요.

디폼할 땐 도형으로 먼저 느낌을 잡아보면 좋습니다.

변하지 않는 기본 구조, 몸통

앞서 설명한 내용과 같이 디폼을 하더라도 크기 변화만 있을 뿐, 인체의 기본 구조는 크게 달라지지 않습니다. 그렇기 때문에 아무리 캐주얼한 그림체라도 기본 구조는 확실히 이해하고 연습하는 게 좋아요. 먼저 몸통을 알아볼까요?

인체를 그릴 때는 팔, 다리 같은 부수적인 부분을 먼저 그리기보다는 인체의 중심이 되는 몸통을 가장 첫 번째로 잡아야 안정감이 생깁니다. 특히 인체가 익숙하지 않을수록 꼭 제대로 체크하는 게 좋아요. 몸통은 크게 갈비뼈, 배, 골반까지 세 가지로 나눌 수 있습니다. 아래의 그림에서 실제 인체와 가장 가까운 ①을 보면 가슴과 허리 부분 등 굴곡이 많이 들어가 실루엣이 복잡하지만, ②는 허리의 꺾이는 부분을 기준으로 간단하게 두 가지로 줄여 그리고 있습니다. ③은 그보다 더 디폼이 들어간 형태로, 대부분의 굴곡을 축소하여 실루엣을 간단히 잡고 비율에 변화를 주어 좀 더 캐주얼해 보이지요. 오른쪽 이미지의 디폼된 실루엣과 가장 비슷해 보이는 형태이기도 합니다. 디폼의 정도는 자유지만, 이런 굴곡들을 생략한다고 해서 인체 구조가 달라지는 것은 아니니 주의해 주세요.

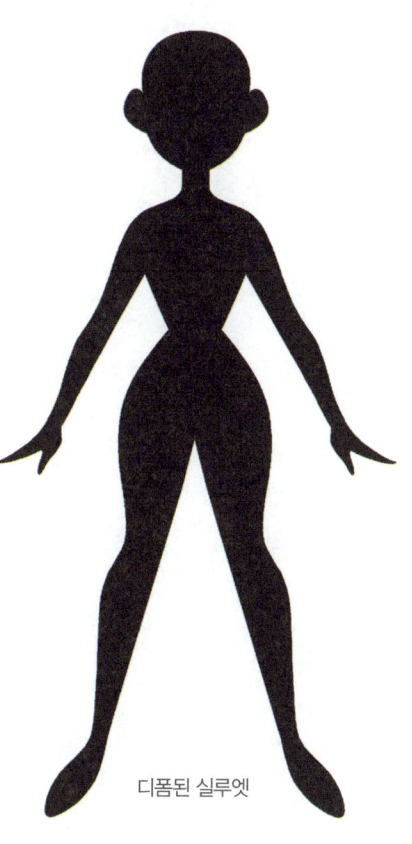

디폼된 실루엣

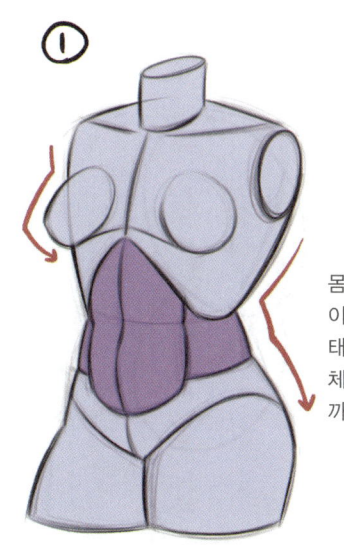

몸의 기본적인 굴곡이 들어가 있는 형태입니다. 실제 인체 느낌에 가장 가까워요.

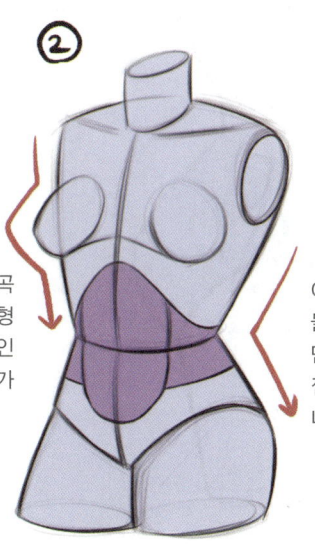

아주 약간 디폼이 들어간 상태이지만, 캐주얼한 느낌은 조금 부족합니다.

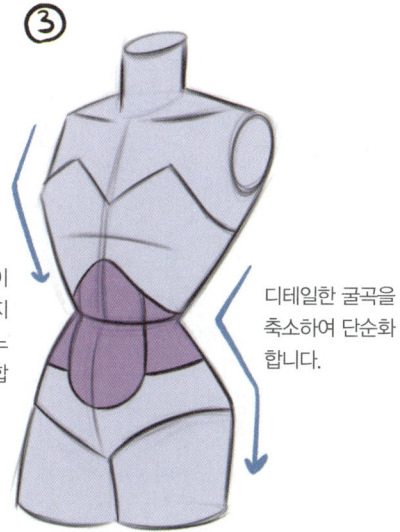

디테일한 굴곡을 축소하여 단순화합니다.

측면에서 볼 때 상체는 뒤쪽, 골반은 앞쪽으로 살짝 기울어진 형태이기 때문에 앞쪽은 펴지는 느낌, 뒤쪽은 살짝 꺾이는 흐름으로 보입니다. 서 있는 자세를 그릴 때 이 느낌을 살리면 자세가 좀 더 자연스러워요. 몸이 너무 일자로 보이지 않도록 초반 가이드를 잡을 때 흐름을 함께 체크해 보세요.

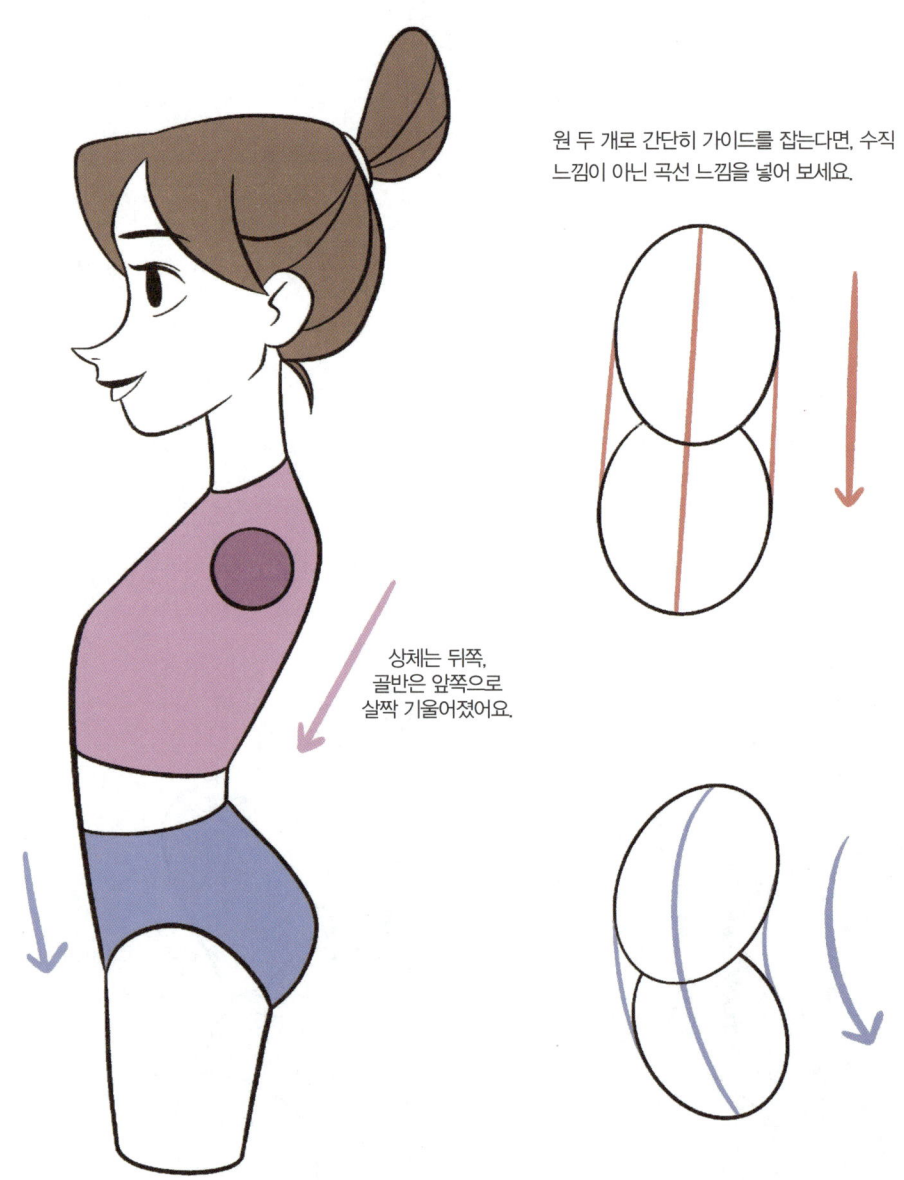

몸을 꺾으면 펴지고 꺾이는 흐름이 좀 더 확실히 보입니다. 좀 더 간단하게 종이컵으로 비유하자면, 오른쪽 아래 B의 경우 종이컵 자체를 억지로 늘려 연결하다 보니 좀 어색해 보여요. A처럼 분리하여 자연스럽게 벌어지도록 그려야 좋습니다. 몸을 꺾는다고 해서 갈비뼈가 늘어나는 것은 아니니 주의해 주세요.

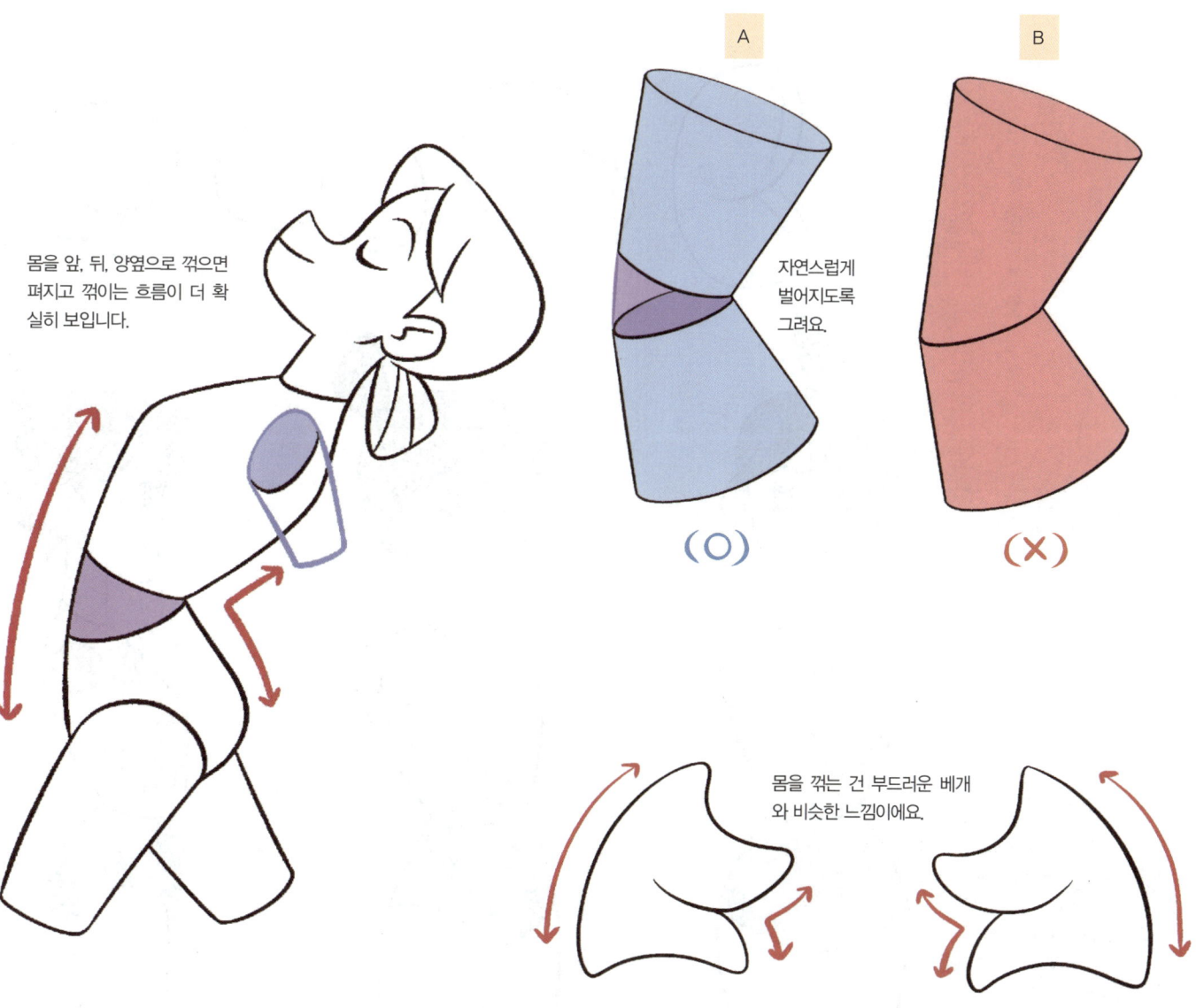

입체감이 이해되지 않은 상태에서 팔, 다리를 그리면 평면적으로 표현될 수 있어요. 그렇기 때문에 처음 인체를 그릴 때는 입체감을 이해하기 위해 몸통만 먼저 연습해도 좋습니다. 다음 이미지처럼 유연성이 좋은 베개를 생각하며 몸통 각도 연습을 다양하게 해봐도 좋아요. 단, 중심선을 같이 그리며 입체감을 생각해줘야 합니다. 그래야 대칭을 맞추며 그리기가 더 편할 거예요.

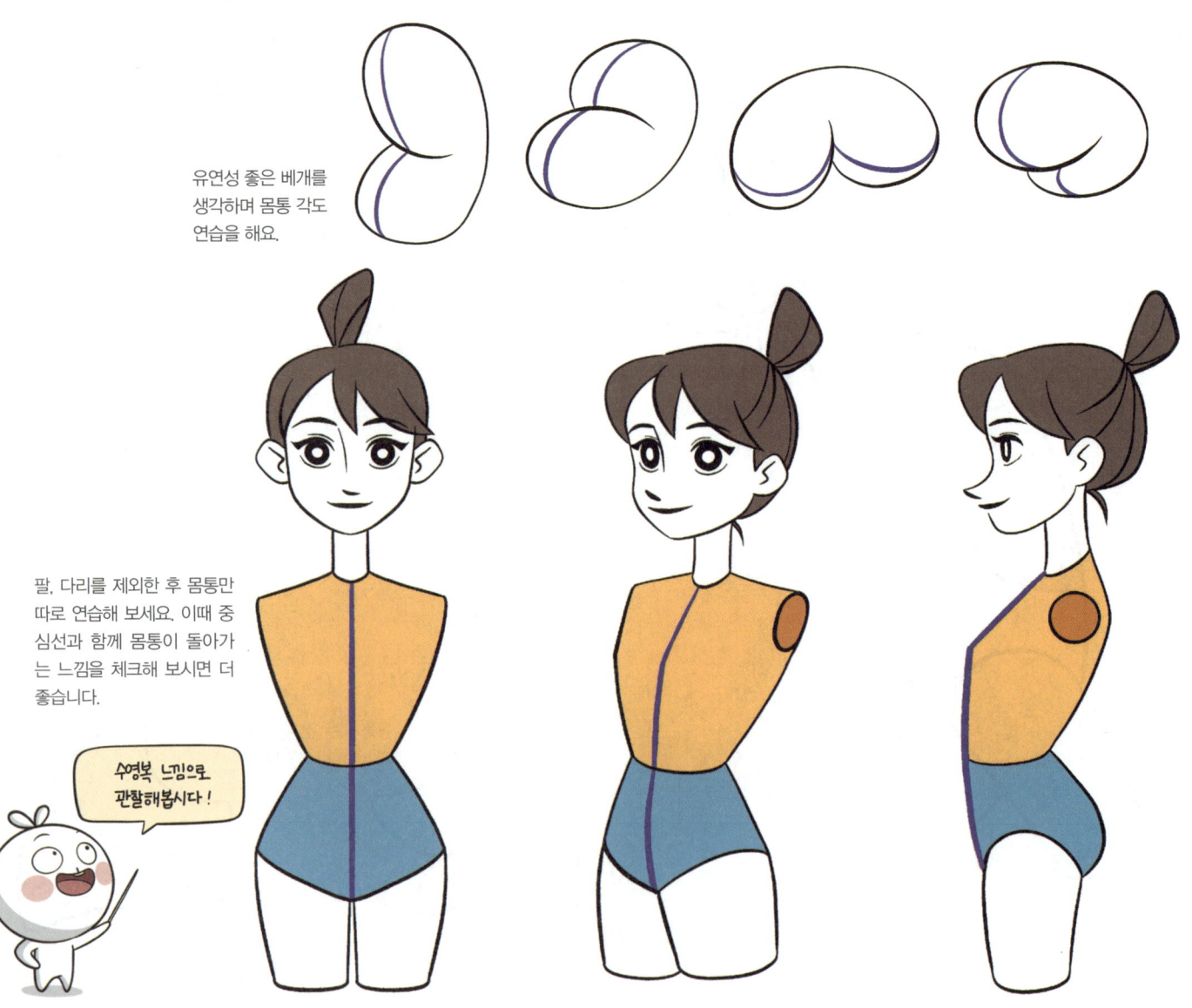

유연성 좋은 베개를 생각하며 몸통 각도 연습을 해요.

팔, 다리를 제외한 후 몸통만 따로 연습해 보세요. 이때 중심선과 함께 몸통이 돌아가는 느낌을 체크해 보시면 더 좋습니다.

수영복 느낌으로 관찰해봅시다!

관절과 근육에 관한 이해, 팔과 다리

몸통을 그렸다면 팔, 다리를 그릴 차례예요. 비율에 따라 약간의 차이는 있지만, 그릴 때 꼭 체크하면 좋은 포인트 몇 가지를 알아보겠습니다.

팔

팔을 그릴 때는 두 가지를 기억해 주세요. '팔꿈치=허리', '손목=급소' 이것만 지켜도 팔이 길어 보이는 일은 없습니다. 어깨부터 허리, 허리부터 급소까지 길이를 비교했을 때 필요 이상으로 길어졌다면 비율을 다시 한 번 생각하는 게 좋아요. 보통 우리가 그릴 때 팔을 들거나 꺾고 있을 때가 많은데, 이때 비교 대상 없이 팔만 보고 그리면 어색해 보이기 쉽습니다.

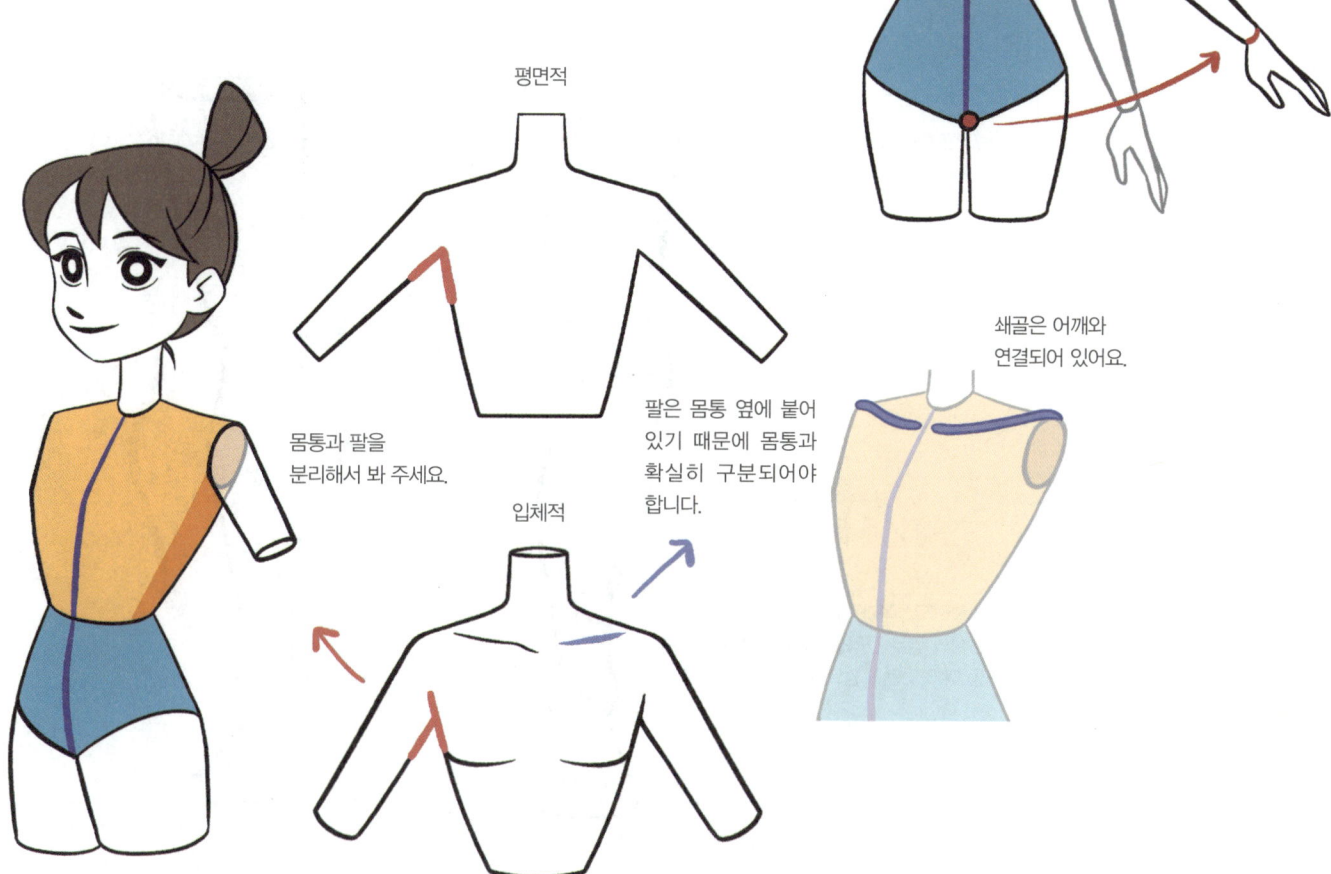

팔을 그렸을 때 평면적으로 보인다면 이미지를 한 번 체크해 보세요. 하나씩 보자면, 우선 몸통과 팔은 분리해서 봐줘야 합니다. 팔은 옆면에 있기 때문에 정면에서 봤을 때 라인으로 나눠야 자연스럽습니다. 쇄골은 어깨와 연결되어 있습니다. 그림체 특성상 라인을 살짝만 넣어줄 때가 많지만, 그렇다 하더라도 위치가 어긋나면 어색해 보일 수 있기 때문에 체크하는 게 좋아요.

다리

다리를 그릴 때는 캐주얼한 캐릭터이다 보니 일자로 쭉쭉 그릴 때가 많아요. 물론 그렇게 표현하는 것도 가능하지만 이번엔 조금 더 볼륨을 넣어 그려 볼 게요.

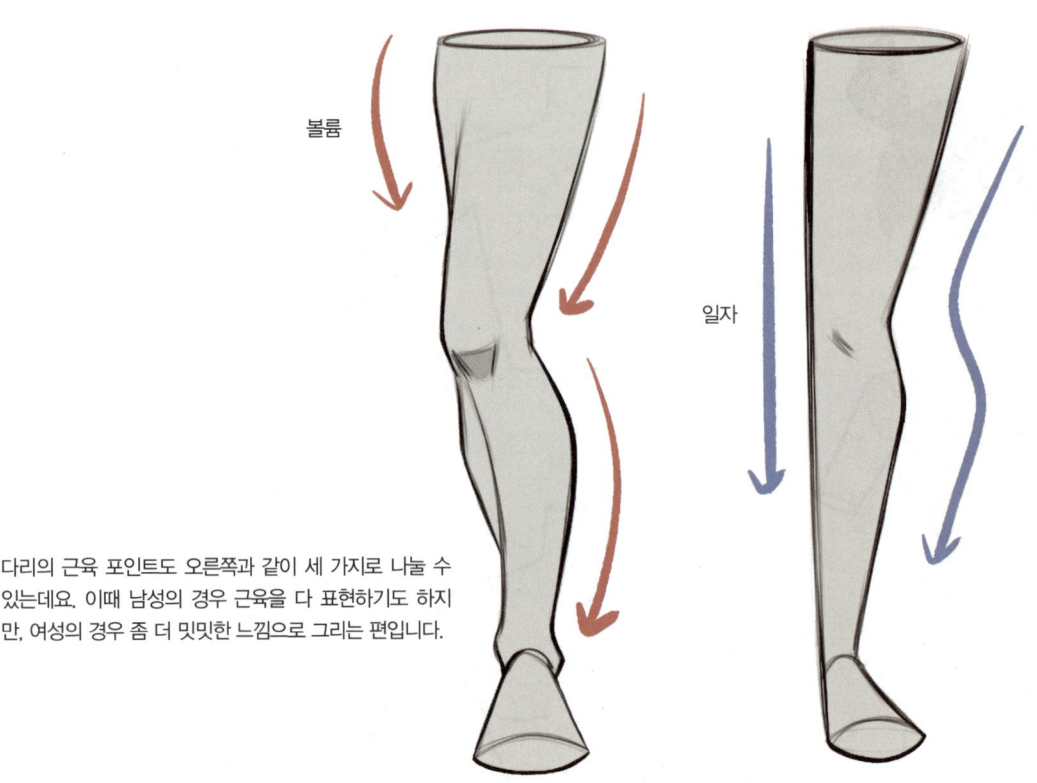

다리의 근육 포인트도 오른쪽과 같이 세 가지로 나눌 수 있는데요. 이때 남성의 경우 근육을 다 표현하기도 하지만, 여성의 경우 좀 더 밋밋한 느낌으로 그리는 편입니다.

자세에 따라 약간의 차이가 있지만, 근육의 특성상 보통 허벅지 앞쪽과 종아리, 이 두 부분을 좀 더 나오도록 표현합니다. 다만 디폼할 때는 무릎이나 근육이 너무 과해지지 않도록 곡선으로 실루엣을 부드럽게 연결해주는 게 좋아요.

만약 팔, 다리를 그릴 때 입체감보다 실루엣이 먼저 보인다면 원기둥과 구를 이용하여 입체감 있게 연습해 보길 추천드립니다. 다만 딱딱한 원기둥을 사용하기보다는 손목, 발목처럼 가늘어지는 부분이나 살짝 안으로 꺾이는 흐름 등을 포함하여 연습하는 게 좋을 거예요.

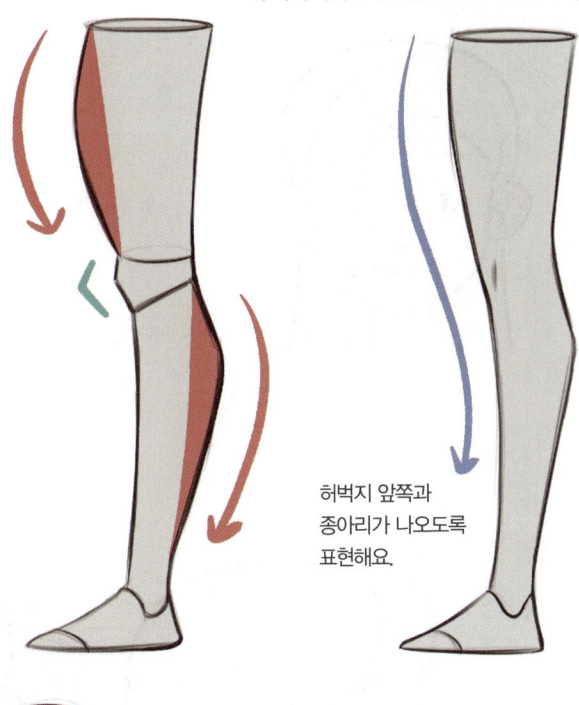

다리를 측면에서 보면 허벅지 앞쪽과 종아리 쪽이 나와 S자 흐름으로 보이게 됩니다.

허벅지 앞쪽과 종아리가 나오도록 표현해요.

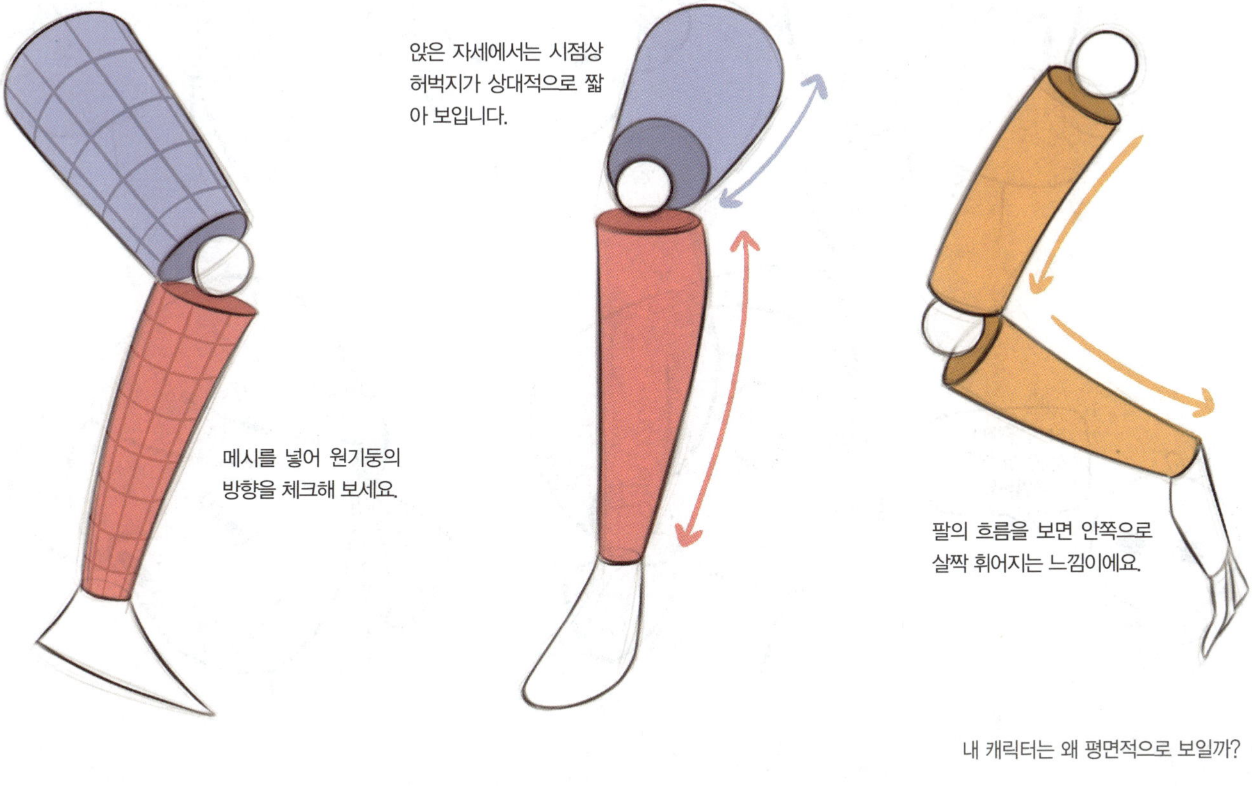

메시를 넣어 원기둥의 방향을 체크해 보세요.

앉은 자세에서는 시점상 허벅지가 상대적으로 짧아 보입니다.

팔의 흐름을 보면 안쪽으로 살짝 휘어지는 느낌이에요.

크로키에서 얼굴은 어느 정도로 그릴까?

크로키를 할 때는 두상의 각도와 이목구비의 위치 정도만 알 수 있도록 단순하게 그려도 좋습니다. 헤어스타일은 큼직한 덩어리 위주로 봐주고, 이목구비 또한 대부분 점이나 단순한 선으로 표현하죠. 크로키의 학습 목적은 인체의 비율과 다양한 자세이기 때문에 얼굴에 너무 많은 정성을 쏟지 않아도 괜찮습니다. 특히 눈을 그릴 때 너무 신경 쓰는 성향이라면 눈을 감고 있는 형태로 간단하게 바꿔 그리는 것도 좋을 거예요.

더 단순하게 점으로 그려봐도 괜찮아요!

자세에 따라 달라지는 흐름

캐릭터를 그릴 때는 딱딱하게 가만히 서 있는 자세를 그리기보다는 상황 설정에 맞춰 다양하게 그리는 경우가 더 많습니다. 이때 처음부터 몸을 그리기보다는 전체적으로 보이는 자세의 흐름을 먼저 체크해 보세요.

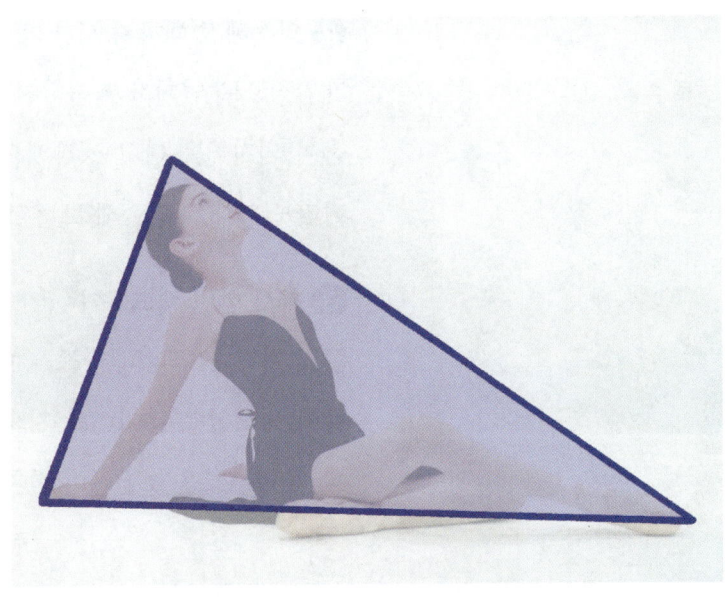

흐름은 어떻게 보는지에 따라 달라질 수도 있기 때문에 정답은 없지만, 보통 서 있는 자세에서는 곡선으로, 앉은 자세에서는 도형으로 많이 찾는 편입니다. 물론 그 안에서도 또 큰 흐름들을 찾아볼 수 있을 거예요. 어떤 방식이든 괜찮지만, 바로 크로키에 들어가는 것보다 더 안정감 있는 형태를 그리기 위해 반드시 체크해야 하는 부분이니 기억해 주세요.

크로키에 익숙하지 않다면?

❶ 위아래 끝을 정하고 그리기
그리다 보면 공간이 부족해서 그림의 일부분이 잘리는 경우가 있어요. 물론 디지털 드로잉인 만큼 수정하기는 편하겠지만, 만약 이 부분을 고치고 싶다면 위아래 끝을 정해 놓고 연습해 보세요.

❷ 익숙해질 때까지 시간 재지 않고 그리기
개인적으로 인체가 익숙하지 않은 상태에서 시간을 재고 그리는 것은 별로 도움이 되지 않는다고 생각해요. 익숙해질 때까지는 시간에 신경 쓰지 말고 하나라도 제대로 연습해 보는 것을 추천합니다.

❸ 다시 한번 체크하기
그림 하나를 그리고 바로 끝내기보다는 원본과 비교하며 인체의 흐름이나 비율에 어색한 부분이 없는지 다시 한번 체크해 보면 좋아요. 다음부터는 그릴 때 어떤 부분을 조심해야 할지 생각하게 됩니다.

비율과 자세를 익히는 크로키 그리기

IPAD DRAWING 06

앞서 배운 내용들을 바탕으로 예제 사진과 함께 크로키를 그려 봅니다. 순서는 약간씩 달라도 괜찮으니, 어떻게 단순화하는지 참고하며 연습해 보세요.

● 예제 파일 : 04\크로키.jpg   완성 파일 : 04\크로키_완성.jpg

캔버스 크기 : 1200×1900px
해상도 : 300dpi
사용 브러시 : 스케치 → HB 연필

| 얼굴의 각도와 자세의 흐름 | 발의 위치는 수평에 가깝고 오른쪽이 무게 중심 | 펴지고 꺾이는 위치 | 팔의 각도 |

01 크로키를 시작하기에 앞서 자세의 흐름이나 특징을 한 번 체크해 보세요. 얼굴의 각도, 몸의 꺾임이나 팔, 다리 각도 등 흐름을 볼 수 있는 요소들을 확인합니다. 특히 무게 중심이 잘 맞지 않으면 쓰러질 것처럼 불안해 보이기 때문에 초반부터 안정감 있게 잡는 게 중요해요.

그릴 때 몸을 먼저 그리는 경우도 있지만, 저는 보통 얼굴을 먼저 그리는 편이에요.

02 01번 과정에서 체크한 특징들을 바탕으로 흐름(가이드라인)을 그립니다.

03 흐름을 바탕으로 〔레이어(■)〕에서 〔+〕 버튼을 탭하여 새 레이어를 추가해서 그리도록 합니다. 원을 그린 다음 이목구비 각도에 맞게 십자 표시를 넣어 줍니다.

04 | 가이드에 맞춰 이목구비를 그립니다.

05 | 이목구비에 맞춰 얼굴형을 그립니다.

꼭 원본과 같을 필요는 없어요. 단순한 선으로 각각의 위치만 잡아 줍니다. 처음부터 디폼한 형태로 그릴 예정이기 때문에 얼굴을 원본보다 살짝 키워서 그려 볼게요.

만약 눈을 뜨고 있는 형태로 그린다면 오른쪽 얼굴 정도로만 표현해도 괜찮아요.

펴지고 꺾이는 느낌을 초반부터 확실히 잡아 주세요.

팔꿈치 부분의 디테일한 굴곡이나 주름 등을 거의 표현하지 않고 간단하게 생략합니다.

양쪽 팔의 길이나 손의 크기를 비교했을 때 너무 차이 나지 않도록 같이 봐주세요.

06 | 얼굴이 얼추 나왔으니 목과 몸통을 그립니다.

07 | 몸통에 맞춰 팔을 하나씩 그립니다.

08 | 나머지 팔도 그립니다.

비율과 자세를 익히는 크로키 그리기 **255**

09 이번에는 다리를 그립니다. 몸통과 다리가 부드럽게 연결되는 부분이 보이네요. 단순하게 보일 수 있도록 이 부분을 좀 더 강조해서 그려 줄게요.

10 반대쪽 다리도 그립니다. 마찬가지로 양쪽 다리를 비교했을 때 발의 크기나 다리의 두께 등이 비슷하게 보이는지 체크하세요.

이 정도로만 그려도 전체적인 자세가 잘 보이기 때문에 기본 자세는 여기서 마무리해도 괜찮습니다.

11 의상을 추가로 그립니다.

12 신발도 그리고, 원본과는 다르지만 헤어스타일도 살짝 바꿔 원하는 대로 그려 완성합니다.

이때 얼굴을 그릴 때와 마찬가지로 몸통의 중심선을 바탕으로 옷을 그려야 어색하지 않게 그릴 수 있습니다. 자연스럽게 떨어지는 느낌을 위해 실루엣이 복잡해지지 않도록 간단하게 그려 주세요.

자세와 소재에 따른 옷 주름

이번엔 몸에 옷을 입혀볼 차례예요. 옷을 입힐 때도 옷 주름에 대한 포인트가 몇 가지 생기는데, 이 부분을 기본 구조와 함께 알아보도록 할게요.

옷 주름은 자세에 따라 다양한 변화가 생기지만, 주름이 생기는 기본 포인트는 어느 정도 정해져 있습니다. 그 포인트에 중점을 두고 주름을 추가하면 상대적으로 쉽게 접근할 수 있지요.

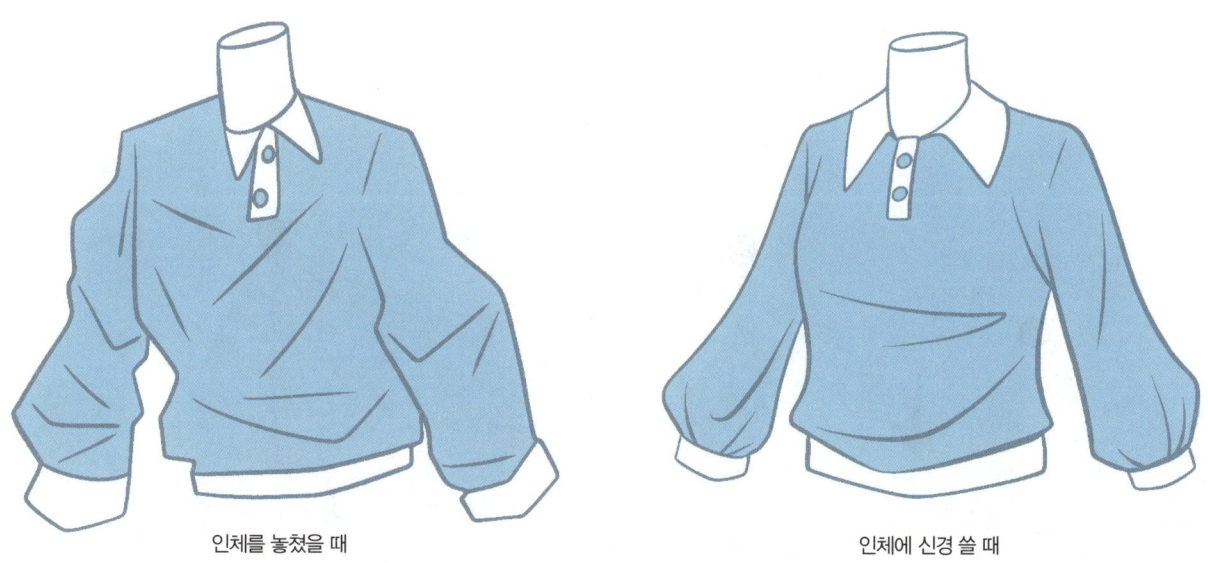

인체를 놓쳤을 때 　　　　　　　　　　　인체에 신경 쓸 때

초보자들은 대부분 주름이 생기는 아웃라인 위주로 신경 쓰다 보니 기본적인 인체 구조를 놓치는 경우가 종종 있습니다. 하지만 옷을 그리기 전에 반드시 먼저 인체 구조를 간단하게라도 그려보는 게 좋아요. 어떤 부분에서 꺾이고 내려오는지, 입체감은 어떻게 되는지 파악하며 형태와 주름을 잡기 수월하기 때문입니다.

주름의 디테일은 그림체에 따라 약간의 차이가 있습니다. 디테일한 그림체일수록 주름 또한 섬세하게 그리는 게 좋고, 캐주얼한 그림체일수록 잔주름은 적절히 생략하는 게 잘 어울리지요.

천의 특징

먼저 천의 특징을 알아봅니다. 천을 잡으면 잡는 위치를 기준으로 주름이 생겨요. 잡히는 곳이 두 개면 두 개, 세 개면 세 개의 포인트가 생기겠지요? 포인트가 하나인 경우에는 중력에 의해 떨어지면서 곡선보다는 직선에 가깝게 주름이 생기지만, 두 개 이상의 포인트가 생길 때는 곡선의 흐름으로 주름이 생깁니다. 아래로 내려갈수록 중력이 더 들어가기 때문에 길게 늘어져요. 이런 식으로 주름을 넣기 전 원하는 곳에 포인트 위치를 먼저 잡으면 자연스럽게 그려줄 수 있답니다.

한 개의 포인트의 경우
직선의 흐름으로 주름이 생겨요.

두 개의 포인트의 경우
곡선의 흐름으로 주름이 생겨요.

오른쪽 A 이미지에서 한 가지 눈치챘나요? 천은 부드럽기 때문에 이리저리 꺾이며 안쪽 면이 보일 때가 있어요. 이때 가려진 부분도 포인트로 향하도록 형태를 잡아야 어색하지 않습니다. 또한 떨어지는 무게감을 위해 매끄러운 직선으로 표현해야 자연스러워요. B 이미지의 경우 포인트와 상관없이 이리저리 구겨진 느낌이 강하다 보니 천보다는 가벼운 비닐의 느낌으로 보이기도 합니다.

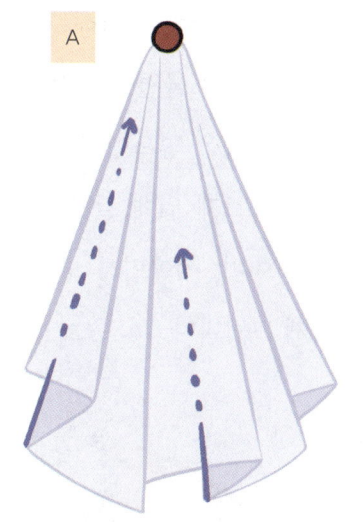
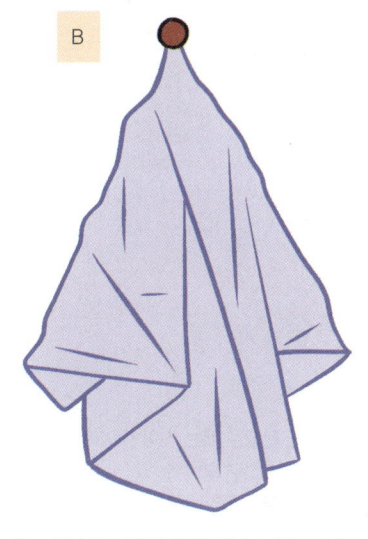

A : 가려진 부분이 포인트로 향합니다. 선이 직선으로 떨어져 무게감이 느껴지지요.

B : 선이 매끄럽지 않아 비닐 느낌으로 보입니다.

그렇다면 물체 위에 천이 올라갈 때는 어떻게 될까요? 천은 부드러운 성질을 갖기 때문에 덮는 오브제의 굴곡을 그대로 반영합니다. 각이 있는지 없는지에 따라 형태가 달라져요. 이때 공중에 떠 있는 경우 천의 남은 부분은 중력에 의해 수직으로 떨어지도록 그려야 자연스럽지만, 천이 상대적으로 더 커서 바닥까지 떨어지는 경우 천은 꺾이면서 시점에 맞춰 납작한 형태로 보입니다.

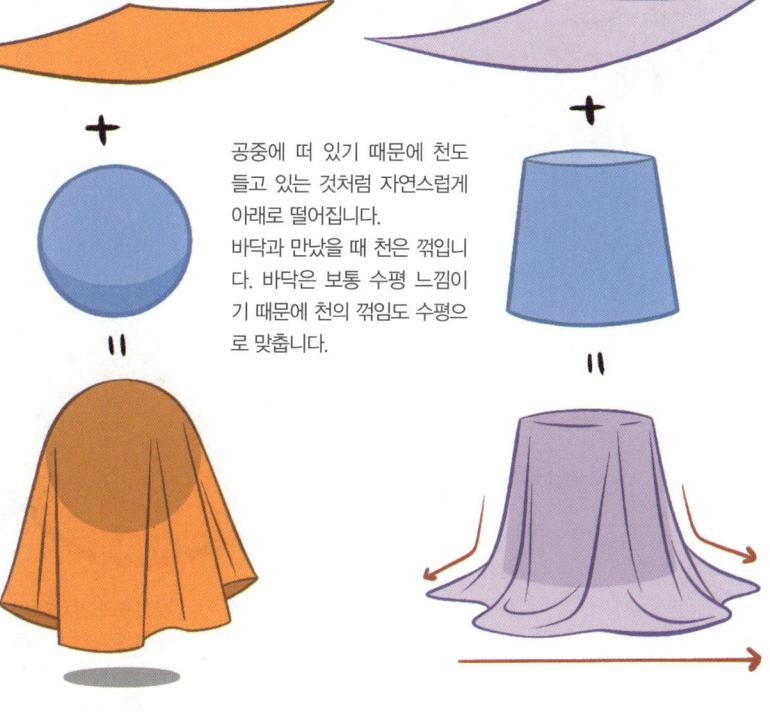

공중에 떠 있기 때문에 천도 들고 있는 것처럼 자연스럽게 아래로 떨어집니다.
바닥과 만났을 때 천은 꺾입니다. 바닥은 보통 수평 느낌이기 때문에 천의 꺾임도 수평으로 맞춥니다.

공중에 떠 있는 경우   바닥으로 떨어지는 경우

또한 천에 바람이 더해지면 펄럭이며 좀 더 다이내믹한 물결 모양으로 보입니다. 이때 이 물결 부분은 불규칙하기 때문에 가장 먼저 그린 다음 그 위치에 맞춰 주름을 넣으면 편하게 그릴 수 있어요. 앞서 학습한 내용과 마찬가지로 천이 오브제 위에 걸쳐져 있을 땐 바람을 맞는 방향으로 오브제 형태가 선명히 보이며, 꺾이면서 보이는 천의 안쪽은 주름이 모이는 포인트 지점으로 향하게 그립니다.

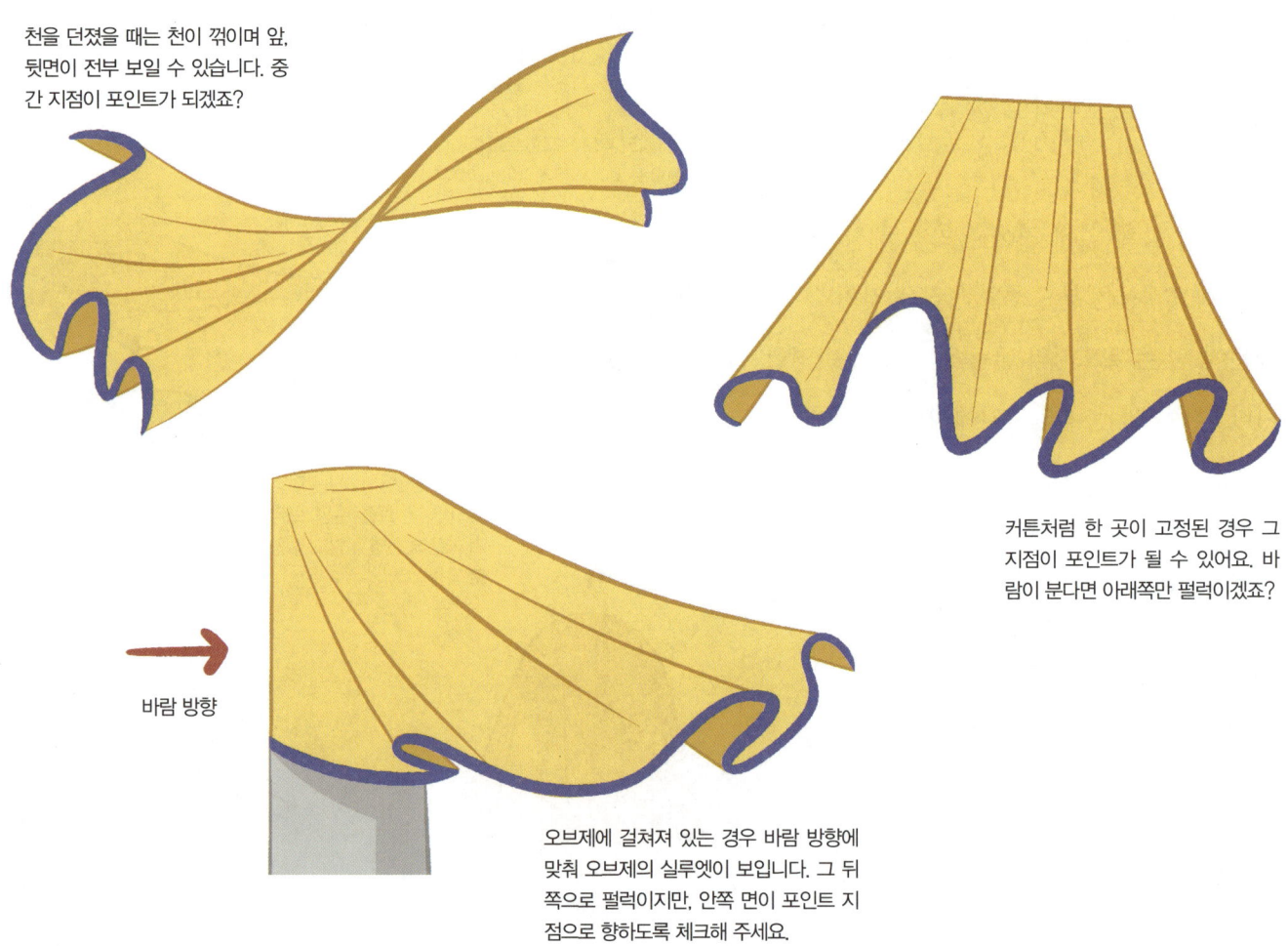

천을 던졌을 때는 천이 꺾이며 앞, 뒷면이 전부 보일 수 있습니다. 중간 지점이 포인트가 되겠죠?

커튼처럼 한 곳이 고정된 경우 그 지점이 포인트가 될 수 있어요. 바람이 분다면 아래쪽만 펄럭이겠죠?

바람 방향

오브제에 걸쳐져 있는 경우 바람 방향에 맞춰 오브제의 실루엣이 보입니다. 그 뒤쪽으로 펄럭이지만, 안쪽 면이 포인트 지점으로 향하도록 체크해 주세요.

이러한 천의 특성이 가장 잘 드러나는 의상 중 하나는 치마입니다. 다만 치마의 경우 기본적인 형태가 원기둥에 가깝기 때문에 기본 도형을 먼저 가이드로 그린 다음 거기에 맞춰 천의 포인트를 넣는 게 좋아요. 그래야 펄럭이거나 단계가 생기는 형태를 그릴 때도 삐뚤빼뚤하지 않게 그리기 편합니다. 디자인에 따라 포인트 지점은 여러 개 생길 수 있어요. 다양한 의상 이미지를 참고하여 주름이 시작되는 포인트만 찾아보는 연습을 해도 좋습니다.

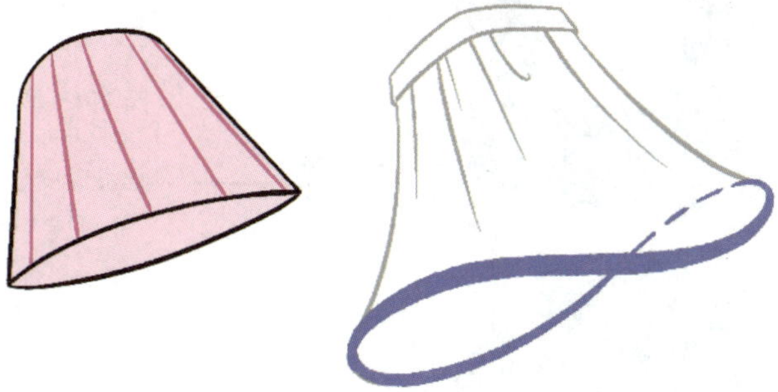

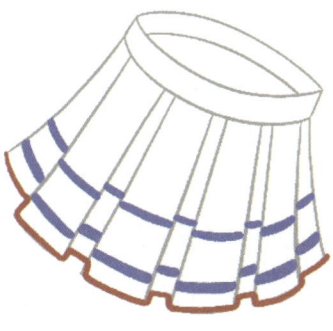

패턴을 넣거나 펄럭이더라도 돌아가는 원기둥의 느낌은 유지해야 합니다.

패턴도 주름에 맞춰 접히도록 그립니다.

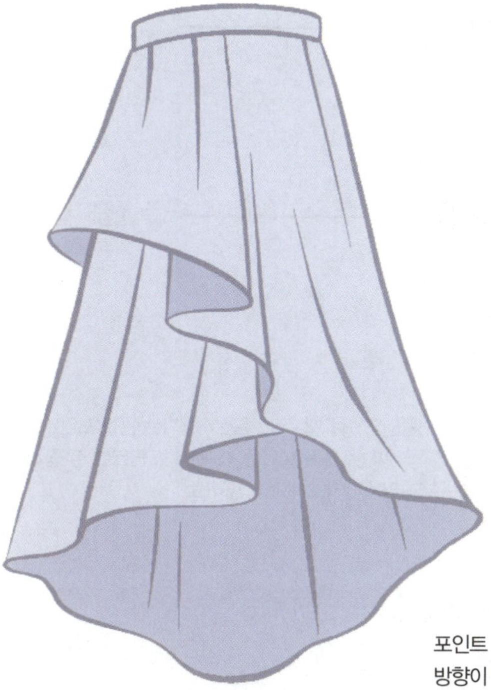

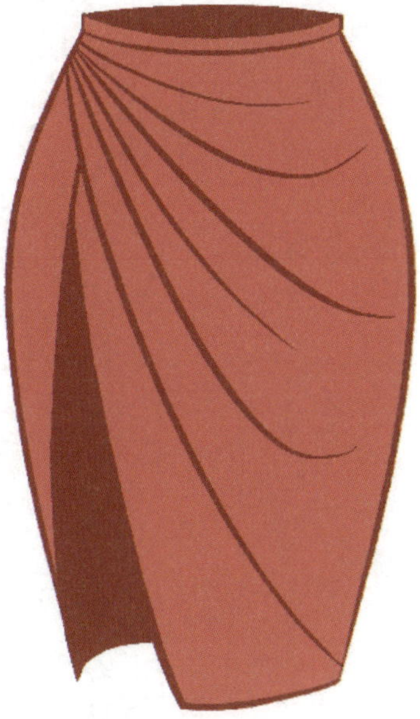

포인트 지점이 여러 개인 경우 주름의 방향이 달라질 수 있습니다.

자세와 소재에 따른 옷 주름 **261**

인체 구조를 바탕으로 옷 입히기

천의 기본 특성을 알아봤으니 이번에는 인체를 추가해 볼게요. 옷을 그릴 때는 반드시 인체가 바탕이 되어야 합니다. 옷 주름에만 신경 쓰다 보면 앞서 살펴본 이미지처럼 인체의 구조가 어색해지면서 평면적으로 보일 수 있어요. 몸을 먼저 그린다고 해서 완벽한 드로잉을 하기보다는, 옷을 그릴 때 불편하지 않도록 비율과 자세 위주로 가이드만 그리면 됩니다. 이때 인체 단순화에서 익힌 기본 도형을 사용해도 좋아요.

그렇다면 인체에서 주름이 생기는 포인트는 어떤 부분이 있을까요? 주름이 생기는 기준은 크게 세 가지로 나눌 수 있어요. 저는 이를 '쪼임', '접힘', '꺾임'으로 표현하는데요. 주로 팔꿈치, 무릎, 어깨 등 관절 부분에서 주름이 생깁니다. 다만 팔을 펴고 접는 것처럼 자세에 따라 주름의 강도는 달라질 수 있어요.

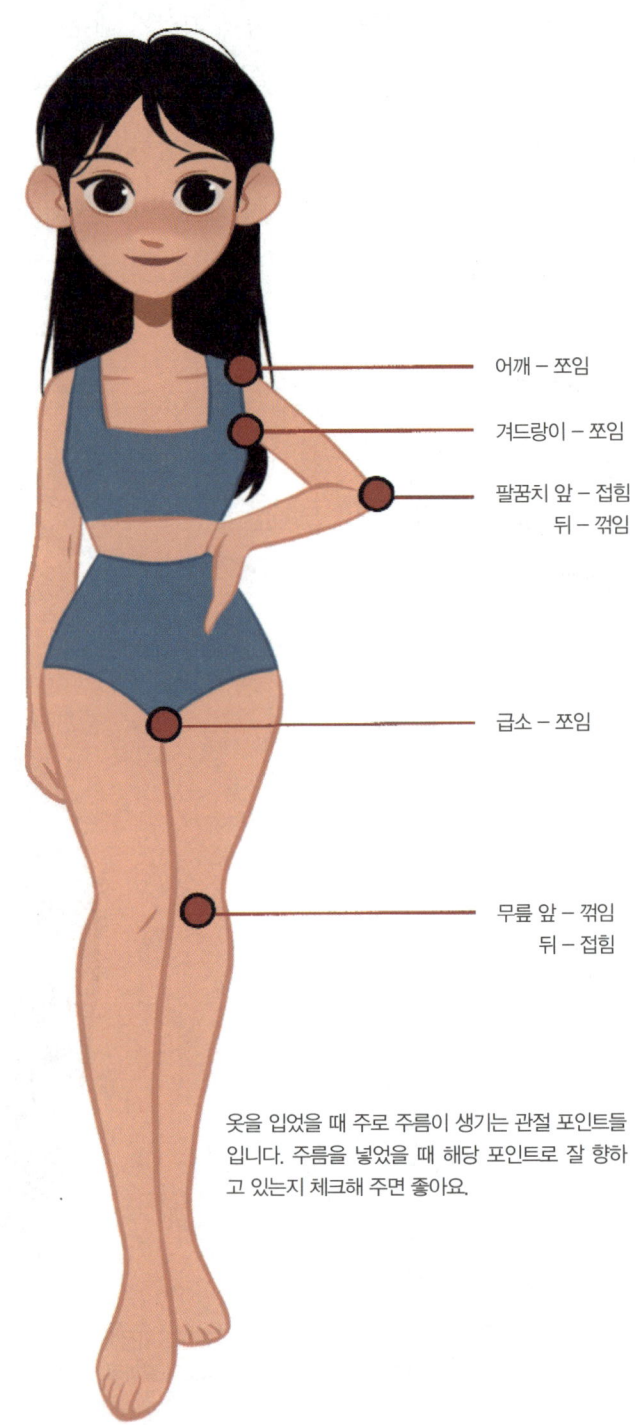

어깨 – 쪼임

겨드랑이 – 쪼임

팔꿈치 앞 – 접힘
뒤 – 꺾임

급소 – 쪼임

무릎 앞 – 꺾임
뒤 – 접힘

옷을 입었을 때 주로 주름이 생기는 관절 포인트들입니다. 주름을 넣었을 때 해당 포인트로 잘 향하고 있는지 체크해 주면 좋아요.

관절이 꺾이면 포인트 지점이 생기면서 주름이 나오게 됩니다. 이때 주름과 실루엣이 연결되도록 함께 봐줘야 자연스러워요. 주름은 많은데 실루엣이 단순하면 어색해 보이기 때문이죠. 또한 인체 방향(흐름)에 맞춰 주름이 들어가기 때문에 시점에 따라 직선보다는 곡선을 사용해야 입체감이 살아납니다.

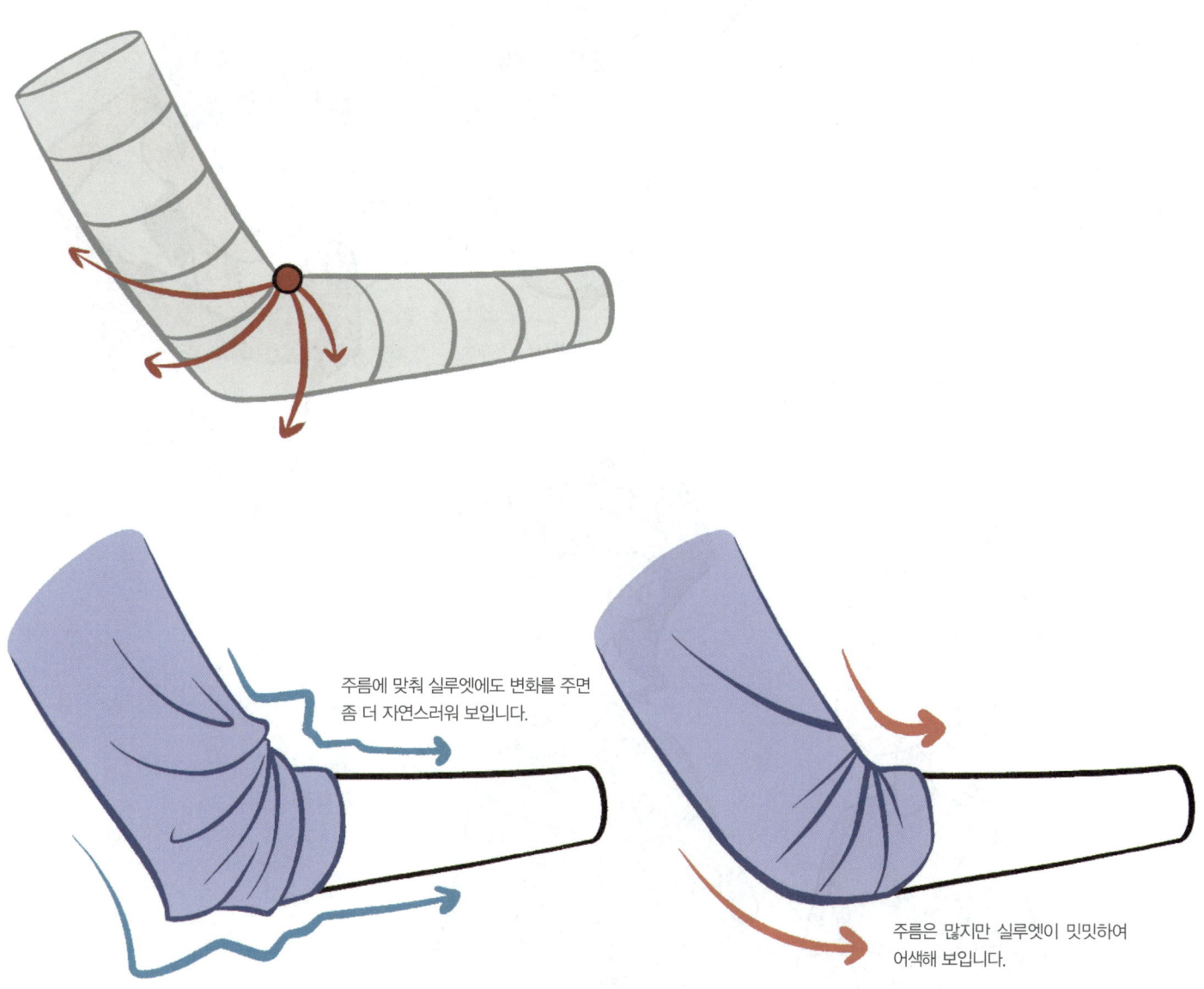

주름에 맞춰 실루엣에도 변화를 주면 좀 더 자연스러워 보입니다.

주름은 많지만 실루엣이 밋밋하여 어색해 보입니다.

옷을 그리기 전, 인체 가이드 위에 주름이 생기는 포인트를 먼저 체크해 보세요. 일반적으로는 중력에 의해 아래로 떨어지는 주름이 대부분이지만, 자세에 따라 주름이 더 강조될 때가 있습니다. 오른쪽 A 이미지의 경우 팔을 들고 있는 자세이다 보니 어깨 포인트를 기준으로 옷이 접히면서 주름이 많이 생기죠. 이때 옷을 바지 속에 넣고 있다면 아래로 당겨지기 때문에 이 부분도 주름에 방향이 생길 거예요.

주름이 생기는
포인트를 먼저 체크해요.

옷이 두꺼울 때는
주름도 두께감 있게
잡아 보세요.

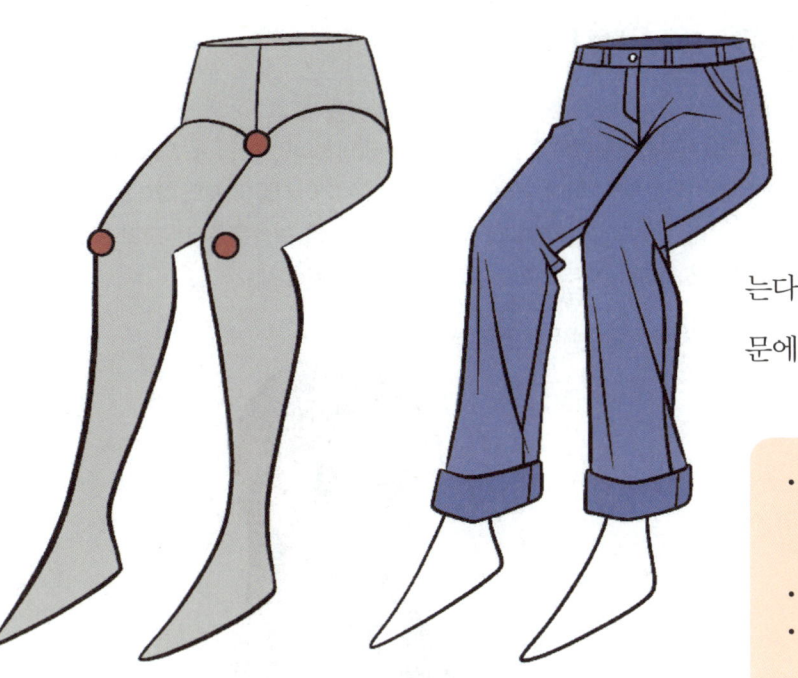

하의의 경우도 마찬가지입니다. 포인트 지점으로 주름이 생기죠. 이때 통 넓은 바지인지 아닌지에 따라 주름의 정도는 달라질 수 있는데요. 달라붙는 바지를 입는다면 다리와 바지 사이에 공간이 적어지기 때문에 상대적으로 주름도 적어집니다.

- 주름은 잡거나(쪼임), 접히거나, 꺾이는 부분에서 많이 생깁니다. 이 세 가지 포인트 지점을 먼저 생각한 다음 주름을 하나씩 넣습니다.
- 의상을 그릴 때는 먼저 인체를 간단히 그립니다.
- 천의 접힌 부분을 그릴 때는 안 보이는 부분까지 생각해서 그립니다.

다리를 펴고 있을 때는 무릎 포인트가 있더라도 주름이 약해집니다.

자세와 소재에 따른 옷 주름

캐릭터 옷 입히기

자세부터 직접 그리면서 연습해도 좋지만, 아직 어렵고 막막하다면 인형 옷 입히기 놀이처럼 다양하게 코디하며 연습해 보세요. 이때 원하는 스타일의 옷 이미지를 가져와 그대로 입혀봐도 좋은 연습이 됩니다. 이번 시간엔 기본 캐릭터 위에 그림과 같은 의상을 한 번 그려 보도록 할게요. 채색은 자유이니 스케치만 어떤 식으로 진행하는지 참고해 보세요.

● 예제 파일 : 04\의상.jpg   완성 파일 : 04\의상_완성.psd

색상 코드

f5ddc8   df8b59   2e447d   f6a347

캔버스 크기 : 2000×3000px
해상도 : 300dpi
사용 브러시 : 스케치 → HB 연필
　　　　　　 잉크 → 스튜디오 펜

02 상의를 그리기 위해 인체의 중심을 적당히 체크한 다음 라운드 넥을 그립니다. 라운드 넥에서 가장 내려가는 부분이 중심에 맞을 수 있도록 합니다.

03 중심에 맞춰 크롭 티를 그려 줍니다. 어깨의 위치를 생각하며 팔이 들어갈 구멍도 만들어 주세요.

01 04 폴더에서 '의상.jpg' 파일을 불러옵니다. 스케치가 잘 보이게 이미지 레이어 불투명도를 희미하게 보이도록 조절한 후 새로운 레이어를 올려 진행합니다.

TIP 예제 캐릭터는 손이 몸과 겹쳐져 있어서 팔 레이어가 따로 분리되어 있습니다.

그림체가 단순한 만큼 옷의 두께를 그릴 필요는 없으니 실루엣을 단순하게 잡습니다.

04 스키니한 청바지를 그립니다. 주름을 넣기 전에 먼저 인체에 맞춰 실루엣을 잡고, 바지 아래쪽은 다리 입체감에 맞게 곡선으로 마무리하세요.

05 바지 위쪽에 벨트 부분을 그립니다. 중심선에 어느 정도 맞게 단추와 지퍼 부분도 표현해 주세요.

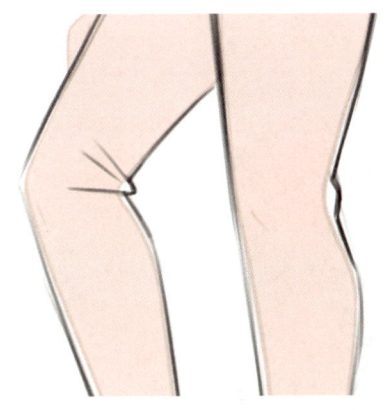

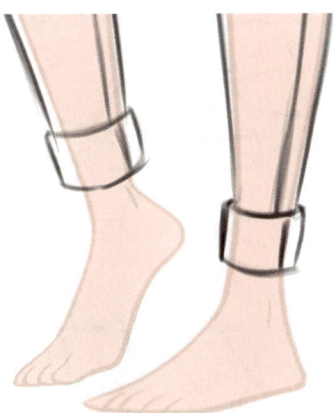

06 | 실루엣이 어느 정도 나왔다면 주름도 살짝 넣습니다. 접힌 다리는 주름이 강하게 생기겠지만, 펴고 있는 다리는 주름도 펴지겠죠? 편 쪽은 청바지가 접힌 느낌만 살짝 주도록 합니다.

07 | 다리의 옆면에 청바지 재봉선을 넣습니다. 이때 주름이 있는 부분에는 재봉선도 살짝 어긋나도록 그리세요. 바지가 더 접혀 보일 거예요.

08 | 급소 부분에도 주름을 살짝 추가합니다. 너무 많이 넣을 필요는 없습니다.

09 | 바지 밑단을 접은 느낌을 냅니다. 바지를 한 번 더 접었기 때문에 입체감을 살짝 더 넣었습니다.

캐릭터 옷 입히기

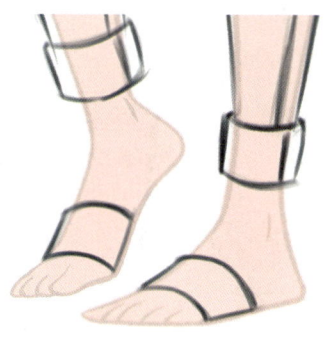

10 발등 흐름에 맞춰 곡선으로 샌들의 윗부분을 그립니다.

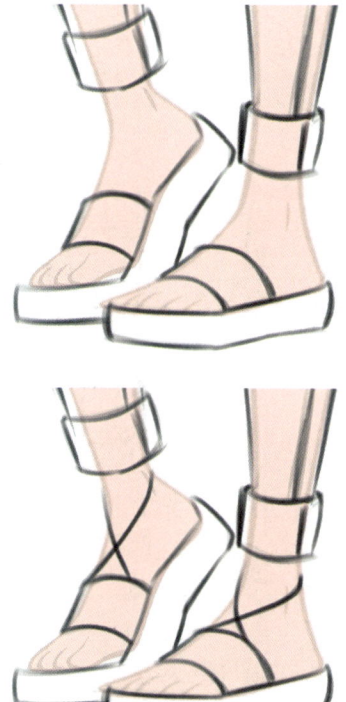

겹치는 부분 역시 발등의 중심에 어느 정도 맞아야 합니다.

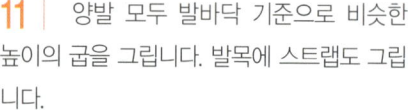

11 양발 모두 발바닥 기준으로 비슷한 높이의 굽을 그립니다. 발목에 스트랩도 그립니다.

12 귀걸이와 함께 상의 부분에 라인도 넣어 봅니다. 앞쪽은 가슴의 꺾임이 확실하기 때문에 가슴 위치에 맞춰 선도 꺾이도록 그려 줄게요. 딱 달라붙는 옷이라 주름이 선명하지는 않지만, 입체감을 위해 가슴 아래쪽에만 살짝 넣도록 합니다. 깊은 주름이 아니기 때문에 선은 어긋나지 않게 그대로 그려줘도 괜찮아요.

13 스케치가 완성되었으면 원하는 색상으로 간단히 채색해 봅니다.

MISSION

마음에 드는 코디를 찾은 다음 캐릭터 자세에 맞춰 그려 봅니다.

PART 5

스토리를 불어 넣는
배경 그리기

일러스트를 작업할 때 캐릭터 하나만 간단히 그릴 때도 있지만, 배경이 함께 들어가면 그림의 스토리를 좀 더 확실히 전달할 수 있습니다. 이번엔 어렵게 느껴졌던 투시부터 간단한 소품까지 차근차근 알아보도록 할게요!

시점에 따라 달라지는 투시

투시는 그림에서 기본기에 해당하는 부분이지만 시점에 따라 변화가 다양하다 보니 처음에는 굉장히 어렵게 느껴지는 부분이기도 합니다. 그래도 그림을 다양하게 그리기 위해서는 꼭 필요한 부분이니 차근차근 하나씩 알아보도록 합시다.

소실점

우리가 보는 시선의 끝에는 긴 선이 하나 있습니다. 이것을 지평선 또는 수평선(눈의 높이)이라고 부르지요.

하늘

수평선

바다

바닷가에 가면 멀리 보이는 하늘과 바다의 경계선. 그 부분은 수평선이 됩니다.

이 지평선에는 소실점이 위치하는데, 이 점을 기준으로 투시 선이 나오게 됩니다. 이때 물체의 방향에 따라 소실점은 여러 개가 생길 수 있지만, 소실점 위치는 같은 지평선상에 있어야 하지요.

그렇다면 투시 선은 얼마나 그려야 할까요? 투시 선은 가상의 선이기 때문에 무한대로 존재한다고 생각해도 무방합니다. 수많은 투시 선 중에 그림 가이드로 사용하기 위하여 임의로 몇 개만 뽑아 그려주는 거지요. 10개를 그리던, 20개를 그리던 상관 없습니다. 그림 그리기 편한 정도로만 투시 선을 그려준 후 그림을 진행해 보세요.

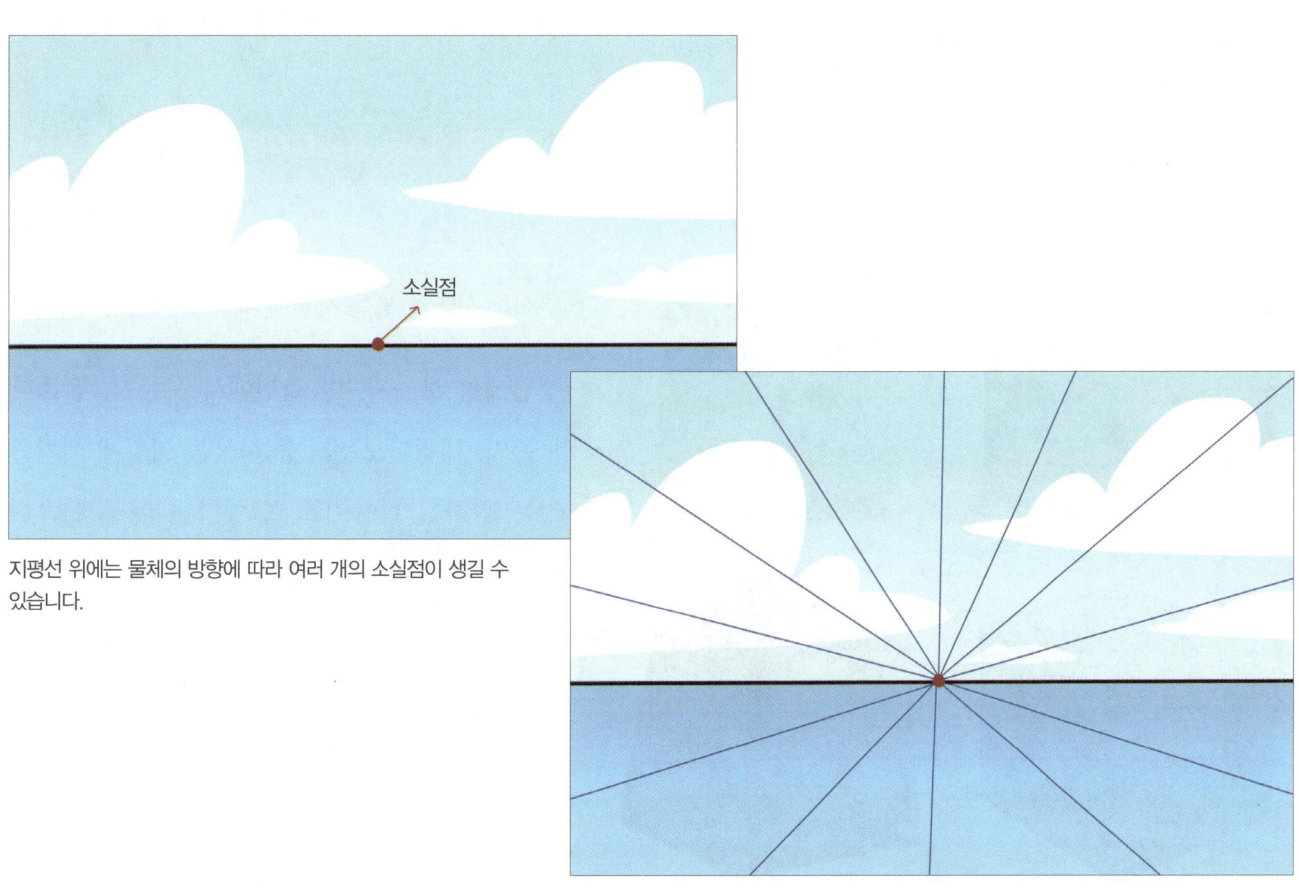

지평선 위에는 물체의 방향에 따라 여러 개의 소실점이 생길 수 있습니다.

소실점에서 나오는 투시선은 무한대로 존재합니다. 그림을 그리기 편한 정도로만 가이드로 활용합니다.

기본 3점 투시인 이유

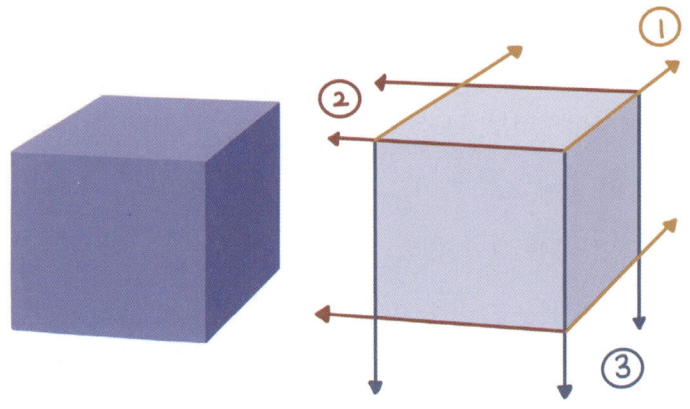

사물은 보통 3쌍의 방향을 갖고 있으며, 투시가 하나씩 들어갈 때마다 평행이 아닌 소실점으로 모입니다.

보통 사물은 3쌍의 방향을 갖고 있습니다. 우리가 3D라고 부르는 이유도 여기에 있지요. 투시가 들어가지 않은 상태에서는 모든 선이 방향에 따라 평행을 이루며 가지만, 투시가 하나씩 들어갈수록 더 이상 평행이 아니라 소실점에 모이는 느낌으로 바뀝니다. 기본적으로 1점, 2점, 3점 투시까지 생기며, 왜곡에 따라 4점, 5점 투시 이상도 생길 수 있지만 거의 사용하지 않는 편입니다.

투시가 달라지는 기준

투시는 사물을 보는 시점에 따라 달라집니다.

정면에서 보는지, 반 측면에서 보는지, 올려다 보는지, 내려다보는지 등 사물을 어떻게 배치할지는 정하기 나름이죠. 그렇다면 어떻게 그려 나가야 하는지 하나씩 알아볼까요?

같은 직육면체여도 보는 시점에 따라 다양하게 그릴 수 있습니다.

1점 투시

1점 투시는 3쌍 중 1쌍만 투시가 들어가기 때문에 소실점도 하나만 생깁니다.

이 소실점에 맞춰 투시선을 그려준 후, 그 기준으로 사물을 그리면 됩니다. 앞서 학습한 내용과 같이 투시 선은 몇 개를 그리든 상관 없습니다.

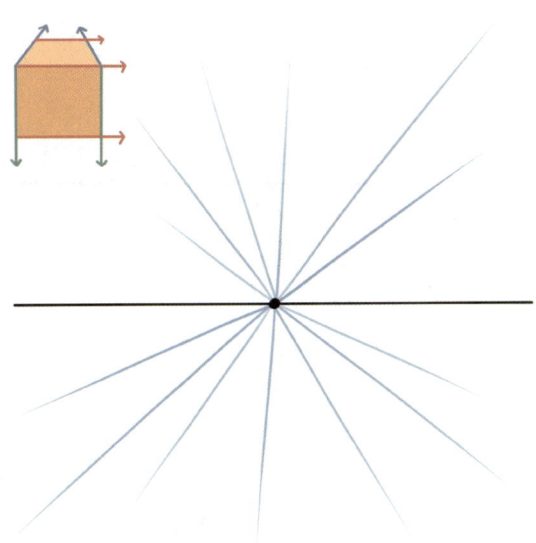

선을 적당히 그렸다면 수직, 수평의 사각형을 하나 그린 다음 각 모서리를 소실점과 연결해줍니다. 보이지는 않지만 가려진 부분도 소실점으로 연결되겠죠?

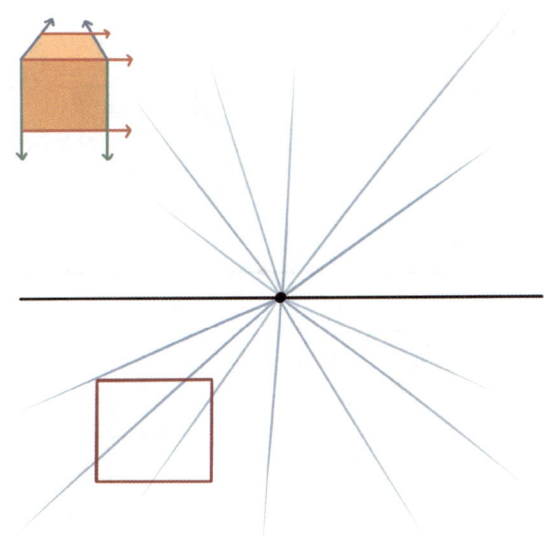

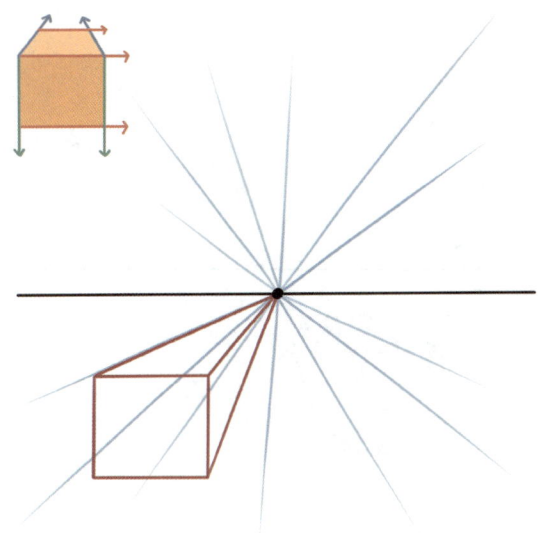

원하는 길이만큼 수직, 수평으로 사각형을 잘라주면 직육면체가 완성됩니다.

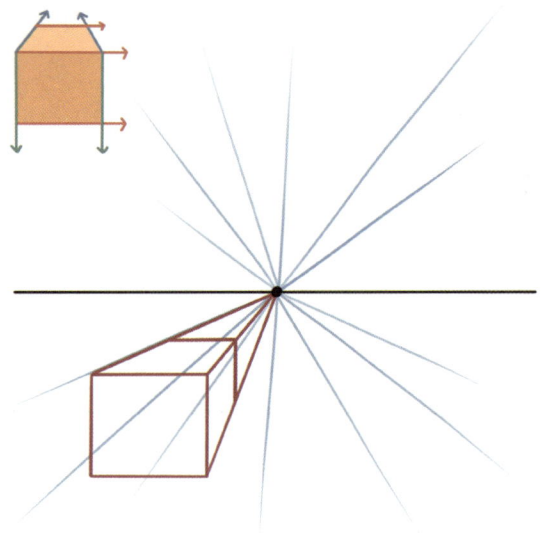

1점 투시는 3쌍 중 1쌍의 방향에 투시가 들어 간 형태입니다. 투시가 들어가지 않은 나머 지 2쌍은 수평, 수직을 유지하고 있지요.

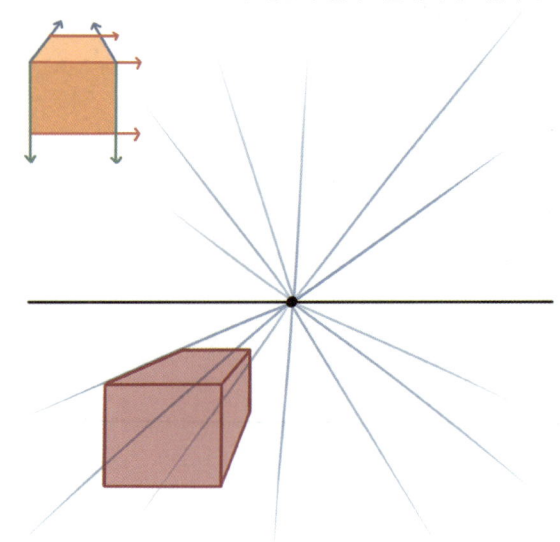

다시 정리하면 가로, 세로를 제외한 나머지 부분은 소실점으로 연결되며, 투시가 들어간 것을 볼 수 있어요.

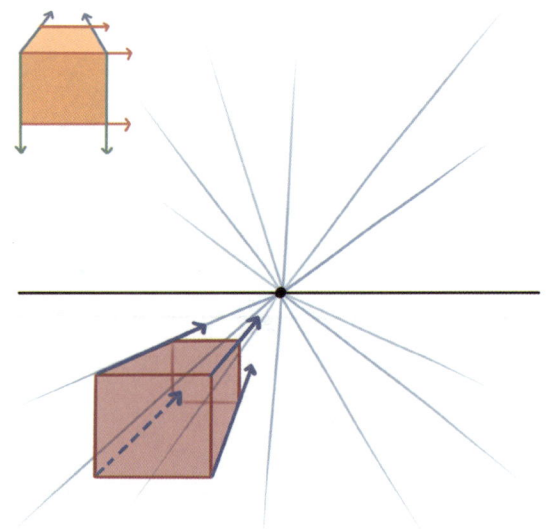

같은 방법을 이용하여 다양한 형태의 상자를 그려봐도 좋습니다.

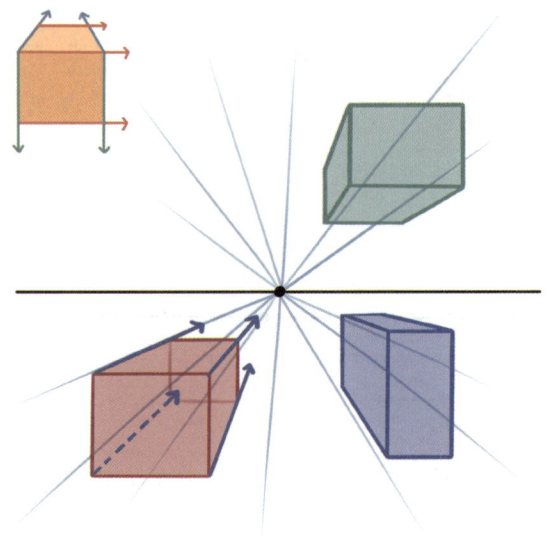

혹시 눈치채셨나요? 지평선 위에 있는 상자는 아랫면, 지평선 아래에 있는 상자는 윗면이 보이죠? 지평선 자체가 사람의 시점이기 때문에 선을 기준으로 위아래 구분이 확실해집니다.

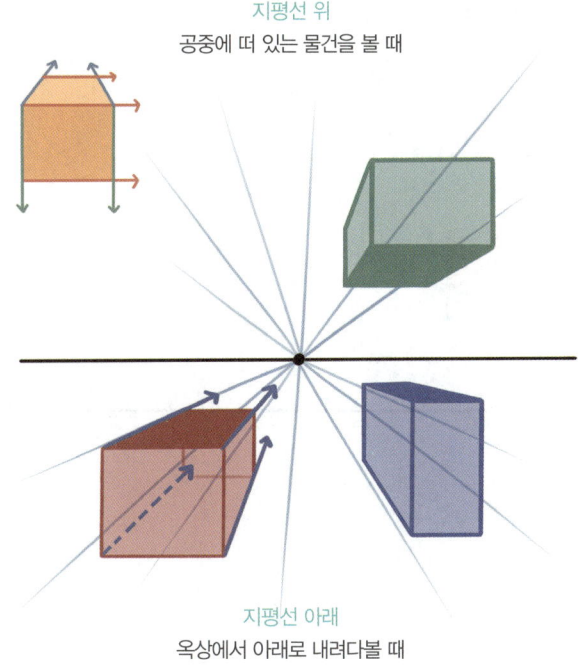

지평선 위
공중에 떠 있는 물건을 볼 때

지평선 아래
옥상에서 아래로 내려다볼 때

상자가 지평선 중간에 걸쳐지면 어떻게 될까요? 윗면도, 아랫면도 보이지 않습니다. 앞면과 옆면만 보이죠. 보통 땅에 있는 건물의 경우 바닥은 우리의 시점보다 아래에, 위쪽은 우리의 시점보다 높이 있기 때문에 오른쪽 이미지와 같이 보이는 경우가 많습니다.

투시가 들어간 방향을 제외한 나머지는 수평, 수직을 이루며 가기 때문에 선의 각도가 기울어지지 않도록 주의해 주세요.

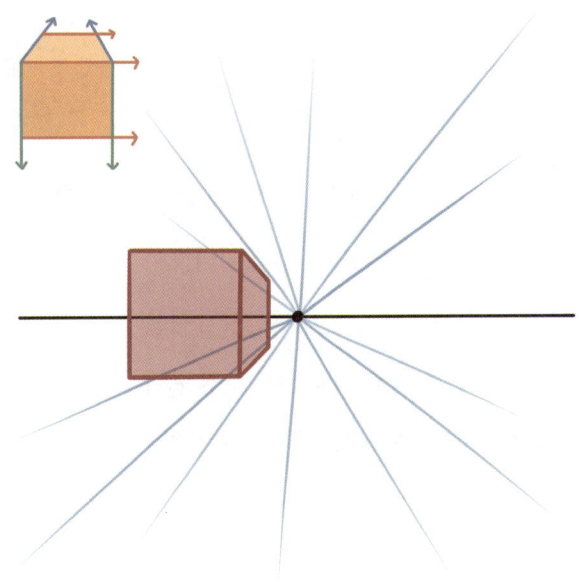

2점 투시

2점 투시는 3쌍 중 2쌍에 투시가 들어가기 때문에 소실점도 2개가 생깁니다.

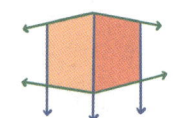

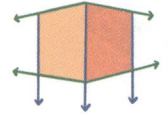

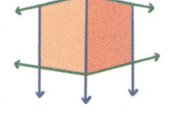

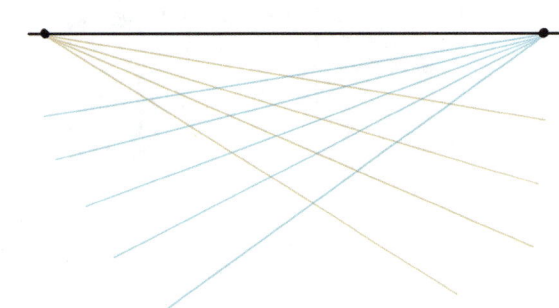

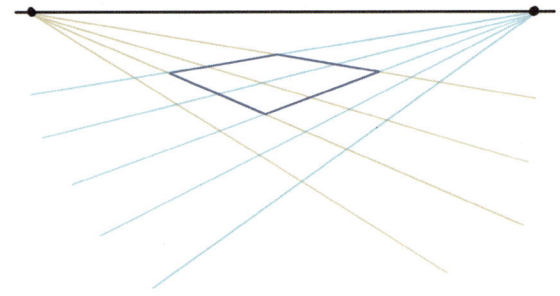

2개 이상의 소실점이 생기는 경우 서로 엇갈리며 그리드가 생깁니다. 이 그리드 중에 원하는 크기로 사각형을 먼저 그려 주세요. 지금은 시점보다 아래에 그려줬기 때문에 이 사각형은 윗면으로 사용하는 게 편할 거예요.

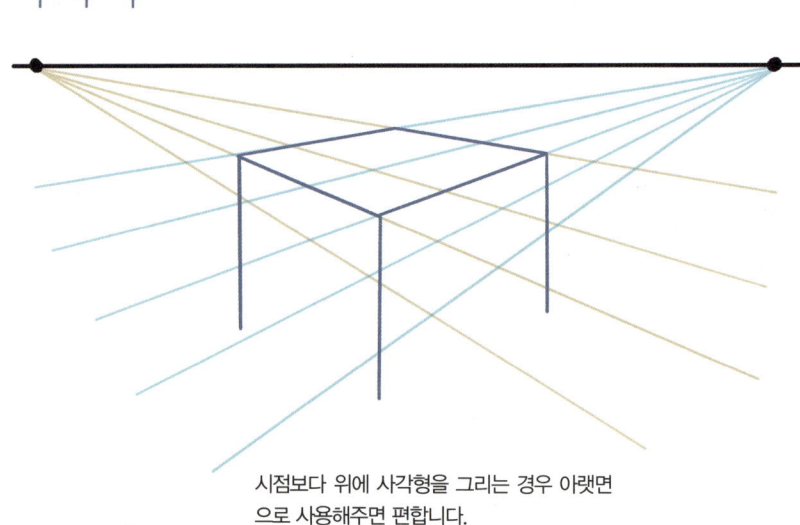

시점보다 위에 사각형을 그리는 경우 아랫면으로 사용해주면 편합니다.

꼭짓점 부분을 수직으로 길게 내려줍니다. 그다음 소실점에 맞춰 원하는 길이만큼 자르면 완성이에요.

2점 투시에서도 지평선에 박스가 걸쳐지면 윗면, 아랫면이 보이지 않습니다.

다른 각도의 물체들도 이 그리드에 맞춰 그려 보세요. 이때 3쌍 중 남은 1쌍은 수직을 이루기 때문에 세로선이 기울어지지 않도록 주의해야 합니다.

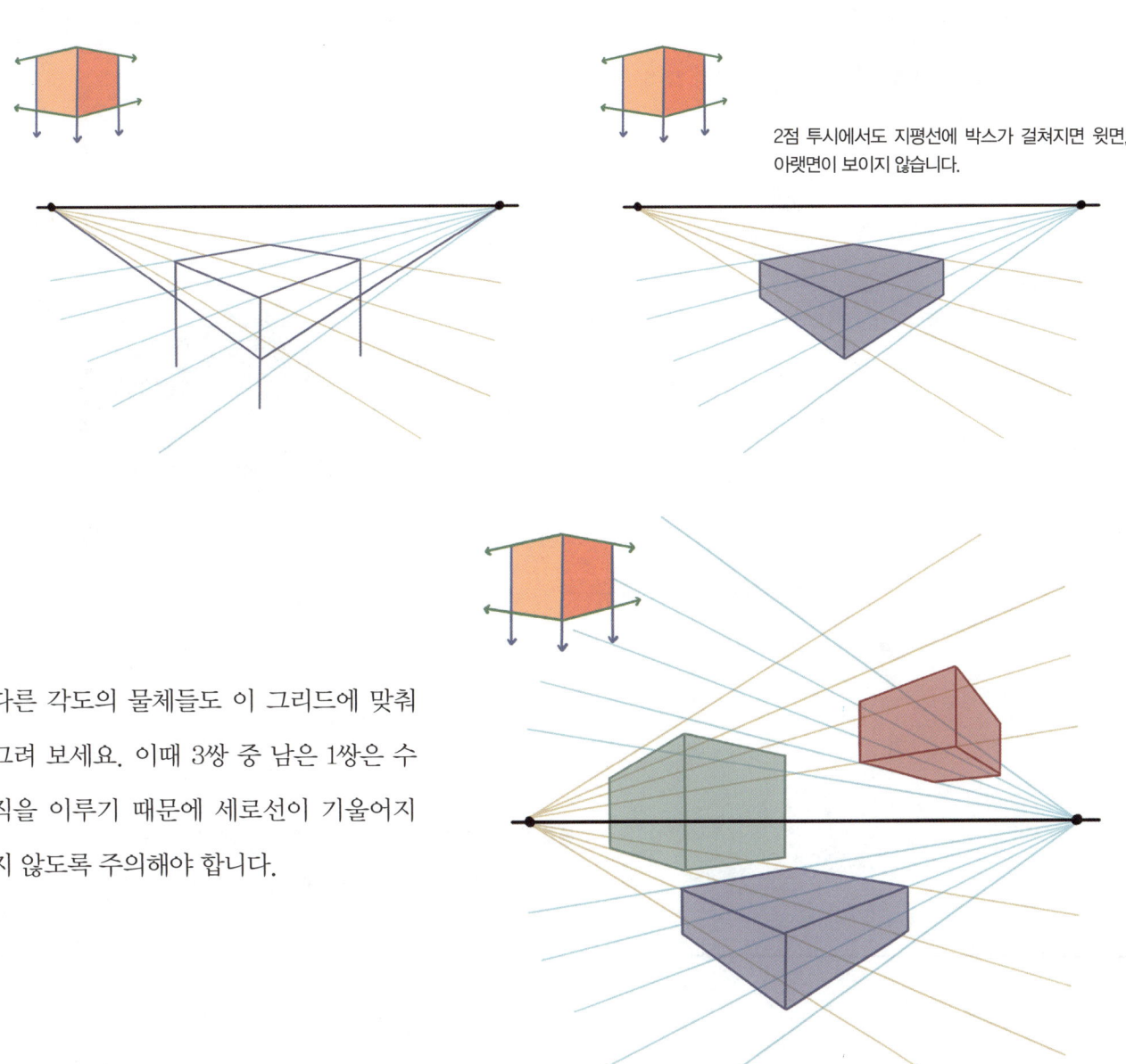

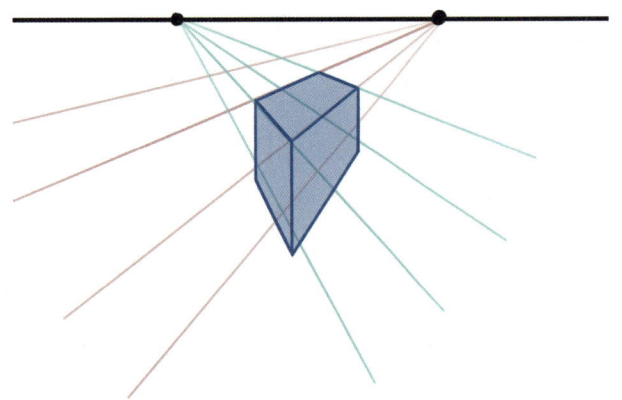

소실점이 너무 가까우면 공간 또는 사물이 과투시로 보일 수 있어요. 틀린 것은 아니지만 자연스러운 연출을 원한다면 소실점을 캔버스 밖까지 멀리 떨어트려 주는 게 좋습니다.

TIP 게임 맵은 2점 투시지만 소실점으로 모이지 않고 평행으로 가는 그리드를 그린 후 거기에 맞춰 진행하기도 합니다.

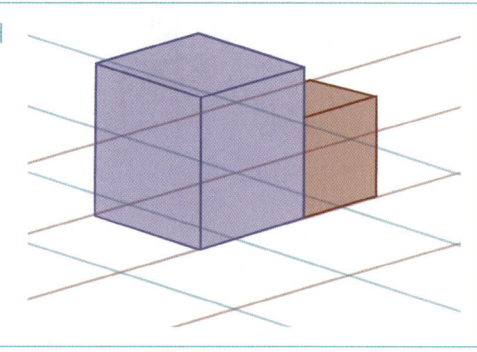

3점 투시

3점 투시는 위치에 따라 두 가지 버전이 있습니다.

❶ 수평선보다 위에 소실점이 찍히는 경우

우리의 시점보다 사물이 위에 있다면 제3의 소실점도 위쪽에 위치합니다. 높은 건물을 올려다보거나 날아가는 물체를 보는 경우가 여기에 속하지요.

❷ **수평선보다 아래에 소실점이 찍히는 경우**

반대로 우리의 시점보다 사물이 아래에 있다면 제3의 소실점도 아래쪽에 위치합니다. 옥상에서 내려다보는 경우가 여기에 속합니다.

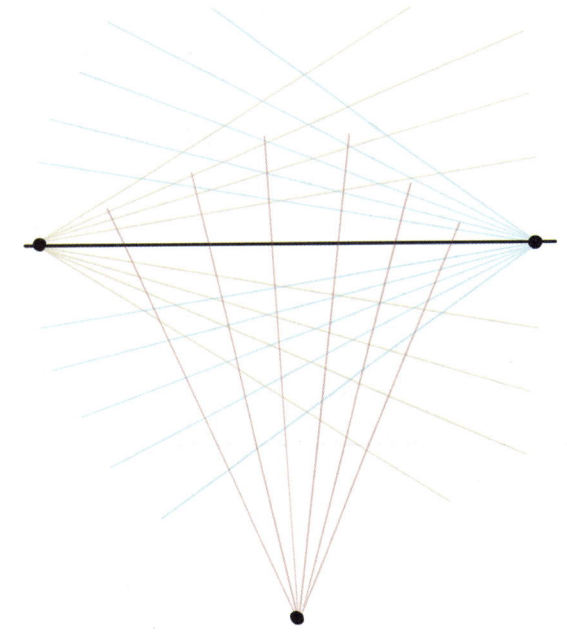

3점 투시 상자를 그리기 위해 2점 투시처럼 그리드에 맞춰 먼저 사각형을 그립니다. 시점보다 위에 있으니 바닥 면으로 사용하는 게 편할 거예요.

2점 투시에서는 수직으로 세로선을 그렸지만, 3점 투시에서는 제3의 소실점으로 세로선을 맞춥니다. 더 이상 수직이 보이지 않겠죠?

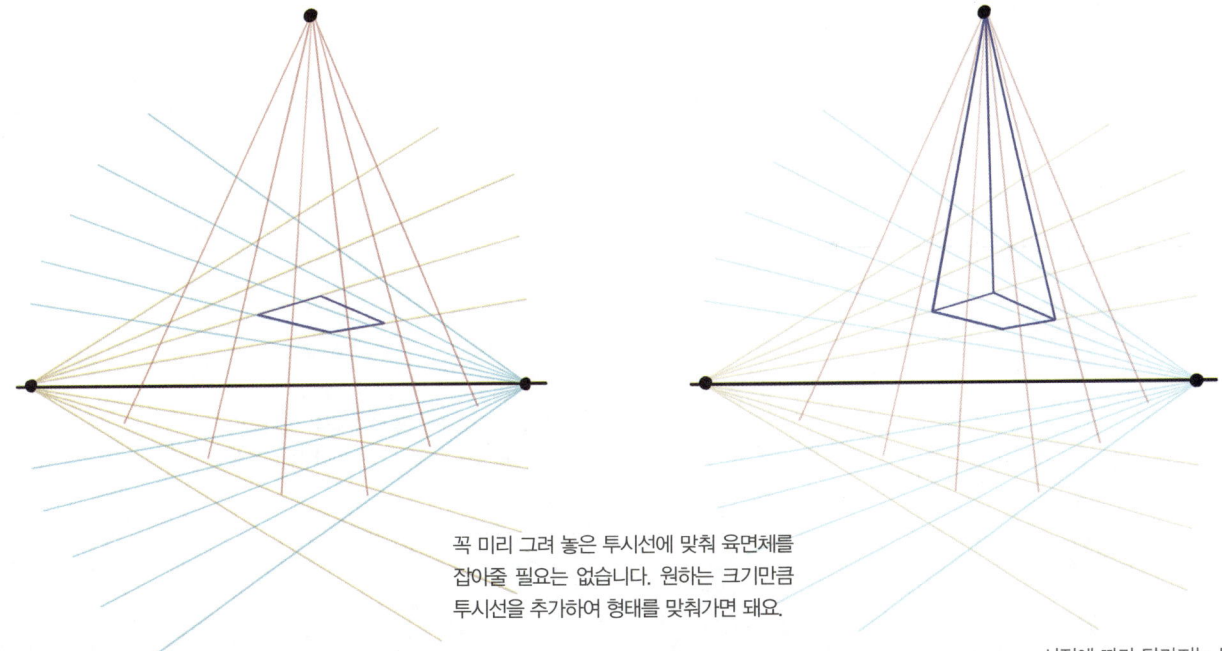

꼭 미리 그려 놓은 투시선에 맞춰 육면체를 잡아줄 필요는 없습니다. 원하는 크기만큼 투시선을 추가하여 형태를 맞춰가면 돼요.

나머지는 2점 투시와 동일합니다. 원하는 길이만큼 자르면 완성되지요. 상자를 뒤집으면 반대 형태로도 활용할 수 있습니다.

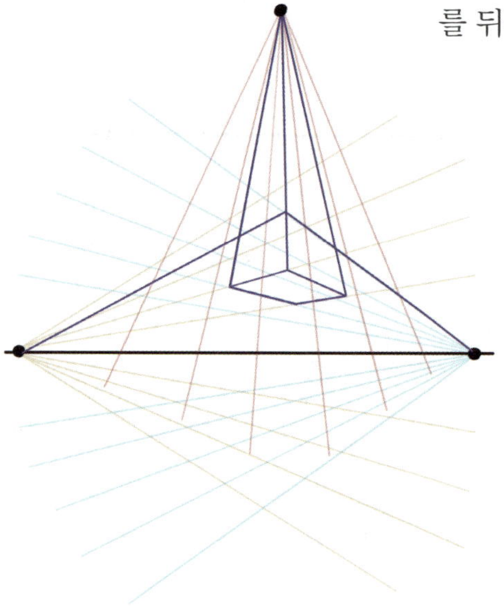

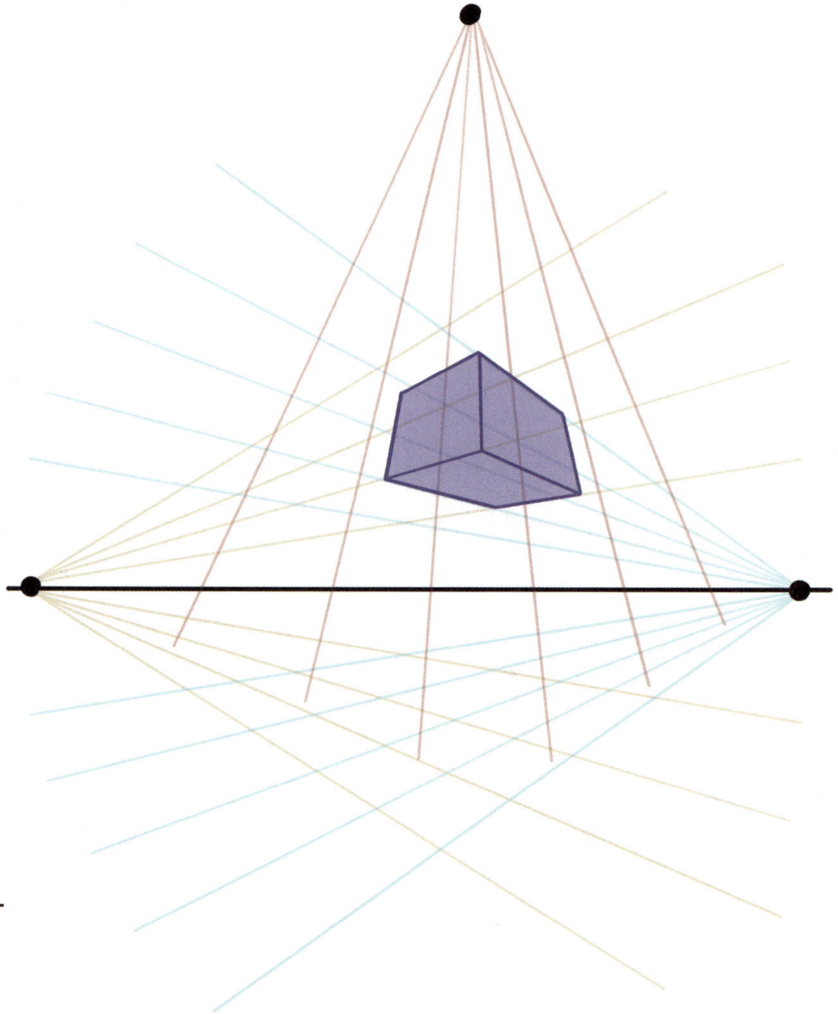

제3 소실점 또한 지평선과 너무 가까우면 과투시로 보일 수 있으니 주의하세요.

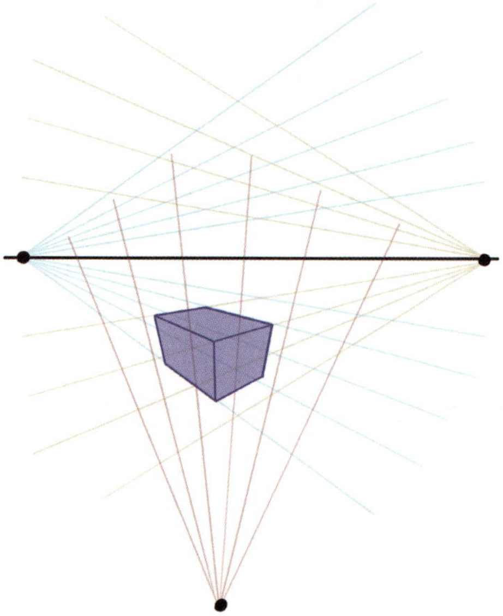

지평선에 상자가 걸리면 다음 이미지와 같이 보입니다. 3점 투시에는 모든 방향에 투시가 들어가기 때문에 더 이상 수평과 수직이 남아 있지 않아요.

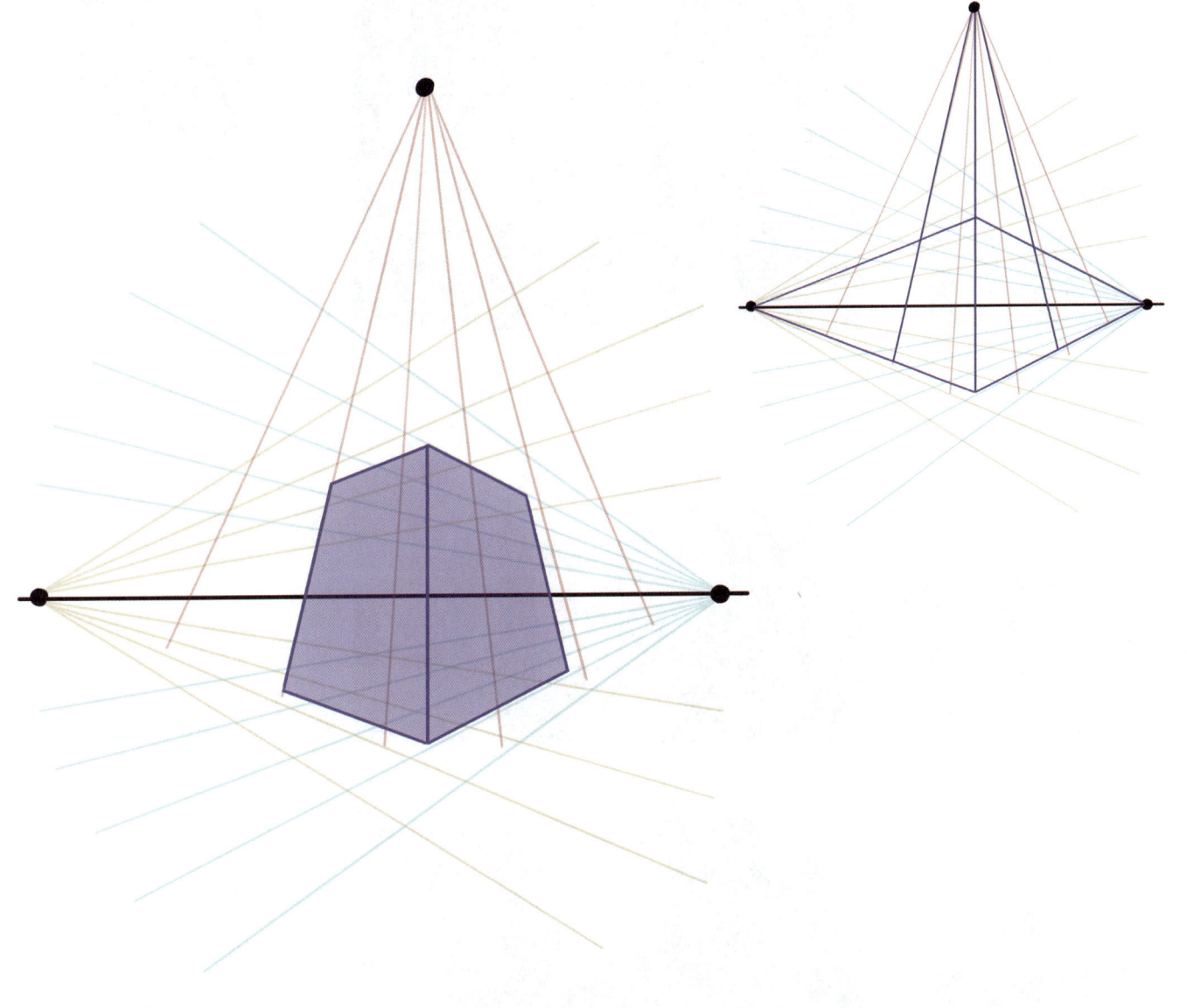

각 투시를 간단하게 정리하면 다음과 같습니다.

1점 투시(소실점 1개)
수평, 수직이 보입니다.

2점 투시(소실점 2개)
수직만 보입니다.
단, 특정 각도에서는 수평이 보이고,
수직이 사라지기도 합니다.

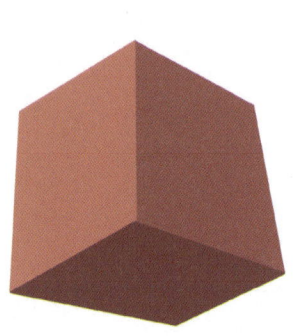

3점 투시(소실점 3개)
수평, 수직이 없습니다.

프로크리에이트 투시 가이드 활용하기

원래는 지평선과 투시 선 모두 직접 그려 연습해야 했지만, 프로크리에이트에서는 투시 선을 쉽게 그릴 수 있는 그리기 가이드가 있으므로 활용해 봅시다.

01 ㅣ (동작(🔧)) → (캔버스) → (그리기 가이드)를 활성화한 다음 (그리기 가이드 편집)을 탭합니다.

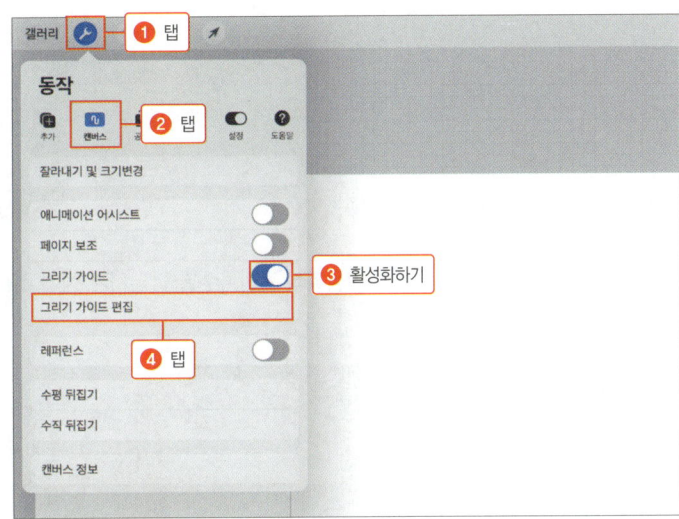

02 ㅣ 하단 메뉴에서 4개의 옵션 중 (원근)을 선택하면 상단에 소실점을 생성하라는 내용이 표시됩니다.

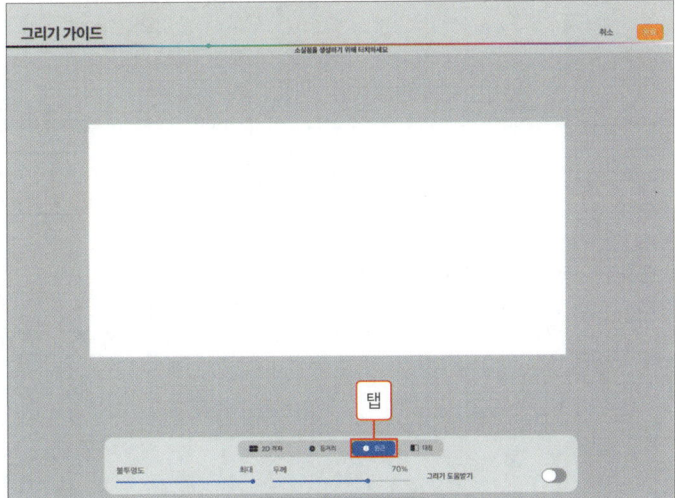

03 원하는 곳을 탭하면 지평선과 소실점이 함께 생성됩니다.

TIP 소실점을 드래그하여 위치를 변경할 수 있습니다.

04 2점 이상의 투시일 때는 소실점끼리 가까울수록 과투시가 생겨 어색해질 수 있기 때문에 보통은 캔버스 밖에 소실점을 생성하고 그림을 그립니다.

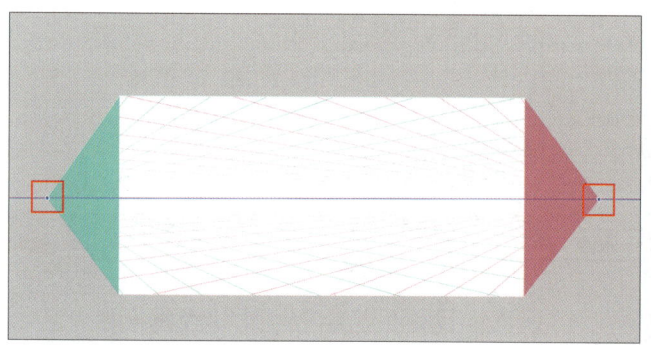 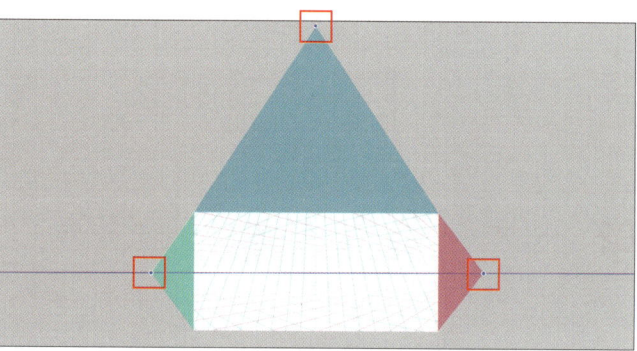

TIP 그리기 가이드
❶ 색상 슬라이더 : 투시 선의 색을 변경합니다.
❷ 불투명도 : 투시 선의 투명도를 조절합니다.
❸ 두께 : 투시 선의 두께를 조절합니다.
❹ 그리기 도움받기 : 선을 그리면 자동으로 투시선에 맞춰집니다.

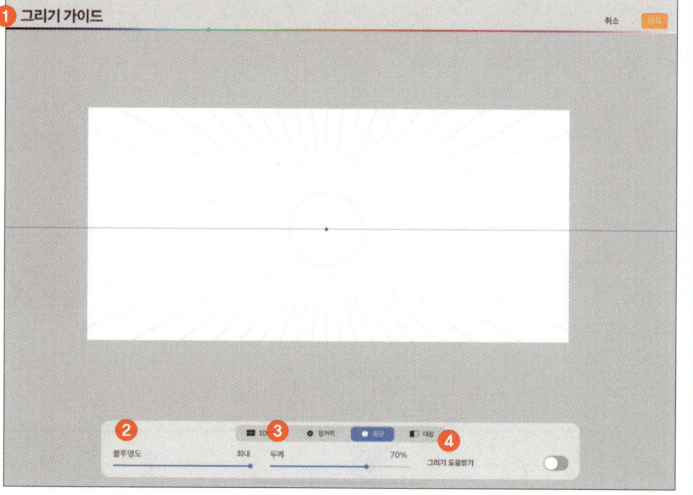

투시를 이용하여 집 그리기

IPAD DRAWING 02

단순한 투시 상자는 그리기 쉬운데, 어떻게 응용해야 할지 막막한가요? 함께 2점 투시를 기본으로 간단한 집을 한 번 그려 봅니다.

● **완성 파일** : 05\투시_완성.psd

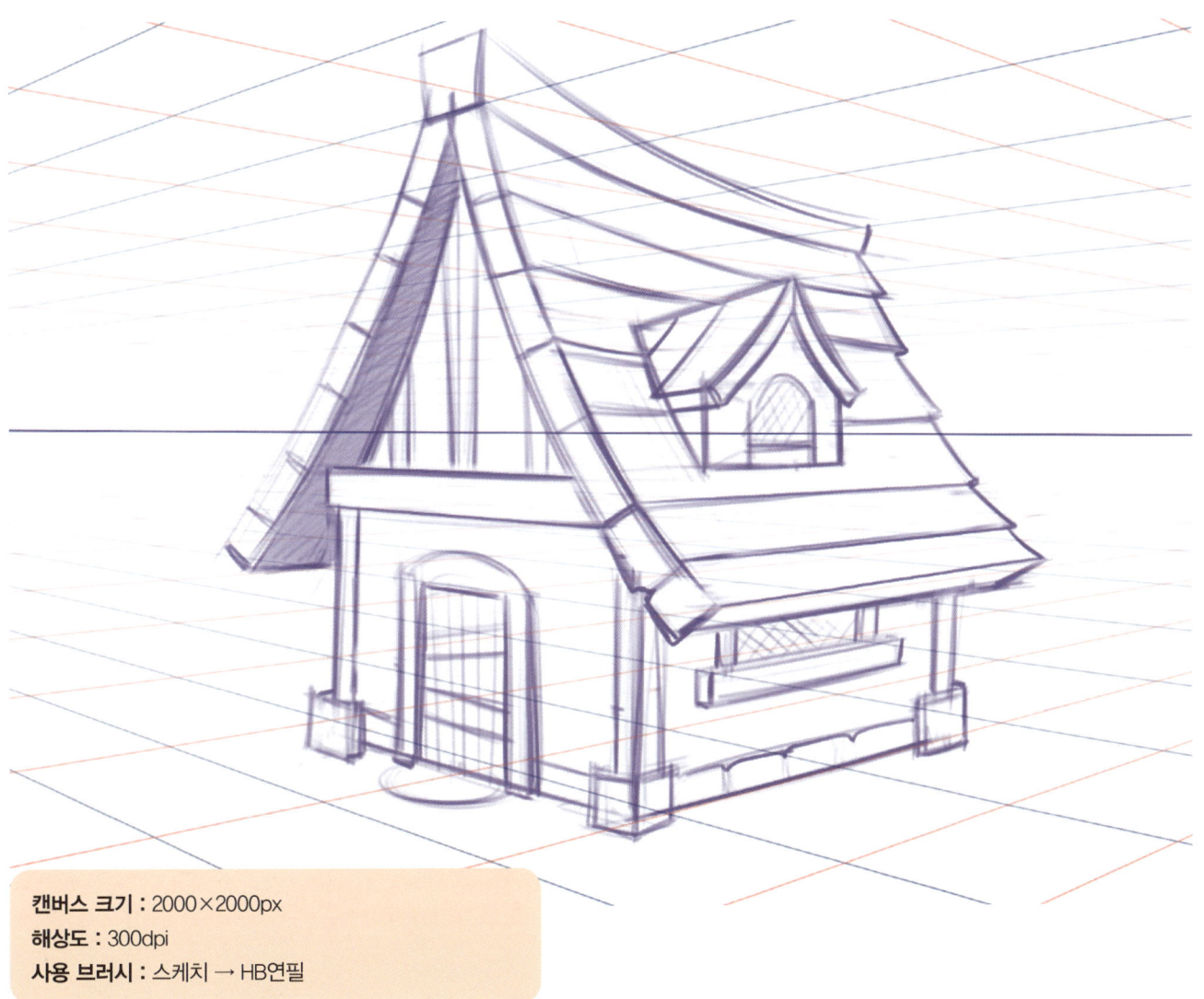

캔버스 크기 : 2000×2000px
해상도 : 300dpi
사용 브러시 : 스케치 → HB연필

01 | 새 캔버스에서 [동작(🔧)] → [캔버스] → [그리기 가이드]를 활성화한 다음 [그리기 가이드 편집]을 탭합니다. 하단 메뉴에서 [원근]을 선택한 다음 그림과 같이 캔버스 밖 양쪽을 탭하여 소실점 두 개를 생성합니다. 투시 선도 생성되면 [완료] 버튼을 탭합니다.

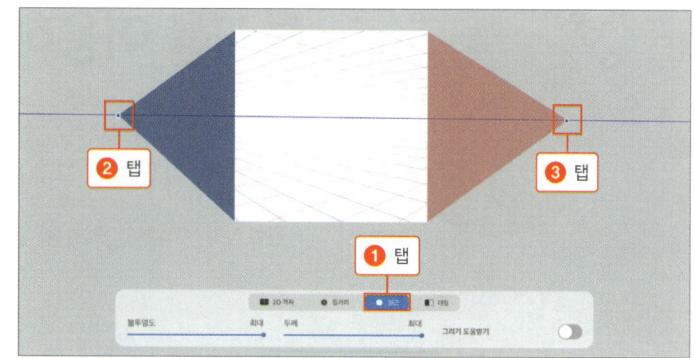

02 | 집의 큼직한 틀부터 그리기 위해 우선 원하는 크기만큼 상자를 그리세요. 원하는 투시 선이 없다면 임의로 추가해 그려봐도 좋습니다.

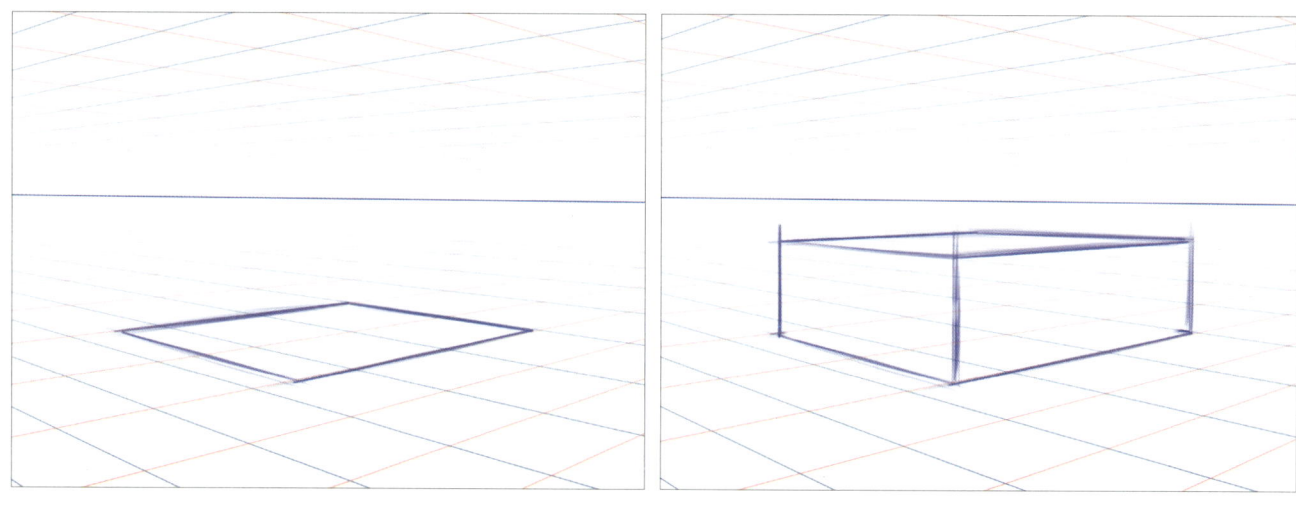

03 | 지붕을 올리기 위해 한쪽 면에 X자를 그어 주세요.

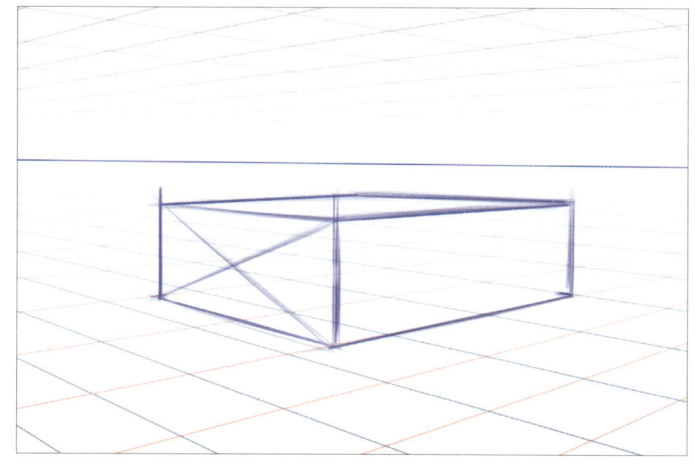

04 중심에 맞춰 수직으로 선을 올려 그립니다. 2점 투시의 세로선은 전부 수직이니 기울어지면 안 되겠죠?

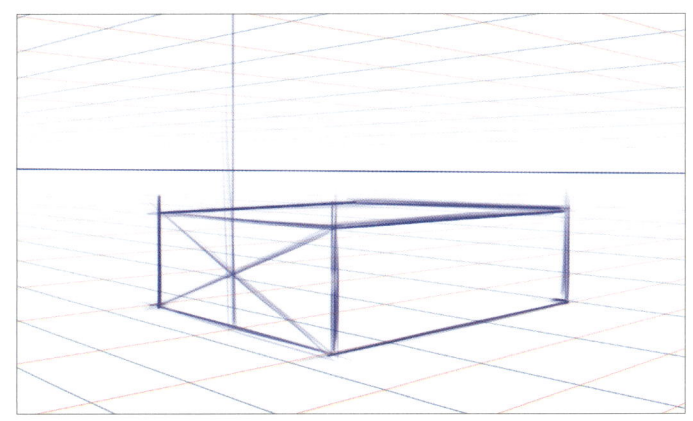

05 원하는 높이만큼 올려 그린 후 양쪽을 대칭에 맞춰 내려 그립니다. 지붕의 윗부분도 투시 선에 맞춰 함께 그려 주세요.

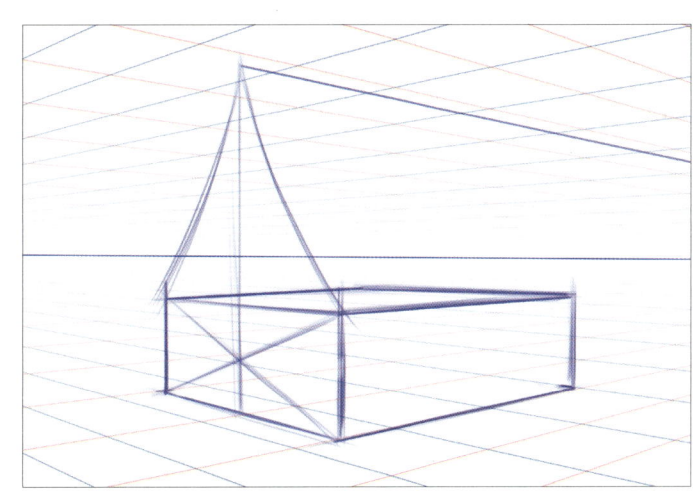

TIP 반드시 상자의 꼭짓점에 맞출 필요는 없지만, 대칭의 느낌은 나올 수 있도록 그려 주세요.

06 집의 앞쪽이 나왔으니 이제 뒤쪽을 그립니다. 뒷면을 알아볼 수 있도록 먼저 가려진 부분을 살짝 그려 줄게요.

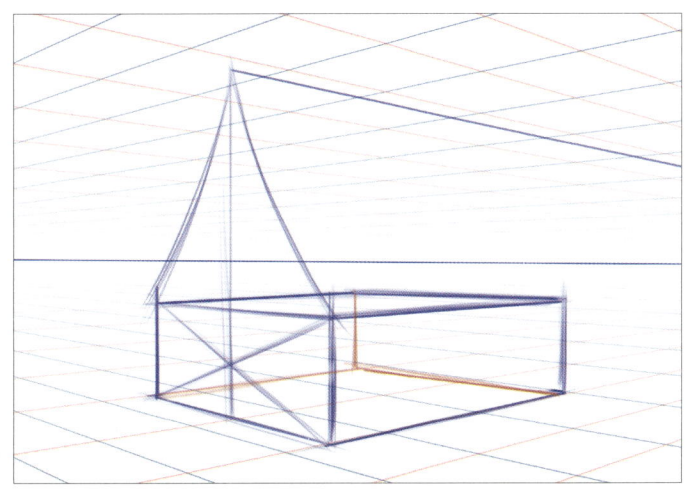

07 가려진 부분에도 똑같이 X자를 그어 중심을 기준으로 수직선을 올려 그립니다. 올려 그리다 보면 지붕 윗면과 겹치며 교차점이 생길 거예요. 교차점을 기준으로 지붕을 내리면 기본 집 형태는 완성입니다.

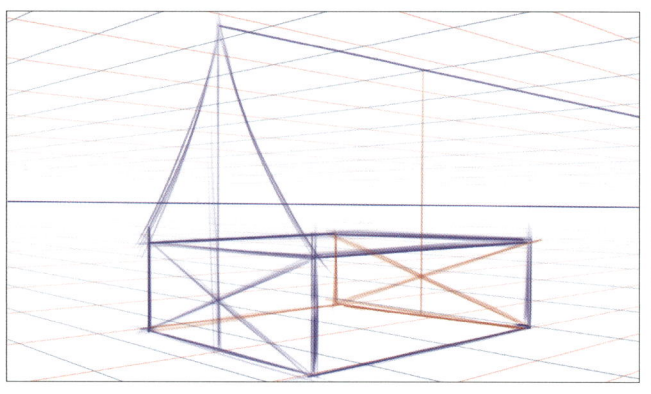
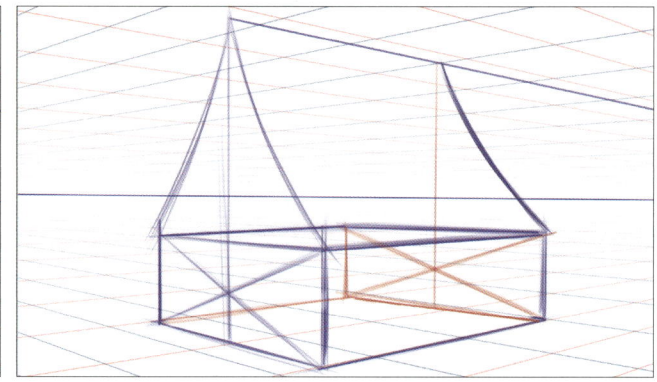

08 작은 지붕을 하나 더 그려볼까요? 먼저 지붕의 흐름에 맞춰 원하는 크기의 사각형을 그려 주세요.

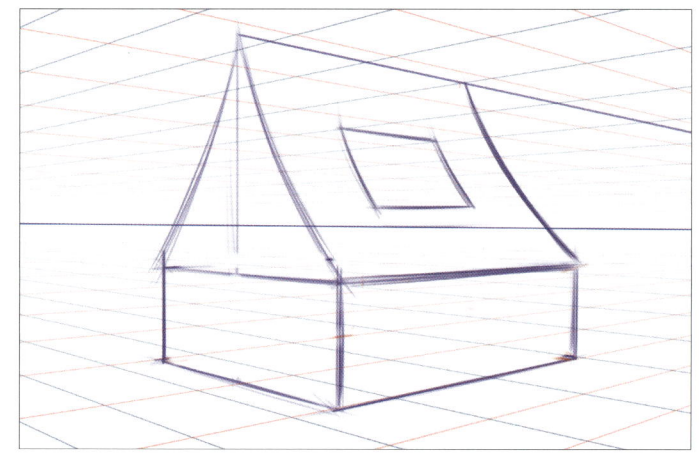

TIP 여기서는 지붕의 흐름을 곡선으로 그렸기 때문에 사각형의 세로선도 곡선으로 넣어줬습니다.

09 뚫려 있는 상태이기 때문에 이 사각형을 기준으로 벽을 그립니다. 2점 투시이니 벽도 수직으로 보일 수 있도록 그려 주세요. 원하는 높이만큼 그립니다.

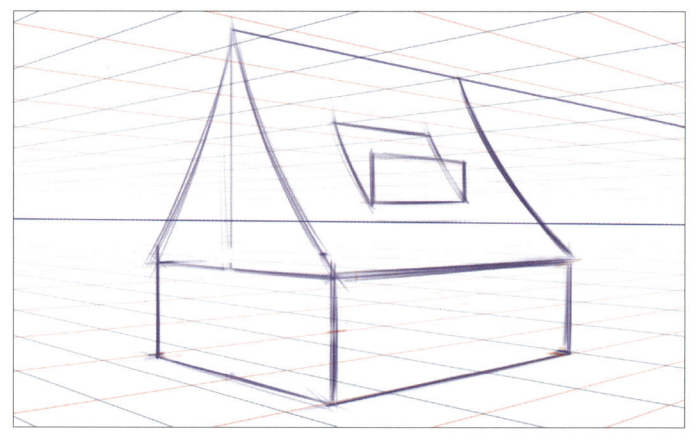

10 벽에 X자를 그어 중심을 기준으로 원하는 높이만큼 올려 주세요. 그다음 대칭으로 양옆을 내립니다.

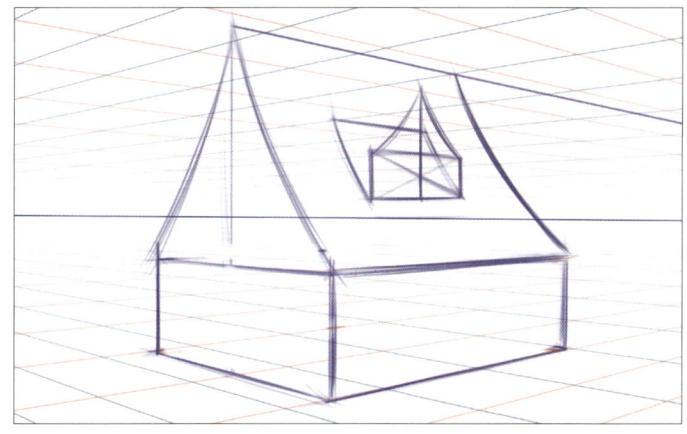

11 남은 부분은 투시 선에 맞춰 하나씩 그립니다.

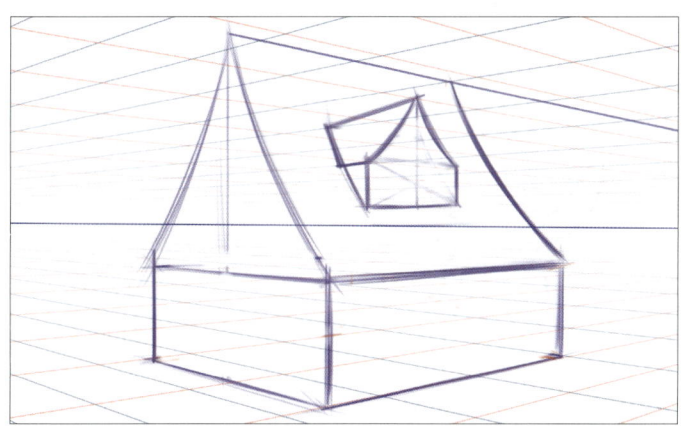

TIP 작은 지붕은 큰 지붕 안에 박혀 있는 형태이기 때문에 큰 지붕의 흐름에 맞게 그려야 자연스럽습니다.

12 문, 창문, 몰딩 등 기본 형태를 바탕으로 추가 요소들을 넣으면 좀 더 집처럼 보이겠죠? 방향마다 같은 소실점으로 향해야 한다는 것을 기억하며 다양하게 집을 꾸며 완성해 보세요!

풍부한 스토리를 더하는 소품

그림에서는 캐릭터도 중요하지만 소품도 굉장히 중요합니다. 스토리가 더 느껴지도록 만들어 주는 요소이기도 하고, 형태를 어떻게 만드는지에 따라서 분위기도 달라지기 때문이죠. 이번에는 디자인적인 내용보다는 배경을 그릴 때 어떻게 더 귀엽게 그릴 수 있을지, 어떤 부분을 고려하며 그리면 좋은지 기본적인 부분들 위주로 알아보도록 하겠습니다.

오브제를 그릴 때는 머릿속에서만 생각해 그리기보다는 관련 자료를 바탕으로 조금씩 변형하여 그리면 좋습니다. 정리되지 않은 아이디어는 자료를 찾을수록 시각적으로 선명해지기 때문이죠. 이 과정에서 아이디어를 다듬어 볼 수도 있고요. 아이디어가 확실해질수록 원하는 콘셉트에 맞춰 그리고 싶은 오브제가 명확해지는데, 이때 너무 사실적으로 묘사할수록 그림이 리얼해지기 때문에 캐주얼한 느낌을 위해 디폼을 거칩니다.

실사풍 그림을 추구하는 게 아니라면 꼭 실제 보이는 형태를 그대로 그리지 않아도 괜찮아요. 딱 맞는 투시, 정확한 형태를 고집하기보다는 다양하게 왜곡했을 때 오히려 재미있는 그림으로 보일 수도 있답니다. 디폼하기 위해서는 아무리 복잡해 보이는 오브제라도 최대한 단순하게 도형으로 먼저 체크하는 게 접근하기 좋을 거예요. 예시를 한 번 볼까요?

스케치를 봤을 때는 꼬불꼬불한 선이나 스프의 건더기 등 작은 디테일이 어느 정도 들어가 있는 상태이지만, 단순한 도형으로 먼저 파악하면 큰 형태를 파악하기 훨씬 쉬워집니다. 복잡한 오브제일수록 더 필요한 부분이지요. 그렇다면 디폼할 때는 어떤 부분을 고려해야 할까요?

복잡한 형태를 도형화하여 간단히 바꿔보세요. 어떤 부분을 디폼해야 할지 체크하기가 훨씬 수월해집니다.
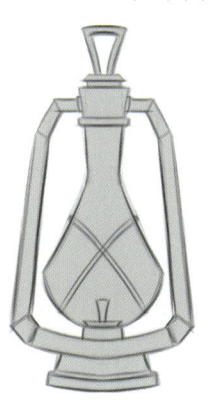
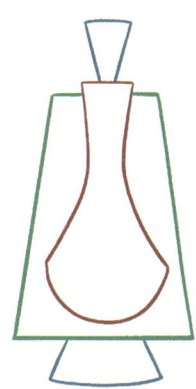

형태에 강약 넣기

'형태 단순화'에서 배웠던 것처럼 형태 또한 크게 세 가지의 원형, 사각형, 삼각형으로 나눠볼 수 있습니다. 여기서 기본 형태가 정비례라면, 디폼할 때는 최대한 다르게 바꿔 보는 거예요. 일정한 비율, 일정한 모양 등 변화가 없는 그림은 지루해 보일 수 있습니다. 크기, 색상, 형태, 모양 등 모든 부분에서 강-약-중강-약처럼 리듬을 넣는다 생각해 보세요.

사각형으로 한 번 예를 들어볼까요? 오른쪽 A 이미지는 모든 모양이 똑같아 리듬감을 찾기 어렵습니다. 크기도, 모양도 전부 똑같죠. 반면에 B 이미지는 같은 사각형이라도 크기나 기울기 등 변화를 줬기 때문에 상대적으로 재미 요소를 더 찾아볼 수 있습니다.

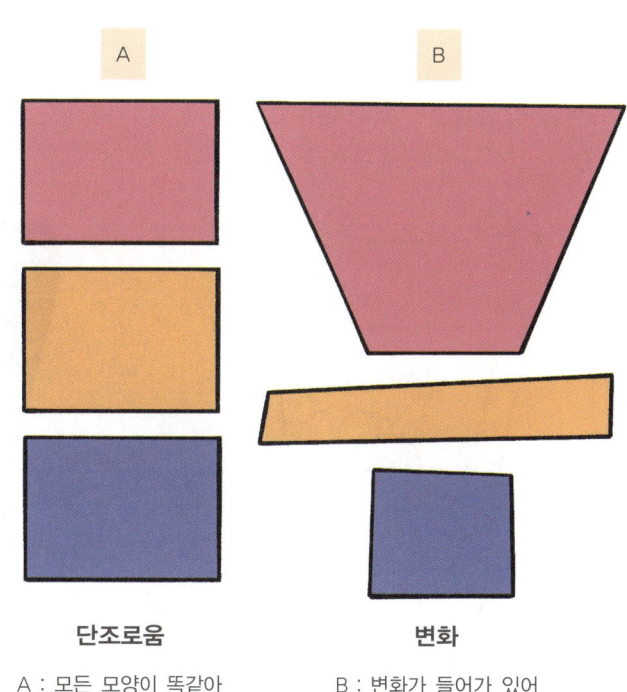

단조로움
A : 모든 모양이 똑같아 지루해 보입니다.

변화
B : 변화가 들어가 있어 좀 더 재미있어 보입니다.

풍부한 스토리를 더하는 소품 **295**

이때 모든 라인에 수평, 수직을 정확히 넣기보다는 투시를 해치지 않는 선에서 조금씩 왜곡하면 좀 더 캐주얼한 느낌이 살아납니다. 특히 건물이나 TV처럼 직육면체가 확실한 대상을 그릴 때 이런 왜곡을 조금씩 넣어주곤 하지요. 그렇다고 해서 수평, 수직이 무조건 나쁘다는 건 아니에요. 두 스타일의 차이를 알아 두고 원하는 느낌대로 선택해서 그려보길 바랍니다.

수평, 수직만 있어요.

실루엣 체크하고 간단하게 변경하기

디폼할 때는 선으로 된 스케치를 보는 것보다 실루엣으로 봤을 때 형태의 느낌을 더 정확히 파악할 수 있습니다. 아래의 이미지를 보면 왼쪽은 스케치로만 되어 있는 반면 오른쪽은 실루엣만 그린 상태인데, 같은 모양이지만 오른쪽이 훨씬 더 직관적으로 느껴지지 않나요? 기본 실루엣을 하나 그린 상태에서 툴을 함께 활용하면 굳이 스케치하지 않아도 쉽게 형태를 이리저리 바꿔볼 수 있습니다.

수평, 수직에 변화를 줬어요.
바닥은 땅이기 때문에 수평이 확실히 잡혀야 안정감이 느껴집니다.

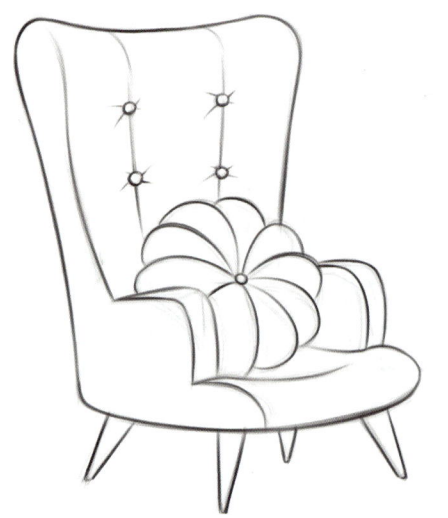

01 | 그리려는 오브제의 기본 실루엣을 그린 상태입니다. 실루엣을 그린 레이어를 선택하세요.
(선택(S))을 탭한 다음 디폼하고 싶은 부분을 드래그하여 선택합니다. 보통 (올가미)나 (직사각형)을 활용하는데, 여기에서는 하단 메뉴에서 (직사각형)을 선택한 다음 드래그해 줄게요.

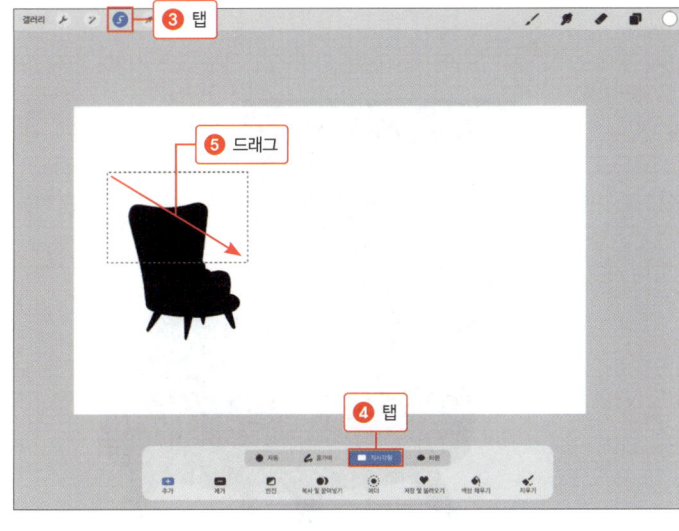

02 | 선택한 상태에서 (변형(↗))을 탭한 다음 하단 메뉴에서 (자유형태)를 선택해 줄게요.

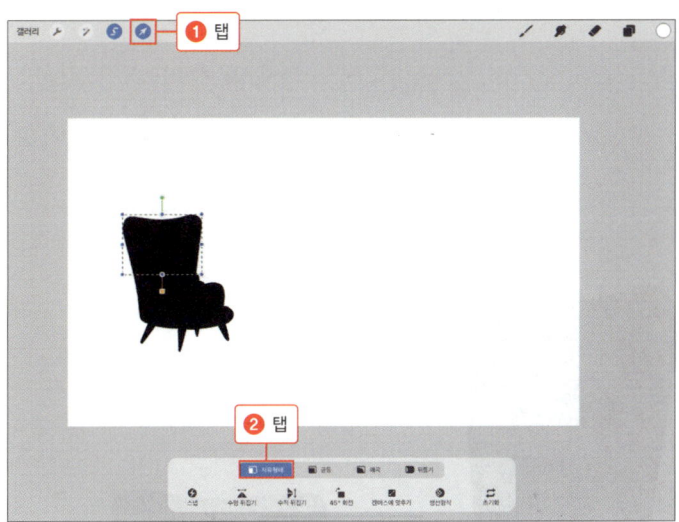

TIP 왼쪽 상단을 보면 선택 툴과 변형 툴을 함께 사용 중이기 때문에 둘 다 파란색으로 켜져 있습니다.

03 | 파란색 조절점을 조절해서 원하는 부분을 수정해 보세요. 예제에서는 상단의 파란색 조절점을 드래그하여 세로로 길게 늘려 봤습니다.

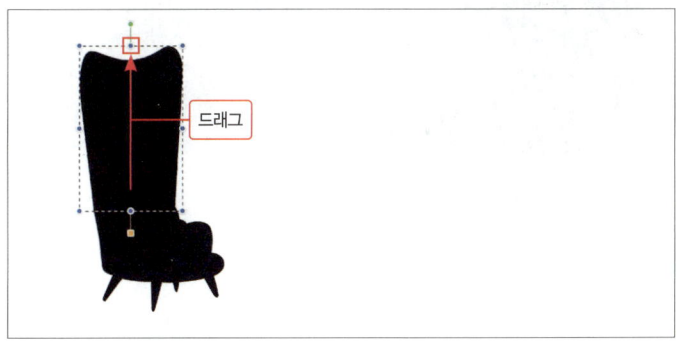

풍부한 스토리를 더하는 소품 **297**

04 선택을 해제하고 보면 선택했던 부분이 살짝 밀려 흰색 줄이 보일 수 있어요. 이럴 때는 필압이 없는 〔스튜디오 펜〕 브러시를 선택해 채워 주세요. 이어서 마음에 들지 않는 부분이나 전체적인 형태도 함께 살짝 다듬어주면 실루엣 디폼이 간단하게 완성됩니다.

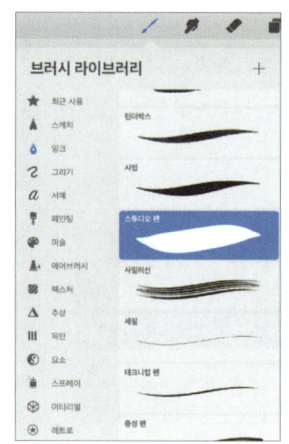

다음과 같이 어떤 비율이 좋을지 여러 가지 형태를 만들어 보며 체크하면 좋습니다. 디자인은 같아도 비율에 따라 느낌이 많이 달라지기 때문이죠.

꼭 기본 실루엣을 계속 유지할 필요는 없습니다. 실루엣에 어울릴 것 같은 액세서리가 있다면 좀 더 추가해도 좋아요.

면 간격에 리듬감 주기

앞서 살펴본 내용과 같이 강-약-중강-약과 비슷한 부분입니다. 이전에는 형태의 대조였다면, 이번에는 면 간격에 대한 대조를 한 번 체크해 볼게요.

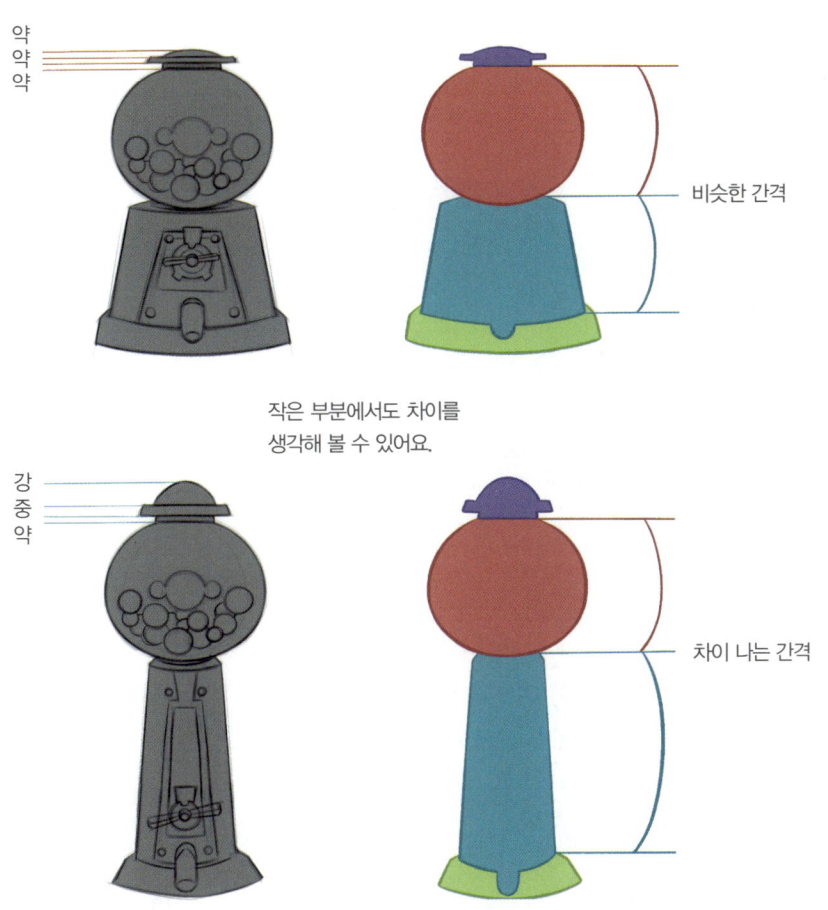

작은 부분에서도 차이를 생각해 볼 수 있어요.

위의 이미지를 보면 같은 오브제이지만 나뉘는 면의 비율이 다릅니다. 똑같은 간격으로 나누기보다는 길고, 짧고, 중간 등의 리듬감이 들어가죠. 메인 부분 비율이 가장 중요하더라도 이미지의 윗부분처럼 작은 부분까지도 한 번 체크해보는 게 좋습니다. 간격 대비에 정답은 없지만 보통 7:3 정도로 많이 생각하는 편이에요.

풍부한 스토리를 더하는 소품

의자와 쿠션 소품 그리기

간단하게 의자와 쿠션을 같이 그려 볼게요. 한 번에 여러 개를 그리다 보면 힘들 수 있으니 하나씩 나눠 스케치부터 채색까지 순서대로 진행해 봅시다.

- 예제 파일 : 05\의자.jpg   완성 파일 : 05\의자_완성.jpg

색상 코드

쿠션(d6613e, f6a346)

의자(956be8)

의자 다리(dfa78c)

캔버스 크기 : 2500×2500px
해상도 : 300dpi
사용 브러시 : 스케치 → HB 연필, 잉크 → 스튜디오 펜, 페인팅 → 니코 룰

의자와 쿠션 스케치하기

01 오브제에서 가장 큰 등받이 부분을 위한 직육면체를 먼저 그려 줍니다. 딱딱해 보이지 않도록 곡선도 살짝 사용할게요.

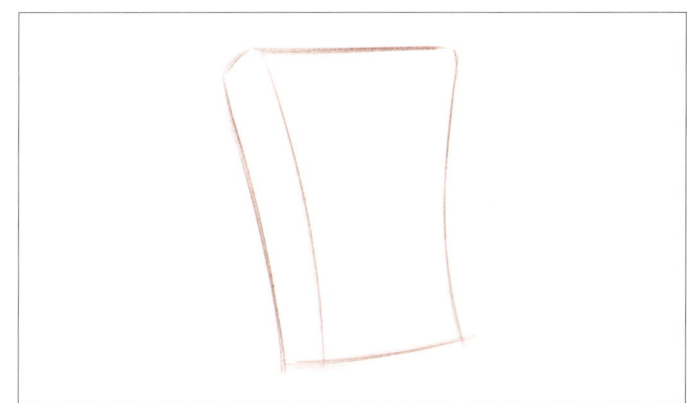

02 등받이 투시에 맞춰 튀어나온 부분도 그립니다. 크기가 비슷해지지 않도록 그려 주세요.

TIP 의자도 대칭의 느낌이 있는 사물이기 때문에 양쪽이 틀어지지 않도록 함께 체크해 주는 게 좋습니다.

03 왼쪽 면을 하나로 연결해서 그린 다음 등받이 라인을 곡선으로 수정하여 좀 더 부드럽게 만들어 줍니다.

04 같은 위치에 있도록 가로 선에 맞춰 팔걸이 부분을 그립니다. 그다음 팔걸이에 맞춰 앉는 공간도 체크하여 그려 줄게요.

 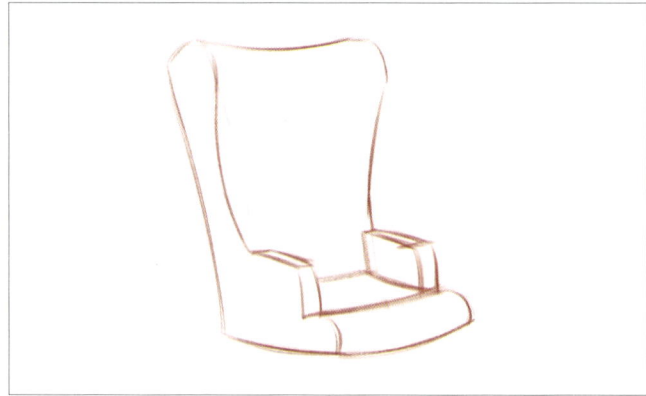

05 크기가 다르도록 쿠션을 두 개 그려 줍니다. 푹신해 보이도록 곡선을 사용해 보세요. 이때 쿠션을 겹쳐 그려주면 좀 더 자연스러울 거예요.

TIP 앞서 배웠던 리듬감을 기억하며 전체적인 형태나 비율을 체크해 보세요. 예제와 다르게 바꿔도 좋습니다!

06 원하는 길이와 각도로 의자 다리 하나만 먼저 그립니다. 그다음 다리 끝부분에 맞춰 의자의 투시와 어긋나지 않도록 사각형을 그려 위치를 체크해 주세요.

 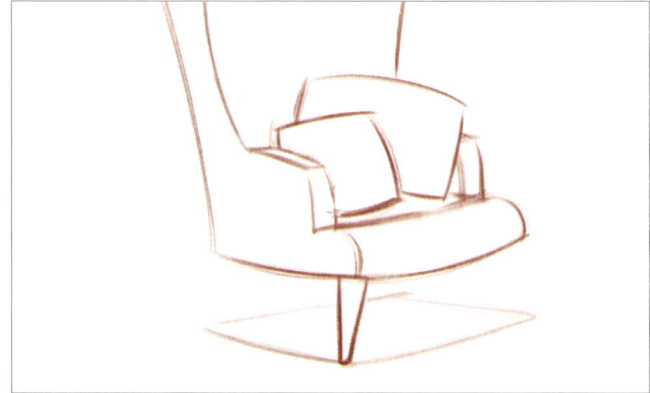

07 사각형 가이드에 맞춰 나머지 다리를 그립니다. 추가로 등받이 부분에 곡선 라인을 살짝 넣어 의자의 들어간 부분을 표현해 줄게요.

08 의자에 포인트로 단추를 넣기 위해 작은 원을 투시에 맞춰 그립니다. 작은 요소도 투시에 맞춰주면 안정감이 생기지요. 마지막으로 쿠션에 체크나 원 등 원하는 무늬를 넣으면 러프 스케치는 얼추 완성됩니다.

09 정확한 채색을 위해 러프 스케치에 맞춰 스케치를 깔끔하게 한 번 다듬으면 완성입니다.

> **TIP** 스케치를 다듬기 위해 러프 스케치를 그린 레이어의 (N)을 탭하여 불투명도를 낮게 조절한 다음 (+) 버튼을 탭하여 새 레이어를 추가하여 다듬어 보세요.

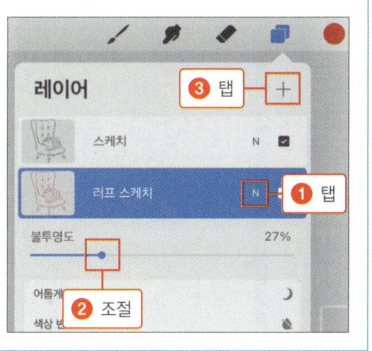

의자와 쿠션 소품 그리기 **303**

의자와 쿠션 채색하기

01 (브러시(✏️))를 탭하여 브러시 라이브러리에서 (잉크) → (스튜디오 펜) 브러시를 선택한 다음 기본 속성을 변경하기 위해 다시 (스튜디오 펜) 브러시를 탭합니다.

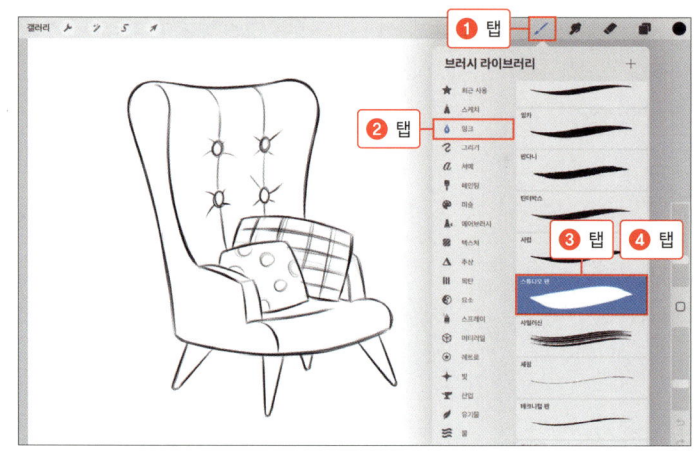

TIP 채색 첫 단계에서는 실루엣을 100% 불투명하게 그려주기 위해 투명도 변화가 없는 브러시를 주로 사용합니다.

02 브러시 스튜디오가 표시되면 (획 경로) 탭에서 획 속성의 지터를 '39%'로 조절합니다. 설정이 완료되면 (완료) 버튼을 탭합니다.

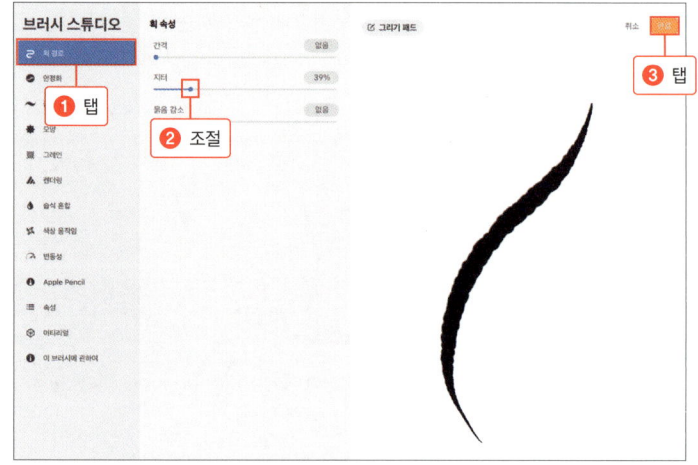

TIP 브러시를 이루는 점의 위치가 지그재그로 변경되면서 아웃라인이 울퉁불퉁하게 바뀌어요. 아웃라인의 매끈한 느낌을 좋아한다면 그대로 사용해도 좋지만, 속성 변화를 이용해서 다른 느낌으로도 활용 가능하니 참고합니다.

03 스케치를 그린 레이어의 (N)을 탭하여 불투명도를 낮게 조절한 다음 (+) 버튼을 탭해서 아래에 새 레이어를 추가합니다.

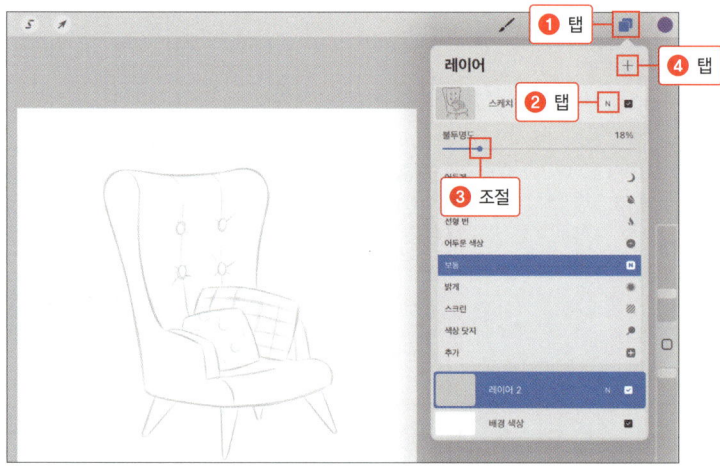

TIP 레이어 관리는 개인차가 있기 때문에 꼭 동일하게 설정할 필요는 없습니다. 단, 레이어를 잘 선택해서 채색해야 그림이 엉키지 않으니 꼭 확인하여 어떻게 해야 더 편하게 작업할 수 있을지 고민하며 진행해 보세요.

04 먼저 의자의 큰 면적을 채색한 다음 그 위에 쿠션을 그립니다. 가려진 부분을 피해서 실루엣을 잡아 주세요.

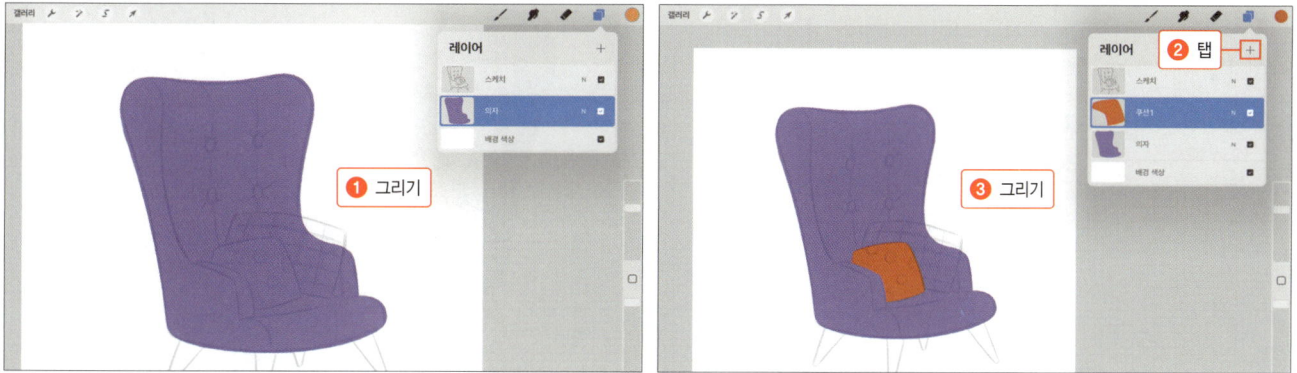

05 먼저 그린 쿠션 뒤에 다른 쿠션도 마저 그려 줍니다.

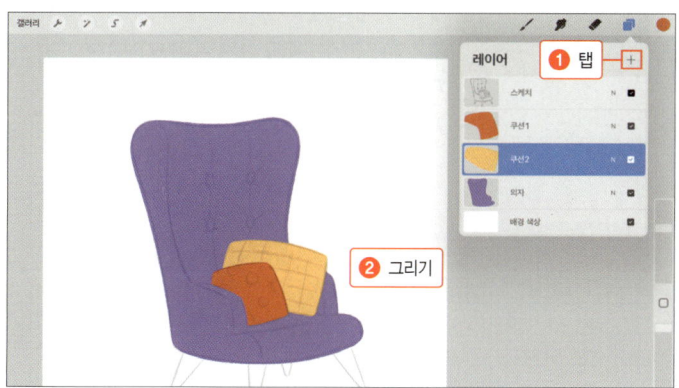

TIP 먼저 그린 쿠션 레이어 아래에 새 쿠션 레이어를 추가하면 겹치는 부분을 신경 쓰지 않고 편하게 그릴 수 있습니다.

06 아래에 다리 실루엣도 그려주면 큼직한 실루엣은 끝입니다. 다음으로 큰 명암을 체크해 볼 건데요, 먼저 의자는 어두움, 밝음 레이어를 따로 추가한 후 클리핑 마스크를 적용하여 진행할게요. 꺾이는 경계를 계속 다듬으며 그리기 번거롭기 때문이죠.

의자와 쿠션 소품 그리기 **305**

명암 표현하기

01 어두움, 밝음 모두 의자를 그린 레이어에만 들어가도록 레이어를 탭하여 표시되는 레이어 옵션에서 (클리핑 마스크)를 선택합니다.

> **TIP** 실루엣이 확실한 레이어는 그렸을 때 밖으로 삐져나오지 않게 작업할 수 있도록 레이어 옵션에서 (알파 채널 잠금)을 설정합니다.

02 이번에는 필압이 있는 브러시로 리터칭하여 톤을 추가해 볼게요. (브러시(✏))를 탭하여 브러시 라이브러리에서 (페인팅) → (니코 룰) 브러시를 선택합니다.

> **TIP** '니코 룰' 브러시는 거친 텍스처 느낌을 갖고 있으며, 필압에 따라 톤 조절이 가능하기 때문에 편하게 사용할 수 있습니다.

03 기본 속성을 변경하기 위해 (니코 룰) 브러시를 한 번 더 탭합니다. 브러시 스튜디오가 표시되면 (색상 움직임) 탭에서 도장 색상 지터의 색조를 '23%'로 조절합니다. 설정이 완료되었으면 (완료) 버튼을 탭합니다.

> **TIP** 색조를 조절하면 왼쪽 이미지처럼 단색으로만 칠해지던 브러시가 유사색과 섞이며 여러 가지 색이 같이 칠해집니다. 필압이 강하면 색 단계가 선명해지고, 필압이 약하면 단계도 점점 풀리지요. 수치를 높일수록 섞이는 색 범위도 넓어지지만 과하면 기본색을 해칠 수 있으니 참고해 주세요.

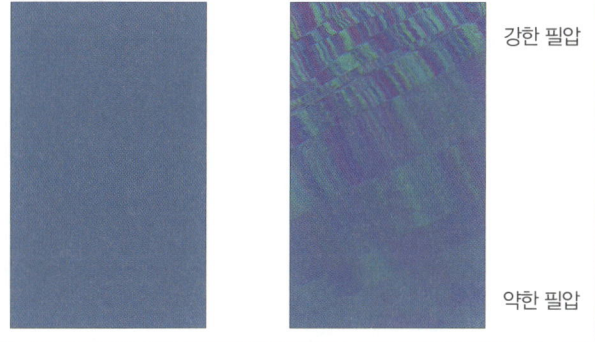

04 의자의 등받이 부분을 리터치합니다. 왼쪽 면의 어두움보다 진해지지 않도록 주의하며 아래로 갈수록 살짝 어두워지도록 채색해 줄게요.

> **TIP** 색상을 지정할 땐 기존에 사용한 색을 길게 탭하여 스포이트 도구로 선택한 다음 (색상(●))에서 조금씩 조절하며 사용하면 자연스럽게 그릴 수 있습니다.

05 왼쪽 면의 어두움에도 리터칭을 해줄게요.

TIP 왼쪽 하단으로 갈수록 반사광에 의해 살짝 밝아지도록 표현해 줄게요. 이때 어두움이 깨지지 않도록 체크해 주세요.

06 밝음을 표현한 레이어는 꺾이는 부분을 더 부드럽게 만들기 위해 알파 채널 잠금을 설정하지 않고 리터칭합니다.

 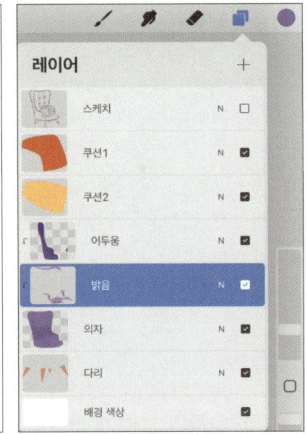

07 의자 다리를 그린 레이어를 탭하여 표시되는 레이어 옵션에서 (알파 채널 잠금)을 선택한 후 어두움을 그립니다. 작은 부분이니 레이어는 따로 분리하지 않고 그려 줄게요.

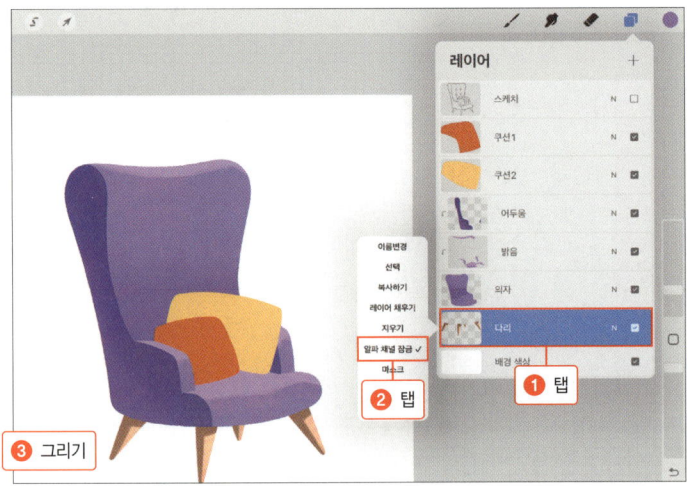

디테일을 더해 완성도 높이기

01 쿠션의 밝은 부분을 각각 그린 다음 무늬를 넣어 줍니다. 무늬를 그린 레이어의 (N)을 탭하여 블렌딩 모드를 (소프트 라이트)로 바꿔주세요. 무늬가 쿠션 안에만 들어가도록 레이어 옵션에서 (클리핑 마스크)도 선택합니다.

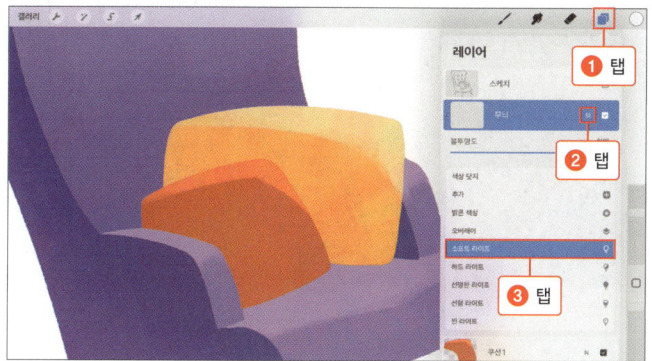

TIP 블렌딩 모드를 설정하면 무늬를 그린 레이어가 투명한 레이어로 변경되기 때문에 쿠션의 어두움과 밝음을 해치지 않으면서 무늬를 넣을 수 있습니다.

02 나머지 쿠션의 무늬를 그린 레이어도 탭하여 표시되는 레이어 옵션에서 (클리핑 마스크)를 선택합니다.

TIP 진한 선이기 때문에 무늬를 그린 레이어의 (N)을 탭하여 불투명도를 조금 낮게 조절하였습니다.

03 쿠션 아래쪽과 뒤쪽에 그림자도 살짝 그립니다.

04 쿠션이 얼추 완성되었으면 쿠션을 그린 레이어와 무늬를 그린 레이어를 각각 합쳐서 작업해 줄게요.

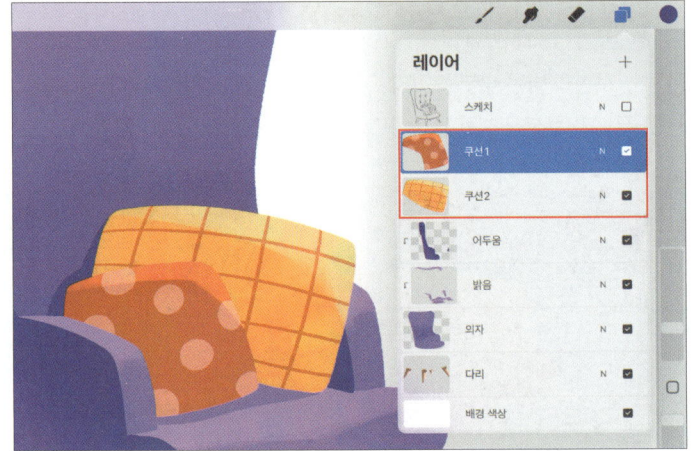

TIP 추후에 수정이 필요할 것 같으면 합치지 않고 진행해도 괜찮아요.

05 중간중간 선을 넣어 그림을 다듬습니다. 이때 모두 같은 색으로 그리기보다는 빛에 따라 차이를 주면 좋아요. 자세히 보면 밝음, 중간, 어두움마다 사용한 색상이 다릅니다.

TIP 04번 과정에서 레이어를 합치지 않았다면, 위쪽에 라인 레이어를 새로 만들어 작업합니다.

TIP 해당 과정에서는 스케치 → HB 연필, 잉크 → 스튜디오 펜 브러시를 사용하였습니다.

TIP 기본색을 길게 탭하여 스포이트 도구를 선택한 다음 (색상(●))에서 기본색보다 살짝 어둡게 지정하여 라인을 넣어 줍니다.

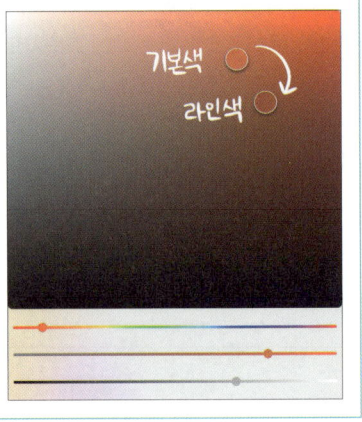

06 | 05번 과정과 같은 방법으로 뒤쪽 쿠션도 라인을 정리합니다.

07 | 의자는 어두움, 밝음을 표현한 레이어를 살리면서 정리해주기 위해 [+] 버튼을 탭하여 새 레이어를 추가했습니다. 마찬가지로 형태를 확실하게 잡고 싶은 부분에 라인을 넣어 줍니다.

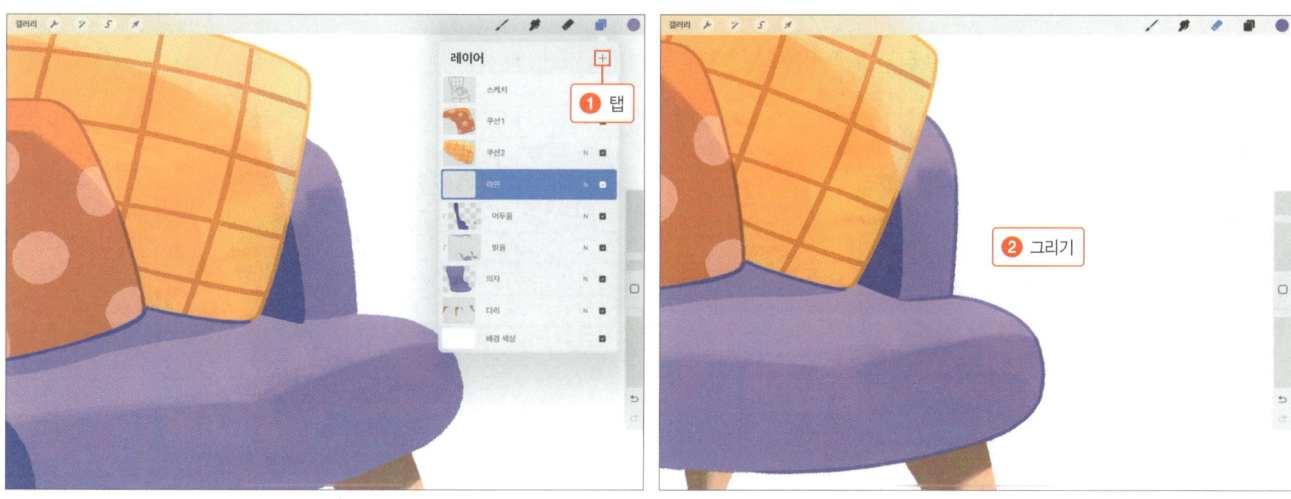

08 | 의자 다리에도 라인을 그려 줍니다. 그다음 의자의 어두움과 중간 톤의 경계가 너무 딱딱한 것 같아 중간 단계를 하나 더 만들어줬어요. 이때 면이 희미해지지 않도록 초반에 브러시 스튜디오에서 설정한 색조 값을 '없음'으로 조절하여 그리는 게 좋습니다.

 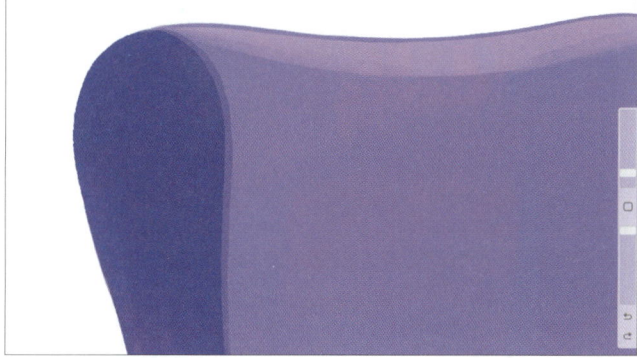

의자와 쿠션 소품 그리기

09 동그랗게 단추를 그린 다음 주름을 살짝 넣어 줍니다. 이때 주름 모양이 똑같지 않도록 체크하며 그려 보세요.

TIP 라인과 단추는 레이어를 분리하여 그리는 게 좋습니다.

10 단추를 그린 레이어에 (알파 채널 잠금)을 적용한 다음 어두움과 밝음을 표현합니다.

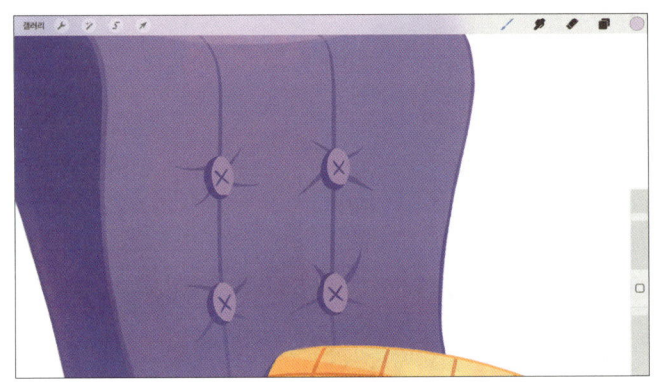 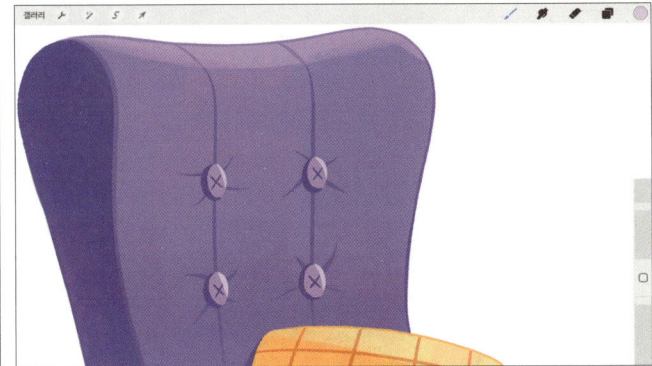

11 의자에 입체감을 표현하기 위해 줄 옆에 밝은 라인도 넣어 줄게요. 이때 전부 똑같은 톤으로 그리기보다는 의자 명암의 톤에 맞춰 그려 주세요.

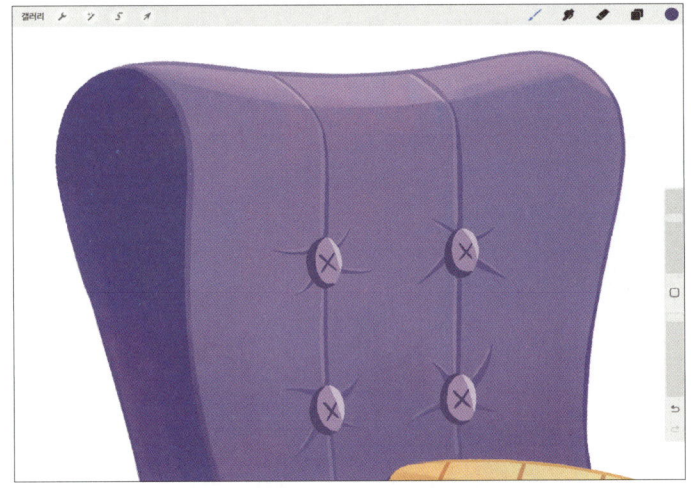

12 의자의 채도를 조금 더 높게 조절하기 위해 의자를 그린 레이어를 선택한 다음 (조정( )) → (색조, 채도, 밝기)를 탭합니다. 하단 메뉴에서 채도를 원하는 만큼 조절하여 설정합니다.

13 이렇게 해서 러프 스케치부터 채색까지 의자와 쿠션이 마무리됩니다.

MISSION

오브제를 하나 정해서 레퍼런스와 함께 디폼해 봅니다.

PART

6

실전!
스케치부터 채색까지 그리기

지금까지 배운 것들을 종합하여 간단한 캐릭터부터 배경이 들어간 일러스트까지 한 번 같이 그려 볼게요. 헷갈리거나 막히는 부분이 있다면 앞으로 돌아가 다시 한 번 복습해도 좋습니다!

스케치부터 채색, 보정까지 캐릭터 완성하기

이번엔 앞서 배운 내용을 바탕으로 캐릭터를 하나 그려 볼게요. 최대한 세부적으로 나눠 천천히 스케치부터 채색까지 전체적인 과정을 알아보며 진행해 봅시다.

● 완성 파일 : 06\캐릭터_완성.psd, 캐릭터_완성.jpg

색상 코드

헤어(cb5a5e, e17f74) 피부(e99e99, b26168)

바지(2c4564, 556f9e) 신발(baced7, d9e4e9)

상의(8cc0bc, 62989d, c2daca)

시작하기 전에 참고 사항!

* 브러시는 중간중간 계속 변경하며 사용합니다. 깔끔하게 그리고 싶은지, 부드럽게 풀어 그리고 싶은지 등 원하는 느낌에 따라 선택하여 사용해 보세요.

TIP 레이어 정리

겹치는 부분은 나중에 레이어를 합치더라도 일단 무조건 분리해놓는 게 좋아요. 너무 많은 레이어가 생성되었다면 그룹을 지정하여 정리해 주면 됩니다.

그림을 그리다 보면 레이어는 금방 수십 개가 되어버려요. 이 책에서 설명하는 것과 똑같이 정리하려고 신경 쓰면 오히려 힘들 수 있으니 그림을 진행하는 방법 위주로 참고하고, 레이어 정리는 여러분이 편한 대로 진행해 보세요.

캔버스 크기 : 3000×3000px

사용 브러시 : 스케치 → HB 연필
　　　　　　　잉크 → 스튜디오 펜(취향대로 브러시 스튜디오에서 지터 값을 조절하여 사용)
　　　　　　　에어브러시 → 소프트 브러시
　　　　　　　페인팅 → 니코 룰
　　　　　　　스프레이 → 대형 노즐

스케치부터 채색, 보정까지 캐릭터 완성하기 317

간단하게 러프 스케치하기

01 먼저 얼굴을 그리기 위해 동그라미를 살짝 그립니다.

02 얼굴 각도에 맞춰 십자 표시를 넣습니다. 정면에서 오른쪽으로 고개를 살짝 돌린 각도로 그려 볼게요.

03 중심선에 맞춰 이목구비 위치를 동그라미와 간단한 라인으로 대충 잡아 봅니다. 코는 나와 있기 때문에 중심선보다 밖으로 나오도록 위치를 잡아 주세요.

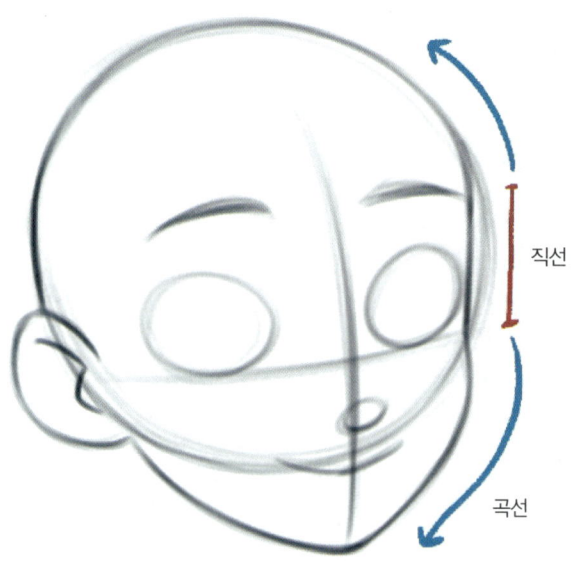
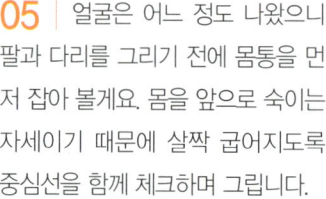

04 이목구비에 맞춰 얼굴 형태를 잡습니다. 눈썹부터 눈 아래까지는 직선에 가깝게, 볼과 이마는 곡선으로 그려 주세요.

05 얼굴은 어느 정도 나왔으니 팔과 다리를 그리기 전에 몸통을 먼저 잡아 볼게요. 몸을 앞으로 숙이는 자세이기 때문에 살짝 굽어지도록 중심선을 함께 체크하며 그립니다.

06 여기에 맞춰 팔과 다리를 그립니다. 형태가 헷갈린다면 각도를 먼저 체크해도 좋아요. 이때 턱을 받치고 있는 손의 각도를 보면 새끼 근육이 더 앞에 있는 형태이므로 엄지 근육과 한 번 나눠주어야 합니다. 다리를 앞으로 내밀고 있으니 발이 살짝 커 보이도록 그려 주세요.

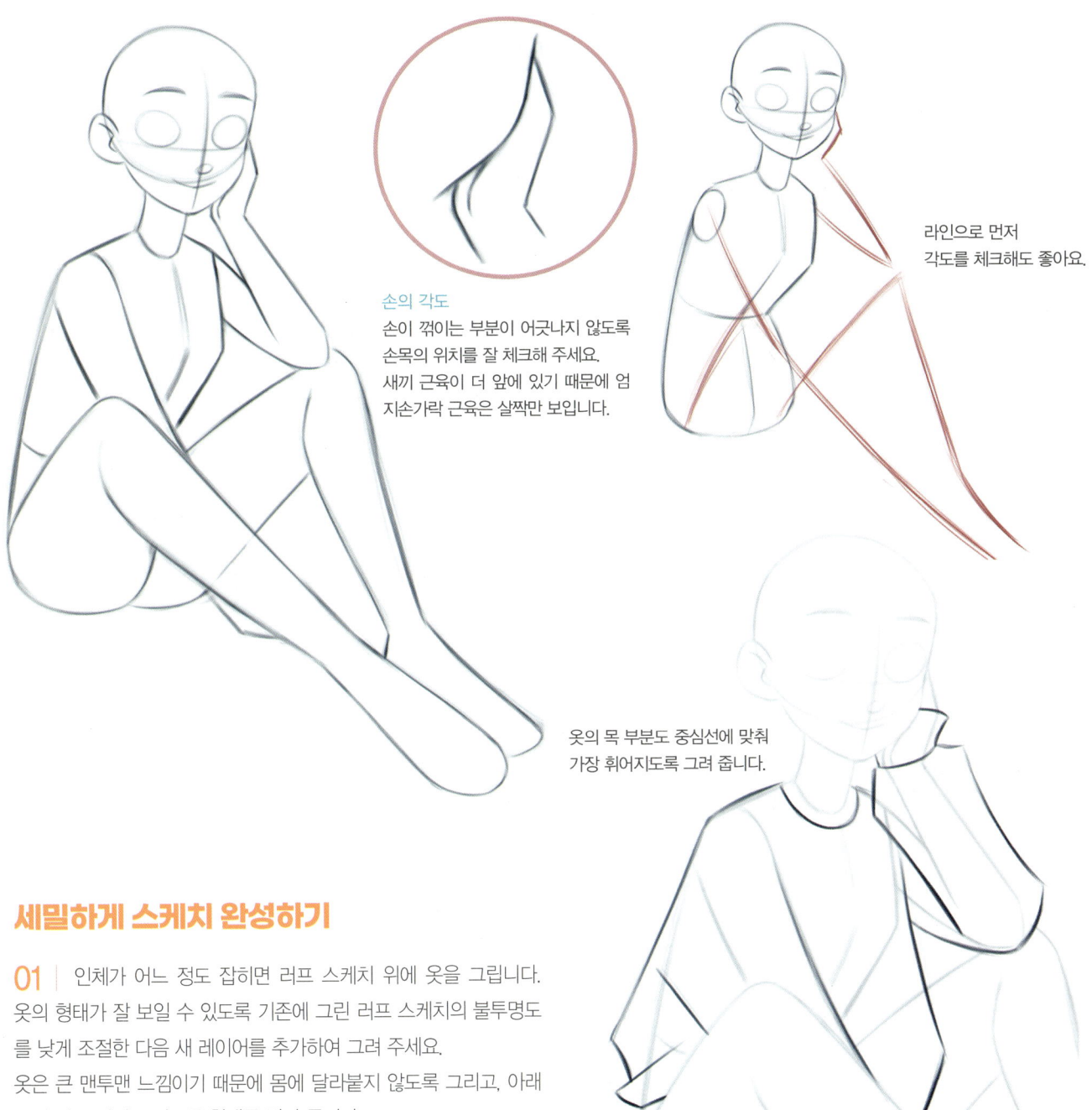

손의 각도
손이 꺾이는 부분이 어긋나지 않도록 손목의 위치를 잘 체크해 주세요. 새끼 근육이 더 앞에 있기 때문에 엄지손가락 근육은 살짝만 보입니다.

라인으로 먼저 각도를 체크해도 좋아요.

옷의 목 부분도 중심선에 맞춰 가장 휘어지도록 그려 줍니다.

세밀하게 스케치 완성하기

01 인체가 어느 정도 잡히면 러프 스케치 위에 옷을 그립니다. 옷의 형태가 잘 보일 수 있도록 기존에 그린 러프 스케치의 불투명도를 낮게 조절한 다음 새 레이어를 추가하여 그려 주세요.
옷은 큰 맨투맨 느낌이기 때문에 몸에 달라붙지 않도록 그리고, 아래쪽이 더 무겁게 보이도록 형태를 잡아 줍니다.

02 바지는 딱 붙는 듯한 느낌으로 그려 볼게요. 다리에 딱 맞게 그리다가 발목 쪽만 살짝 넓어지도록 그려 줍니다. 다리를 앞으로 빼고 있기 때문에 바지의 안쪽 공간도 조금 보일 거예요.

얼굴을 살짝 돌리고 있기 때문에 오른쪽 눈의 폭이 조금 더 좁아 보일 거예요. 눈의 세로 길이가 비슷하게 보이도록 양쪽 눈을 비교하며 같이 봐주세요.

바지 밑단을 직선으로 그리면 평면적으로 보일 거예요. 다리 방향에 맞춰 곡선으로 표현해 주세요.

03 이목구비를 다듬어 줄게요. 눈의 윗부분이 더 진하게 보이도록 위아래 강약 차이를 넣어 줍니다.

04 눈동자 중앙에 동공도 넣고, 속눈썹도 추가해 줍니다. 속눈썹이 눈 안쪽에서 휘어지지 않도록 바깥쪽에 그려 주세요.

입술의 중심 위치도 얼굴의 중심선에 맞춰 주세요. 고개를 돌리고 있기 때문에 입술도 한쪽이 살짝 좁아 보일 거예요.

머리카락의 끝부분은 가늘게 끝나야 부드러워 보입니다.

05 눈썹, 코, 입도 가이드에 맞춰서 그립니다. 코는 간단하게 어두워지는 부분만 표현해 주고, 눈썹과 콧대는 연결되도록 그려 주세요. 이목구비가 완성되었으면 얼굴 형태도 다듬습니다.

06 헤어를 그리기 위해 가르마 위치를 먼저 잡아준 후 이마 라인을 넘지 않도록 꺾인 앞머리를 그립니다. 반대쪽에는 살짝 내려온 앞머리를 두께감 있게 하나 그려 줄게요.

07 앞머리를 뒷머리와 한 번 나눠 줄게요. 뒷머리는 두상보다 더 부피감이 있도록 그려주고, 머리카락이 내려올수록 무게감이 있어 보이게 살짝 웨이브를 넣습니다. 긴 머리이기 때문에 어깨에 자연스럽게 걸친 형태로 만들어 줄게요.

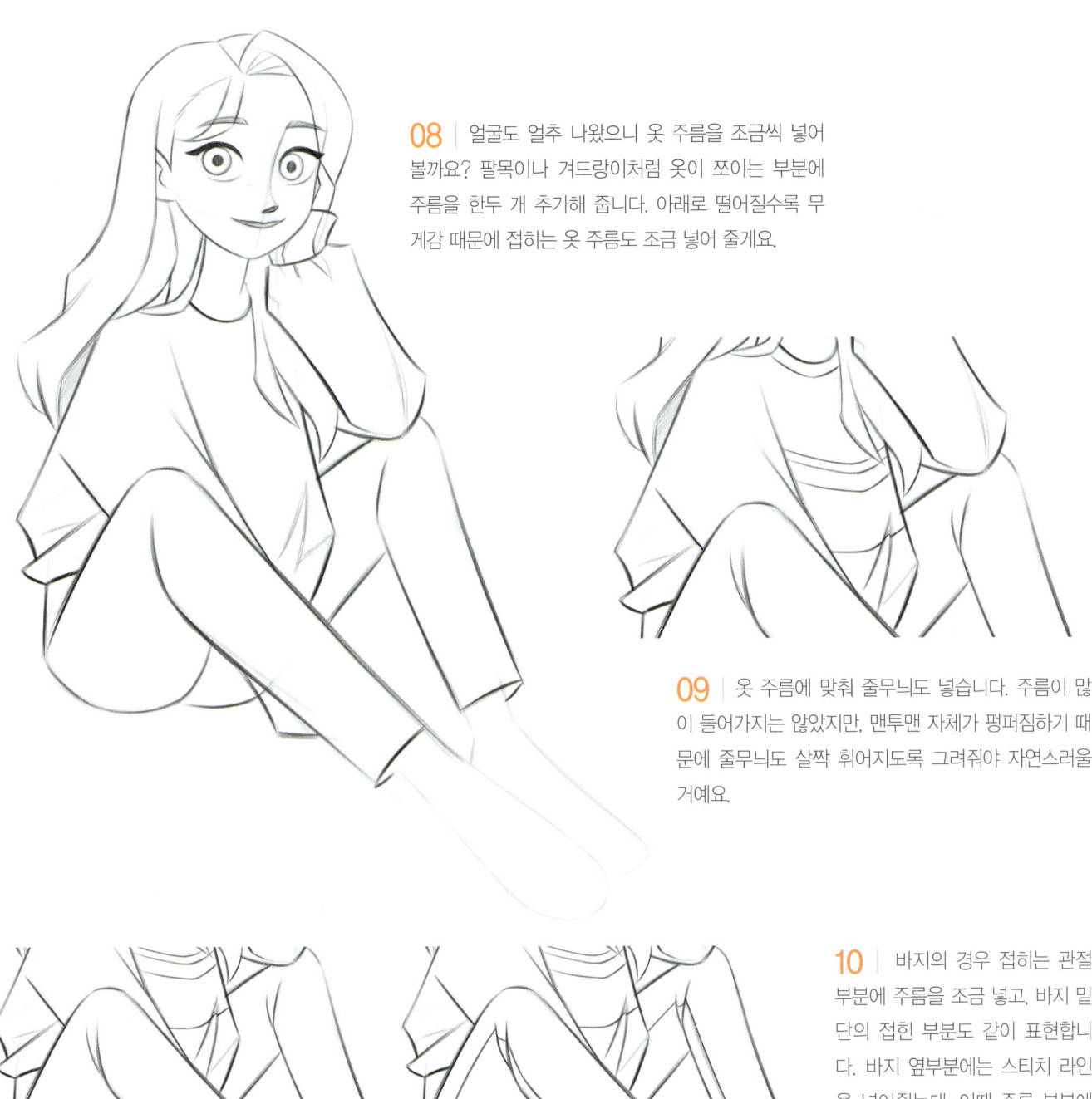

08 얼굴도 얼추 나왔으니 옷 주름을 조금씩 넣어 볼까요? 팔목이나 겨드랑이처럼 옷이 쪼이는 부분에 주름을 한두 개 추가해 줍니다. 아래로 떨어질수록 무게감 때문에 접히는 옷 주름도 조금 넣어 줄게요.

09 옷 주름에 맞춰 줄무늬도 넣습니다. 주름이 많이 들어가지는 않았지만, 맨투맨 자체가 펑퍼짐하기 때문에 줄무늬도 살짝 휘어지도록 그려줘야 자연스러울 거예요.

10 바지의 경우 접히는 관절 부분에 주름을 조금 넣고, 바지 밑단의 접힌 부분도 같이 표현합니다. 바지 옆부분에는 스티치 라인을 넣어줬는데, 이때 주름 부분에 맞춰 살짝 어긋나도록 그려 주세요.

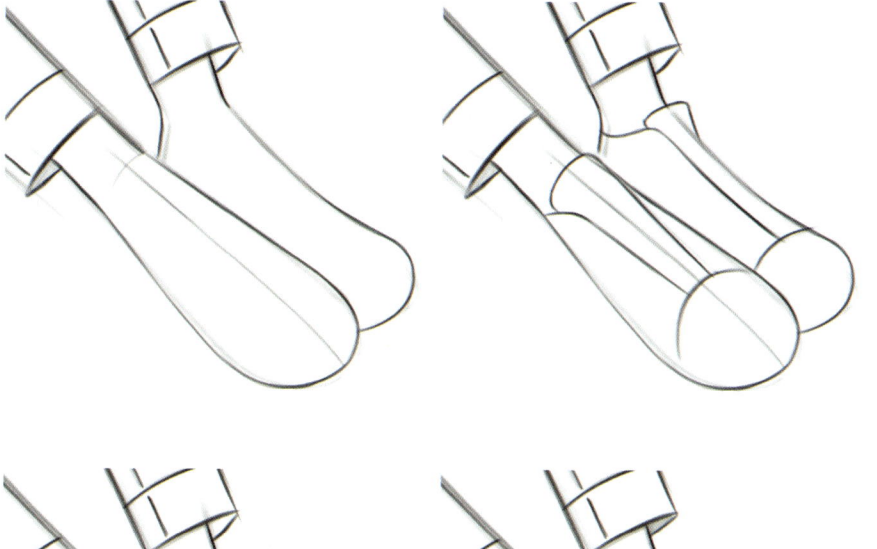

11 신발은 형태를 잡고 중심을 먼저 체크합니다. 여기서는 형태를 최대한 단순하게 표현해 볼게요. 신발의 큰 구조를 중심선에 맞춰 먼저 나눕니다. 특히 신발 앞 가장 올라온 부분이 중심에 맞도록 그려 주세요.

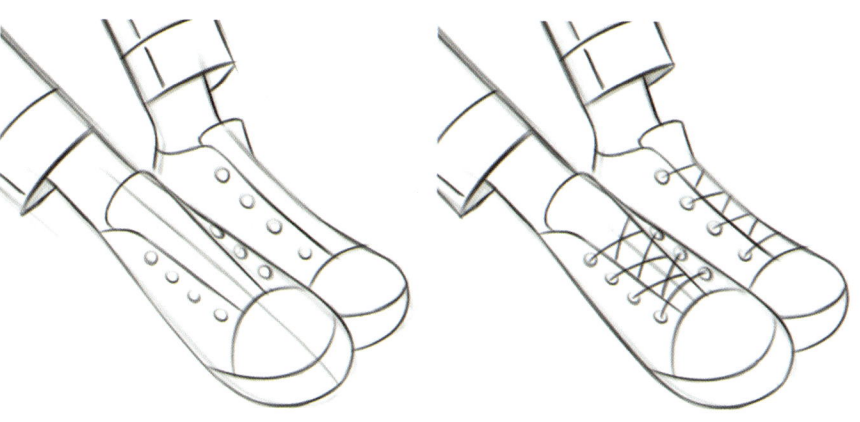

12 크기나 간격이 일정하도록 양쪽에 신발 끈이 들어갈 위치를 작은 원으로 먼저 그려 줍니다. 그린 원에 맞춰 신발 끈을 × 형태로 넣어 주세요. 두께는 채색할 때 표현해도 괜찮으니 선으로 간단하게 잡아 줍니다.

13 전체적인 스케치가 어느 정도 나왔다면 마음에 들지 않는 부분은 (조정(✦)) → (픽셀 유동화)를 탭한 후 형태를 밀어 조금씩 수정해 줍니다. 하단 메뉴에서 (크기)를 조절하여 수정 범위를 설정할 수 있어요.

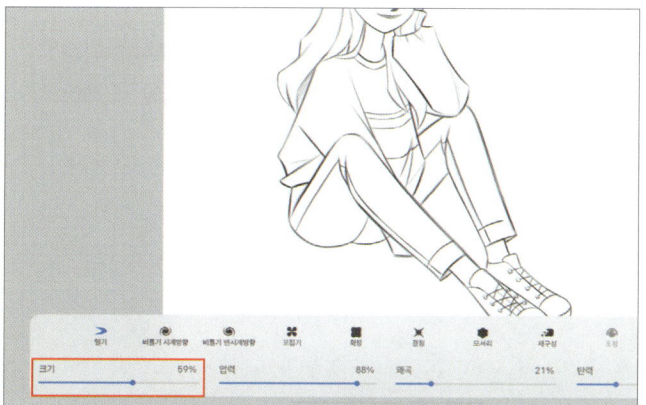

14 이렇게 해서 앉아 있는 캐릭터 스케치가 완성되었습니다!

실루엣과 라인을 그려 캐릭터 채색하기

01 스케치를 그린 레이어의 불투명도를 낮게 조절한 다음 가장 위로 이동시켜줍니다. (+) 버튼을 탭하여 아래에 새 레이어를 추가한 다음 작업을 진행할게요.

02 | 실루엣을 따로따로 잡으며 작업해 볼게요. (잉크) → (스튜디오 펜) 브러시를 사용하여 실루엣을 잡은 다음 (색상(●))을 캔버스로 드래그하여 채웁니다. 실루엣을 잡을 때 공간이 생기지 않도록 서로 겹치며 라인을 그려 주세요.

03 | 레이어 순서에 따라 가려지는 부분이 생기기 때문에 안 보이는 부분은 넓게 실루엣을 잡아도 괜찮습니다. 보이는 부분만 깔끔하게 잡아 주세요.

TIP 실루엣 자체를 깔끔하게 잡아줘야 나중에 편하게 채색할 수 있어요. 초반에 시간이 좀 걸리더라도 꼼꼼하게 진행해 보세요.

스케치부터 채색, 보정까지 캐릭터 완성하기 **325**

04 같은 방법을 이용하여 각각의 레이어를 분리해서 기본 색을 채웁니다. 실루엣을 잘 잡았다면 채색했을 때 삐져나오지 않도록 각각의 레이어에 (알파 채널 잠금)을 설정해 주세요.

TIP 예제에서는 겹치는 다리나 손, 발을 채색할 때 편하도록 레이어를 분리하여 그렸습니다.

05 이목구비를 그려 볼게요. 먼저 진하게 속눈썹 부분을 그려 줍니다. 끝부분이 가늘어지게 끝나도록 다듬어 주세요.

06 새 레이어를 추가하여 눈의 흰자를 그립니다. 흰색보다 더 어두운 색으로 칠하되, 피부 톤보다는 밝아 보이도록 그려 주세요.

07 다시 새 레이어를 추가하여 눈동자와 동공을 그립니다.

08 눈썹은 머리카락에 가려지도록 머리를 그린 레이어 아래에 새 레이어를 추가하여 그립니다.

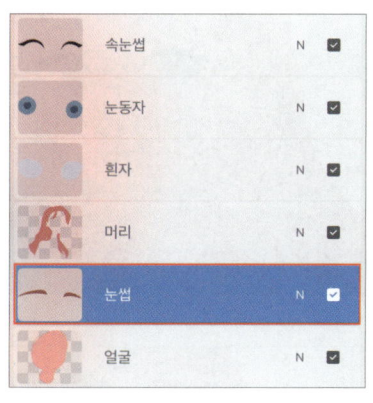

09 피부보다 어두운 톤을 선택하여 코, 쌍꺼풀, 눈 아래 라인까지 그립니다. 입술도 붉은 톤으로 함께 맞춰 그려 줄게요.

TIP 톤이 비슷하면 티가 나지 않을 수 있으니 주의합니다.

10 | 눈동자에 하이라이트까지 찍어 주면 이목구비는 완성입니다.

11 | 이제 붙어 보이는 부분들에 명암을 넣어 하나씩 분리해 줄게요. 먼저 얼굴이 목과 분리되도록 명암을 넣습니다. 같은 방법으로 맨투맨과 목도 분리해 주세요.

12 | 상의를 그린 레이어 위에 라인 레이어를 새로 추가하여 옷 주름과 팔의 형태를 그립니다. 상의 색보다 살짝 어두운 색으로 그려 주세요.

TIP 필압을 조절하여 선의 끝부분을 가늘게 마무리합니다.

13 | 옷의 줄무늬는 상의 안쪽에만 들어가도록 (클리핑 마스크)를 적용한 다음 그려 줍니다.

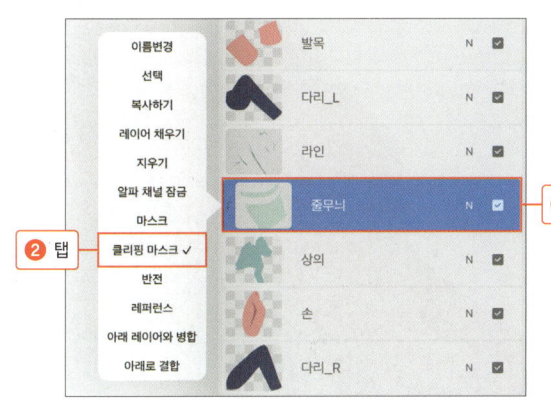

14 | 헤어 안쪽에 어두운 부분을 표현하기 위해 (선택(s))을 탭합니다. 하단 메뉴에서 (올가미)를 선택하고 어깨를 기준으로 나눠 안쪽을 드래그한 다음 어두운 톤으로 칠합니다. 형태가 나뉘는 부분, 어두워질 것 같은 부분은 모두 선택하여 채색해 주세요.

선택 툴을 사용할 땐 꼭 회색 점과 연결하여 확실하게 마무리해 주세요.

963638

TIP 올가미를 사용하지 않고 브러시로만 그리다 보면 오른쪽 이미지와 같이 형태가 뭉개져 보일 수 있으므로 유의합니다.

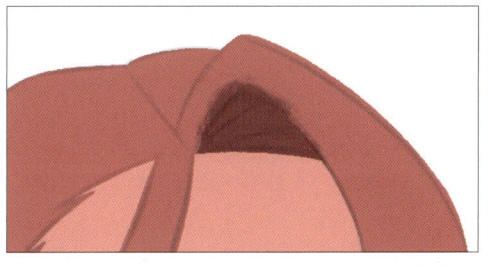

15 | 머리의 밝은 부분을 표현하기 위해 〔선택(s)〕을 탭한 다음 하단 메뉴에서 〔올가미〕를 선택하여 불규칙한 느낌으로 형태를 잡은 다음 칠해 줍니다.

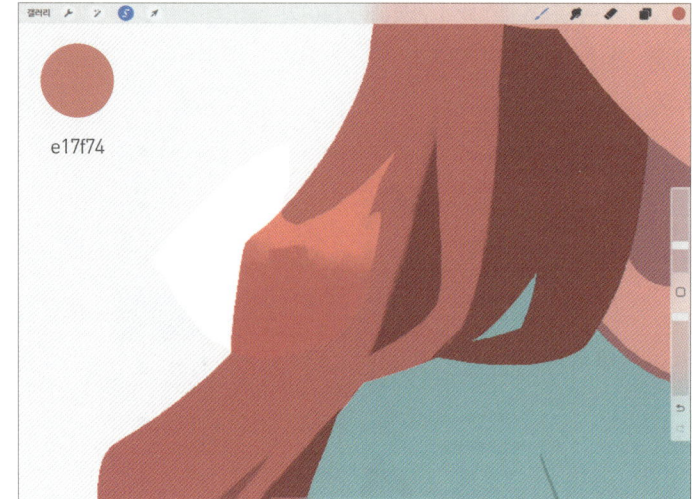

TIP 머리카락이 꺾이는 부분을 기준으로 윗면이 밝아지도록 잡고, 한쪽은 부드럽게 풀리도록 필압을 약하게 해 주세요. 예제에서는 페인팅 → 니코 롤 브러시를 사용하여 채색하였습니다.

16 | 같은 방법을 이용하여 다른 부분도 함께 밝은 부분을 표현해 줄게요. 마찬가지로 윗면이 밝아 보이도록 잡고, 형태가 울퉁불퉁한 부분은 리터칭하여 다듬어 줍니다.

TIP 머리카락의 실루엣을 고려하여 밝은 부분을 먼저 체크해 보세요.

17 | 머리의 윗부분도 밝음을 넣어 줄게요. 머리카락의 꺾이는 부분을 감안하여 윗면에만 밝음을 살짝 표현해 줍니다.

18 머리를 그린 레이어 위에 라인 레이어를 새로 추가한 다음 머리카락 형태를 선명하게 잡습니다. 이때 전체를 그리기보다는 형태가 붙어 보이는 부분 위주로 그리며 분리해 주세요.

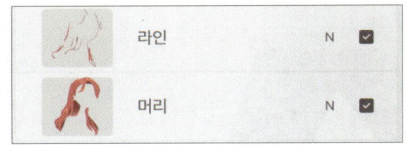

19 얼굴에도 라인을 넣기 위해 앞서 얼굴에 사용했던 어두운 톤과 동일한 색을 사용해 줍니다.

TIP 얼굴에 들어가는 라인들도 부드럽게 보일 수 있도록 끝부분을 가늘게 마무리해 주세요.

20 다리도 라인 레이어를 새로 추가하여 형태를 확실하게 잡습니다. 바지보다 밝은색을 사용하여 접힌 밑단도 그려 줄게요.

스케치부터 채색, 보정까지 캐릭터 완성하기 **331**

21 주름에 맞춰 스티치를 표현합니다. 바지에는 밝은색, 밑단에는 어두운 색을 넣어 차이를 줄게요.

22 신발을 그린 레이어 위에 라인 레이어를 새로 추가하여 형태를 먼저 잡습니다. 그다음 라인을 그린 레이어 위에 겹치도록 신발 끈 레이어를 새로 추가하여 그려 주세요.

> **TIP** 신발 끈에서 살짝 떨어지도록 구멍을 그려주면 끈과 구멍 사이에 공간이 생겨 자연스럽게 명암으로 보일 거예요.

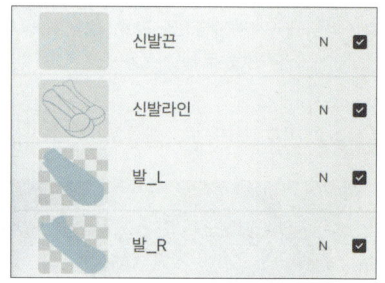

23 | 실루엣과 라인을 이용하여 간단하게 채색을 완성하였습니다. 라인으로 형태만 분리해도 쉽게 캐릭터를 그릴 수 있어요.

명암을 더해 입체감 표현하기

01 | 간단하게 채색한 캐릭터에 톤을 추가하여 좀 더 섬세하게 표현해 볼게요. [스프레이] → [대형 노즐] 브러시를 사용하여 얼굴에 홍조를 살짝 넣어 줍니다. 볼과 콧등 부분을 연결한 W 형태로 은은하게 넣어 주세요.

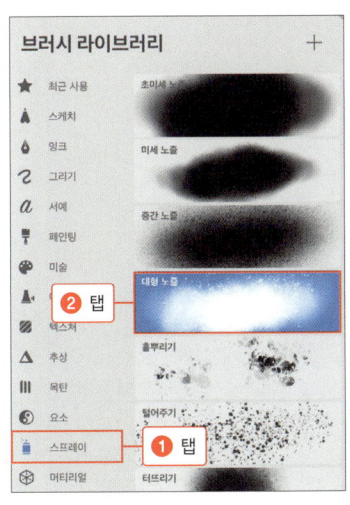

TIP 홍조를 그릴 때는 얼굴 흐름에 맞춰 넣어야 자연스럽습니다.

02 | 처음에는 홍조를 연하게 먼저 그려주고, 중앙 부분만 조금 더 진해지도록 살살 추가해 줍니다.

TIP 볼 부분에서는 홍조가 자연스럽게 퍼질 수 있도록 브러시를 큼직하게 사용해 주세요.

03 | 상의에 어두움도 추가해 볼게요. 라인에도 영향을 줄 수 있도록 상의 라인을 그린 레이어 위에 새 레이어를 추가한 다음 (N)을 탭하고 블렌딩 모드를 (곱하기)로 변경합니다. 옷 밖으로 삐져나가지 않도록 (클리핑 마스크)도 넣어 주세요. 레이어를 탭하여 표시되는 레이어 옵션에서 (클리핑 마스크)도 선택하여 적용합니다.

04 [선택(S)]을 탭한 다음 하단 메뉴에서 [올가미]를 선택하고 어깨가 꺾이는 흐름에 맞춰 어두움을 잡습니다. 여기에 주름 표현도 살짝 추가해 주세요. 여기서는 푸른 톤이 들어간 밝은색을 사용했습니다.

> **TIP** 블렌딩 모드의 '곱하기'는 조금만 어두운 색을 사용해도 많이 어두워지기 때문에 밝은 톤을 사용하며 느낌을 찾는 게 좋습니다. 만약 색상이 너무 어둡게 느껴진다면 변경해도 좋지만, 레이어의 불투명도를 조절해도 괜찮습니다.

05 상의 앞부분에도 꺾이는 형태에 맞춰 주름을 넣어 줄게요. 곱하기가 적용된 레이어는 투명하기 때문에 줄무늬가 유지되면서 명암이 적용됩니다.

06 팔에도 명암을 넣습니다. 오른쪽에 살짝 그린 라인은 애매한 것 같아 지워 줬어요. 몸의 뒷부분은 팔과 분리하기 위해 살짝 더 어두운 톤으로 칠합니다.

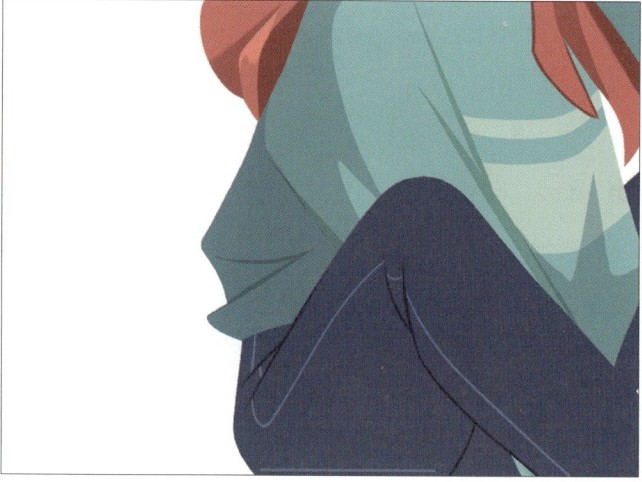

TIP 팔의 입체감을 원기둥으로 생각하면서 어두움을 잡아 보세요.

07 명암이 얼추 나왔다 싶으면 상의 관련 레이어를 두 손가락으로 모두 모아 합친 다음 애매하게 톤이 겹친 라인 등을 리터칭하여 정리합니다.

08 이번에는 바지를 그린 레이어 위에 새 레이어를 추가한 다음 (N)을 탭하여 블렌딩 모드를 (소프트 라이트)로 선택해 줄 게요. 엉덩이의 밝은 부분이 부드럽게 풀어지도록 (니코 룰) 브러시로 필압을 약하게 사용합니다.

> **TIP** 소프트 라이트는 채도가 너무 높아지지 않기 때문에 오버레이보다 은은한 느낌으로 밝음을 표현해 줄 수 있어요.

ababc8

09 발목 부분에도 명암을 넣습니다. 오른쪽에서 빛이 들어오는 설정이기 때문에 명암이 왼쪽으로 지도록 넣어 줍니다.

10 신발 끈을 그린 레이어 위에 새 레이어를 추가한 다음 (N)을 탭하고 (오버레이)를 선택합니다. 마찬가지로 신발 오른쪽 부분이 밝아지도록 표현해 줄게요.

adc3d9

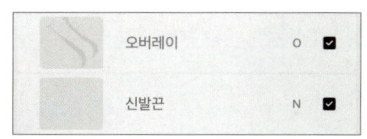

11 | 오버레이 레이어 위에 새 레이어를 추가한 후 신발 끈 아래에 명암을 그립니다.

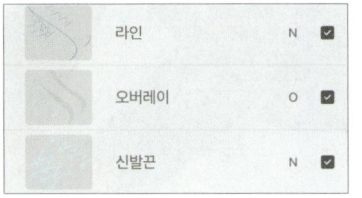
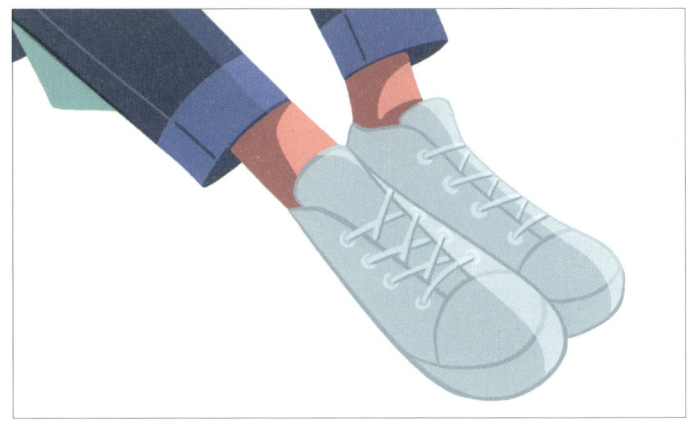

12 | 상의에 머리카락 그림자를 그리기 위해 어두움에 적용된 색상을 길게 탭하여 스포이트 도구로 선택한 다음 그대로 채색합니다. 이 방법을 사용하는 이유는 이전에 레이어를 합쳤기 때문이에요. 줄무늬에 맞춰 어두움의 색감도 변경해야겠죠?

13 | 그림자가 잘리지 않도록 목에도 그림자를 추가합니다.

14 머리 안쪽에도 톤을 조금 추가해 줄게요. (선택(s))을 탭한 다음 하단 메뉴에서 (올가미)를 선택하여 모양을 잡고, (소프트 브러시)를 활용하여 은은하게 톤을 넣습니다. 색상은 머리 색의 밝은 부분을 선택하여 그대로 사용해 주세요.

TIP 너무 밝아지면 어두움처럼 보이지 않을 수 있으니 아주 살짝만 밝아지도록 그려 줍니다.

15 목의 그림자를 좀 더 단순하게 바꿔주고, 얼굴 위에도 머리카락 그림자를 넣어 줄게요.

16 그림자 흐름에 따라 눈썹도 살짝 어둡게 바꿔주고, 머리카락이 꺾이는 부분 안쪽에도 라인을 넣어 방향을 표현해 줍니다.

17 | 지금까지 명암을 추가하여 좀 더 풍부하게 채색을 완성해봤습니다. 마지막으로 전체적인 톤을 한 번 확인해 줄게요. 여기서는 다리에 들어간 밝음이 조금 약해 보이니 보정해 보겠습니다. 다리 명암을 표현한 소프트라이트 레이어를 선택한 다음 [조정( )] → [색조, 채도, 밝기]를 선택합니다.

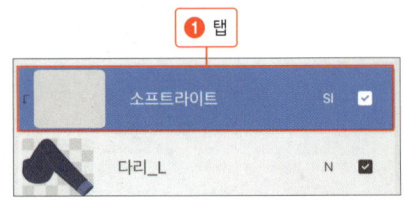

18 | 밝기를 살짝 올려서 명도 대비를 더 넣어 줄게요.

TIP 레이어가 합쳐져 있는 상태라면 선택 툴로 먼저 변경하고 싶은 부분을 잡아준 다음 보정해야 합니다.

감성적인 느낌으로 보정하고 빛 추가하기

01 | 전체적으로 보정해 주기 위해 갤러리 화면에서 캔버스를 왼쪽으로 드래그한 후 [복제] 버튼을 탭해 원본을 보존합니다.

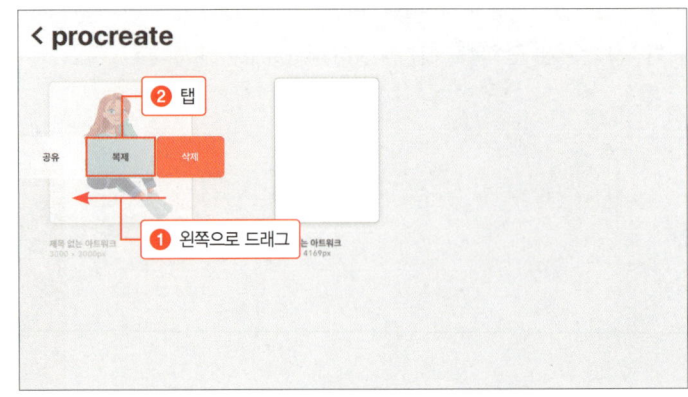

02 | 복제한 캔버스를 선택하여 열어 줍니다. 보정을 위해 레이어를 모두 합쳐 주세요. 레이어가 많으니 얼굴, 상의, 바지 등 파트별로 먼저 합쳐 준 후에 모두 합쳐 주세요.

03 | 레이어를 합치다 보면 블렌딩 모드가 일반 레이어로 변경되면서 테두리가 삐져나올 때가 있습니다.

TIP 이것은 블렌딩 모드가 올라갈 만한 면이 없기 때문에 일어나는 현상이에요. 캐릭터 밖은 빈 레이어니까요.

04 | 03번과 같은 경우 실행 취소한 다음 '흰색' 배경 레이어를 맨 밑에 새로 만들어 같이 합치면 문제 없습니다.

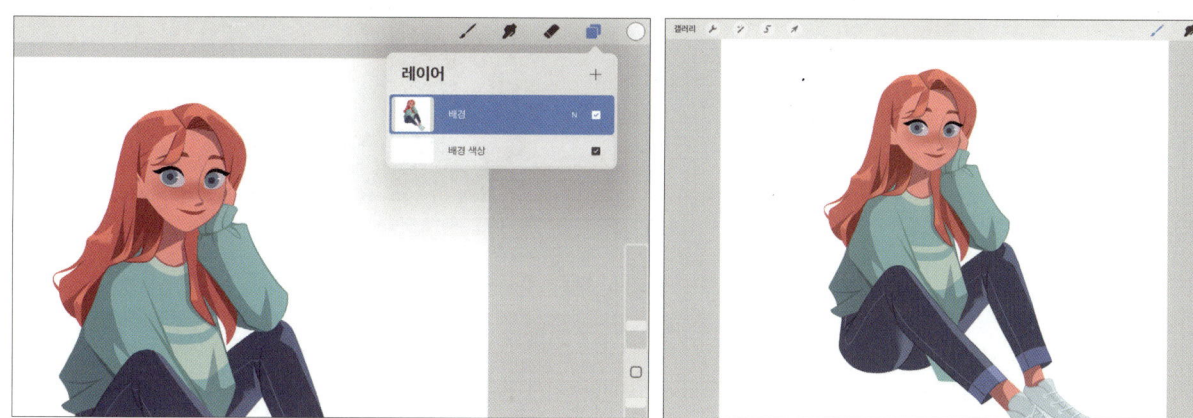

TIP 만약 캐릭터 형태를 바꾸고 싶다면?

막상 캐릭터 채색까지 완성했는데 자세가 마음에 안 들거나 뭔가 미묘하게 바꾸고 싶을 때가 생길 수 있어요. 이때 픽셀 유동화를 사용하여 약간의 보정은 할 수 있지만, 큰 느낌은 바꾸기 어렵습니다.

예를 들어, 얼굴을 좀 더 기울어진 형태로 바꾸고 싶다면 (선택(S))을 탭한 다음 하단 메뉴에서 (올가미)를 선택하여 관절 부분을 기준으로 잡아 줍니다. 여기서는 목이 되겠죠? 손도 얼굴에 대고 있는 자세이기 때문에 손목 부분까지 함께 잡아 줄게요.

바로 (변형(↗))을 탭한 다음 초록색 조절점을 드래그하여 원하는 만큼 회전시켜 줍니다.

잘린 부분이 자연스럽게 이어지도록 주변 색을 선택하여 연결해 줍니다. 단색으로 채색되었기 때문에 쉽고 빠르게 수정할 수 있어요.

05 | 보정을 위해 우선 (조정(⃰)) → (노이즈 효과)를 선택합니다.

06 | 노이즈 효과는 과하면 그림이 묻힐 수 있기 때문에 화면을 오른쪽으로 드래그해 '5~7%' 정도로만 조절하는 편입니다.

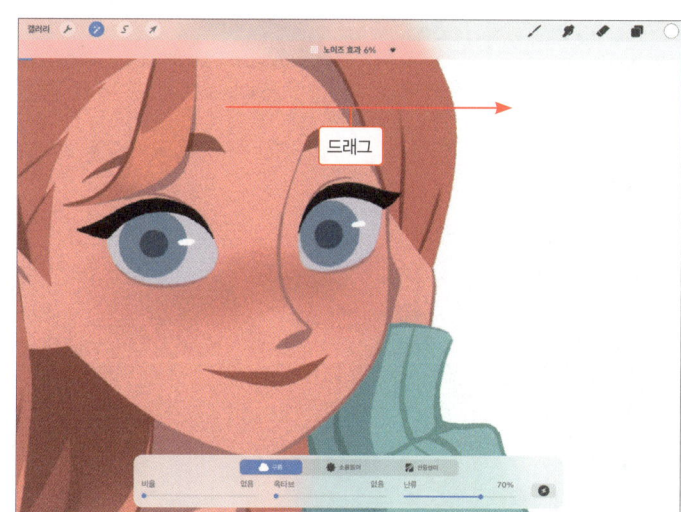

TIP 노이즈 효과는 약간의 질감을 간단히 넣을 수 있어 자주 사용하는 기능이지만, 과하면 그림이 묻힐 수 있어 유의해야 해요.

TIP 노이즈 효과는 흰색 배경에도 적용됩니다. 혹시나 레이어에 빈 부분이 있다면 그림과 같이 톤 차이가 생길 수 있으니 배경을 합쳐 꼭 전체적으로 흰색을 채운 다음 사용하세요.

07 두 번째 보정을 위해서 (조정) → (색수차)를 선택합니다.

08 노이즈 효과와 마찬가지로 화면을 오른쪽으로 드래그할수록 점점 효과가 강해집니다.

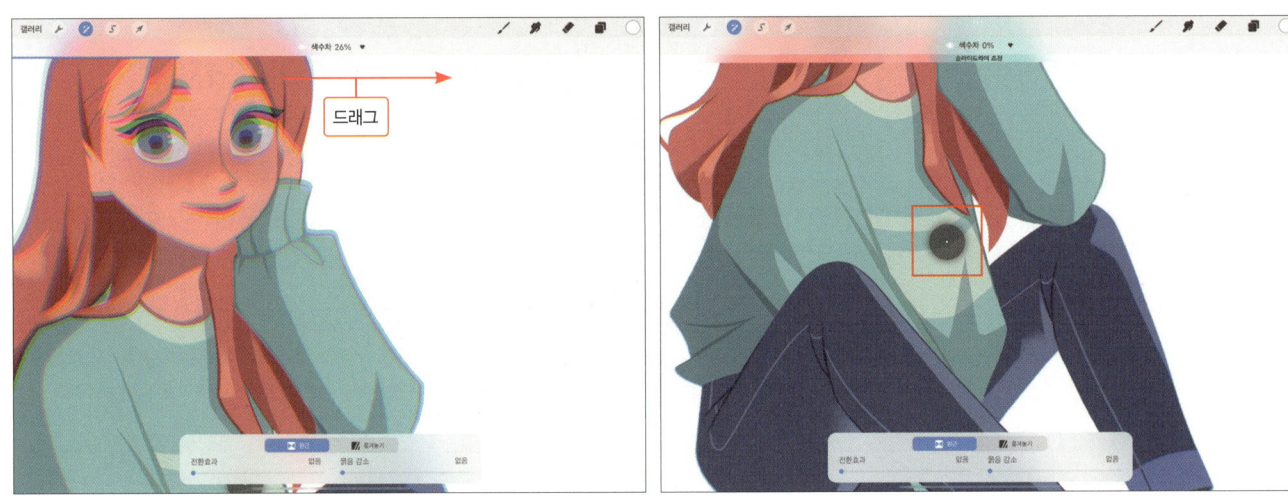

TIP 검은색 동그라미에서 멀어질수록 RGB 색상(빨강, 초록, 파랑)이 기존 색에서 분리되며 나타나지요. 검은색 동그라미에 가까워질수록 색의 분리 또한 약해지니, 동그라미를 드래그하여 원하는 곳으로 위치를 잡아 줍니다.

09 색수차 역시 과해지면 그림이 묻힐 수 있기 때문에 '5~7%' 정도로 아주 살짝만 적용하는 편입니다. 취향껏 조절해 보세요.

10 | 마지막으로 빛을 조금 더 넣기 위해 맨 위에 새 레이어를 추가합니다. 추가한 레이어의 (N)을 탭한 다음 (오버레이)를 선택해 주세요.

11 | 붉은 톤의 밝은색을 선택하여 (소프트 브러시)로 은은하게 빛을 넣어 줍니다.

TIP 부드럽게 풀릴 수 있도록 브러시를 크게 사용하세요.

12 | 빛까지 넣어 마무리하면 스케치부터 채색 및 보정까지 적용한 캐릭터가 완성됩니다.

완성도 있는 일러스트 작업 과정 알아보기

그림을 그리는 과정은 개개인마다 차이가 있습니다. 사용하는 툴부터 진행 방식의 차이도 굉장히 다양하기 때문에 다른 분들의 그림 과정을 참고해 보는 것도 많은 도움이 되죠. 저의 경우에는 보통 다음과 같은 작업 과정이 이루어집니다.

유튜브 검색창에 아래 키워드를 검색해 보세요. 과정을 빠르게 참고하기 좋답니다~!

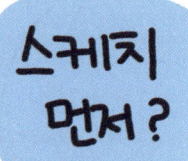

Speed painting
Digital painting process
Digital painting timelapse

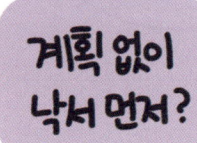

구상 및 아이디어 스케치

처음에는 마인드맵을 이용하여 그리고 싶은 키워드를 적어 나갑니다. 어떤 단어라도 상관없습니다. 자유롭게 생각나는 대로 적어 보세요.

그후 이 중에서 재미있을 것 같은 조합을 추려 봅니다. 어떤 상황인지 스토리도 한 번 넣어보고요. 어느 정도 나왔다면 이런저런 아이디어를 조합하여 스케치를 간단히 그려 봅니다. 캐릭터만 그려도 좋고, 배경을 함께 넣어도 좋아요. 이 단계에서는 너무 크게 그리기보다는 섬네일 크기(엄지손가락 정도)로만 작게 진행합니다. 깔끔하게 그리지 않아도 괜찮아요! 편하게 낙서하듯이 여러 개 그려 보세요.

자료 서치

이제 콘셉트에 맞는 자료(레퍼런스)를 찾아 봅니다. 원하는 느낌을 그려주기 위해 최대한 많이 찾아보는 게(10~20개 이상) 좋아요. 의상, 캐릭터의 포즈, 헤어, 배경이 있다면 레이아웃, 소품 등 그림에 들어가는 모든 것에 대한 자료를 찾아볼 수 있겠죠. 형태뿐만 아니라 이후 채색할 때 참고하고 싶은 무드나 빛, 컬러의 자료도 같이 찾아주면 좋습니다. 저는 영화나 애니메이션의 한 장면 또는 다양한 배경 사진을 참고하는 편이에요.

러프 스케치

앞서 찾은 레퍼런스와 아이디어 스케치를 조합하여 러프 스케치를 진행합니다. 이 단계에서는 아이디어 스케치에 살을 조금씩 붙여 가기 때문에 많은 수정이 들어갈 거예요. 지웠다 그렸다 하는 게 당연한 부분이니 너무 스트레스 받지 마시고 레퍼런스를 바탕으로 자유롭게 아이디어를 추가해 보길 바랍니다.

그리기 어려운 오브제는 자료를 꼼꼼히 찾아 본 후 참고하여 추가해 보세요.

디테일 스케치

러프 스케치가 어느 정도 완성되었다면 채색할 때 편하도록 스케치를 한 번 정리해 줍니다. 추가로 수정해 주고 싶은 부분이 없는지 형태를 한 번 점검해 주며 정리하면 더 좋아요. 이때 무테 그림인 경우 선 따기를 할 필요는 없지만, 유테 그림이라면 선을 깔끔하게 따주기도 합니다. 선호하는 그림체에 따라 선택해서 진행하시면 돼요!

깔끔하게 정리할수록 채색도 쉽게 진행할 수 있습니다. 빨리 채색에 들어가고 싶더라도 조금만 참고 형태를 정확히 잡아 보세요.

완성도 있는 일러스트 작업 과정 알아보기

러프 컬러

러프 스케치가 어느 정도 완성되었다면 채색할 때 편하도록 스케치를 한 번 정리해 줍니다. 추가로 수정해 주고 싶은 부분이 없는지 형태를 한 번 점검해 주며 정리하면 더 좋아요. 이때 무테 그림인 경우 선 따기를 해줄 필요는 없지만, 유테 그림이라면 선을 깔끔하게 따주기도 합니다. 여러분이 선호하는 그림체에 따라 선택해서 진행하시면 돼요!

러프 컬러의 디테일 정도는 개인차가 있습니다. 지금처럼 실루엣을 나눠준 후 러프 컬러를 계획해 볼 수도 있고, 실루엣 분리 없이 좀 더 러프하게 진행해 볼 수도 있습니다.

디테일 스케치를 바탕으로 오브제의 실루엣을 깔끔하게 나눠 줍니다. 배경, 각각의 오브제, 캐릭터 등으로 나눠볼 수 있겠죠. 이때 레이어 정리를 잘해놓아야 후반 채색할 때 훨씬 편하게 진행할 수 있습니다. 저의 경우 레이어가 합쳐져 있을 때 불편할 것 같다 싶으면 나중에 합쳐 주더라도 일단은 최대한 분리하여 진행하는 편입니다. 어떤 분위기로 채색할 건지 계획해 보는 단계입니다. 자료 서치 때 찾아놨던 무드와 빛, 색감을 참고하여 그림에 적용해 봅니다. 이때는 깔끔하게 하기보단 전체적인 느낌을 고려하여 칠해 보는 게 좋습니다. 화면을 확대해서 보면 큰 느낌이 보이지 않을 수 있으니 화면을 작게 하여 진행하는 걸 추천해 드립니다.

실루엣과 밑 색

실루엣을 깔끔하게 잡아놓았기 때문에 밑 색을 칠하기 수월할 거예요. 앞서 잡아놓았던 러프 컬러를 바탕으로 각각의 오브제마다 밑 색을 넣어 줍니다. 이때 작은 면부터 조각조각 진행하기보다는 가장 큰 배경부터 큼직한 오브제 순서대로 진행하면 좋습니다.

밑 색은 너무 밝거나 어둡지 않은 중간톤을 선택하여 단단하게 칠해주는 편입니다.

명암

밑 색을 유지하며 조금씩 명암을 추가해 줍니다. 이때도 그림 스타일에 따라 단순하게 또는 디테일하게 넣어줄 수 있습니다. 큰 명암을 넣을 땐 가장 강한 빛 방향을 하나 정해놓고 거기에 맞춰 진행하면 좋아요.

자세한 톤이 아닌 큼직한 그림자나 밝음, 어두움 위주로 잡아 줍니다.

라인 및 정리

비슷한 톤의 색감끼리 붙어 있으면 형태가 흐릿해 보일 때가 있습니다. 형태가 묻혀 보이거나 지저분한 부분이 없는지 전체적으로 체크하며 정리해 줍니다. 저는 반무테 그림을 선호하기 때문에 이럴 땐 필요한 부분에만 중간중간 선을 넣어 떼주는 편입니다.

라인의 색은 해당 오브제 색감에 맞춰 바꿔서 사용해주면 그림이 좀 더 부드러워 보입니다.

라인이 없을 때

라인이 있을 때

효과

채색이 끝났다면 그림의 퀄리티를 높이기 위해 몇 가지 효과를 넣어 줍니다. 다양한 효과는 취향에 따라 조절하면 됩니다.

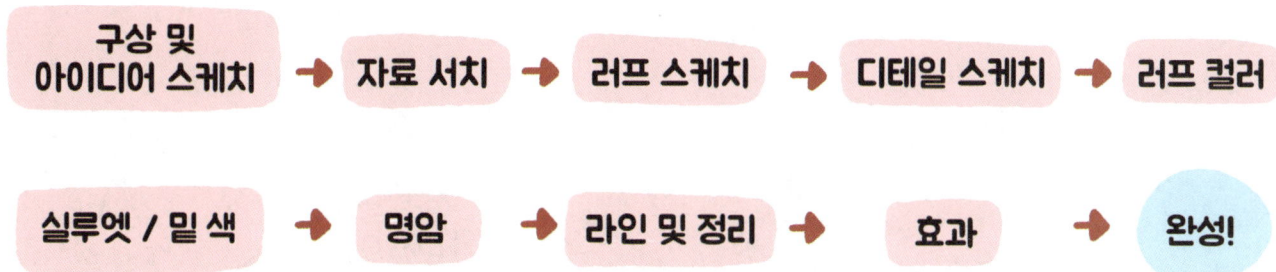

자, 이렇게 작업 과정에 대해 알아봤는데요! 이런 디테일한 프로세스 없이 편하게 낙서하며 그리는 경우도 있고, 순서가 조금씩 바뀌기도 합니다. 그리는 방식은 다양하기 때문에 순서 또한 정답은 없지만, 완성까지 이루어지는 이 과정들을 모두 하루 만에! 한 번에! 진행하려고 하면 체력이 남아나질 않을 거예요. 단계별로 나눠서 여러분의 그림 체력에 맞춰 진행하면 됩니다. 속도가 무조건 빠른 것보다 차근차근 그렸을 때 더 좋은 결과가 나올 확률이 높답니다. 특히 초반 구상부터 러프 컬러까지의 단계가 가장 중요해요. 처음엔 저도 굉장히 막막하고 지루하고 속도도 잘 나지 않아 답답했답니다. 익숙하지 않아 당연한 부분이니 너무 속상해 말고 가벼운 마음으로 한 번 해보길 바랍니다!

MISSION
여러분이 집중하기 좋은 작업 프로세스도 한 번 만들어 보세요.

캐릭터에 배경을 더해 디테일 스케치하기

간단한 배경과 캐릭터를 넣어 일러스트 한 장을 함께 완성해 볼 텐데요. 이번에는 비교적 쉬운 1점 투시를 적용하여 그려 볼게요. 레이어 관리는 개인차가 있기 때문에 편한 대로 진행해도 괜찮으니 그리는 과정이나 채색 방식 위주로 참고하여 연습해 보세요.

- 완성 파일 : 06\배경.jpg

캔버스 가이드 활용하기

01 | 새 캔버스에서 먼저 대칭 구도의 일러스트를 그리기 위해 캔버스 가이드를 활용해 줄게요. (동작(🔧)) → (캔버스) → (그리기 가이드)를 활성화한 다음 (그리기 가이드 편집)을 탭합니다.

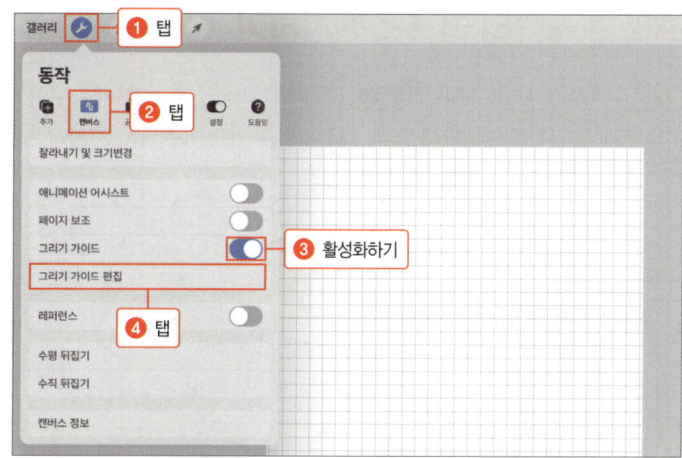

02 | 하단 메뉴에서 (대칭)을 선택한 다음 선의 두께나 색상을 원하는 대로 설정해 줍니다.

03 | 이 가이드는 한 번 설정해 놓으면 레이어 옵션에서 (그리기 도우미)를 탭하여 활성화 또는 비활성화할 수 있어요. 대칭이 필요할 때는 활성화하고, 필요 없을 때는 비활성화합니다. 활성화하면 레이어 이름 아래에 '보조'라는 단어가 표시되기 때문에 구분하기 쉬워요.

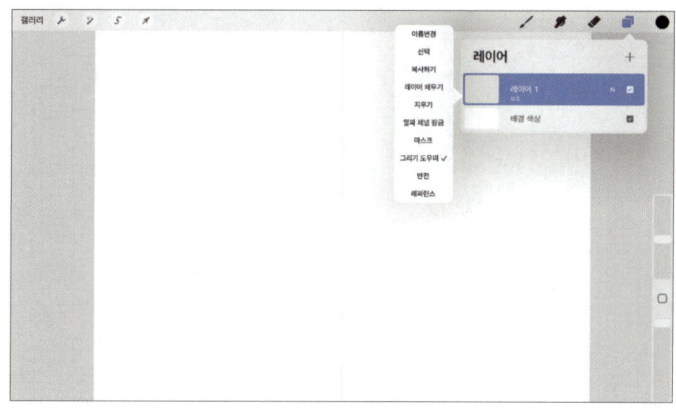

TIP 다만 새 레이어를 추가하면 자동으로 가이드가 비활성화되어 있으니 참고해 주세요.

캐릭터에 배경을 더해 디테일 스케치하기 **357**

배경과 캐릭터 러프 스케치하기

01 러프 스케치는 손에 힘을 빼고 편하게 그리는 게 좋습니다. 너무 정확하지 않아도 괜찮으니 전체 구도 위주로 먼저 봐주세요. 처음에는 가장 큼직한 것들 위주로 체크하면 좋습니다.

<u>TIP</u> 1점 투시이기 때문에 수직, 수평 느낌으로 맞춰야 합니다. 선을 반듯하게 그리기 어렵다면 선을 그린 상태에서 두 손가락으로 길게 탭하세요. 선의 각도가 자동으로 수정될 거예요.

02 가이드를 활성화했으니 대칭이 될 수 있는 부분들을 먼저 체크해줄게요. 벽과 문에 들어가는 창문, 벽에 걸려 있는 전등 등 대략적인 크기와 형태를 전체적으로 그려 줍니다.

03 | 장식 부분과 체크 모양 망입 유리, 양옆에 붙어 있는 받침대도 그려 줍니다. 두께는 채색할 때 넣어도 괜찮으니 모양 위주로 그려 보세요.

04 | 대칭 느낌은 얼추 나왔으니 이제 대칭이 아닌 것들을 그려 볼게요. 왼쪽 상단에는 화분과 아래로 자라는 덩굴 식물을 그려 줍니다. 바닥에 박힌 돌과 앉아 있는 캐릭터들의 자세도 간단히 뼈대를 만들어 주세요.

덩굴 식물은 최대한 다양한 각도로 보이도록 불규칙한 느낌을 살려 모양을 잡아 줍니다.

캐릭터의 위치를 편하게 바꿔주고 싶다면 레이어를 분리하여 스케치를 진행해도 괜찮습니다.

TIP 해당 과정부터는 대칭 기능을 비활성화하여 그립니다. 레이어 옵션에서 [그리기 도우미]를 비활성화하여 대칭 그리기를 해제해 주세요.

05 대략적인 캐릭터의 얼굴과 몸을 그려 줍니다. 러프 스케치이기 때문에 손가락 같은 디테일은 생략해도 괜찮아요. 무언가를 쥐고 있다는 느낌 정도로만 그려 주세요.

06 화분과 캐릭터 머리 위에 작은 새를 그립니다. 새의 머리 방향 정도만 알 수 있도록 그려 주세요. 문 위에는 문구와 함께 몰딩이 살짝 까진 듯한 느낌을 넣어 줄게요.

TIP 문구는 원하는 어떤 거도 좋습니다. 상점 이름이나 닉네임도 좋아요!

07 이렇게 하면 러프 스케치는 얼추 완성되었습니다. 레이어의 불투명도를 낮게 조절한 다음 새 레이어를 추가하여 디테일 스케치에 들어가 볼게요.

TIP 만약 형태가 너무 러프하게 잡혀 있어 잘 보이지 않는다면 좀 더 선명하게 그려 주세요.

깔끔하게 배경 디테일 스케치하기

01 이제 그림을 하나씩 깔끔하게 다듬어 볼게요. 스케치가 정확할수록 채색할 때 편하기 때문에 잘 정리하는 게 좋아요. 이번에도 구도의 큼직한 부분인 기둥과 바닥부터 진행해 봅시다.

TIP 해당 과정부터는 대칭 기능을 활성화하여 그립니다.

02 양쪽 창문을 그립니다. 창 안쪽으로 들어가는 느낌을 표현하기 위해 한 번 더 단계를 나눠 그려 줄게요. 두께가 비슷해지지 않도록 봐줍니다.

03 이번에는 전등을 그려 볼게요. 전등을 걸 수 있는 작은 못을 하나 그린 다음 위치에 맞게 고리를 그려 줍니다. 그다음 전등의 큰 몸통을 아래로 갈수록 좁아 보이도록 그려 줄게요. 큰 몸통에 맞춰 라인도 넣습니다.

04 문에 들어가는 장식과 창을 다듬어 줍니다. 장식의 두께는 채색에서 표현해 주도록 할게요.

05 손잡이와 망입 유리 안에 들어가는 체크무늬를 넣습니다. 되도록이면 비슷한 간격으로 보이도록 그려 주세요.

06 계단 라인을 큼직하게 나눠 그린 다음 윗면과 앞면을 나누고 위쪽에 단을 한 번 더 나눠 줍니다.

07 계단 구조에 맞춰 형태를 다듬어 줄게요. 입체감이 느껴지도록 나오고 들어간 부분에 차이를 넣어 그려주고, 윗면은 같은 소실점으로 가도록 체크해 주세요.

TIP 시점상 위로 갈수록 윗면이 점점 좁아 보입니다.

08 계단 모서리에 맞춰 벽 안쪽 면이 살짝 보이도록 그려 줍니다.

09 왼쪽 상단에 화분을 그린 다음 나뭇잎의 흐름을 간단히 잡아 주세요. 나뭇잎은 배경과 겹치는 부분이 많으니 지우기 편하도록 새 레이어를 추가하여 그려 주겠습니다.

TIP 나뭇잎을 너무 자잘하게 그리기보다는 흐름에 맞춰 다양한 각도로 큼직하게 그리면 좀 더 귀여워 보여요.

TIP 해당 과정부터는 대칭 기능을 비활성화하여 그립니다.

10 | 나뭇잎의 크기를 약간 크게 보정해 줄게요. 먼저 (조정 ( )) → (픽셀 유동화)를 탭합니다.

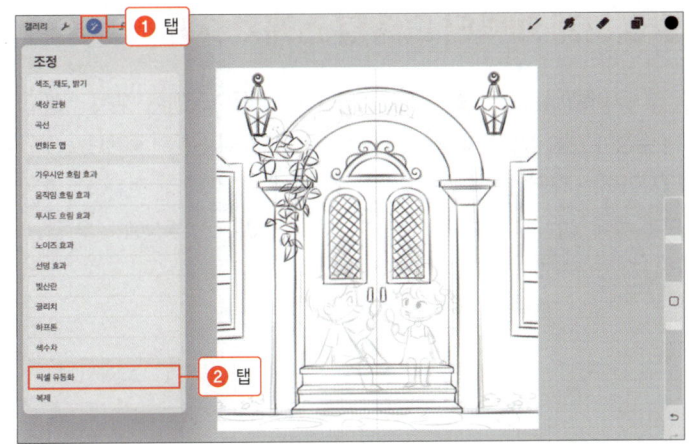

11 | 하단 메뉴에서 (밀기)를 선택한 후 나뭇잎을 전체적으로 늘려 큼직하게 보정해 줍니다.

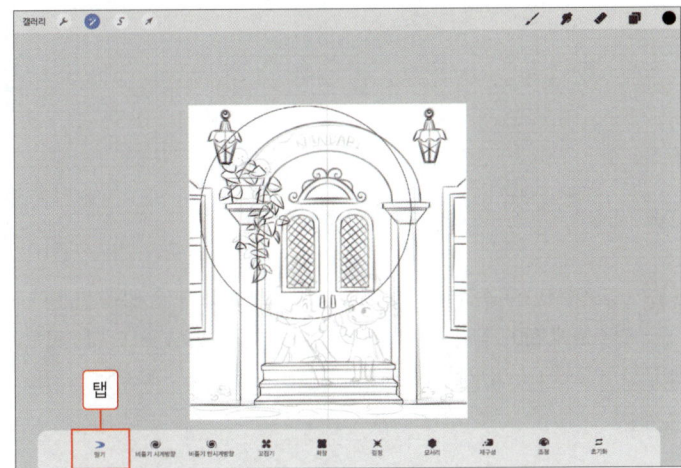

TIP 너무 찌그러지지 않도록 크기도 큼직하게 설정합니다.

12 | 나뭇잎이 이전보다 좀 더 큼직하게 보정되면 겹치는 배경 부분을 지운 다음 스케치 레이어를 모두 합쳐 줄게요.

깔끔하게 캐릭터 디테일 스케치하기

01 이번에는 캐릭터를 다듬어 봅니다. 캐릭터를 그릴 때도 위치나 형태 수정이 있을 수 있기 때문에 새 레이어를 추가하여 진행해 줄게요. 남자아이는 측면이기 때문에 눈을 삼각형처럼 그립니다. 여자아이의 머리 위에 있는 새를 보도록 눈동자는 위로 올려주고, 두상에 너무 달라붙지 않도록 머리카락도 그려 줄게요.

TIP 머리카락의 끝부분은 가늘게 마무리해 주세요.

02 이어서 아이스크림을 들고 있는 모습으로 그려 줄게요. 팔 형태는 단순하게 잡아 주지만, 아이이기 때문에 손은 너무 커지지 않도록 합니다. 티셔츠는 다리에 걸쳐지면서 주름이 생기도록 간단하게 그려 줄게요.

TIP 아이스크림은 육면체로 생각해서 입체감을 표현해 주세요.

03 한쪽 다리는 계단 위에 올리고 있기 때문에 발의 위치도 계단에 맞춰 줍니다. 반대쪽 다리는 비슷한 길이로 맞춰 그려 주세요.

04 이번에는 여자아이를 그려 볼게요. 얼굴은 반 측면이기 때문에 한쪽 눈이 좀 더 좁아 보일 거예요. 눈의 세로 길이가 너무 달라 보이지 않도록 같이 체크합니다. 여자아이도 위쪽을 보도록 눈동자를 올려 주고, 코는 나와 있으니 중심선보다 바깥쪽에 위치하도록 잡아 줍니다.

TIP 캐릭터인 만큼 대칭의 느낌이 유지되어야 자연스럽습니다. 얼굴을 전체적으로 봐주며 그려 보세요.

05 앞머리를 먼저 그린 다음 양쪽으로 땋은 머리카락을 추가로 그려 줍니다. 얼굴을 돌렸기 때문에 한쪽 머리카락은 많이 가려질 거예요. 머리 위쪽에 작은 새도 올려주고, 새의 앞머리는 살짝 빼줍니다.

TIP 앞머리와 뒷머리는 방향이 다르니 분리되어 보이도록 그려 주세요.

06 러프 스케치에서는 다리가 일자였지만, 조금 밋밋해 보여 꼬고 있는 느낌으로 바꿔 계단 위에 맞춰서 그려 줄게요.

07 바닥의 돌과 꽃도 다듬어 줍니다. 꽃은 채색에서 느낌만 내줄 예정이기 때문에 형태 위주로 그려도 좋습니다.

TIP 꽃은 자연물이니 위치나 크기가 다양하게 보일 수 있도록 체크해 주세요.

08 문 위쪽에 들어가는 문구와 벗겨진 부분을 다듬고, 왼쪽 화분에 숨은 새 두 마리도 그립니다.

09 문을 그리기에는 공간이 조금 좁아서 장식을 위로 올려 줄게요. (선택([s]))을 탭한 후 하단 메뉴에서 (올가미)를 선택한 다음 드래그하여 장식을 잡아 줍니다.

10 (변형( ))을 탭하여 중심이 어긋나지 않도록 잘 맞춰 위로 이동합니다.

TIP 중심에서 벗어나면 (대칭) 가이드를 켠 상태로 작업할 때 대칭이 안 맞을 수 있어요.

11 마지막으로 윗부분과 문이 열리는 부분을 나눠서 그려주면 스케치가 완성됩니다.

IPAD DRAWING 04

일러스트 채색으로 완성도 높이기

스케치까지 꼼꼼하게 잘 완성했습니다. 이제 이 스케치를 바탕으로 채색부터 보정까지 함께 완성해 볼게요. 색은 원하는 대로 바꿔도 좋지만, 어렵다면 색상표를 참고해 주세요.

- 예제 파일 : 06\배경.jpg   완성 파일 : 06\배경_완성.psd, 배경_완성.jpg

색상 코드

문(35809f, 78c4d4)

나뭇잎(409d4c, eef069)

몰딩(b7b2ca, fdecce)

여자아이 옷(6f4489, ec90fd)

벽(e2843a, efb85e)

바닥(e99d86, f6d8ce)

캔버스 크기 : 2500×2800px
해상도 : 300dpi
사용 브러시 : 잉크 → 스튜디오 펜 (획 경로) 탭에서 지터 값을 살짝 높여 자글자글한 느낌으로 사용
페인팅 → 니코 룰 (색상 움직임) 탭에서 색조 값을 살짝 높여 색이 섞여 나오도록 사용

실루엣을 잡아 밑 색 작업하기

01 | 06 폴더에서 '배경.jpg' 파일을 불러옵니다. 스케치를 그린 레이어의 (N)을 탭하여 불투명도를 희미하게 보이도록 조절한 다음 (+) 버튼을 탭하여 아래에 새 레이어를 추가해서 진행할게요.

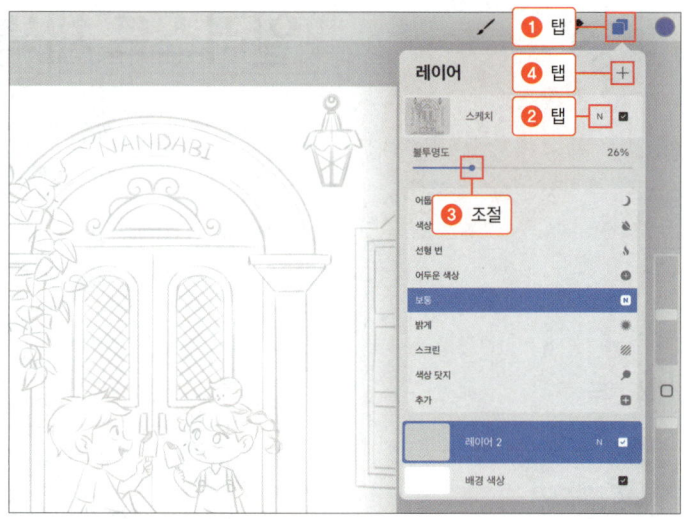

02 | 전체적인 실루엣을 먼저 깔끔하게 분리해 주겠습니다. 우선 가장 큰 배경부터 깔아 줄게요.

TIP 실루엣은 무채색으로 분리해도 괜찮지만, 색상이 어느 정도 정해졌다면 대략적인 느낌을 넣어 진행해도 좋습니다.

03 | 배경에 묻히기 전에 캐릭터 실루엣을 먼저 큼직하게 잡습니다. 실루엣을 잡을 때는 100% 불투명한 상태로 깔끔하게 채워지도록 (잉크) → (스튜디오 펜) 브러시를 사용해 줄게요.

04 여자아이 머리 위의 새는 분리해 줄 예정이니 제외해 줄 게요. 여자아이만 확실히 분리되어 보이도록 진한 무채색으로 채색해 줍니다.

05 남자아이의 실루엣도 잡아 줄게요. 빈틈이 없도록 선을 겹쳐서 그려주고, 색을 채운 다음 확대하여 빈틈이 있는 부분은 꼼꼼하게 미리 채웁니다.

06 그 후 먼저 배경의 대칭되는 부분을 그리기 위해 (동작 (🔧)) → (캔버스) → (그리기 가이드)를 활성화하여 대칭 가이드를 활성화합니다.

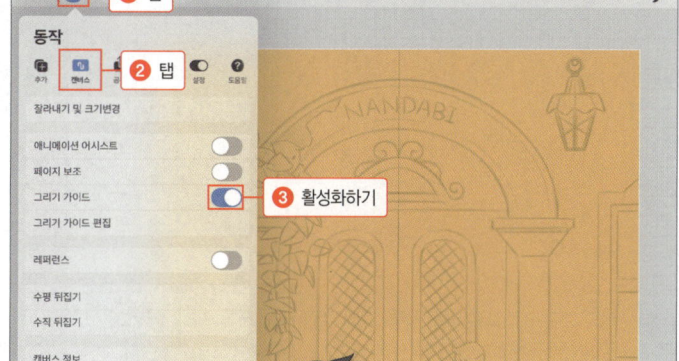

TIP 캔버스에 보이는 대칭 가이드라인을 숨기고 싶다면 (그리기 가이드)를 다시 비활성화합니다. 비활성화하더라도 대칭은 유지됩니다.

07 새 레이어를 추가하여 기둥을 그립니다.

TIP 대칭 가이드를 활성화했기 때문에 한쪽에만 그려도 양쪽에 동일하게 그려져 편리합니다.

TIP 새 레이어를 추가하면 그리기 도우미가 비활성화되어 있으므로 필요하다면 레이어 옵션에서 (그리기 도우미)를 선택하여 활성화한 다음 진행하세요.

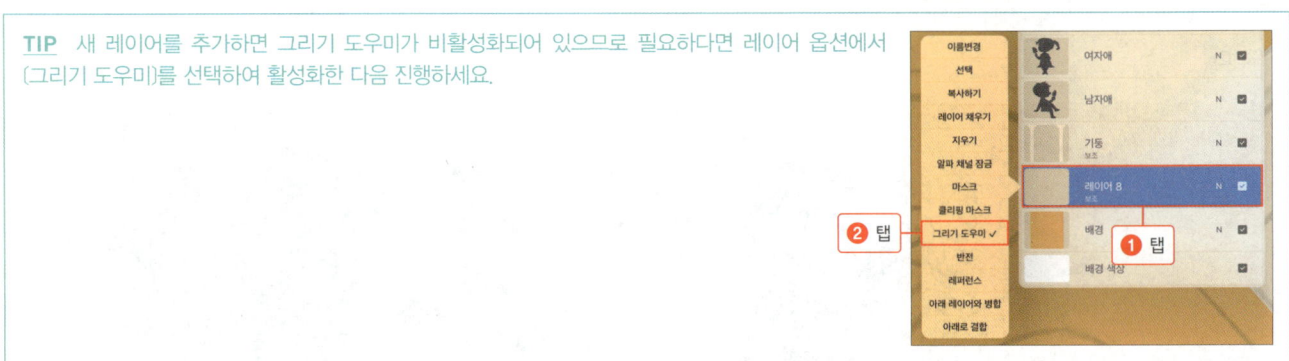

08 새 레이어를 추가하여 기둥 위에 둥근 형태를 그린 다음 다시 새 레이어를 추가하여 문도 그려 줍니다.

TIP 문을 그린 레이어가 둥근 형태를 그린 레이어 아래에 있어야 삐져나온 부분이 가려지겠죠?

09 새 레이어를 추가하여 겹치지 않는 몰딩 및 장식을 그립니다. 기본 형태를 먼저 잡은 다음 라인에 맞춰 브러시를 두께감 있게 사용해 줄게요. 두께가 일정할 수 있도록 지우개와 브러시를 번갈아 사용하며 다듬어도 좋습니다.

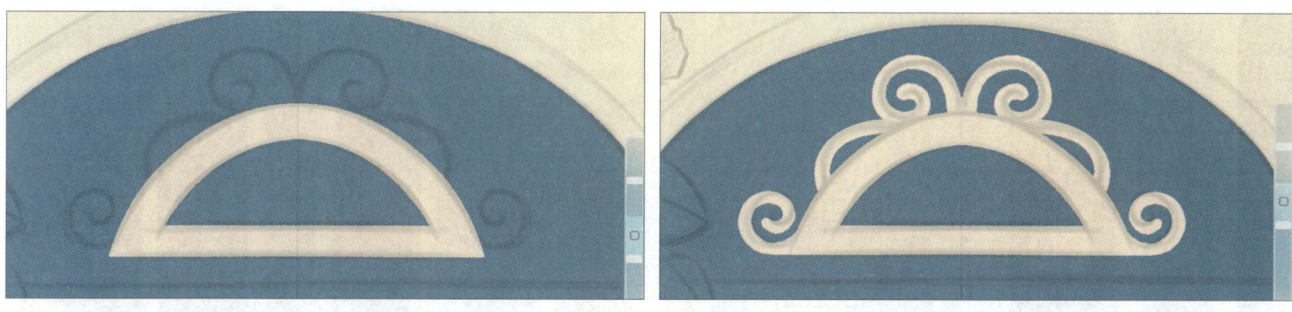

10 유리 몰딩을 그리기 위해 수직, 수평이 되는 부분을 먼저 깔끔하게 그린 다음 둥근 부분을 따로 그려 채워 줍니다.

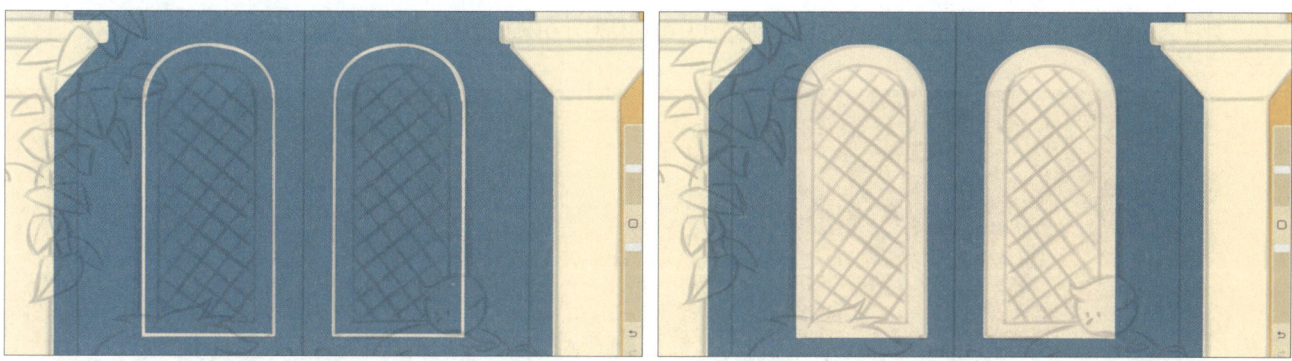

TIP 직선을 그린 상태에서 한 손가락을 길게 탭하면 수평, 수직에 맞춰 라인이 깔끔하게 보정됩니다.

11 몰딩과 겹치지 않도록 새 레이어를 추가하여 안쪽 유리를 그립니다. 마찬가지로 수평, 수직을 먼저 그린 다음 둥근 부분을 그려 채워 주세요.

12 새 레이어를 추가하여 창 안쪽에만 라인이 들어가도록 레이어 옵션에서 (클리핑 마스크)를 선택하여 적용합니다. 최대한 비슷한 간격으로 체크무늬를 넣어 주세요.

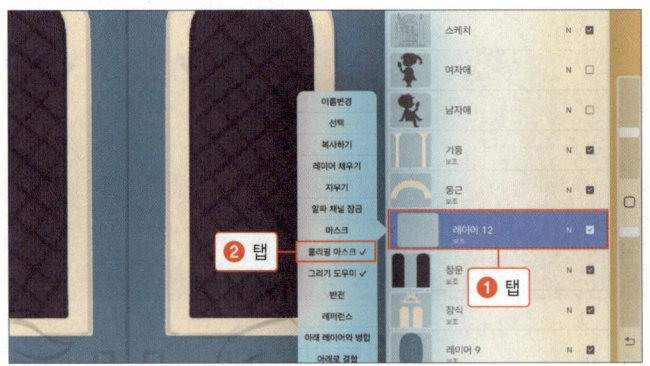 

13 계단도 라인으로 먼저 그린 다음 색을 드래그하여 채웁니다. 이때 투시가 어색해 보이지 않도록 윗면 각도에 주의해 주세요.

14 새 레이어를 추가한 다음 계단 모서리에 맞춰 안쪽 벽도 그려 줍니다. 기둥 밖으로 삐져나오지 않도록 레이어 순서를 체크해 주세요.

15 | 벽에 있는 창문을 그리기 위해 새 레이어에 큰 형태를 먼저 그려 줄게요.

16 | 새 레이어를 추가한 다음 (선택(S))을 탭합니다. 하단 메뉴에서 (직사각형)을 선택한 후 그림과 같이 드래그한 다음 채색해 주세요.

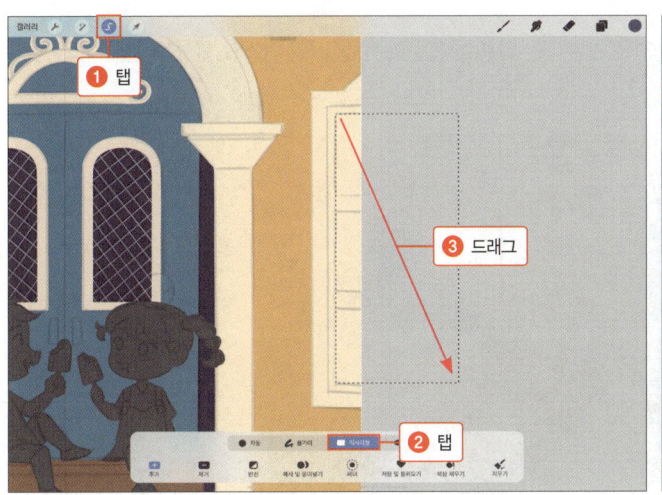

17 | 분리된 부분은 (지우개(✐))로 지우면 아웃라인이 어긋나지 않도록 깔끔하게 그릴 수 있어요.

TIP 지우개는 일정한 두께로 지워주기 위해 서예 → 모노라인 브러시를 사용했습니다.

18 | 새 레이어를 추가하여 벽에 달린 전등을 그립니다.

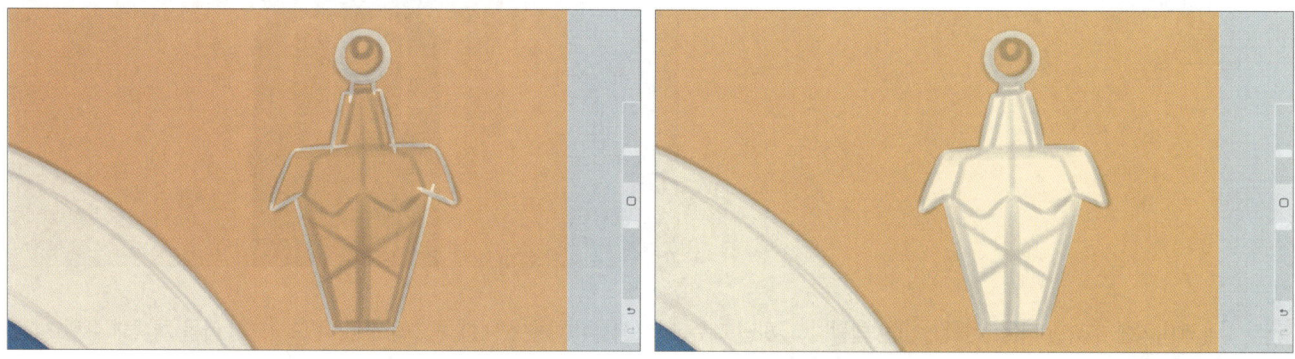

19 | 전등을 그린 레이어 위에 새 레이어를 추가한 다음 레이어를 탭하여 표시되는 레이어 옵션에서 (클리핑 마스크)를 선택합니다. 전등의 위쪽 부분만 따로 그려 줄게요.

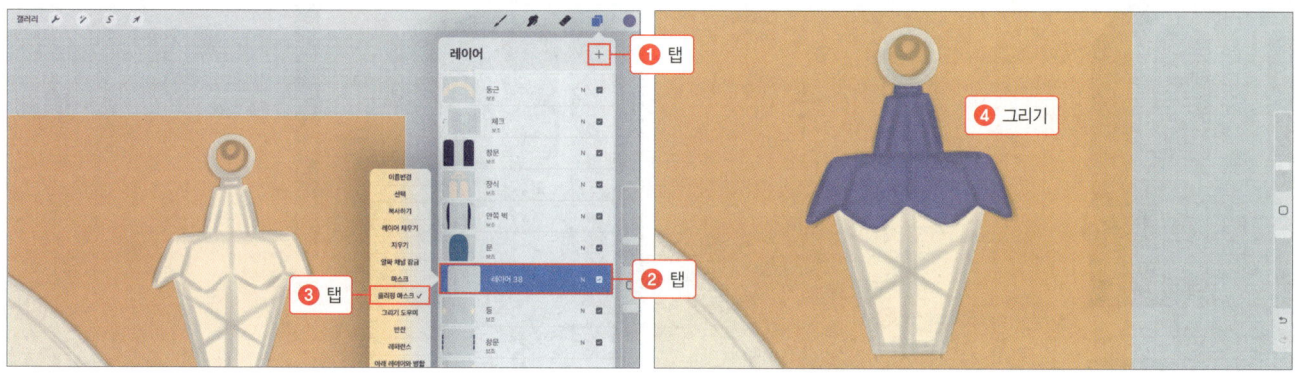

20 | 아래에 새 레이어를 하나 더 추가한 다음 전등 위에 고리와 몰딩 부분을 그립니다.

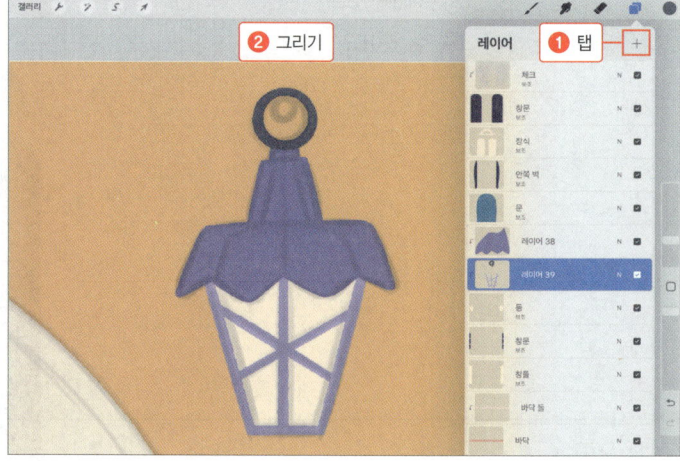

TIP 이전 과정에서 (클리핑 마스크)를 적용했기 때문에 그 밑의 레이어에는 자동으로 적용됩니다.

21 | 이제 대칭 가이드를 비활성화한 다음 그리도록 할게요. 새 레이어를 추가한 다음 (선택(S))을 탭합니다. 하단 메뉴에서 (직사각형)을 선택한 후 바닥을 드래그하여 채색합니다.

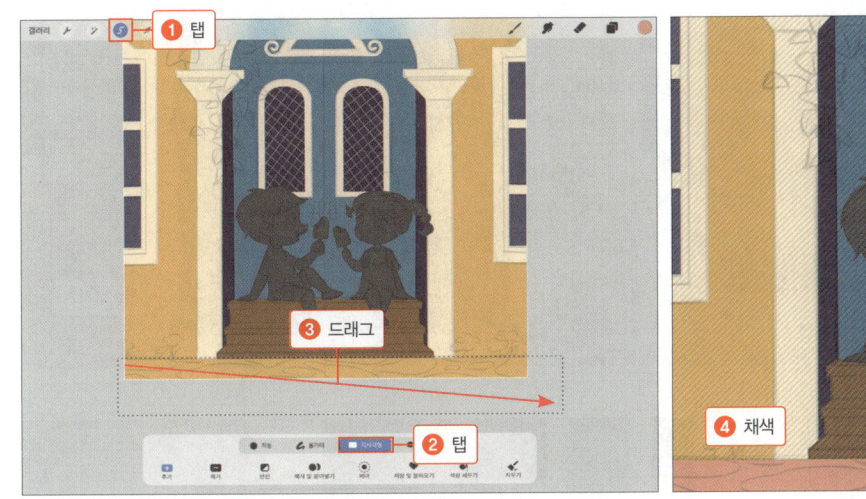

22 | 새 레이어를 추가하여 화분을 그린 다음 다시 새 레이어를 추가하여 잎도 그려 줍니다.

23 | 잎을 그린 레이어 아래에 새 레이어를 추가하여 작은 새들을 넣어 줄게요. 캐릭터 머리 위에 있는 새와 다른 새들은 분리하여 따로 그려 줍니다.

24 | 바닥 위에 있는 돌을 그리기 위해 바닥을 그린 레이어 위에 새 레이어를 추가합니다. 밖으로 삐져나오지 않도록 (클리핑 마스크)를 적용한 후 스케치에 맞춰 돌을 그려 주세요.

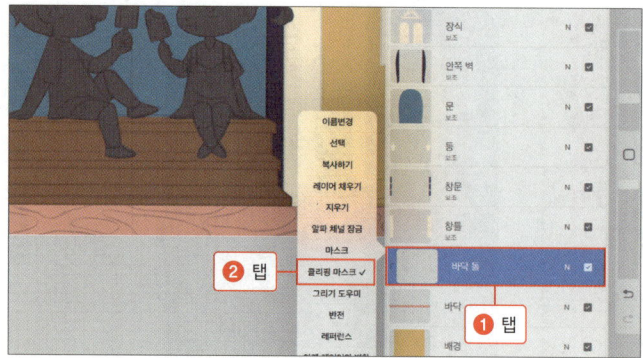 

25 | 배경이 얼추 나왔으면 캐릭터 밑 색도 작업합니다. 먼저 여자아이를 그리기 위해 여자아이 실루엣을 그린 레이어 위에 새 레이어를 추가한 다음 (클리핑 마스크)를 적용하여 채색합니다. 그림과 같이 치마, 신발, 아이스크림 등 각각 레이어를 분리하여 채색해 주세요.

26 | 여자아이를 그린 레이어를 모두 오른쪽으로 드래그하여 다중 선택한 다음 오른쪽 상단에 표시된 (그룹)을 탭하여 그룹으로 지정합니다. 이렇게 중간중간 레이어를 정리해 주면 보기에 좀 더 편리할 거예요.

27 | 남자아이도 동일하게 밑 색을 분리하여 작업한 다음 그룹으로 지정해 줍니다.

28 | 밑 색 작업이 완료되었다면 스케치를 그린 레이어를 비활성화하여 실루엣이 명확히 잘 보이는지 전체적으로 한 번 체크해 주세요.

큰 명암 잡기

01 오른쪽에서 빛이 내려오는 느낌으로 명암을 넣어 줄게요. 블렌딩 모드를 활용하는 간편한 방법도 있지만, 여기서는 직접 색을 선택하여 채색하는 방식으로 진행해 보겠습니다.
먼저 큰 명암을 잡기 위해 (선택(s))을 탭한 다음 하단 메뉴에서 (올가미)를 선택하여 원하는 각도만큼 잡아 주세요.

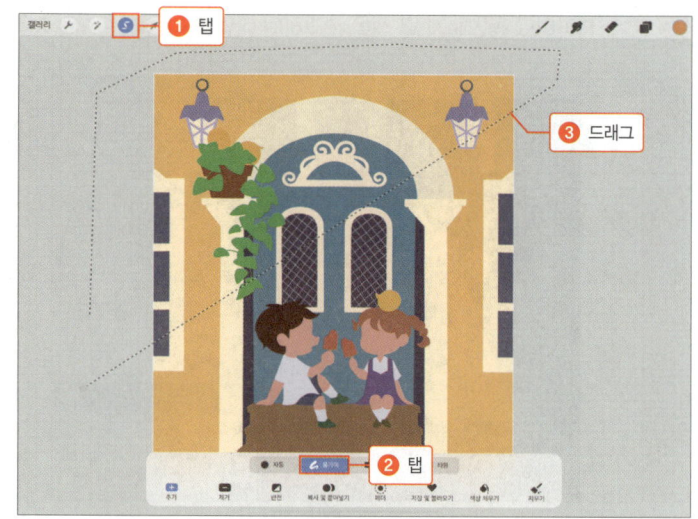

02 새 레이어를 추가한 다음 기존 색보다 어두운 명도를 골라 (니코 룰) 브러시로 채색해 줍니다. 명도만 조절하기보다는 기본색의 계열 색(붉은색)을 약간 섞어보는 것도 좋아요.

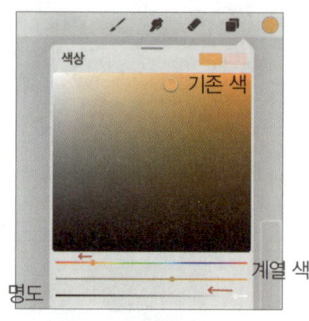

03 모든 레이어마다 실루엣 밖으로 삐져나오지 않도록 (알파 채널 잠금)을 적용해 주고, 대칭으로 채색되지 않도록 (그리기 도우미)는 비활성화합니다.

TIP 그리기 도우미가 필요한 경우는 다시 활성화해서 진행하세요.

04 문에 명암을 넣어 줄게요. (선택(s))을 탭한 다음 하단 메뉴에서 (올가미)를 선택하여 벽과 같은 각도로 잡아 주세요.

TIP 이때 문은 안쪽으로 들어가 있기 때문에 벽 그림자와 살짝 어긋나도록 위치를 잡아 줍니다.

05 문의 기본색을 어둡게 잡았기 때문에 여기에서는 어두움 대신 밝은 톤을 넣어 줄게요.

06 기둥과 몰딩 부분도 마찬가지로 (올가미)로 선택해서 어두운 부분을 칠해 줍니다. 각도가 달라지지 않도록 주의하세요.

07 나뭇잎의 아래쪽만 빛을 강하게 받을 수 있도록 그림과 같이 그러데이션을 넣어 줍니다.

08 계단의 경계를 깔끔하게 유지하기 위해 윗면, 앞면, 안쪽 면을 각각의 레이어로 분리해 줄게요. 계단이 수평이기 때문에 (선택(S))을 탭한 후 하단 메뉴에서 (직사각형)을 선택한 다음 드래그하여 채색합니다.

09 계단의 좁은 앞면도 레이어를 분리해서 채색해 줄게요. 윗면은 계단의 실루엣 색을 변경해서 채색해 줍니다. 그림의 레이어를 참고해 주세요.

10 | 왼쪽의 창문과 전등까지 어두운 톤에 맞춰 채색하면 큰 명암은 완성됩니다.

여자아이 디테일하게 채색하기

01 | 이제 하나씩 디테일 작업에 들어가 볼까요? 먼저 여자아이 얼굴 아래에 살짝 반사광을 주기 위해 피부 톤보다 밝은 느낌을 넣어 줍니다.
단계가 너무 지지 않도록 부드럽게 풀어주고, 코와 볼에는 홍조 느낌을 위해 붉은 톤을 살짝 더 넣어 줄게요. 그다음 얼굴과 몸이 분리되도록 목에 그림자를 그립니다.

02 | 빛이 오른쪽에서 들어오고 있으니 팔과 다리 왼쪽에 어두움이 지도록 그림자를 그려 줍니다.

03 | 다리에 들어간 어두움에 맞춰 양말과 신발에도 어두움을 넣어 주고, 원피스 오른쪽에는 밝음을 추가합니다. 옷 주름을 위해 살짝 뾰족한 느낌도 추가합니다.

04 | 머리 왼쪽에 어두움을 추가한 다음 새 아래에도 그림자 느낌을 위해 톤을 어둡게 잡습니다. 브러시를 크게 조절하여 전체적인 큰 톤만 잡아 주세요.

05 | 눈은 흰자를 먼저 그립니다. 세로 길이가 너무 달라지지 않도록 함께 체크해 주세요.

TIP 눈은 흰색이 아닙니다. 빛이 따뜻한 느낌이니 난색을 살짝 추가하여 사용해 보세요.

06 새 레이어를 추가해서 눈동자와 속눈썹, 눈썹을 분리하여 그려 줍니다. 흰자 아래쪽에는 피부 톤보다 살짝 어두운 색을 선택해서 가느다란 라인을 넣어 정리해 줄게요.

07 올려다보는 느낌을 더하기 위해서 눈동자를 위로 더 올려줄게요. 빛이 오른쪽에서 들어오니 눈동자의 오른쪽에 하이라이트를 살짝 찍어 줍니다. 얼굴의 홍조 느낌도 조금 더 강조해 줍니다.

TIP 홍조 느낌은 앞서 배웠듯이 코 라인에 맞춰 W 느낌으로 넣어 보세요.

08 새 레이어를 추가한 다음 피부 톤보다 진한 라인으로 코, 입, 귀를 표현해 주세요.

09 라인용 레이어를 새로 추가하여 배경과 붙어 보이는 부분을 라인으로 정리합니다.

TIP 한 번에 모든 라인을 그리기보다는 작업을 진행하며 붙어 보이는 부분에만 조금씩 넣는 게 좋습니다.

10 머리카락에 들어가는 방향과 큰 덩어리에도 라인을 넣어 줄게요. 오른쪽 머리에는 머리 끈도 그려 줍니다.

11 이번에는 머리카락의 가장 밝은 부분만 살짝 표현해 볼게요. 왼쪽으로 갈수록 어두워지도록 톤에 주의해 주세요.

12 | (선택(⌐))을 탭한 다음 하단 메뉴에서 (올가미)를 선택하여 깔끔하게 묘사하고 싶은 부분을 드래그합니다.

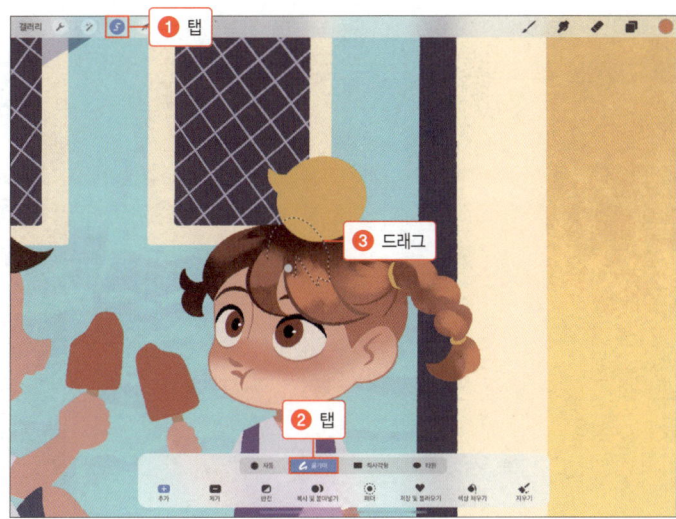

TIP 머리카락이기 때문에 뾰족한 느낌을 살려 선택하면 좋아요.

13 | 너무 규칙적으로 보이지 않도록 그려 줍니다. 땋은 머리에도 라인을 넣어 정리해 주세요.

14 | 몸도 배경과 붙어 보이지 않도록 필요한 부분에는 라인을 넣어 줍니다. 양말처럼 비슷한 톤으로 붙어 보이는 부분에도 라인을 넣어 분리해 주세요.

15 새 레이어를 추가하여 어깨끈 부분에 버클을 간단히 그립니다. 밝은색으로 반짝이는 느낌도 표현해 줄게요.

16 이번에는 아이스크림 아래쪽으로 갈수록 밝아지도록 그러데이션을 살짝 넣습니다. 아이스크림 옆면과 베어 물은 안쪽 면도 그려 줄게요. 안쪽 면은 조금 더 진하게 잡아 주세요.

17 밝은색으로 아이스크림 안쪽에 있는 크림을 그립니다.

TIP 크림을 너무 밝게 그리면 어두움이 깨져 보일 수 있으니 적당한 톤으로 넣어 줍니다.

18 신발은 아주 간단하게 표현해 줄게요. 신발 끈은 라인으로만 그리고, 신발은 외곽선을 넣어 정리합니다.

TIP 발이 꺾이는 부분은 발목입니다. 다리가 너무 꺾여 보이지 않도록 체크해 주세요.

19 어느 정도 나왔으니 전체적으로 부족한 부분이 있는지 체크해 보세요. 여기에서는 얼굴이 조금 심심해 보여 쌍꺼풀과 속눈썹을 좀 더 추가하여 완성했습니다.

남자아이 디테일하게 채색하기

01 이번에는 남자아이를 채색해 볼게요. 마찬가지로 얼굴 아래를 밝게 표현하고, 볼과 코에는 홍조를 살짝 추가해 줍니다.

02 스케치에 맞춰 눈썹, 흰자, 입, 치아 등을 그립니다. 작업에 따라 레이어를 따로 분리하며 그려 주세요.

TIP 눈은 삼각형 형태로 그려주고, 턱은 너무 길어지지 않도록 체크해 주세요.

03 남자아이이기 때문에 속눈썹을 강조하기보다는 간단하게 그려주는 게 더 자연스럽습니다. 눈썹 부분은 좀 더 두껍게 그려 줄게요.

04 남자아이도 라인용 레이어를 새로 추가하여 붙어 보이는 부분은 외곽선을 중간중간 그려 정리합니다.

05 흰색 티에 밝음을 넣어 어두움과 나눠주고, 티가 접히는 부분도 살짝 추가해 줄게요. 흰색 티는 형태가 조금 묻혀 보이니 라인을 전체적으로 넣어 줍니다. 추가로 손과 다리 등에도 라인을 그린 다음 팔에는 티 아래 그림자를 살짝 넣어 주세요.

06 머리는 아래쪽으로 갈수록 밝아 보이도록 그러데이션을 적용합니다.

07 | (선택(⑤))을 탭한 다음 하단 메뉴에서 (올가미)를 선택하여 앞머리 모양을 잡습니다.

TIP 머리카락이 부드러워 보이도록 끝부분을 뾰족하게 살리세요.

08 | 소프트 브러시로 어두움과 밝음을 조금씩 추가합니다. 이때 전부 칠하기보다는 모양을 잡은 곳만 살려서 포인트로 살살 칠해주는 게 그러데이션이 들어가 자연스러울 거예요.

09 | 머리카락 형태에 맞춰 라인도 살짝 넣습니다. 라인에 두께 변화를 주면 머리카락이 좀 더 부드러워 보여요.

10 다리 부분에 어두움을 표현합니다. 양말과 연결되도록 어두운 흐름을 넣어 주세요.

<u>**TIP**</u> 양말도 흰색이라 티셔츠에 사용한 색을 스포이트로 추출하여 동일하게 사용했습니다.

11 마찬가지로 아이스크림 아래쪽이 밝아 보이도록 그러데이션을 적용합니다. 옆면이 왼쪽으로 보이도록 베어 물은 안쪽 면과 함께 그려 주세요.

12 아이스크림의 크림을 그린 후 외곽선을 정리합니다.

13 남자아이의 운동화도 단순하게 그려 줄게요. 신발 끈이 아닌 찍찍이 느낌으로 바꿔 그리고, 다리의 어두움 흐름에 맞춰 운동화에도 어두움을 넣습니다.

14 신발 외곽선까지 정리하여 마무리해주면 남자아이도 완성됩니다.

배경에 디테일 추가하기

01 중심에 위치한 문 안에 있는 몰딩에 쇠 질감을 표현해 줍니다. 먼저 난색으로 부분부분 채색해 줄게요. 수직 느낌을 살려 그려 보세요.

TIP 쇠는 주변 색감이나 빛에 영향을 받기 때문에 문의 푸른색과 주변에 있는 난색을 살짝 추가하여 그립니다.

02 규칙적인 느낌보다는 불규칙적인 간격과 두께로 그려주는 게 좋아요. 푸른색도 추가하여 그리면 좀 더 자연스럽습니다.

03 반짝반짝한 느낌을 위해 가장자리에 밝음도 살짝 넣어 줍니다. 튀어나온 느낌을 위해 몰딩 두께를 고려하여 문에 그림자도 가늘게 넣어 줄게요. 오른쪽에서 빛이 들어오고 있으니 왼쪽으로 그림자를 넣습니다.

04 빛이 비치는 느낌을 위해 유리창 아래쪽에 난색을 추가하여 그러데이션을 적용합니다.

05 몰딩에 의한 그림자도 문 오른쪽에 그려 줄게요.

TIP 어두움에서의 그림자와 밝음에서의 그림자 톤은 달라지니 주의하여 그립니다.

06 문이 열릴 수 있도록 가로, 세로 라인을 넣은 다음 손잡이도 간단히 표현해 줍니다. 이때 라인 옆에 밝은 라인을 하나 더 추가하면 입체감이 좀 더 살아날 거예요.

07 | 왼쪽 기둥의 윗부분을 조금 더 어둡게 그립니다. 가장자리로 갈수록 간격이 좁아지도록 양쪽 기둥 안에 라인도 넣어 줄게요.

08 | 오른쪽 기둥이 빛에 의해 더 밝아 보이도록 표현합니다. 단, 어두움 속에 있는 밝음이기 때문에 빛 받는 밝음보다는 어두워 보이도록 톤을 잡아 주세요.

09 | 창문과 몰딩의 그림자를 벽에 추가합니다. 벽이 노란색이기 때문에 그림자도 난색으로 표현해 주세요. 몰딩은 창문보다 두께감이 있기 때문에 그림자도 더 두껍게 넣습니다.

TIP 그림자를 넣을 땐 오브제의 두께를 고려해야 합니다. 두꺼울수록 그림자가 더 길게 나올 거예요.

10 | 양쪽 창문에 난색인 보라색을 살짝 추가합니다.

11 | [선택(⑤)]을 탭하여 하단 메뉴에서 [올가미]를 선택한 다음 대각선 방향으로 창문 느낌을 넣어 줍니다. 대각선 각도를 큰 빛과 비슷하도록 맞춰 주세요.

12 | 몰딩 안쪽에 약간 들어가는 느낌을 주기 위해 [선택(⑤)]을 탭하고 하단 메뉴에서 [직사각형]을 선택한 다음 형태를 잡아줄게요.

13 위쪽이 더 어두워 보이도록 (소프트 브러시)를 사용하여 그러데이션을 넣습니다.

TIP 어두움 안에 있는 왼쪽 몰딩은 오른쪽보다 더 어두워지겠죠?

14 좀 더 선명해 보이도록 형태에 맞춰 라인으로 정리합니다.

15 이번에는 화분 위쪽에 밝은 톤의 색을 추가해 줄게요.

16 화분을 그린 레이어 위에 새 레이어를 추가한 다음 (클리핑 마스크)를 적용합니다. 그다음 (N)을 탭하여 블렌딩 모드를 (곱하기)로 선택해준 후 화분의 어두운 부분과 잎에 의한 그림자를 추가해 주세요.

TIP 그림자마다 색을 변경하지 않아도 편리하게 넣을 수 있어요.

17 잎을 정리하기 위해 앞서 적용한 그러데이션 톤에 맞춰 두 가지 톤으로 분리하여 나눠 줄게요. 잎의 꺾이는 부분을 기준으로 나눠 주세요.

TIP 주변 색을 길게 탭하여 그리면 빠르게 진행할 수 있습니다.

18 두 가지 톤으로 나눠 채색하였다면 붙어 보이는 부분에 라인을 조금씩 추가해서 정리합니다.

19 화분에 숨은 새를 그려 볼게요. 우선 새 아래쪽이 살짝 밝아지도록 그러데이션을 적용합니다. 눈과 부리를 콕 찍어 그린 다음 라인으로 정리해 주세요.

20 같은 방법으로 여자아이 머리 위에 있는 새도 그립니다. 그러데이션을 먼저 적용한 다음 눈과 부리를 그리고 라인으로 정리해 줄게요. 각도를 봤을 때 날개도 보이는 시점이라 날개 부분도 한 번 분리하여 그려 줍니다. 그다음 머리카락에 묻혀 있는 느낌을 살리기 위해 새의 아랫부분을 머리카락 형태에 맞춰 지워 줄게요.

21 새 주변에 머리카락이 헝클어진 느낌을 조금 더 추가합니다. 새 레이어를 추가하여 진행해도 좋아요.

일러스트 채색으로 완성도 높이기 **403**

22 | 바닥에 박힌 돌에 입체감을 주기 위해 살짝 어두운 톤을 추가한 다음 돌보다 밝은 톤을 선택하여 (니코 룰) 브러시로 약간의 질감을 넣습니다. 이때 브러시를 크게 조절해야 질감이 잘 표현될 거예요.

23 | 새 레이어를 추가하여 위쪽 몰딩에 가장자리를 따라 긴 라인을 그려 줍니다.

TIP 곡선을 그린 상태에서 멈추면 자동으로 보정되어 편하게 그릴 수 있어요.

24 | 곡선의 형태가 너무 삐뚤다면 (조정( )) → (픽셀 유동화)를 탭하여 보정해 줍니다.

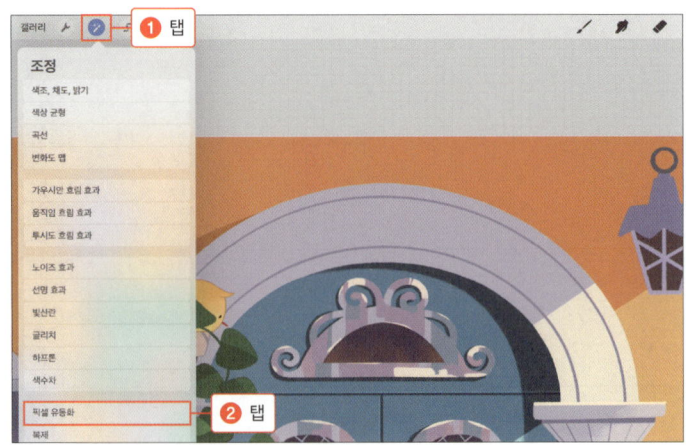

25 │ 새 레이어를 추가하여 중심에 원하는 문구를 넣어 줍니다. 중심과 잘 맞지 않는다면 (변형( ))을 탭한 다음 초록색 조절점을 조절해 회전시켜 주세요.

26 │ 문구와 라인 옆에 밝은 라인을 추가하여 입체감을 더합니다.

27 │ 문구 왼쪽에 살짝 벗겨진 느낌을 표현해 줄게요. 여기에도 입체감을 위해 어두운 라인을 조금 추가해 줍니다.

TIP 벗겨진 부분도 불규칙한 느낌을 살려 그려야 자연스럽습니다.

28 | 전등에서 기존 형태가 조금 딱딱해 보여 위쪽에 곡선 느낌을 더 추가해 줄게요. 밝은 등의 안쪽도 어둡게 바꿔 줍니다.

29 | 몰딩에 밝은 부분을 각도에 맞춰 넣고, 윗부분 형태에 맞춰 무늬도 넣습니다. 꺾이는 부분을 감안하여 라인을 꺾어 주세요.

30 | 윗면에 어두움을 추가한 다음 그 아래에도 그림자를 넣습니다. 전등에 걸려 있는 것처럼 못을 그린 다음 쇠 질감을 간단히 표현해 줄게요. 쇠 질감은 명도 대비가 강하니 어두움과 밝음을 확실히 넣어 주세요. 그다음 등 안쪽에 붉은 톤을 살짝 추가합니다.

 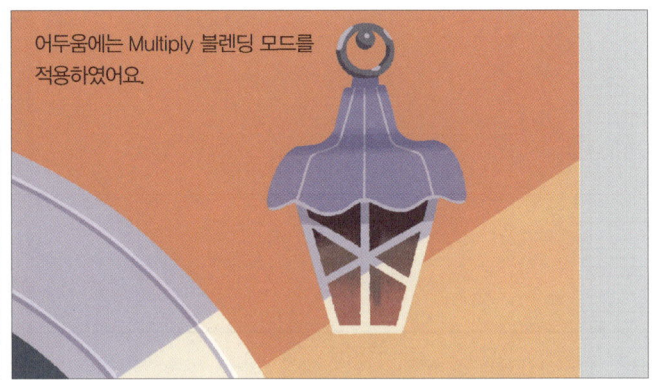

어두움에는 Multiply 블렌딩 모드를 적용하였어요.

31 | 전등 왼쪽에도 그림자를 넣어 줍니다.

32 | 구석에 핀 꽃을 그려 볼게요. 꽃은 러프하게 느낌만 표현해 주도록 하겠습니다. (선택(S))을 탭한 다음 하단 메뉴에서 (올가미)를 선택하여 꽃의 형태를 간단하게 잡아 줍니다. 이때 약간 납작한 느낌으로 잡아 주면 좀 더 자연스러워요.

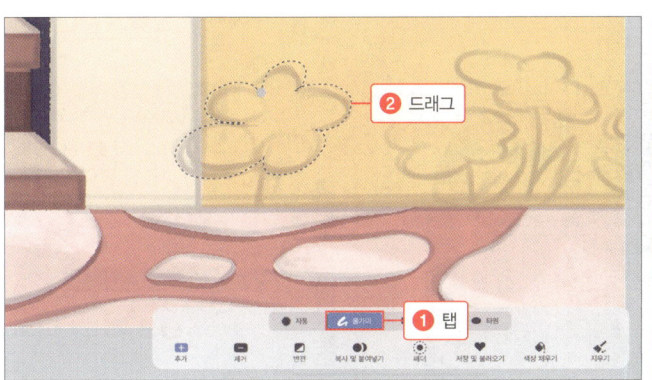

33 | 전체적인 꽃 형태를 잡아 채색한 다음 밝은 톤도 부분적으로 살짝 추가해 주세요.

TIP 꽃에는 (니코 룰) 브러시의 옵션 → 색상 움직임 → 색조 효과를 7% 정도 넣어 사용했습니다.

34 | 새 레이어를 추가해 (올가미)로 줄기와 나뭇잎도 그립니다. 줄기에는 어두운 톤을 추가하고 꽃 중심에는 동그라미를 작게 그려 주세요.

35 | 빛을 좀 더 추가해 봅시다. 맨 위에 새 레이어를 추가한 다음 (N)을 탭하여 블렌딩 모드를 (오버레이)로 선택해 주세요.

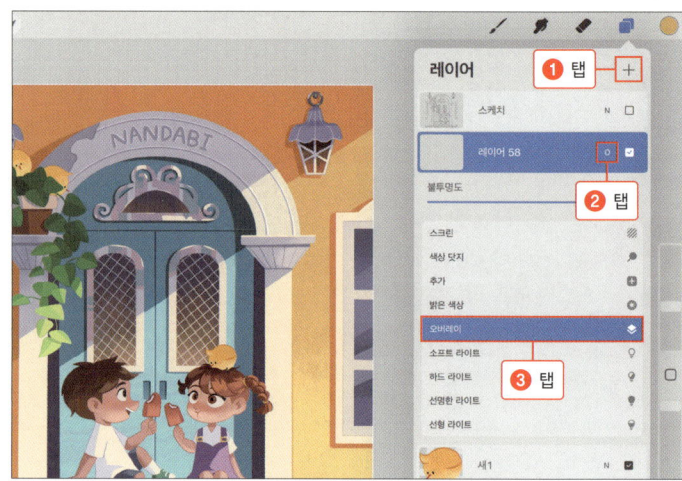

36 | 오른쪽에 은은한 빛이 표현되도록 (소프트 브러시)로 빛을 추가합니다. 브러시를 크게 사용해야 부드럽게 표현될 거예요.

37 | 분리한 계단 레이어를 탭하여 표시되는 레이어 옵션에서 (선택)을 선택합니다. 해당 레이어의 칠해진 면적만 선택할 수 있기 때문에 다른 레이어에 채색해도 밖으로 삐져나오지 않아요. 이 상태로 앞서 추가한 오버레이 레이어를 선택하여 계단을 칠해 주세요.

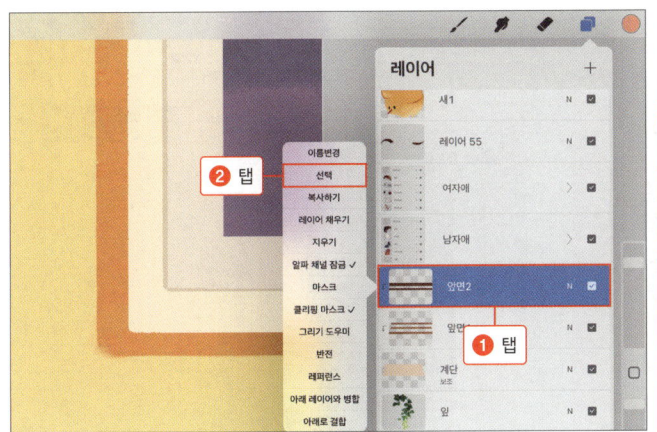 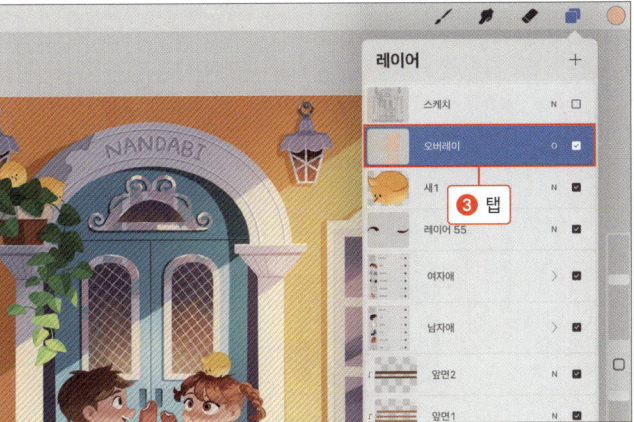

38 | 수직으로 질감을 넣어 느낌을 추가해 주면 전체적인 채색이 완성됩니다.

TIP 정리가 덜 되어 보이는 부분이 있다면 추가로 정리해 주세요.

효과 적용하여 보정하기

01 | 효과를 몇 가지 적용해 볼게요. 갤러리 화면으로 돌아와 캔버스를 왼쪽으로 드래그한 다음 (복제) 버튼을 탭하여 캔버스를 복제해 줍니다.

02 | 복제한 캔버스를 탭하여 레이어를 모두 합쳐 줄게요. 스케치 레이어를 제외한 레이어를 모두 오른쪽으로 드래그하여 선택한 다음 오른쪽 상단에 표시되는 (그룹)을 탭하여 그룹으로 지정합니다.

03 | 그룹 레이어를 탭하여 표시되는 그룹 레이어 옵션에서 (병합)을 선택하면 간편하게 레이어를 합칠 수 있습니다.

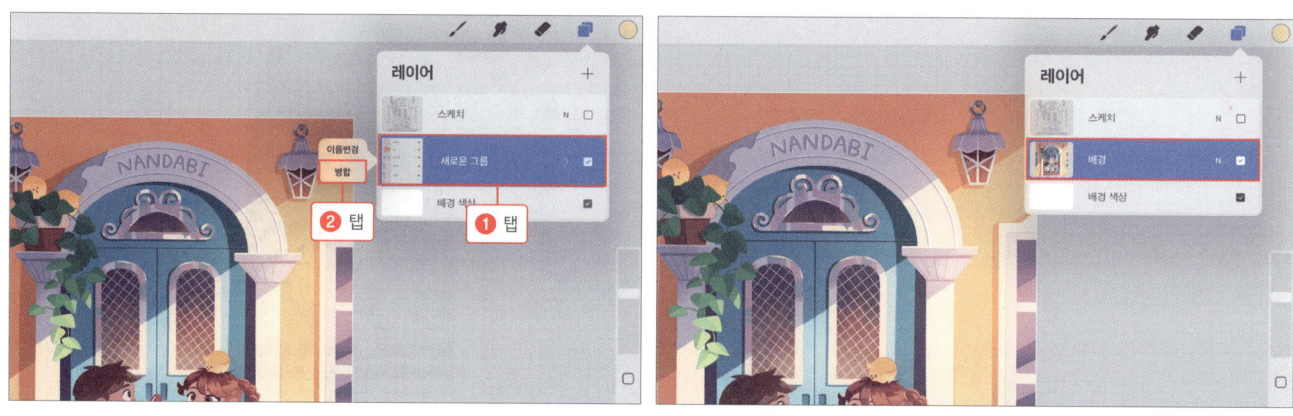

TIP 레이어를 모두 합치기 전에 캐릭터만 따로 레이어를 합친 다음 (조정 (✦)) → (픽셀 유동화)를 선택하여 형태를 먼저 수정해 보는 것도 좋아요.

04 | 두 번째로 (조정( )) → (노이즈 효과)를 탭한 다음 오른쪽으로 드래그하여 '7%' 정도로 조절해 줍니다.

05 | 세 번째로 (조정( )) → (색수차)를 탭합니다. 전체적으로 효과를 적용하기 위해 검은색 원을 캔버스 밖으로 이동합니다. 원에 가까울수록 효과가 사라지기 때문이지요.

06 | 색수차 수치가 너무 높으면 그림이 어지러워 보일 수 있기 때문에 '3~5%' 정도로 조절해 줍니다.

일러스트 채색으로 완성도 높이기 **411**

07 빛의 느낌을 좀 더 강조하고 싶다면 맨 위에 새 레이어를 추가한 다음 블렌딩 모드를 (오버레이)로 선택하여 빛을 더 추가해봐도 좋아요.

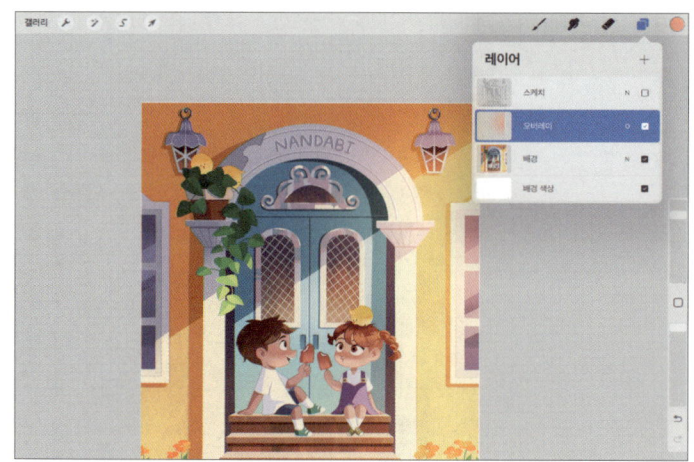

08 자, 이렇게 해서 스케치와 밑 색부터 세밀한 채색 및 효과까지 적용하여 동화 같은 한 장면이 완성되었습니다.

Index

ㄱ

가르마	176
가우시안 흐림 효과	87
가이드라인	153
각도	54, 81
갈비뼈	245
강약	39, 141, 295
거리	60
경계면	101
고명도	71
골반	242
공간	61, 73
공간감	73
공기 원근법	73
공유	27
관절	219, 247
구	53
굴곡	141
귀	147
균등	32
그러데이션	85
그리기 가이드	128, 192
그리기 도우미	128
근경	73
근육	247
급소	247
기본 구조	57
기본색	75
꼭짓점	60

ㄴ

낙서	103
난색	94
넓은 근육	215
노이즈 효과	343
눈	118
눈꺼풀	120, 125
눈동자	119
눈물길	118
눈썹 산	126

ㄷ

다리	248
단색	96
단순화	53, 57
대조	299
대칭	128, 198
데포르메	239
도형	53
동공	121
동작	66

두께	178
두상	154
두 손가락으로 탭	8
뒤꿈치	225
뒤틀기	32
디지털 드로잉	37
디테일	309
디테일 스케치	349
디폼	239

ㄹ

러프	63
러프 스케치	348
러프 컬러	94, 350
레이어	20, 81
레이어 마스크	21
레이어 분리	79
레이어 정리	22
레퍼런스	26, 45
리듬감	299
리본 방향	187

ㅁ

| 마스크 | 21 |
| 머리카락 | 168 |

메시	53
면	61
면 크로키	91
명도	70
명도 레퍼런스	91
명도 슬라이더	98
명암	55
명암 단순화	74
모든 설정 초기화	25
모작	97
몸통	243
무채색	96

ㅂ

발가락	225
발등	225
밝기	29
방향	169
방향성	168
배경 디테일	361
배경색	106
배경 톤	106
밸류	71
밸류 스터디	91
변형	31
병합	189
보색	94
보정	316
복숭아뼈	231
볼륨감	55, 168

볼살	197
부피감	196
불규칙	169
불투명도	186
브러시	24, 67
브러시 라이브러리	79
브러시 스튜디오	184
브러시에 관하여	25
블렌딩 모드	22, 189
비디오	27
비율	68
빛 방향	75

ㅅ

새끼 근육	215
새 레이어	67
색상	33, 85
색상 기본 용어	94
색상 슬라이더	98
색상 움직임	307
색상 코드	316
색조	29, 307
선따기	206
선명도	96
선 연출	36
선택	30
설정	28
소실점	274
소재	257
소프트 브러시	79

속눈썹	125
손	214
손등	215
손등 시점	215
손 떨림 보정 기능	44
손목	247
손바닥	215
손바닥 시점	215
쇄골	199
수정 범위	323
수직	277
수평	277
수평선	274
스케치	69
스크랩	100
스키니	268
스튜디오 펜	80
스포트라이트	75
실루엣	56
실루엣과 밑 색	351
실행 취소	341

ㅇ

아이홀	120
아킬레스건	234
안정감	74
알파 채널 잠금	89
앞머리	171
애니메이션	100
액세서리	177

어깨	242
엄지 근육	215
에어브러시	79, 190
오버레이	189, 337
오브제	54, 63
올가미	30, 101
옷 주름	257
완성도	309
왜곡	32
원경	73
원기둥	53
원형 색상환	94
유사색	95
이미지 공유	27
입	141
입체감	52

ㅈ

자동	30
자료 서치	347
자유 형태	32
잔머리	179
잘라내기	26, 66
저명도	71
점막	124
정면	193
제스처 변경하기	9
제스처 제어	28
조정	28, 87
주름	214
중경	73
중성색	95
지우개	377
지평선	274, 279
직사각형	31
직육면체	53

ㅊ

채도	29, 96
채도 슬라이더	99
채색	316
척추 라인	242
천	258
청바지	268

ㅋ

카메라 아이콘	48
캐릭터 명암	85
캐릭터 형태	80
캔버스	26, 66
캔버스 설정	18
코	134
콧대	198
콧등	134
콧방울	134
콧부리	134
크기변경	66
크로키	250
클리핑 마스크	20, 82, 83
키워드	91

ㅌ

타원	31
타임랩스 녹화	27
투시 가이드	287
투시 선	275

ㅍ

팔꿈치	247
포즈	220
표현력	36
프로젝트	19
프로크리에이트	71
픽셀 유동화	193
필압	42

ㅎ

하이라이트	209
한색	94
해상도	19
허리	247
헤어 라인	173
헤어스타일	168
형태력	59
홍채	121
효과	355
흐름	141

Foreign Copyright:
Joonwon Lee
Address: 3F, 127, Yanghwa-ro, Mapo-gu, Seoul, Republic of Korea
　　　　　3rd Floor
Telephone: 82-2-3142-4151, 82-10-4624-6629
E-mail: jwlee@cyber.co.kr

아이패드 캐릭터 드로잉

2023. 1. 18. 1판 1쇄 인쇄
2023. 1. 31. 1판 1쇄 발행

지은이 | 난다비
펴낸이 | 이종춘
펴낸곳 | BM (주)도서출판 성안당
주소 | 04032 서울시 마포구 양화로 127 첨단빌딩 3층(출판기획 R&D 센터)
     | 10881 경기도 파주시 문발로 112 파주 출판 문화도시(제작 및 물류)
전화 | 02) 3142-0036
     | 031) 950-6300
팩스 | 031) 955-0510
등록 | 1973. 2. 1. 제406-2005-000046호
출판사 홈페이지 | www.cyber.co.kr
ISBN | 978-89-315-5929-3 (13000)
정가 | 29,000원

이 책을 만든 사람들
책임 | 최옥현
진행 | 오영미
기획 · 진행 | 앤미디어
본문 · 표지 디자인 | 앤미디어
홍보 | 김계향, 박지연, 유미나, 이준영, 정단비
국제부 | 이선민, 조혜란
마케팅 | 구본철, 차정욱, 오영일, 나진호, 강호묵
마케팅 지원 | 장상범
제작 | 김유석

이 책의 어느 부분도 저작권자나 BM (주)도서출판 성안당 발행인의 승인 문서 없이 일부 또는 전부를 사진 복사나 디스크 복사 및 기타 정보 재생 시스템을 비롯하여 현재 알려지거나 향후 발명될 어떤 전기적, 기계적 또는 다른 수단을 통해 복사하거나 재생하거나 이용할 수 없음.

■ 도서 A/S 안내

성안당에서 발행하는 모든 도서는 저자와 출판사, 그리고 독자가 함께 만들어 나갑니다.
좋은 책을 펴내기 위해 많은 노력을 기울이고 있습니다. 혹시라도 내용상의 오류나 오탈자 등이 발견되면 "**좋은 책은 나라의 보배**"로서 우리 모두가 함께 만들어 간다는 마음으로 연락주시기 바랍니다. 수정 보완하여 더 나은 책이 되도록 최선을 다하겠습니다.
성안당은 늘 독자 여러분들의 소중한 의견을 기다리고 있습니다. 좋은 의견을 보내주시는 분께는 성안당 쇼핑몰의 포인트(3,000포인트)를 적립해 드립니다.
잘못 만들어진 책이나 부록 등이 파손된 경우에는 교환해 드립니다.